ANHUI SHENG ZIRAN ZIYUAN
GUANLI ZHISHI SHOUCE

# 安徽省自然资源管理知识手册

安徽省自然资源厅◎编著

时代出版传媒股份有限公司
安徽文艺出版社

## 图书在版编目（CIP）数据

安徽省自然资源管理知识手册/安徽省自然资源厅编著. —合肥：安徽文艺出版社,2022.11
ISBN 978-7-5396-7481-0

Ⅰ.①安… Ⅱ.①安… Ⅲ.①自然资源－资源管理－安徽－手册 Ⅳ.①F124.5-62

中国版本图书馆 CIP 数据核字(2022)第 101926 号

出 版 人：姚　巍
责任编辑：姜婧婧　　乙晓玲　　　　装帧设计：张诚鑫

出版发行：安徽文艺出版社　　　www.awpub.com
地　　址：合肥市翡翠路 1118 号　　邮政编码：230071
营 销 部：(0551)63533889
印　　制：安徽新华印刷股份有限公司　　　(0551)65859551

开本：787×1092　1/16　印张：27.25　字数：500 千字
版次：2022 年 11 月第 1 版
印次：2022 年 11 月第 1 次印刷
定价：88.00 元

（如发现印装质量问题，影响阅读，请与出版社联系调换）

版权所有，侵权必究

# 《安徽省自然资源管理知识手册》
# 编 委 会

主 任 委 员：胡春武
副主任委员：李晓清　郘红建　黄发儒　孙林华　方　成　王　峰
　　　　　　夏　炎　李传殿
编委会成员（以姓氏笔画顺序）：
　　　　　　王　飞　王　辉　王文忠　朱文亮　刘　林　孙从容
　　　　　　陈　峰　张福明　张来凤　张　岚　郑　敏　夏茂林
　　　　　　倪明芳　徐国平　傅　勤　楼金伟

# 编 写 组

主　　编：王　峰
副 主 编：赵剑涛　杨成荣
执行主编：姜　波　李国强
参编人员：林娟娟　胡力为　关　烨　邹远航　李晓东　舒自航
　　　　　吴　君　李　夏　彭　磊　刘顺利　刘　欢　张心明
　　　　　言　龙　杨西飞　马俊祥　施张燕　盛仲进　李珊珊
　　　　　刘占亭　吴　波　钱　伟　肖　军　谢红杰　刘宗仁
　　　　　於　冉
指导专家：周华民　徐从广　余建平　柏　林　方必和

# 目　录

001 / 前言

001 / 第一篇　自然资源调查监测篇

001 / 一、自然资源调查与统计
001 / 1. 自然资源概念及主要特征
002 / 2. 自然资源分层分类模型
004 / 3. 自然资源调查的概念及分类
004 / 4. 自然资源基础调查
004 / 5. 自然资源专项调查
006 / 6. 全国国土调查简介
007 / 7. 自然资源统计
007 / 8. 自然资源统计数据获取方式
008 / 9. "1+8"的"综合+专业"统计调查制度体系
008 / 二、自然资源监测
008 / 10. 自然资源监测分类
008 / 11. 自然资源监测概念与内容
009 / 12. 自然资源地理国情监测
010 / 13. 地理国情监测的对象和内容
010 / 14. 自然资源地理国情监测的主要任务
011 / 15. 自然资源地理国情监测的主要原则
012 / 三、自然资源评价
012 / 16. 自然资源评价概念与目的
012 / 17. 自然资源评价分类
013 / 四、自然资源调查监测业务体系及组织分工
013 / 18. 自然资源调查监测的业务体系建设
014 / 19. 自然资源调查监测标准体系
015 / 20. 自然资源调查监测组织原则
015 / 21. 自然资源调查监测工作分工

016 / 参考资料

## 018 / 第二篇　自然资源所有者权益篇

018 / 一、全民所有自然资源资产清查统计
019 / 1. 全民所有自然资源资产
019 / 2. 各资源门类资产清查范围
020 / 3. 全民所有自然资源资产清查价格信号
020 / 4. 全民所有自然资源资产清查价格体系
020 / 5. 全民所有自然资源资产清查价格
021 / 6. 全民所有自然资源资产经济价值估算及方法
021 / 二、全民所有自然资源资产价值评估和资产核算
021 / 7. 全民所有自然资源资产价值评估
022 / 8. 全民所有自然资源资产核算
022 / 9. 全民所有自然资源资产负债表
022 / 10. 全民所有自然资源资产负债表编制方法
022 / 11. 生态产品价值实现模式
023 / 三、全民所有自然资源资产所有权委托代理
023 / 12. 全民所有自然资源资产所有者职责及履行主体
023 / 13. 委托代理试点目标
023 / 14. 委托代理试点任务和内容
024 / 四、全民所有自然资源资产规划使用和管护
024 / 15. 全民所有自然资源资产保护使用专项规划
024 / 16. 土地储备和储备土地
024 / 17. 土地储备机构
025 / 18. 土地储备三年滚动计划与年度土地储备计划
025 / 19. 土地储备专项债券
025 / 20. 土地储备资产负债表
025 / 五、国有土地资产配置
025 / 21. 国有建设用地供应计划编制
026 / 22. 国有建设用地配置方式

026 / 23. 招标拍卖挂牌和协议出让国有土地使用权的范围及一般程序

027 / 24. 先租后让、租让结合、弹性年期出让

027 / 25. 国有土地使用权出让最高年限

028 / 26. 国有土地使用权收回

028 / 27. 改制企业的国有土地资产处置方式

029 / 28. "标准地"出让

030 / 六、全民所有自然资源资产收益管理

030 / 29. 全民所有自然资源资产收益管理内涵

030 / 七、全民所有自然资源资产考核监管

030 / 八、国有自然资源资产管理情况专项报告

030 / 30. 国有自然资源资产管理情况专项报告

031 / 参考资料

## 033 / 第三篇　不动产登记与自然资源确权登记篇

034 / 一、不动产登记

034 / 1. 不动产登记的概念

034 / 2. 不动产登记"四统一"

035 / 3. 不动产登记的基本原则

036 / 4. 不动产登记管辖范围

036 / 5. 不动产登记机构应当履行的职责

036 / 6. 不动产登记簿及法律效力

037 / 7. 不动产登记单元

038 / 8. 不动产登记类型

039 / 9. 不动产权利范围

039 / 10. 不动产登记一般程序

039 / 11. 申请不动产登记应当提交的材料

040 / 12. 不动产登记申请方式

040 / 13. 不动产登记受理、补正告知、不予受理和不予登记

041 / 14. 不动产登记查验和实地查看

041 / 15. 不动产权籍调查

042 / 16. 不动产登记公告和不动产权利人声明

043 / 17. 不动产登记错误的救济措施

043 / 18. 不动产登记查询

044 / 19. 登记信息共享与保护

045 / 二、自然资源确权登记

045 / 20. 自然资源统一确权登记的内容和主要工作任务

045 / 21. 自然资源统一确权登记原则

045 / 22. 自然资源登记类型及一般程序

046 / 23. 自然资源统一确权登记的管辖职责

047 / 24. 自然资源登记簿

047 / 25. 自然资源登记单元分类

048 / 26. 自然资源登记单元预划原则和优先顺序

048 / 27. 自然资源地籍调查的内容和方法

049 / 28. 自然资源确权登记信息管理和应用

050 / 29. 自然资源确权登记和不动产登记的区别与联系

051 / 三、宅基地和集体建设用地确权登记有关问题

051 / 30. 没有权属来源材料的宅基地确权登记

051 / 31. "一户多宅"登记

052 / 32. 宅基地确权登记中"户"的认定

052 / 33. 超面积宅基地登记

052 / 34. 非本农民集体经济组织成员取得宅基地的登记

053 / 35. 进城落户后的农民宅基地确权登记

053 / 36. 农民集体经济组织成员之间互换房屋的确权登记

053 / 37. 农民集体经济组织成员之间转让、赠与宅基地上房屋的确权登记

053 / 38. 合法宅基地上房屋没有符合规划或者建设相关材料的登记

054 / 39. 换发房地一体不动产权证书时,房屋测量面积与原房屋所有权证面积不一致,宅基地测量面积与原登记面积不一致的处理方式

054 / 40. 同一宗宅基地上多个房屋属于不同权利人,申请办理房地一体不动产登记的处理方式

054 / 41. 原乡镇企业或村办企业破产、关停、改制等,其原使用的集体建设用地

确权登记

055 / 四、不动产登记历史遗留问题处理

055 / 42. 关于用地手续不完善的问题

055 / 43. 关于欠缴土地出让价款和相关税费的问题

055 / 44. 关于未通过建设工程规划核实的问题

056 / 45. 关于开发建设主体灭失的问题

056 / 46. 关于原分散登记的房屋、土地信息不一致,项目跨宗地建设问题

056 / 47. 关于已取得房屋所有权证未取得国有土地使用权证的不动产登记问题

057 / 48. 关于已取得国有土地使用权证未取得房屋所有权证的不动产登记问题

057 / 49. 关于违反用地、规划等开发建设条件的不动产登记问题

057 / 50. 关于保障性住房的不动产转移登记问题

058 / 51. 关于拆迁安置房不动产登记问题

058 / 52. 关于城市个人自建房不动产登记问题

058 / 53. 关于土地登记面积(或界址线)与实测面积(或界址线)不一致的不动产登记问题

058 / 54. 关于建筑物跨越宗地的不动产登记问题

059 / 55. 关于房地用途不一致的不动产登记问题

059 / 56. 关于权利主体不一致问题

059 / 五、《民法典》有关不动产登记内容的修订

059 / 57. 总则编

060 / 58. 物权编

063 / 59. 继承编

064 / 参考资料

066 / 第四篇　国土空间规划篇

066 / 一、国土空间规划概述

066 / 1. 国土空间规划基本概念

066 / 2. 国土空间规划主要目标

067 / 3. 国土空间规划总体框架
067 / 4. 国土空间规划编制要求
068 / 5. 国土空间规划基础工作
071 / 二、国土空间总体规划
071 / 6. 全国国土空间总体规划的主要内容
072 / 7. 省级国土空间总体规划的主要内容
073 / 8. 市级国土空间总体规划的主要内容
075 / 9. 县级国土空间总体规划的主要内容
076 / 三、国土空间详细规划
076 / 10. 国土空间详细规划的概念
076 / 11. 城镇开发边界内详细规划的主要内容
079 / 12. 村庄规划的主要内容
080 / 四、国土空间专项规划
080 / 13. 国土空间专项规划的概念
080 / 14. 省级国土空间专项规划的主要内容
081 / 15. 市县国土空间专项规划的主要内容
082 / 五、国土空间规划城市设计
082 / 16. 国土空间规划城市设计的概念
082 / 17. 总体规划中城市设计的主要内容
083 / 18. 详细规划中城市设计的主要内容
083 / 19. 专项规划中城市设计的主要内容
084 / 六、国土空间规划的监管实施
084 / 20. 国土空间规划编制和审批主体
085 / 21. 国土空间规划监督体系
086 / 22. 国土空间规划城市体检评估
087 / 23. 国土空间规划实施全周期监管
087 / 24. 国土空间规划公共参与和社会协调
088 / 参考资料

090 / 第五篇　国土空间用途管制篇

091 / 一、国土空间规划分区与用途分类

091 / 1. 国土空间分类分区的概念

091 / 2. 土地用途管制的概念

091 / 3. 国土空间用途管制的基本内涵

092 / 4. 市县级国土空间规划分区

092 / 5. 国土空间规划用途分类

094 / 二、建设项目用地预审

094 / 6. 建设项目用地预审的概念

094 / 7. 建设项目用地预审的原则

094 / 8. 建设项目用地预审的权限

094 / 9. 安徽省用地预审与规划选址的办理

095 / 10. 规划用地"多审合一、多证合一"

095 / 11. 建设项目用地预审与选址意见书的有效期

095 / 12. 安徽省建设项目用地预审的审查要点

097 / 13. 建设项目用地预审涉及占用永久基本农田的有关规定

098 / 14. 建设项目用地预审中需要实地踏勘论证的情形

098 / 三、建设项目用地报批

098 / 15. 用地审批权下放

100 / 16. 单独选址建设项目农用地转用和土地征收审查要点

101 / 17. 城市建设用地审查要点

102 / 18. 农用地转用的概念

102 / 19. 农用地转用的审批权限

103 / 20. 农用地转为建设用地审批的主要依据

103 / 21. 城乡建设用地增减挂钩的概念

103 / 22. 安徽省报省政府批准的城乡建设用地增减挂钩实施方案审查要点

103 / 23. 安徽省报省政府批准的城乡建设用地增减挂钩建新区征收（采煤塌陷区）、工矿废弃地复垦挂钩项目用地审查要点

104 / 24. 安徽省跨县域流转节余指标增减挂钩项目的审批

104 / 25. 安徽省增减挂钩项目验收

104 / 26. 安徽省增减挂钩项目备案

105 / 27. 先行用地的概念及审批权限

105 / 28. 先行用地的审查要点

106 / 四、土地征收

106 / 29. 土地征收的概念及特征

106 / 30. 可以依法实施征收的情形

106 / 31. 土地征收审批权限划分

107 / 32. 征收土地需要做的前期工作

108 / 33. 农用地转用审批程序和土地征收审批程序的衔接

108 / 34. 征地补偿和安置

109 / 五、土地利用年度计划

109 / 35. 土地利用年度计划的概念

109 / 36. 土地利用年度计划的指标

110 / 37. 土地利用年度计划的配置方式

110 / 38. 土地利用年度计划的执行

110 / 39. 土地利用年度计划的监管考核

111 / 40. 建设用地"增存挂钩"机制

111 / 参考资料

## 114 / 第六篇　自然资源开发利用篇

114 / 一、自然资源有偿使用

114 / 1. 全民所有自然资源

114 / 2. 自然资源有偿使用制度

115 / 3. 自然资源市场信用信息、录入原则及责任单位

115 / 4. 自然资源市场信用失信行为的认定

115 / 5. 自然资源市场失信行为的分类及惩戒

116 / 6. 土地市场及分级

117 / 7. 集体经营性建设用地入市的相关规定

117 / 8. "十四五"规划中土地要素实现市场化配置的关键点

117 / 二、土地节约集约利用

117 / 9. 土地管理和利用应当遵循的原则

118 / 10. 节约集约利用土地的概念

118 / 11. 节约集约利用土地的措施

118 / 12. 建设用地节约集约利用评价的概念和目的

118 / 13. 规范开展建设项目节地评价工作的措施

119 / 14. 闲置土地的概念与认定

119 / 15. 闲置土地清理处置措施

120 / 16. 批而未供土地的概念及清理处置措施

121 / 三、临时用地管理

121 / 17. 临时用地的概念与使用范围

122 / 18. 临时用地的选址要求和使用期限

122 / 19. 临时用地的审批与恢复责任

123 / 20. 临时用地的监管

124 / 四、产业用地政策

124 / 21. 产业用地政策的内涵和基本原则

124 / 22. 限制用地项目目录和禁止用地项目目录

125 / 五、地价评估

125 / 23. 地价的概念

125 / 24. 土地估价及方法

125 / 25. 国有建设用地使用权出让地价评估的定义、目的和原则

126 / 六、成片开发

126 / 26. 土地征收成片开发的概念

126 / 27. 安徽省土地征收成片开发方案的主要内容

126 / 28. 安徽省土地征收成片开发方案的实施期限

127 / 29. 安徽省关于集中建设区的相关规定

127 / 30. 安徽省土地征收成片开发方案的审批

127 / 31. 安徽省不予批准土地征收成片开发方案的情形

127 / 32. 安徽省征地区片综合地价标准

128 / 参考资料

130／第七篇　耕地保护监督篇

130／一、耕地保护

130／1. 耕地

131／2. 18亿亩耕地保护红线

131／3. 耕地保护制度

133／4. 耕地数量、质量、生态"三位一体"保护

134／二、耕地占补平衡

134／5. 耕地占补平衡的由来

135／6. 未利用地土地开发

135／7. 土地整理

135／8. 土地复垦

136／9. 跨省域补充耕地国家统筹

136／10. 安徽省重大基础设施项目补充耕地指标交易

138／三、永久基本农田保护

138／11. 永久基本农田的概念

138／12. 永久基本农田保护的原则

138／13. 永久基本农田划定的范围

139／14. 永久基本农田特殊保护的措施

139／15. 现阶段允许占用永久基本农田的重大建设项目

140／16. 安徽省重大建设项目占用和补划永久基本农田审查要求

142／17. 安徽省重大建设项目占用和补划永久基本农田审查流程及方法

143／18. 永久基本农田核实整改补足规则

144／19. 违反《基本农田保护条例》的法律责任

144／四、耕地"非农化""非粮化"

144／20. 耕地"非农化"的"六个严禁"

145／21. 防止耕地"非粮化"稳定粮食生产

146／五、设施农业用地

146／22. 自然资源部、农业农村部关于设施农业用地的相关规定

147／23. 安徽省设施农业用地及范围

147／24. 安徽省设施农业用地的规模标准

148 / 25. 安徽省设施农业用地的备案程序

149 / 六、耕地占用税和耕地开垦费

149 / 26. 耕地占用税

149 / 27. 少征或者免征耕地占用税的情形

149 / 28. 耕地开垦费

150 / 29. 安徽省耕地开垦费征收标准

150 / 参考资料

153 / 第八篇 国土空间生态修复篇

153 / 一、生态用地、生态修复、生态补偿

153 / 1. 生态用地

154 / 2. 生态修复

154 / 3. 国土空间生态修复

154 / 4. 生态修复模式

155 / 5. 生态保护补偿

155 / 二、国土综合整治

155 / 6. 国土综合整治及其主要类型

155 / 7. 全域土地综合整治

156 / 8. 国土综合整治与生态修复

156 / 9. 国土综合整治与生态修复的区别与联系

157 / 10. 国土综合整治与生态修复要遵循的程序

158 / 三、土地复垦

158 / 11. 土地复垦的概念及复垦主体

158 / 12. 土地复垦方案

158 / 13. 复垦区与土地复垦责任范围

158 / 14. 土地复垦率及复垦土地的使用

159 / 15. 土地复垦义务人在生产建设活动中应当遵循的原则和应采取的预防控制措施

159 / 16. 历史遗留损毁土地的认定条件

159 / 17. 历史遗留损毁土地和自然灾害损毁土地复垦资金来源

159 / 18. 土地复垦费及缴（预）存

160 / 19. 土地复垦质量要求

160 / 20. 土地复垦的验收要求及权限

161 / 21. 自然资源主管部门对土地复垦的监督管理

162 / 22. 土地复垦的激励措施

162 / 23. 土地复垦义务人不依法履行土地复垦义务的限制条款

163 / 四、土壤污染防治

163 / 24. 土壤污染

163 / 25. 国家实行土壤环境监测制度

164 / 26. 土壤污染风险管控和修复

164 / 五、山水林田湖草生态保护修复工程

164 / 27. 山水林田湖草生态保护修复工程（简称"山水工程"）

164 / 28. 山水林田湖草生态保护修复工程的技术流程

165 / 29. 山水林田湖草生态保护修复工程的保护与修复原则

165 / 六、国土空间生态修复规划

165 / 30. 国土空间生态修复规划

165 / 31. 国土空间生态修复规划的内容

166 / 32. 国土空间生态修复规划编制

166 / 七、矿山生态修复

166 / 33. 矿山生态修复及其方式

166 / 34. 矿山修复责任主体

167 / 35. 矿山修复验收

167 / 36. 市场化推进矿山生态修复的相关政策

169 / 八、矿山地质环境

169 / 37. 矿山地质环境与矿山地质环境问题

169 / 38. 矿山地质灾害

169 / 39. 矿山土地复垦

169 / 40. 矿山地质环境调查与监测

169 / 41. 矿山地质环境影响评估

169 / 42. 含水层破坏

170 / 43. 地形地貌景观(地质遗迹、人文景观)破坏

170 / 44. 矿山地质环境保护与治理恢复的范围

170 / 45. 矿山地质环境治理恢复类型

170 / 46. 矿山地质环境治理恢复基金

170 / 47. 矿山地质环境治理恢复基金设立、计提、使用和监管

171 / 九、矿山地质环境保护规划

171 / 48. 矿山地质环境保护规划的编制

172 / 49. 矿山地质环境保护规划的编制主体及批准权限

172 / 十、矿山地质环境保护与土地复垦方案(二合一方案)

172 / 50. 矿山地质环境保护与土地复垦方案

172 / 51. 矿山地质环境保护与土地复垦方案的编制

173 / 52. 矿山复垦中复垦区和复垦责任范围的确定

173 / 53. 矿山地质环境保护与土地复垦方案的审查

173 / 参考资料

175 / **第九篇　地质勘查管理与灾害防治篇**

175 / 一、地质勘查综合管理

175 / 1. 地质勘查

176 / 2. 地质勘查服务范围

176 / 3. 地质工作分类

176 / 4. 财政出资的矿产勘查项目

176 / 5. 地质勘查主要技术方法和手段

177 / 6. 矿产勘查各阶段的目的和任务

177 / 7. 绿色勘查

177 / 二、地质勘查行业管理

177 / 8. 地质勘查在国民经济行业分类中的位置

178 / 9. 地质勘查行业管理的任务

178 / 10. 地质勘查行业管理体制改革的历史演进

179 / 三、地质勘查监督管理

179 / 11. 地质勘查活动监督管理格局

180 / 12. 地质勘查行业监管服务平台
180 / 13. 地质勘查活动监督检查内容
181 / 14. 地质勘查活动异常情形的处置
181 / 15. 被列入异常名录地质勘查单位处理
182 / 16. 地质勘查活动技术鉴定与市场服务机制
182 / 四、安徽省地质勘查基金项目管理
182 / 17. 地质勘查基金及主要作用
183 / 18. 地质勘查基金项目及经费管理责任分工
183 / 19. 地勘基金项目要求
184 / 20. 地勘基金项目立项与运作管理
185 / 21. 地勘基金项目的经费管理
185 / 五、公益性地质工作项目
185 / 22. 投资公益性地质工作项目范围
185 / 23. 公益性地质工作项目立项与任务计划
186 / 24. 省公益性地质工作项目实施
186 / 25. 省公益性地质工作项目中期检查
186 / 26. 省公益性地质工作项目野外验收
187 / 27. 省公益性地质工作项目结题验收
187 / 六、地质灾害的预防和治理
187 / 28. 地质灾害及等级
187 / 29. 常见的地质灾害的类型及特征
188 / 30. 地质灾害防治原则和经费来源
188 / 31. 地质灾害防治主要任务
189 / 32. 安徽省主要地质灾害隐患点分布概况
189 / 33. 安徽省地质灾害重点防范期
189 / 34. 地质灾害防治的三项原则
189 / 35. 地质灾害防治执行的制度
190 / 36. 地质灾害防治规划的编制部门、主要任务及内容
191 / 37. 地质灾害的调查
191 / 38. 地质灾害的巡查

191／39. 地质灾害的排查与核查

191／40. 地质灾害监测与预警

192／41. 地质灾害预防体系

192／42. 年度地质灾害防治方案及危险区的处置

192／43. 地质灾害隐患点防灾预案

193／44. 地质灾害应急预案及应急处置

194／45. 地质灾害应急分工

194／46. 地质灾害治理职责划分

194／47. 地质灾害治理对单位资质的要求

195／48. 地质灾害治理工程竣工后的验收和管理维护

195／49. 地质灾害报告制度

196／50. 地质灾害防治单位资质条件和审批管理权限

196／参考资料

## 198／第十篇　矿业权管理篇

199／一、矿业权管理相关知识

199／1. 矿产资源的所有者权益

199／2. 矿业权人合法权益保护

199／3. 矿政管理人员的合法权益保护

200／4. 探矿权、探矿权人，采矿权、采矿权人，矿业权

200／二、矿业权交易

200／5. 矿业权出让与转让

200／6. 矿业权交易主体

200／7. 矿业权交易平台

201／8. 矿业权出让权限

201／9. 矿业权出让的相关政策

202／10. 矿业权出让公告主要内容

202／11. 以招标拍卖挂牌方式出让矿业权成交公示主要内容

203／12. 以协议方式出让矿业权公示主要内容

203／13. 转让矿业权公示的主要内容

203 / 14. 出让矿业权中标通知书或者成交确认书基本内容

203 / 15. 矿业权出让合同基本内容

204 / 三、矿业权登记权限划分及有效期限

204 / 16. 探矿权、采矿权登记权限划分

205 / 17. 矿业权有效期限

205 / 四、矿产资源勘查登记及探矿权管理

205 / 18. 探矿权人的权利

205 / 19. 探矿权人的义务

206 / 20. 矿产资源勘查区块登记管理

206 / 21. 矿产资源勘查准入条件

206 / 22. 矿产资源勘查实施方案的审查

207 / 23. 矿产资源勘查实施方案的编制要求

208 / 24. 申请新立探矿权的报件材料

208 / 25. 探矿权新立登记管理

209 / 26. 探矿权延续登记管理

209 / 27. 探矿权保留登记管理

210 / 28. 探矿权变更登记管理

211 / 29. 探矿权转采矿权对地质勘查程度的要求

211 / 五、矿产资源开采登记管理及采矿权管理

211 / 30. 采矿权人的权利

211 / 31. 采矿权人的义务

211 / 32. 申请划定矿区范围报件材料

212 / 33. 申请新立采矿权报件材料

213 / 34. 矿产资源开发利用方案

213 / 35. 矿山地质环境保护与土地复垦方案

214 / 36. 采矿权实地勘测定界

215 / 37. 矿山超层越界开采动态监测

215 / 38. 市级自然资源主管部门出具省级出让登记矿业权核查意见的范围、方式和时限

215 / 39. 市级自然资源主管部门出具省级出让登记矿业权核查的主要内容

216／40. 市级自然资源主管部门出具省级出让登记矿业权核查意见的有关要求

216／41. 矿业权登记审批的主要程序

218／42. 采矿许可证延续

218／43. 采矿权变更

218／44. 采矿权注销

219／45. 采矿权的抵押申请材料

220／六、矿业权转让

220／46. 矿业权转让方式

220／47. 矿业权转让条件

220／48. 矿业权转让交易平台

220／49. 矿业权转让程序

221／50. 矿业权转让公示

221／51. 矿业权转让监管

222／七、矿山关闭

222／52. 矿山企业关闭矿山审批手续

222／53. 关闭矿山报告批准后矿山企业应完成工作

222／八、矿业权纠纷调处

222／54. 矿业权纠纷及调处原则和依据

223／55. 矿业权出让纠纷及调处

224／56. 矿业权转让纠纷及调处

225／57. 矿业权租赁与承包纠纷及调处

225／58. 矿业权抵押登记纠纷及调处

225／59. 矿业权越界开采纠纷及调处

226／60. 调处矿业权纠纷发现违法案件的处理

226／九、矿产开发关联事项

226／61. 采矿权需占用永久基本农田的办理

226／62. 抽取地下水与办理采矿许可证

227／63. 新建矿山项目核准条件

227／64. 新建矿山项目核准报件材料

227 / 65. 项目申请报告需附具的有关文件

228 / 66. 非煤矿山建设工程项目管理

228 / 67. 非煤矿山生产能力

229 / 68. 矿山企业超产能生产管理

229 / 69. 矿山生产中矿量的"三量"

230 / 参考资料

## 232 / 第十一篇　矿产资源保护监督篇

232 / 一、矿产资源储量综合管理

232 / 1. 矿产资源、资源量、储量

234 / 2. 矿石品位

234 / 3. 矿床工业指标

234 / 4. "三率"指标

234 / 5. 共生、伴生矿产

234 / 6. 矿产资源综合利用

235 / 7. 矿产资源储量新老分类标准转换

236 / 8. 矿产资源储量年报

236 / 9. 矿产资源储量核实报告

237 / 10. 矿山储量动态更新

237 / 11. 保护性开采特定矿种

237 / 12. 矿产资源储量规模划分、安徽省小型以下矿产资源储量规模划分标准

237 / 13. 矿产资源保护监督工作任务

238 / 二、矿产资源储量评审备案

238 / 14. 矿产资源储量评审备案

238 / 15. 矿产资源储量评审备案的范围和权限

239 / 16. 矿产资源储量评审的申请条件

239 / 17. 矿产资源储量评审受理及评审时限

239 / 18. 矿产资源储量评审备案的审查重点

239 / 19. 矿产资源储量评审的现场核查

240 / 20. 矿产资源储量评审备案结果的撤销

240／21．压覆矿产资源的审批管理

240／三、矿产资源规划管理

240／22．矿产资源规划和规划期

240／23．矿产资源规划的作用

240／24．矿产资源规划与其他相关规划的关系

241／25．矿产资源规划的种类

241／26．各类矿产资源规划的定位

241／27．矿产资源规划的编制、审批、管理与监督

242／28．矿产资源规划的效用

242／29．矿产资源规划的调整与调整后的审批

243／30．矿产资源总体规划年度实施制度

243／31．矿产资源总体规划的法律责任

244／四、地质资料管理

244／32．地质资料管理的法律依据

244／33．地质资料

245／34．地质资料管理部门与保管运行

245／35．地质资料汇交人

245／36．地质资料汇交制度与汇交范围

246／37．地质资料的分级汇交

246／38．地质资料汇交的期限

247／39．地质资料汇交的接收与转送

247／40．成果地质资料汇交要求

248／41．地质资料的公开与保护

248／42．地质资料的查阅使用

248／五、古生物化石管理

248／43．古生物化石

248／44．古生物化石的所有权

249／45．古生物化石的管理部门

249／46．古生物化石保护区的建立

249／47．古生物化石的发掘与审批

249／48. 古生物化石的收藏、转让与买卖

250／49. 古生物化石的出境与审批

250／六、矿业权评估出让及规费管理

250／50. 矿产资源权益金制度改革

250／51. 矿业权出让收益

251／52. 矿业权出让收益的征收

251／53. 矿业权出让收益的征收对象、缴纳人及实施时间

251／54. 矿业权出让收益征管部门与征管权限的调整

252／55. 矿业权出让收益划转给税务部门征收后遗留问题的处置

252／56. 矿业权出让收益划转给税务部门征收后政策的变化

252／57. 矿业权出让方式与收益价值确定

253／58. 矿业权出让收益的分配

253／59. 矿业权出让收益率、矿业权出让收益基准率和市场基准价

254／60. 安徽省矿业权出让收益市场基准价适用范围及条件

254／61. 矿业权转让以及探转采出让收益的缴纳

254／62. 采矿权关闭时出让收益的处置

255／63. 已上缴出让收益的退库

255／64. 矿业权人未依法缴纳出让收益的处罚

255／65. 以申请在先方式取得探矿权出让收益的征缴

255／66. 无偿占有属于国家出资探明矿产地的矿业权出让收益的征缴

255／67. 增列矿种增加资源储量的处置方式

256／68. 矿业权占用费

256／69. 矿产资源税

256／70. 矿山环境治理恢复基金

256／七、国家出资探明矿产地管理

256／71. 国家出资探明矿产地

257／72. 国家出资探明矿产地的所有权

257／73. 国家出资探明矿产地的成果处置

257／74. 对以往无偿取得国家出资探明矿产地的处置

257／75. 资源整合中矿业权价款的处置

258 / 八、矿业权人勘查开采信息公示

258 / 76. 矿业权人勘查开采信息

258 / 77. 勘查开采信息公示主体

258 / 78. 矿业权人勘查开采信息公示相关时间节点

258 / 79. 矿业权人异常名录和严重违法名单主管部门

259 / 80. 列入异常名录和严重违法名单的条件与申述

259 / 81. 异常名录和严重违法名单的移出条件

260 / 82. 异常名录和严重违法名单的管理与运用

260 / 九、矿产资源统计管理

260 / 83. 矿产资源统计

260 / 84. 矿产资源统计涵盖范围

260 / 85. 矿产资源统计管理部门

260 / 86. 矿产资源统计基础表的内容

261 / 87. 矿产资源统计的统计周期与统计单元

261 / 88. 县级自然资源主管部门的统计职责

261 / 89. 矿产资源统计的时间节点

261 / 十、绿色矿山

261 / 90. 绿色矿山

262 / 91. 绿色矿山的建设要求

262 / 92. 绿色矿山创建标准

262 / 93. 绿色矿山建设规划

262 / 参考资料

265 / **第十二篇　测绘地理信息管理篇**

265 / 一、测绘地理信息管理综合知识

265 / 1. 我国测绘现行法律法规

266 / 2. 当前测绘地理信息管理的主要任务

267 / 3. 我省推进工程建设项目"多测合一"改革的工作任务

268 / 4. 我省测绘地理信息事业发展新格局

269 / 5. 标准化的概念及标准化管理规定

269 / 6. 基于摄影测量与遥感的主要测绘产品

270 / 7. 卫星遥感技术为自然资源业务运行提供支撑

271 / 8. 自然资源省级卫星应用技术中心的建设目标

271 / 9. 自然资源安徽省卫星遥感应用技术体系的主要建设内容

271 / 10. 智慧城市时空大数据平台在智慧城市建设中的任务

272 / 11. 人工智能与测绘

273 / 12. 北斗卫星导航系统和无人机技术的应用

273 / 二、基础测绘管理

273 / 13. 基础测绘概念以及地方基础测绘的管理

274 / 14. 地方政府及有关部门在基础测绘实施方面的职责

274 / 15. 我国对基础测绘成果的更新要求

274 / 16. 卫星导航定位基准站建设规定

275 / 17. 现代测绘基准体系建设内容

275 / 18. 似大地水准面概念与作用

276 / 19. 测绘基准与大地基准、高程基准等基准的设立、审核和批准

277 / 20. 我国现采用的大地坐标系和高程基准

277 / 21. 相对独立的平面坐标系统及建立规定

278 / 22. 新型基础测绘体系建设

279 / 23.《安徽省"十四五"测绘地理信息规划》的主要任务和重大工程

280 / 三、测绘行业管理

280 / 24. 保护测绘人员合法测绘权利

281 / 25. 测绘项目发包承包规定

281 / 26. 地籍测绘的主要内容

282 / 27. 国界线、行政区划界线测绘的国家规定

283 / 28. 权属界址线测绘及界线测绘的分类和管理办法

283 / 29. 工程测量和房产等不动产测绘规定

284 / 30. 测绘安全生产管理

285 / 31. 避免重复测绘的国家规定

285 / 四、测绘资质管理

285 / 32. 测绘资质审查、发放测绘资质证书的部门

286 / 33. 申请测绘资质的单位应当符合的条件

286 / 34. 测绘成果质量监督抽查的依据和内容

287 / 35. 测绘单位和测绘地理信息主管部门对测绘成果质量的责任

287 / 36. 测绘质检机构的主要职责

288 / 五、测绘信用管理

288 / 37. 测绘信用管理职责

289 / 38. 测绘信用管理公示与监督

289 / 39. 测绘地理信息市场信用信息管理

290 / 40. 测绘主管部门应建立健全随机抽查机制

290 / 六、监督管理国家地理信息安全

290 / 41. 测绘成果的定密与保密应用

291 / 42. 属于国家秘密的地理信息在生产、保管、利用等方面的规定

292 / 43. 大于1∶5千和1∶10万、1∶25万、1∶50万的国家基本比例尺地形图保密规定

292 / 44. 测绘地理信息成果保密管理规定

293 / 45. 地方人民政府及主管部门对外国的组织或者个人来华测绘的监督管理

293 / 46. 有关部门在地理信息安全监督管理方面的义务

294 / 47. 测绘地理信息档案管理职责

295 / 48. 重要地理信息数据的内容和公布规定

296 / 七、地理信息公共服务管理

296 / 49. 公开使用遥感影像的规定

297 / 50. 国家基本比例尺地图的系列

298 / 51. 有地图审核权的测绘地理信息主管部门及权限

298 / 52. 自然资源主管部门收到地图审核申请后的处理和审查内容

299 / 53. 国家版图意识宣传教育的法律规定

299 / 54. 送审载有地图图形的书籍等产品时应当提交的材料

300 / 55. 关于地图的编制、出版、展示、登载及更新和互联网地图服务的法律规定

301 / 56. 地图的编制和出版管理

302／57. 加强对地图市场的监管
303／58. 测绘成果的表现形式
304／59. 地图的特性与分类以及电子地图
305／60. 导航与导航电子地图
306／61. 互联网地理信息服务
307／62. 地理信息系统基本概念
308／63. 互联网地图与互联网地图审核
309／64. 建立地理信息系统对信息数据的要求
310／65. 发展地理信息产业、促进地理信息应用及数据共享的规定
311／66. 测绘地理信息成果的汇交
312／67. 测绘地理信息成果的使用规定
312／68. 测绘地理信息科技创新和人才强测的政策
313／69. 国家地理信息公共服务平台
314／70. 地理信息公共服务平台的定位及建设内容
315／八、测量标志保护工作
315／71. 测量标志与永久性测量标志
315／72. 各级人民政府及有关部门对测量标志的保护
316／73. 测量标志的保护与使用规定
317／74. 永久性测量标志拆迁审批
318／九、应急测绘保障
318／75. 应急测绘保障的规定
319／76. 应急测绘保障的主要内容
320／77. 基础测绘应急保障预案的内容
320／参考资料

## 324／第十三篇　自然资源督察执法篇

324／一、自然资源督察
324／1. 新时期我国自然资源督察的职能和任务
325／2. 国家自然资源督察机构的设置
326／3. 自然资源督察的具体内容

327 / 4. 自然资源部挂牌督办的案件类型

328 / 二、自然资源执法

328 / 5. 自然资源执法的主要职责

328 / 6. 自然资源行政执法三项重要制度

329 / 7. 自然资源主管部门在执法监督检查工作中对执法人员、有关单位和个人的要求

329 / 8. 县级以上自然资源主管部门履行执法监督职责,依法可以采取的措施

330 / 9. 县级以上自然资源主管部门实行错案追究机制

331 / 10. 自然资源主管部门在监督检查工作中发现违法行为时的处理方式

331 / 三、卫片执法检查

331 / 11. 卫片执法检查的目的和任务

331 / 12. 各级自然资源主管部门的工作职责

332 / 13. 对违法行为严重的地区问责的方式

333 / 14. 省级约谈问责标准

333 / 15. 卫片执法图斑类型

333 / 16. 违法图斑的处理方式

334 / 17. 2021年卫片执法工作的新变化

335 / 四、自然资源行政处罚

335 / 18. 自然资源行政处罚的种类及应遵循的原则

335 / 19. 自然资源违法案件的管辖范围

336 / 20. 自然资源违法行为立案应具备的条件

336 / 21. 自然资源违法案件查处的一般程序

337 / 22. 自然资源主管部门制止自然资源违法行为的措施

338 / 23. 自然资源主管部门调查取证有权采取的措施

338 / 24. 自然资源主管部门对于当事人逾期不履行行政处罚决定的可以采取的措施

338 / 五、自然资源违法行为及法律责任

338 / 25. 自然资源违法行为的种类

339 / 26. 土地违法行为及相关处罚

341 / 27. 城乡规划违法行为及相关处罚

343 / 28. 矿产资源违法行为及相关处罚

344 / 29. 地质灾害防治违法行为及相关处罚

345 / 30. 矿山地质环境保护违法行为及相关处罚

346 / 31. 林木违法行为及相关处罚

347 / 32. 地理信息测绘违法行为及相关处罚

351 / 参考资料

353 / 附件1　第三次全国国土调查工作分类

359 / 附件2　自然资源调查监测标准明细表

361 / 附件3　限制用地项目目录（2012年本）

363 / 附件4　禁止用地项目目录（2012年本）

375 / 附件5　安徽省征地区片综合地价标准

386 / 附件6　安徽省矿产资源出让登记权限一览表

387 / 附件7　矿产资源储量规模划分标准

392 / 附件8　安徽省小型以下矿产资源储量规模划分标准

396 / 附件9　安徽省矿业权出让收益市场基准价（主要矿种）

399 / 附件10　常用单位换算一览表

400 / 后记

# 前　言

　　存在于自然界，能够被人类利用于生产、生活的物质和能量叫作自然资源。自然资源按物质形态分为：土地资源、气候资源、生物资源、矿产资源、水资源。按照自然资源能否再生或恢复的特性，可将自然资源分为可再生资源和非可再生资源。我国自然资源的总量丰富，但人均占有量严重不足，各类自然资源在质和量及分布上的不平衡较为突出，一定程度上制约着我国经济和社会的发展。

　　安徽省地处华东地区，位于东经114°52′—119°38′，北纬29°23′—34°39′，东西宽约450公里，南北长约570公里，总面积14.01万平方公里，约占中国国土面积的1.45%，居全国第22位；地处长江、淮河中下游、长江三角洲腹地，居中靠东、沿江通海，东连江苏、浙江，西接湖北、河南，南邻江西，北靠山东；截至2021年末，全省辖16个地级市、9个县级市、50个县、45个市辖区，常住人口约6113万人。

　　全省地势西南高、东北低，地形地貌南北迥异，复杂多样，共有河流2000多条，湖泊580多个，著名的有长江、淮河、新安江和全国五大淡水湖之一的巢湖。长江、淮河横贯省境，分别流经我省长达416公里和430公里，将全省划分为淮北平原、江淮丘陵和皖南山区三大区域。民谣"两根筷子夹着碗，屏障在西也在南；东面不平北边平，黄山胜过九华山"形象地概括了安徽省地理面貌：长江和淮河像两根筷子，巢湖如碗，西面的大别山和东南面的天目山如屏，北边是一马平川的江淮大平原，而皖南的黄山、九华山则是举世闻名的风景名胜区。

　　安徽省地处暖温带过渡地区，以秦岭—淮河为中国东部的南北地理分界线，从安徽中北部通过，北部属暖温带半湿润季风气候，南部属亚热带湿润季风气候。主要特征是气候温和、日照充足、季风明显、四季分明。全省年平均气温14—16°C，南北相差2°C左右；年平均日照1800—2500小时，平均无霜期200—250天，平均降水量800—1600毫米。

　　安徽省襟江带淮，承东启西，是长江三角洲地区无缝对接的纵深腹地。交通便捷，公路密度高出全国平均水平1倍，高速公路通车里程4673公里；铜陵、芜湖、马鞍山、安庆等地有多座长江大桥连接南北，公路和内河运输能力分别居中部地区第2位和第3

位；京沪、京九、亚欧大陆桥等铁路纵贯境内，全省铁路通车里程4323公里，居华东首位；拥有合肥、黄山、芜湖、安庆、蚌埠、阜阳等6大机场。安徽邮电通讯发达，是全国第3个实现全部市县通讯数字化的省份。

安徽省自然资源条件优越，有着丰富的土地资源、气候资源、生物资源、水资源和矿产资源。

全省国土总面积14.01万平方公里，其中耕地面积5.55万平方公里，占全省总面积39.58%，建设用地2万平方公里，占全省面积14.26%。农业生产适宜区9.8万平方公里，城镇建设适宜区10.1万平方公里，分别占全省面积70.0%与72.0%，主要分布在皖北、江淮平原等地区。水面134万公顷，其中可养面积48万公顷。域内多年平均水资源总量737.79亿立方米，入境水资源量8799.19亿立方米，居全国第20位，可利用水资源较为丰富，呈南多北少的特点。

省内生物资源种类繁多，现有维管束植物3645种，陆生脊椎野生动物557种，其中国家重点保护的木本植物30种，珍稀野生动物54种，国家一、二级保护动物分别有21种和70种，主要分布于大别山、环巢湖、皖南山区等区域，世界特有野生动物扬子鳄和白鱀豚产在安徽长江流域。

全省现有林业用地面积409.15万公顷，约占国土总面积的三分之一；森林面积395.85万公顷，森林覆盖率28.65%，居全国第18位；活立木蓄积量2.6145亿立方米，森林蓄积量2.2186亿立方米，居全国第19位。全省湿地总面积4.77万公顷，占国土总面积的0.34%。

安徽省具有优越的成矿地质条件。新中国成立后，先后发现了铜陵矿集区、马芜矿集区、庐枞矿集区以及淮南、淮北煤田等一大批大型、超大型铁铜、煤炭等矿种矿集区和能源基地，为国家经济建设及社会发展提供了矿产资源和能源保障。矿业成就了以"百里煤海"著称的淮南、淮北矿山城市，以铜矿资源发展起来的"古铜都"——铜陵市，以钢铁为核心的安徽钢都——马鞍山市。安徽省目前已发现矿种达128种。已查明矿产地共1615处，达到中型以上规模有578处。总体分布呈"北煤、中铜铁、南钨"的格局，其中煤炭、铁矿、铜矿为优势矿种，基础储量分别达118.9亿吨、21.5亿吨、211万吨。据《安徽统计年鉴—2020》，全省2019年采矿业企业1379家，2019年安徽省原煤产量10989.5万吨、粗钢产量3663.5万吨、水泥17555万吨，矿业经济有力支持了安徽省社会经济的发展。据安徽省经济社会发展统计资料，全省工业总产值中，与矿产资源相关产业的工业总产值占比已超过50%。

自2001年开始,安徽先后建立了包括黄山、天柱山、九华山等16处地质公园,其中世界地质公园3处、国家地质公园11处、省级地质公园2处,有效保护了全省重要地质遗迹资源,维护了区域生态多样性,促进了地质科学普及与地方经济社会可持续发展,助力脱贫攻坚战略目标的实现,为践行习近平生态文明思想,构建以国家公园为主体的自然保护地体系奠定了良好的基础。

"十三五"时期,全省自然资源系统认真学习习近平新时代中国特色社会主义思想和习近平生态文明思想,深入贯彻落实党中央、国务院决策部署及省委、省政府的要求,紧紧围绕"两统一"职责,践行新发展理念,推动高质量发展,深化改革创新,狠抓工作落实,自然资源管理工作取得了积极成效,为建设现代化美好安徽提供了有力的自然资源要素保障。

国土空间结构和布局更加优化。充分发挥规划管控引领作用,确立了新增建设用地减速、农村建设用地减少,农业和生态用地增加,人均城乡、人均城镇工矿、人均农村建设用地规模下降的"两减两增三下降"减量化规划管理工作思路,建立了规划动态维护机制,促进了土地利用结构优化。主动适应国民经济和社会发展变化需要,在科学评估的基础上,积极做好省、市、县、乡级土地利用总体规划调整完善,持续优化国土空间布局。积极做好重大建设项目占用永久基本农田补划论证工作。开展全省生态保护红线评估调整、资源环境承载能力和国土空间开发适宜性评价、国土空间利用和风险评估等基础性工作,推进了省级国土空间规划编制,市、县(市)级空间规划进入实质性编制阶段。

耕地保护成效明显。毫不动摇地坚持最严格的耕地保护制度,以坚守耕地红线和永久基本农田控制线为目标,着力加强耕地数量、质量和生态"三位一体"保护。"十三五"期间,全省耕地保有量588.6万公顷,永久基本农田保护面积492.9万公顷,实现规划任务"双达标"。累计新增耕地面积5.4万公顷,连续二十一年实现耕地占补平衡。

生态修复扎实推进。治理完成废弃矿山2516个、治理率72.7%、治理面积1.7万公顷。制定4个省级绿色矿山建设地方标准,淮北市、芜湖市繁昌区被自然资源部确定为全国绿色矿业发展示范区,全省81家矿山被列入全国绿色矿山名录。推深做实新安江流域生态补偿机制,其经验做法被中央改革办专文推介,新安江生态补偿机制形成品牌。

资源利用效率稳步提升。落实建设用地"增存挂钩"机制,累计消化批而未供土地2.1万公顷,处置闲置土地1.3万公顷。"十三五"单位GDP建设用地使用面积下降率近28%,超额完成国家下达的目标任务。在全国较早出台《促进低效建设用地再开发利用工作的意见》,"十三五"期间,全省共实施低效用地再开发项目1505个,面积0.77万公顷。稳步推进节约集约模范县创建活动。矿产资源开发利用水平持续提升,矿山规模化集约化程度进一步提高。

服务高质量发展保障有力。坚持土地要素跟着项目走,切实保障有效投资用地需求,认真做好承接国务院建设用地审批权委托试点。加强用地计划执行监管,畅通绿色通道,保障重大建设项目用地。"十三五"期间,批准各类建设用地13.7万公顷,供应国有建设用地14.9万公顷,保障全省约1400个重大基础设施项目、重大产业项目落地。发挥土地政策作用,为脱贫攻坚提供资金261.2亿元。全面完成第三次国土调查。找矿突破战略行动取得丰硕成果,新增大中型矿产地93处。深部钻探技术达国内先进水平,获批自然资源部覆盖区深部资源勘查工程技术创新中心。累计查明地质灾害隐患点4225个,实现"十三五"期间地质灾害"零死亡"。

重点领域改革持续深化。全系统机构改革顺利完成。落实土地利用计划管理改革,明确土地利用计划指标配置方式。全面完成农村土地制度改革三项试点任务。稳步推进自然资源资产产权制度改革、矿产资源管理改革等重点改革,形成规划用地"多审合一、多证合一"和工程建设"多测合一"改革制度成果。自然资源资产产权制度改革、矿产资源管理改革等重点改革稳步推进。"放管服"改革深入推进,建设用地审批制度持续推进,不动产统一登记制度顺利实施,不动产登记全面提速增效。

法治建设扎实推进。深入学习宣传贯彻习近平法治思想,全面完成法治政府建设各项工作任务,在法治轨道上统筹推进全省自然资源管理各项工作。自然资源领域法规制度体系建设取得新成效,地方性法规、政府规章和规范性文件动态清理机制进一步健全。有效落实党政主要负责人履行推进法治建设第一责任人职责,全省自然资源系统领导干部法治意识显著增强。法治化行政决策体系不断完善,250余件自然资源重大决策事项均通过合法性审查。行政执法公示制度、执法全过程记录制度、重大执法决定法制审核制度全面推行,依法行政水平进一步提升。圆满完成"七五"普法规划各项目标任务,"普法责任制"有效落实,芜湖市自然资源和规划局被中央宣传部、司法部、全国普法办授予"全国普法工作先进单位"。加强和改进行政复议、行政诉讼工作,"十三五"期间,办理行政复议答复件850余件,有效维护群众权益,妥善化解行政争议。

从严治党纵深发展。坚持"管班子就要管全面,管全面首先要管党建和负主责"和

# 第一篇 自然资源调查监测篇

自然资源作为国家发展之基、生态之源、民生之本,在经济社会发展和生态文明建设中承担着重要的支撑作用,关系着中华民族的永续发展。机构改革后,自然资源部以依法行使"两统一"职责为总目标,以自然资源科学和地球系统科学理论为指导,以构建自然资源分类为核心的调查监测标准体系和构建以遥感监测为主要手段的技术体系为重点,探索构建全面反映地下资源、地表基质、地表覆盖和管理要素4个层面信息的统一的自然资源调查监测体系,科学组织实施各类调查监测工作,查清我国各类自然资源的家底和变化情况,为科学编制国土空间规划,逐步实现山水林田湖草沙的整体保护、系统修复、综合治理和科学利用提供基础支撑,助力实现国家治理体系和治理能力现代化。

本篇通过对自然资源调查监测相关法律法规、政策文件的梳理归纳,主要从自然资源调查与统计、自然资源监测、自然资源评价、自然资源调查监测业务体系及任务分工等4个方面介绍了基本概念、管理制度、业务体系等相关知识。目前,自然资源调查监测体系整体框架已基本构建,但相关各项体系的具体内容亟待完善,本篇仅对标准体系的构成情况进行了介绍,具体执行过程中应以正式发布的国家标准或行业标准为准。

## 一、自然资源调查与统计

### 1. 自然资源概念及主要特征

自然资源是指天然存在、有使用价值、可提高人类当前和未来福利的自然环境因素的总和。自然资源包括有形自然资源,如土地、水体、动植物矿产等,和无形的自然资源,如空气、光源、热资源等。

主要特征:

(1)数量有限性。自然资源的数量与人类社会不断增长的需求相矛盾,必须强调资源的合理开发利用与保护。

（2）分布的不平衡性。自然资源在数量或质量上存在显著的地域差异，某些可再生资源的分布具有明显的地域分异规律。

（3）资源间的联系性。每个地区的自然资源要素彼此有生态上的联系，形成一个整体，必须强调综合研究与综合开发利用。

（4）利用的发展性。人类对自然的利用范围和利用途径将进一步拓展，对自然资源利用率将不断提高。

（5）自然资源同时具有自然属性和社会经济属性。从我国法律法规对自然资源及其各类别的界定看，自然资源具有系统性、天然性、有限性、空间性等自然属性和有用性、稀缺性、用途多样性等社会经济属性。[1]

**2. 自然资源分层分类模型**

根据自然资源产生、发育、演化和利用的全过程，以立体空间位置作为组织和联系所有自然资源体（即由单一自然资源分布所围成的立体空间）的基本纽带，以基础测绘成果为框架，以数字高程模型为基底，以高分辨率遥感影像为背景，按照三维空间位置，对各类自然资源信息进行分层分类，科学组织各个自然资源体有序分布在地球表面（如土壤等）、地表以上（如森林、草原等），及地表以下（如矿产等），形成一个完整的支撑生产、生活、生态的自然资源立体时空模型（具体见图1—1）。各数据层如下：

第一层为地表基质层。地表基质是地球表层孕育和支撑森林、草原、水、湿地等各类自然资源的基础物质。海岸线向陆一侧（包括各类海岛）分为岩石、砾石、沙和土壤等，海岸线向海一侧按照海底基质进行细分。结合《岩石分类和命名方案》和《中国土壤分类与代码》等标准，研制地表基质分类。地表基质数据主要通过地质调查、海洋调查、土壤调查、系统调查等综合获取。

第二层是地表覆盖层。在地表基质层上，按照自然资源在地表的实际覆盖情况，将地球表面（含海水覆盖区）划分为作物、林木、草、水等若干覆盖类型，每个大类可再细分到多级类。参考《土地利用现状分类》《地理国情普查内容与指标》以及国土空间规划用途分类等，制定地表覆盖分类标准。地表覆盖数据，可以通过遥感影像并结合外业调查快速获取。

为展现各类自然资源的生态功能，科学描述资源数量等，按照各类自然资源的特性，对自然资源利用、生态价值等方面的属性信息和指标进行描述。以森林资源为例，在地表覆盖的基础上，根据森林结构、林分特征等，从生态功能的角度，进一步描述其资源量指标，如森林蓄积量。

第三层是管理层。在地表覆盖层上，叠加各类日常管理、实际利用等界线数据（包括行政界线、自然资源权属界线、永久基本农田、生态保护红线、城镇开发边界、自然保护地界线、开发区界线等），从自然资源利用管理的角度进行细分。如按照规划要求，以管理控制区界线，划分各类不同的管控区；按照用地审批备案界线，区分审批情况；按照"三区三线"的管理界线，以及海域管理的"两空间内部一红线"等，区分自然资源的不同管控类型和管控范围；还可结合行政区界线、地理单元界线等，区分不同的自然资源类型。这层数据主要是规划或管理设定的界线，根据相关管理工作直接进行更新。

为完整表达自然资源的立体空间，在地表基质层下设置地下资源层，主要描述位于地表（含海底）之下的矿产资源，以及城市地下空间为主的地下空间资源。矿产资源参照《中华人民共和国矿产资源法实施细则》（以下简称《矿产资源法实施细则》），分为能源矿产、金属矿产、非金属矿产、水气矿产（包括地热资源）等类型。现有地质调查及矿产资源数据，对满足自然资源管理需求的，可直接利用。对已经发生变化的，需要进行补充和更新。

通过构建自然资源立体时空模型，对地表基质层、地表覆盖层和管理层数据进行统一组织，并进行可视化展示，满足自然资源信息的快速访问、准确统计和分析应用，实现对自然资源的精细化综合管理。同时，通过统一坐标系统与地下资源层建立联系。[2]

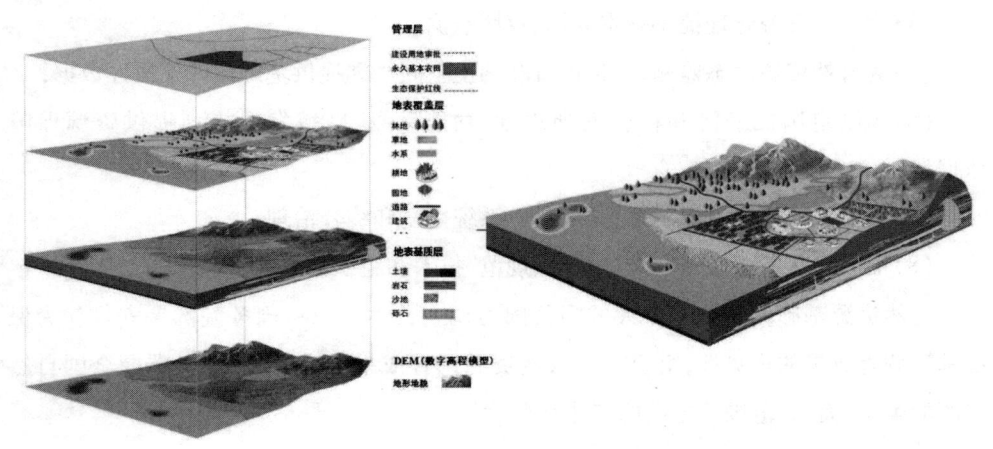

图1—1　自然资源数据空间组织结构图

### 3. 自然资源调查的概念及分类

自然资源调查是履行自然资源部"两统一"职责，查清我国各类自然资源家底和变化情况，为科学编制国土空间规划，逐步实现山水林田湖草的整体保护、系统修复和综合治理，为实现国家治理体系和治理能力现代化提供服务保障的一系列重要基础性工作。

自然资源调查分为基础调查和专项调查。基础调查指对自然资源的共性特征开展的调查，专项调查指为自然资源的特性或特定需要开展的专业性调查。基础调查和专项调查相结合，共同描述自然资源总体情况。原则上采取基础调查内容在先、专项调查内容递进的方式，统筹部署调查任务。[2]

### 4. 自然资源基础调查

自然资源基础调查的主要任务是查清各类自然资源体投射在地表的分布和范围，以及其开发利用与保护等基本情况，掌握最基本的全国自然资源本底状况和共性特征。基础调查以各类自然资源的分布、范围、面积、权属性质等为核心内容，以地表覆盖为基础，按照自然资源管理的基本需求，组织开展我国陆海全域的自然资源基础性调查工作。[2]

自然资源基础调查的主要任务具体包括：

（1）清查区域内自然资源的数量、类型、面积、空间布局等；

（2）查清区域各类自然资源的基本特性和质量状况；

（3）形成全面完善的自然资源基础数据成果；

（4）为自然资源管理提供基本数据、权属数据；

（5）为自然资源动态监测、分析评价和国土空间规划提供基础图件及属性数据；

（6）为制定国民经济和社会发展规划、功能区划、区域发展规划提供资源保障依据；

（7）全面支撑山水林田湖草整体保护、系统修复和综合治理；

（8）形成自然资源调查的统一标准、规范、技术和组织体系。[1]

自然资源基础调查属于重大的国情国力调查，由党中央、国务院部署安排。为保证基础调查成果的现势性，组织开展自然资源调查成果年度更新，及时掌握全国自然资源的类型、面积、范围等方面的变化情况。[2]

### 5. 自然资源专项调查

自然资源专项调查是在统一的自然资源调查框架下，针对土地、矿产、森林、草原、水、湿地、海域海岛等自然资源的特性,以及专业管理和宏观决策需求组织开展的专业性调查,目的是查清各类自然资源的数量、质量、结构、生态功能及相关人文地理等多维度信息。根据专业管理的需要,定期组织全国性的专项调查,发布调查结果。

自然资源专项调查包括以下几种:

(1)耕地资源调查。在耕地基础调查范围内,开展耕地资源专项调查工作,查清耕地的等级、健康状况、产能等,掌握全国耕地资源的质量状况。每年对重点区域的耕地质量情况进行调查,包括对耕地土壤酸化、盐渍化及其他生物化学成分组成等进行跟踪,分析耕地质量的变化趋势。

(2)森林资源调查。查清森林资源的种类、数量、质量、结构、功能、生态状况及变化情况等,获取全国森林覆盖率、森林蓄积量以及起源、树种、龄组、郁闭度等指标数据。每年发布森林蓄积量、森林覆盖率等重要数据。

(3)草原资源调查。查清草原的类型、生物量、等级、生态状况及变化情况等,获取全国草原植被覆盖度、草原综合植被覆盖度、草原生产力等指标数据,掌握全国草原植被生长、利用、退化、鼠害病虫害、草原生态修复状况等信息。每年发布草原综合植被覆盖度等重要数据。

(4)湿地资源调查。查清湿地类型、分布、面积,湿地水环境生物多样性、保护与利用、受威胁状况等现状及其变化情况,全面掌握湿地生态质量状况及湿地损毁等变化趋势,形成湿地面积、分布、湿地率、湿地保护率等数据,每年发布。

(5)水资源调查。查清地表水资源量、地下水资源量、水资源总量,水资源质量,河流年平均径流量,湖泊水库的蓄水动态,地下水位动态等现状及变化情况,开展重点区域水资源详查。每年发布全国水资源调查结果数据。

(6)海洋资源调查。查清海岸线类型(如基岩岸线、砂质岸线、淤泥质岸线、生物岸线、人工岸线)、长度,查清滨海湿地、沿海滩涂、海域类型、分布、面积和保护利用状况,以及海岛的数量位置、面积、开发利用与保护等现状及其变化情况,掌握全国海岸带保护利用情况、围填海情况。同时,开展海洋矿产资源(包括海砂、海洋油气资源等)、海洋能(包括海上风能、潮汐能、潮流能、波浪能、温差能等)、海洋生态系统(包括珊瑚礁、红树林、海草床等)、海洋生物资源(包括鱼卵、籽鱼、浮游动植物、游泳生物底栖生物的种类和数量等)、海洋水体、地形地貌等调查。

(7)地下资源调查。地下资源调查主要为矿产资源调查,任务是查明成矿远景区地质背景和成矿条件,开展重要矿产资源潜力评价,为商业性矿产勘查提供靶区和地质资料;摸清全国地下各类矿产资源状况,包括陆地地表及以下各种矿产资源矿区、矿床、矿体、矿石主要特征数据和已明资源储量信息等。掌握矿产资源储量利用现状、开发利用水平及变化情况。每年发布全国重要矿产资源调查结果。地下资源调查还包括以城市为主要对象的地下空间资源调查,以及海底空间和利用情况调查。查清地下天然洞穴的类型、空间位置、规模、用途等,以及可利用的地下空间资源分布范围、类型、位置及体积规模等。

(8)地表基质调查。查清岩石、砾石、沙、土壤等地表基质类型、理化性质及地质景观属性等。条件成熟时,结合已有的基础地质调查等工作,组织开展全国地表基质调查,必要时进行补充调查与更新。

除以上专项调查外,还可结合国土空间规划和自然资源管理需要,有针对性地组织开展城乡建设用地和城镇设施用地、野生动物、生物多样性、水土流失、海岸带侵蚀以及荒漠化和沙化石漠化等方面的专项调查。[2]

### 6. 全国国土调查简介

(1)第一次全国土地调查是根据《国务院批转农牧渔业部、国家计委等部门关于进一步开展土地资源调查工作的报告的通知》,在全国开展的新中国成立以来规模最大的一次国土调查。自1984年5月开始,于1997年底结束。[3]

(2)第二次全国土地调查自2007年1月开始,以2009年10月31日为调查的标准时点,统一进行变更调查数据更新,向原国土资源部汇交成果,由原国土资源部汇总形成第二次全国土地调查基本数据。[4]

(3)第三次全国土地调查是根据《国务院关于开展第三次全国土地调查的通知》,在全国范围内开展的一次国土调查,自2017年第四季度开始,于2020年底完成。2021年8月25日,国务院第三次全国国土调查领导小组办公室、自然资源部、国家统计局发布《第三次全国国土调查主要数据公报》,并于2021年8月26日联合召开新闻发布会,通报有关情况。"三调"以2019年12月31日为标准时点,全国主要地类数据如下:耕地12786.19万公顷(191792.79万亩);园地2017.16万公顷(30257.33万亩);林地28412.59万公顷(426188.82万亩);草地26453.01万公顷(396795.21万亩);湿地2346.93万公顷(35203.99万亩,湿地是"三调"新增的一级地类,包括7个二级地类);城镇村及工矿用地3530.64万公顷(52959.53万亩);交通运输用地955.31万公顷(14329.61万亩);水域及水利设施用地3628.79万公顷(54431.78万亩)。[5][6]第三次全国国土调查土地资源分类表见附件1。[7]

**7. 自然资源统计**

自然资源统计的主要任务：对土地、矿产、森林、草原、湿地、水、海域海岛等自然资源，以及海洋经济、地质勘查、地质灾害、测绘地理信息、自然资源督察、行政管理等开展统计调查和统计分析，提供统计数据，实施统计监督。

自然资源部统计归口管理机构组织开展全国自然资源综合统计工作，主要职责是：组织制定自然资源统计规章制度，监督检查全国自然资源统计工作；建立健全自然资源统计指标体系，制定综合统计调查制度，审查专业统计调查制度，承担统计调查制度报批工作，对统计调查制度执行情况开展评估；组织实施综合统计任务，开展数据质量评估；建立健全统计数据共享机制，发布综合统计数据；开展综合统计分析，组织综合统计业务培训，推进统计信息化建设。

自然资源部内设业务机构组织开展全国自然资源专业统计工作，主要职责是：起草专业统计调查制度，组织实施专业统计任务，搜集、汇总生成、审核专业统计数据，依据规定发布数据；按照统计调查制度规定向归口管理机构汇交统计数据；开展专业统计分析，组织专业统计业务培训。

地方自然资源主管部门组织开展本行政区域内自然资源统计工作，主要职责是：完成上级自然资源主管部门和同级人民政府统计机构部署的统计调查任务，审核本级统计数据；开展统计分析，发布统计数据，开展统计业务培训。[9]

**8. 自然资源统计数据获取方式**

（1）资源调查。通过对全国国土调查等基础调查成果，和土地、矿产、森林、草原、湿地、水、海域海岛资源等专项调查成果，以及对特定资源和区域的遥感监测成果，进行加工整理后直接形成统计数据。

（2）行政记录。通过对自然资源业务管理系统中留存的行政记录，进行加工整理后直接形成统计数据。

（3）联网直报。填报人直接向自然资源部报送原始数据，自然资源部汇总整理后形成统计数据。

（4）逐级上报。地方自然资源主管部门对下级单位报送的数据进行汇总审核后，向上级主管部门报送。

优先通过对资源调查和行政记录成果加工整理获取统计数据，完善统计数据联网直报，减少数据逐级上报。[9]

### 9. "1+8"的"综合+专业"统计调查制度体系

自然资源部在系统梳理、整合原国土资源、海洋、测绘地理信息、城乡规划等有关统计调查制度基础上,制定了"1+8"的"综合+专业"统计调查制度体系,即《自然资源综合统计调查制度》,以及《土地统计调查制度》《矿产统计调查制度》《海洋统计调查制度》《海洋经济统计调查制度》《地质勘查及地质灾害统计调查制度》《测绘地理信息统计调查制度》《国家自然资源督察统计调查制度》《自然资源管理统计调查制度》等8套专业统计调查制度。[8]

## 二、自然资源监测

### 10. 自然资源监测分类

自然资源监测是在基础调查和专项调查形成的自然资源本底数据基础上,掌握自然资源自身变化及人类活动引起的变化情况的一项工作,实现"早发现、早制止、严打击"的监管目标。根据自然资源监测的尺度范围和服务对象,可以将自然资源监测分为常规监测、专题监测和应急监测3种类型。[2]

### 11. 自然资源监测概念与内容

自然资源常规监测:常规监测是围绕自然资源管理目标,对我国范围内的自然资源定期开展的全覆盖动态遥感监测,及时掌握自然资源年度变化等信息,支撑基础调查成果年度更新,并服务年度自然资源督察执法以及各类考核工作等。常规监测以每年12月31日为时点,重点监测包括土地利用在内的各类自然资源的年度变化情况。

自然资源专题监测:专题监测是对地表覆盖和某一区域、某一类型自然资源的特征指标进行动态跟踪,掌握地表覆盖及自然资源数量、质量等变化情况。专题监测及其监测内容如下:

(1)地理国情监测

以每年6月30日为时点,主要监测地表覆盖变化,直观反映水草丰茂期地表各类自然资源的变化情况,结果满足耕地种植状况监测、生态保护修复效果评价、督察执法监管,以及自然资源管理宏观分析等需要。

(2)重点区域监测

围绕京津冀协同发展、长江经济带发展、粤港澳大湾区建设、长三角一体化发展、黄河流域生态保护和高质量发展等国家战略,以及三江源、秦岭、祁连山等生态功能重要地区和国家公园为主体的自然保护地,以及青藏高原冰川等重要生态要素,动态跟踪国家重大战略实施、重大决策落实以及国土空间规划实施等情况,监测区域自然资源状况、生态环境等变化情况,服务和支撑事中监管,为政府科学决策和精准管理提供准确的信息服务。

(3)地下水监测

依托国家地下水监测工程,开展主要平原盆地和人口密集区地下水水位监测;充分利用机井和民井,在全国地下水主要分布区和水资源供需矛盾突出、生态脆弱、地质环境问题严重的地区开展地下水位统测;采集地下水样本,分析地下水矿物质含量等指标,获取地下水质量监测数据。

(4)海洋资源监测

监测海岸带、海岛保护和人工用海情况,以及海洋环境要素、海洋化学要素、海洋污染物等。

(5)生态状况监测

监测水土流失、水量沙质、沙尘污染等生态状况,以及矿产资源开发及损毁情况、矿区生态环境状况等。

自然资源应急监测:应急监测是根据党中央、国务院的指示,按照自然资源部部署,对社会关注的焦点和难点问题,组织开展监测工作,应急监测重点要突出"快"字,做到响应快,监测快,成果快,支撑服务快,从而第一时间为决策和管理提供第一手的资料和数据支撑。[2]

**12. 自然资源地理国情监测**

地理国情是重要的基本国情,是制定和实施国家发展战略与规划,优化国土空间开发格局的重要依据;是推进自然生态系统和环境保护,合理配置各类资源,实现绿色发展的重要支撑;是做好防灾减灾和应急保障服务,开展相关领域调查、普查的重要数据基础。[14]

地理国情是指地表自然和人文地理要素的空间分布、特征及其相互关系。地理国情监测是利用现代测绘地理信息技术和成果档案,对我国地表自然要素和人文要素的地理分布、主要特征、相互关系、时空演变等进行持续性的调查、统计、分析、评价、预测的活动。

自然资源地理国情监测是综合利用全球卫星导航定位技术、航空航天遥感技术、地理信息系统技术等现代测绘技术,对地形、水系、地表覆盖等要素进行动态和定量化、空间化的监测,形成反映各类资源、环境、生态要素的空间分布及其发展变化规律的监测数据、地图图形和研究报告。做好我国自然资源的数量、类别、性质、空间分布等动态监测,是全面了解我国自然资源状况、遏制自然资源资产流失、应对当前生态危机的重大任务。[1]

**13. 地理国情监测的对象和内容**

地理国情监测的对象和内容主要包括:国土空间开发动态监测、生态环境保护动态监测、资源节约利用动态监测、城市空间发展变化动态监测、区域总体发展规划实施和重大工程建设动态监测、灾害性地理国情信息监测以及其他监测等内容。[15]

国土空间开发动态监测主要是:优化开发区动态监测;重点开发区动态监测;农产品主产区监测。

生态环境保护动态监测主要是:重点生态功能区自然生态监测;主要湖泊(湿地)面积及体积变化监测;典型沙漠变化监测;典型冰川与永久积雪变化监测。

资源节约利用动态监测主要是:能源矿产开发区动态监测;森林资源分布动态监测;水资源及水利设施动态监测;旅游资源空间分布动态监测;岸线资源动态监测。

城市空间发展变化动态监测主要是:城市扩展动态监测;城市三维变化动态监测;城市群综合监测;城市土地利用与土地覆盖变化监测。

区域总体发展规划实施和重大工程建设动态监测主要是:经济区发展规划实施动态监测;生态保护与经济转型规划实施动态监测;重大工程建设动态监测。

灾害性地理国情信息监测主要是:重点区域地表沉降动态监测;灾害性应急监测包括,地震、洪涝、干旱、火灾、滑坡、火山喷发等灾害监测。

其他监测:重大生态工程、典型内陆湖泊水位变化、围海造地、限制性开发区非法采矿、退耕还林还草监测、板块运动与地壳稳定性监测等。

**14. 自然资源地理国情监测的主要任务**

(1)利用高分辨率航空航天遥感影像,收集整合多行业专题数据,通过室内分析判读、野外实地调查等方法,查清监测我国山水林田湖草等地表自然资源要素现状和空间分布;

(2)查清、监测我国人工设施空间分布情况;

(3)形成地理国情普查数据库、地理国情发布与服务系统、地理国情分析报告和图件等成果,全面真实地绘制我国"地情图";

(4)综合分析我国各地区的种植土地、林草覆盖等主要地表资源的数量、空间分布以及可复用的后备地表资源情况,为制定和实施国家发展战略与规划,优化国土空间开发格局和各类资源配置,建设资源节约型和环境友好型社会提供重要参考信息;

（5）形成统一的共建共享数据平台,为国家和各地区掌握自然资源变化情况和规律、评估自然资源承载力、建立健全自然资源资产产权制度和用途管制制度、细化与实施主体功能区规划、建立国土空间开发保护制度、建立国家公园体制等,提供基础数据、技术服务和决策支持。[1]

**15. 自然资源地理国情监测的主要原则**

自然资源地理国情监测按照"全国统筹、上下联动、因地制宜、共享应用"的原则,各省级自然资源主管部门在自然资源部统筹指导下,统一要求、统一标准、统一步调,协同开展本地区地理国情监测工作。

（1）全国统筹。自然资源部自然资源调查监测司对全国地理国情监测进行统一业务指导和监督检查,负责组织地理国情监测顶层设计,推动全国地理国情监测工作的整体开展。国家基础地理信息中心作为责任单位,具体牵头负责地理国情监测项目的组织实施;自然资源部国土卫星遥感应用中心负责高分辨率遥感影像的采集与分发,国家测绘产品质量检验测试中心负责全国地理国情监测过程质量抽查和验后复核,中国测绘科学研究院负责全国监测数据统计分析工作。

（2）上下联动。地理国情监测由中央和地方联动开展。自然资源部负责全国地理国情监测的组织实施、数据汇总和数据建库等工作;各省负责省级行政区域全部或部分地理国情监测任务,要按照"连续、稳定、转换、创新"的要求,进一步优化完善中央和省级两级联动开展地理国情监测的机制。

（3）因地制宜。在遵循国家顶层设计的前提下,地方可根据地域特色和实际需求,因地制宜、差异化扩展地理国情监测内容和指标,增强针对性,丰富监测技术和方法,提高监测工作效率,更好地发挥监测作用。

（4）共享应用。地理国情监测成果由国家和地方共享,全国数据库建成后,要及时向省级自然资源主管部门提供本地区数据库成果,协助完善省级数据库;省级自然资源主管部门要向市、县自然资源主管部门提供数据库成果,并指导帮助建好用好数据库,及时为各级自然资源管理工作提供保障服务,为各级政府部门提供服务,促进监测成果广泛应用。省级自然资源主管部门要加强监测成果统计分析,深化监测成果在规划决策、科学管理中的应用,提升监测成果效益。[10]

## 三、自然资源评价

### 16. 自然资源评价概念与目的

自然资源评价是指按照一定的评价原则或依据,对一个国家或区域的自然资源的数量、质量、地域组合、空间分布、开发利用、治理保护等方面进行定量或定性的评定和估价。自然资源评价以自然资源的考察研究工作为基础,是合理利用自然资源的前提条件和依据所在。其目的是从整体上提示自然资源的优势与劣势、开发利用潜力的大小、限制性及其限制强度,并提出开发利用和治理保护的建议,为充分发挥自然资源的多种功能和综合效益提供科学依据。[1]

### 17. 自然资源评价分类

按照评价对象、评价侧重点和评价特定目的,自然资源评价可划分为不同的类型。不同类型的自然资源评价,其内容有所不同。

(1)根据评价对象不同,自然资源评价可以分为单项评价和综合评价。单项评价指对单一门类自然资源的评价,如土地资源评价、矿产资源评价、能源资源评价、水资源评价、气候资源评价、草地资源评价、森林资源评价、海洋资源评价等。主要评价内容包括该类自然资源的数量、质量、地域组合、空间分布、开发利用、治理保护等方面的定量或定性评价。综合评价以单项评价为基础,揭示自然资源的整体性质和功能,为自然资源的综合开发利用服务。

(2)根据评价侧重点不同,可以分为以自然属性评价为主的自然资源质量评价和以经济属性评价为主的自然资源经济评价。自然资源质量评价主要对自然资源的潜力高低作出评价,衡量潜力高低的指标一般以自然属性评价指标为主,适当考虑与之有关的经济属性。自然资源经济评价是指按照经济观点,从经济发展和生产布局出发,对自然资源开发利用的可能性、开发利用的方向以及开发利用的经济合理性进行的综合论证。

(3)根据评价的特定目的,可以分为自然资源开发利用评价和自然资源保护改造评价等。自然资源开发利用评价是从经济发展需要及技术上可能、经济上合理的角度,对自然资源内在属性与外部有关条件的综合评估。自然资源保护改造评价是以保护资源环境和资源生产力、改变不利条件而采取相应措施为目的的评价,如水土保持、防风固沙、土地复垦、绿化造林、珍稀动植物保护、建立保护区等方面的评价。[1]

## 四、自然资源调查监测业务体系及组织分工

### 18. 自然资源调查监测的业务体系建设

建设自然资源调查监测业务体系,需紧密围绕自然资源部门的职责和业务需求,把握自然资源调查监测工作的系统性、整体性和重构性,从法规制度、标准、技术以及质量管理四个方面,着力开展自然资源调查监测业务体系建设。

(1)法规制度体系

加强基础理论和法理研究,制定自然资源调查监测法规制度建设规划,为调查监测长远发展提供法律支撑。建立自然资源统一调查、评价、监测制度,重点研究制定自然资源调查条例,出台相关配套政策、制度和规范性文件。同时,在现有法律法规修订过程中,体现自然资源调查监测方面的法定性要求。在相关法律法规出台前,继续依据现有法律法规开展工作,主要包括:《中华人民共和国土地管理法》(以下简称《土地管理法》)、《中华人民共和国测绘法》(以下简称《测绘法》)、《中华人民共和国海域使用管理法》(以下简称《海域使用法》)、《中华人民共和国森林法》(以下简称《森林法》)、《中华人民共和国草原法》(以下简称《草原法》)、《中华人民共和国水法》(以下简称《水法》)以及《土地调查条例》、《中华人民共和国森林法实施条例》、《中华人民共和国测绘成果管理条例》(以下简称《测绘成果管理条例》)等。

(2)标准体系

按照自然资源调查监测的总体设计和工作流程,基于结构化思想,构建自然资源调查监测标准体系;按照山水林田湖草是一个生命共同体的理念,研究制定自然资源分类标准;根据地表自然发育程度与地表附着物的本质属性等,研究制定地表覆盖分类标准;在全面梳理自然资源名词术语标准的基础上,制定自然资源调查监测分析评价的系列技术标准、规程规范,包括基础调查技术规程、专项调查技术规程、质量管理技术规程、成果目录规范等。

(3)技术体系

充分利用现代测量、信息网络以及空间探测等技术手段,构建起"天—空—地—网"为一体的自然资源调查监测技术体系,实现对自然资源全要素、全流程、全覆盖的现代化监管。其中,航天遥感方面,利用卫星遥感等航天飞行平台,搭载可见光、红外、高光谱、微波、雷达等探测器,实现广域的定期影像覆盖和数据获取,支持周期性的自然资源调查监测。航空摄影方面,利用飞机、浮空器等航空飞行平台,搭载各类专业探测器,实现快捷机动的区域监测。实地调查方面,借助测量工具、检验检测仪器、照

（摄）相机等设备，利用实地调查、样点监测、定点观测等监测模式，进行实地调查和现场监测。网络方面，利用"互联网+"等手段，有效集成各类监测探测设备和资料，提升调查监测工作效率。

加强自然资源模型建设和研究，建成系统完整的各类自然资源模型库。采用信息化手段，对自然资源调查监测数据成果集成、处理、表达和统一管理。在此基础上加强智能化识别、大数据挖掘、网络爬虫、区块链等技术研究，支撑自然资源调查监测、分析评价和成果应用全过程技术体系高效运行。

（4）质量管理体系

建立自然资源调查监测质量管理制度，依法严格履行质量监管职责，保障调查监测成果真实准确可靠。开展生产过程质量监管、日常质量监督、成果质量验收等，逐步形成定期检查、监督抽查相结合的全过程质量管控机制。构建自然资源调查监测质量信用体系，完善成果质量奖惩机制、质量事故响应和追溯机制、质量责任追究机制等，充分利用好现有专业质检机构，切实发挥其成果质量检查作用。[2]

2021年7月，自然资源部办公厅、国家林业和草原局办公室联合印发《自然资源调查监测质量管理导则（试行）》（以下简称《导则》），提出各地各单位要有序推进自然资源调查监测质量管理体系建设，全面加强自然资源调查监测质量管理，确保调查监测数据真实、准确、可靠。

《导则》明确提出建设自然资源调查监测质量管理体系，统一调查监测质量管理方式、流程和要求，规范质量控制方法、检验技术和评价指标，防范弄虚作假和成果质量问题，完善质量追溯和责任追究机制，持续提升调查监测成果质量，满足建设国家治理体系和治理能力现代化的需求；创新质量管理理念和质量控制方法，综合运用现代空间信息等技术手段，减少人为主观因素对调查监测成果质量的影响。[12]

**19. 自然资源调查监测标准体系**

为加快建立自然资源调查评价监测制度，认真履行自然资源统一调查职责，按照《自然资源调查监测体系构建总体方案》要求，制定《自然资源调查监测标准体系（试行）》（以下简称《标准体系》）。

《标准体系》充分考虑了土地、矿产、森林、草原、湿地、水、海洋等领域现有标准的基础，按照标准体系编制的原则和结构化思想，以统一自然资源调查监测标准为核心，按照自然资源调查监测体系构建的总体设计和自然资源调查监测工作流程构建。《标准体系》包括通用、调查、监测、分析评价、成果及应用5大类、22小类。其中：

（1）通用类标准。规定自然资源调查监测评价活动和成果所需的基础、通用标准，包含术语、分类、质量3个小类。其中，术语、分类是基础和核心。质量类标准是通用要求，贯穿整个自然资源调查监测活动过程的质量监管、日常质量监督、成果质量验收等。

（2）调查类标准。规定自然资源调查的内容指标、技术要求、方法流程等，包含基础调查、耕地资源调查、森林资源调查、草原资源调查、湿地资源调查、水资源调查、海洋资源调查、地下资源调查、地表基质调查、其他共10小类。

（3）监测类标准。规定自然资源监测的技术要求和方法流程等，包含常规监测、专题监测、应急监测3小类。

（4）分析评价类标准。规定自然资源调查与监测成果统计、分析、评价的方法和内容，包含统计、分析、评价3小类。

（5）成果及应用类标准。规定自然资源调查监测成果的管理要求、每类成果应达到的指标要求、成果应用要求等，包括成果内容、成果管理、成果应用3小类。详见附件二。[11]

**20. 自然资源调查监测组织原则**

自然资源调查监测由自然资源部统一负责，按照"总—分—总"方式组织实施，坚持"六统一"，即：统一的总体设计和工作规划，统一的制度和机制建设，统一的标准制定和指标设定，统一的组织实施和质量管控，统一的数据成果管理应用，以及统一的信息发布和共享服务。调查监测工作中，按照中央与地方财政事权和支出责任划分，做好任务分工与统筹，发挥地方积极性和主动性。[2]

**21. 自然资源调查监测工作分工**

总体上，中央部署的调查监测任务，由自然资源部统一组织，地方分工参与；自然资源日常管理必备指标，由自然资源部负责；与自然资源日常管理密切相关的指标，地方考核必需的指标，以及各专项调查和当前管理容易产生交叉甚至矛盾的区域或内容，由自然资源主管部门联合相关专业部门开展调查监测，结果由自然资源主管部门发布，或联合发布；各专业部门管理急需，与自然资源"两统一"职责不紧密的指标和内容，由各相关部门自行组织调查监测。

（1）基础调查。基础调查属重大的国情国力调查，由国务院部署。年度更新由自然资源部负责统一组织，地方自然资源主管部门分工参与。耕地、森林、草原、湿地、水域、海域海岛等资源的分布、范围和面积等内容在基础调查中完成，专项调查时原则上不再重新调查。

（2）专项调查。根据管理目标和专业需求，按照设计、实施、监督相分离的组织方式，分级分工，部门协作开展。

（3）监测工作。常规监测由自然资源主管部门统一组织，监测结果及时推送各需求部门和单位使用；专题监测由自然资源主管部门牵头，统筹业务需求，统一组织开展；应急监测，根据工作任务和监测要求，由自然资源主管部门统一组织。

（4）其他工作。调查监测数据成果汇交和管理制度制定、数据库建设、统计分析评价，自然资源调查监测标准体系建设，自然资源调查监测法律法规的制定等，由自然资源主管部门牵头组织。[2]

参考资料：

[1]《自然资源管理知识手册》编写组：《自然资源管理知识手册》，中国大地出版社，2020年。

[2]《自然资源部关于印发〈自然资源调查监测体系构建总体方案〉的通知》（自然资发〔2020〕15号）

[3]《国务院批转农牧渔业部、国家计委等部门关于进一步开展土地资源调查工作的报告的通知》（国发〔1984〕70号）

[4]《国务院关于开展第二次全国土地调查的通知》（国发〔2006〕38号）

[5]《国务院关于开展第三次全国土地调查的通知》（国发〔2017〕48号）

[6]《第三次全国国土调查主要数据公报》

[7]国家统计局、国家发展改革委、财政部、自然资源部、生态环境部、水利部、农业农村部、国家林业和草原局《关于印发〈自然资源资产负债表编制制度（试行）〉的通知》（国统字〔2020〕143号）

[8]《自然资源部办公厅关于印发自然资源统计调查制度的通知》（自然资办函〔2019〕1235号）

[9]《自然资源部关于印发〈自然资源统计工作管理办法〉的通知》（自然资发〔2020〕111号）

[10]《自然资源部办公厅关于开展2019年全国地理国情监测工作的通知》（自然资办函〔2019〕986号）

[11]《自然资源部办公厅关于印发〈自然资源调查监测标准体系（试行）〉的通知》

(自然资办发〔2021〕5号)

　　[12]《自然资源部办公厅 国家林业和草原局办公室关于印发〈自然资源调查监测质量管理导则(试行)〉的通知》(自然资办发〔2021〕49号)

　　[13]《国务院关于2020年度国有自然资源资产管理情况的专项报告》

　　[14]《关于全面开展地理国情监测的指导意见》(国测国发〔2017〕8号)

　　[15]《关于印发〈地理国情监测内容指南〉的通知》(国地普办〔2012〕15号)

# 第二篇　自然资源所有者权益篇

十八大以来，以习近平同志为核心的党中央高度重视并大力推进生态文明建设。习近平总书记在十八届三中全会上指出："我国生态环境保护中存在的一些突出问题，一定程度上与体制不健全有关，原因之一是全民所有自然资源资产的所有权人不到位，所有权人权益不落实。"为解决这一问题，党中央决定由自然资源部承担统一行使全民所有自然资源资产所有者职责。中办、国办印发的《关于统筹推进自然资源资产产权制度改革的指导意见》提出，要推动相关法律修改，明确国务院授权国务院自然资源主管部门具体代表统一行使全民所有自然资源资产所有者职责。中办、国办印发的《全民所有自然资源资产所有权委托代理机制试点方案》明确自然资源所有者职责为"主张所有、行使权利、履行义务、承担责任、落实权益"等5个方面，这是开展自然资源所有者权益管理制度设计、谋划工作的基础逻辑和政策支撑。

本篇主要围绕"履行所有者职责、维护所有者权益"的工作主线，按照自然资源所有者职责5个方面的内涵，对照全民所有自然资源资产"有什么——值多少——由谁管——怎么管护——怎么配置——收益如何——怎么考核——对谁负责"的管理链条，对清查统计、评估核算、委托代理、资产配置、资产报告等自然资源所有者权益管理工作的基本概念、任务内容等进行介绍。

自然资源所有者权益管理工作是一项自然资源管理重构性的全新工作，是深入推进自然资源资产产权制度改革的重要内容。目前，我省清查统计、评估核算、委托代理、资产配置、资产报告等方面工作正在稳步开展，所有者权益管理制度体系正在不断完善。本篇主要介绍现行自然资源所有者权益管理的相关法规政策。

## 一、全民所有自然资源资产清查统计

根据自然资源部办公厅下发的《关于开展全民所有自然资源资产清查第二批试点工作的通知》要求，利用已有各类自然资源专项调查（清查）中资源权属、数量、质量、用途、分布等成果,补充统一基准时点下的自然资源资产价格、使用权、收益等信息,清查自然资源资产实物量,估算自然资源资产经济价值,探索核实国家所有者权益。[1]《安徽省自然资源厅 安徽省林业局关于印发安徽省全民所有自然资源资产清查试点实施方案的通知》确定滁州、六安、黄山市开展土地、矿产、森林、草原、湿地等5类全民所有自然资源资产清查试点,统筹开展全民所有自然资源资产平衡表试编工作。[2]

### 1. 全民所有自然资源资产

全民所有自然资源资产是自然资源中具有稀缺性和产权明确的部分[1],既包括具有经济价值的经营性资产,也包括没有经济价值但具有生态和社会价值的公益性资产,以及兼具经济、生态、社会价值的复合性资产。从种类上包括土地、矿产、森林、草原、湿地、水及国家公园等。

### 2. 各资源门类资产清查范围

(1)国有农用地(不含林地、草地、湿地):"全国国土变更调查"成果中的国有农用地(不含林地、草地、湿地)。具体包括耕地中的水田、水浇地、旱地;种植园用地中的果园、茶园、橡胶园、其他园地,交通运输用地中的农村道路;水域及水利设施用地中的沟渠、坑塘水面、水库水面,其他土地中的设施农用地、田坎。

(2)国有建设用地:"全国国土变更调查"成果中的国有建设用地。具体包括商业服务业用地中的商业服务业设施用地、物流仓储用地;工矿用地中的工业用地、采矿用地,湿地中的盐田,住宅用地中的城镇住宅用地、农村宅基地(指权属标注为国有的农村宅基地);公共管理与公共服务用地中的机关团体新闻出版用地、科教文卫用地、公用设施用地、公园与绿地、特殊用地;交通运输用地中的铁路用地、轨道交通用地、公路用地、城镇村道路用地、交通服务站场用地、机场用地、港口码头用地、管道运输用地;水域及水利设施用地中的水工建筑用地;其他土地中的空闲地。

(3)国有未利用地:国有未利用地资产清查的范围为"全国国土变更调查"成果中的国有河流水面、湖泊水面、冰川及永久积雪、盐碱地、沙地、裸土地、裸岩石砾地。

(4)储备土地:包括政府依法收回且原使用权人已注销的国有建设用地;政府通过收购、优先购买等方式取得的国有建设用地;其他无明确的使用权人、无权属争议的存量国有建设用地;城镇建设用地范围内,政府依法征收后,需要进行前期开发方可供应的国有建设用地;未利用地。对于按项目报批征转用地的建设用地,视为已确定使用权人,可不纳入储备管理。

(5)矿产资源:根据《自然资源部关于推进矿产资源管理改革若干事项的意见(试行)》和《矿产资源勘查区块登记管理办法》,矿产资源资产清查范围主要包括油气矿产、固体矿产和其他矿产3大类,共35种矿产资源。

(6)全民所有森林资源:林地范围为"全国国土变更调查"中的国有乔木林地、竹林地、灌木林地和其他林地;林木范围为"国土变更调查"中地类为林地和种植园用地,且森林资源管理"一张图"中林木权属为国有的林木。

(7)全民所有草原资源:"全国国土变更调查"中权属为国有的草地。

(8)全民所有湿地资源:"全国国土变更调查"中权属为国有的湿地;清查对象包括权属为国有的湿地(不包括盐田)及湿地与海域重叠部分的沿海滩涂。

(9)国家公园:国家公园边界范围内全民所有的土地、矿产、森林、草原和湿地等自然资源资产。[1]

**3. 全民所有自然资源资产清查价格信号**

全民所有自然资源资产清查价格信号是指能够直接反映或用于评估全民所有自然资源资产清查价格的指标,如政府公示价、交易价、流转价以及相关成本等。[1]

**4. 全民所有自然资源资产清查价格体系**

全民所有自然资源资产清查价格体系指根据收集到的价格信号,建立国家、省、县三级用来估算全民所有自然资源资产经济价值的清查价格与相应的清查价格修正系数。[1]

**5. 全民所有自然资源资产清查价格**

全民所有自然资源资产清查价格指在统一基准时点和特定区域下,根据规定程序和规范方法,经过必要的修正和调整而确定的,具有清晰内涵、用于资产经济价值估算的价格。

(1)国有农用地(不含林草湿)资产清查价格指以农用地流转交易和经营样点评估价格计算的均质区域平均价格为基础,通过必要的核定、修正或调整确定的价格。

(2)国有建设用地资产清查价格指以现行基准地价体系为基础,通过必要的核定、修正、调整和补充完善的价格。

(3)储备土地资产清查价格是指在规划条件明确的情况下,基于现行基准地价体系,通过调整与修正确定的价格;在规划条件未明确的情况下,是指土地取得及前期开发过程中产生的单位面积成本投入。

(4)矿产资源资产清查价格指分矿种、分品级和地区调整系数测算的价格。

（5）森林资源资产清查价格是指对均质区域林地和林木平均价格进行修正后的林地和林木价格。

（6）草原资源资产清查价格是指对均质区域草地平均价格进行修正后的草地价格。[1]

**6. 全民所有自然资源资产经济价值估算及方法**

全民所有自然资源资产经济价值估算是指基于自然资源资产实物和价值属性信息，根据全民所有自然资源资产清查价格体系，估算各类全民所有自然资源资产经济价值。

（1）对于基准地价体系比较完善的，如国有建设用地，利用基准地价成果与不动产登记平台、土地动态监测监管信息系统的宗地使用权信息，采用修正后的基准地价级别价或经容积率修正后的宗地地价来估算建设用地的经济价值。

（2）对于基准价格体系或标准体系不完善的，如国有农用地、矿产、森林、草原等，有条件的地区根据已有的基准价或标准确定清查价格，没有条件的地区将均质区域（矿产资源为标准矿山）的平均价格作为清查价格。均质区域（矿产资源为标准矿山）的划分方法为：在自然、社会、经济等因素基础上划分国家级均质区域（矿产资源为标准矿山），选取、评估样点价格，将样点价格的平均值作为均质区域（矿产资源为标准矿山）的清查价格。对国家级均质区域（矿产资源为标准矿山）进一步细分为本行政级别的均质区域，并根据情况对所属国家级均质区域的清查价格进行调整、修正，得到本行政级别均质区域的清查价格。

（3）对于缺少必要价格信号的湿地，没有条件的地区可以不对湿地进行经济价值估算，有条件的地区探索湿地内各资源类型经济价值或按湿地重置成本法估算经济价值。

（4）对于储备土地，当规划条件明确且具备地价评估客观条件的，采用基准地价系数修正法，分用途对储备地块地价进行经济价值估算。当规划条件不明或者尚未有规划条件时，按照已经发生的收储成本、前期开发成本、资金成本和其他成本估算经济价值。[1]

## 二、全民所有自然资源资产价值评估和资产核算

**7. 全民所有自然资源资产价值评估**

全民所有自然资源资产价值评估是指以全民所有自然资源资产实物量为基础，采

用一定的评估方法,得出资产价值量。通过对实物量叠加价值内涵,进而对全民所有自然资源资产价值变化过程及所有者权利行使结果作出综合性评价。[3]

### 8. 全民所有自然资源资产核算

全民所有自然资源资产核算是对一定时间跨度和空间范围内的自然资源资产,在真实调查统计和合理价值评估的基础上,从实物和价值两方面,统计、核实和度量其总量和结构变化并反映其平衡状况的过程。[3]

### 9. 全民所有自然资源资产负债表

全民所有自然资源资产负债表是指用资产负债表的方式,将一个地区在某个特定时间点上所拥有的自然资源资产总价值和把自然资源维持在某个规定水平之上的成本(负债)进行分类加总形成的报表,反映一定时间内自然资源资产存量的变化。[4]

### 10. 全民所有自然资源资产负债表编制方法

全民所有自然资源资产负债表反映自然资源在核算期初、期末的存量水平以及核算期间的变化量。核算期为每个年度的1月1日至12月31日。在自然资源核算理论框架下,以统计调查数据为基础,编制反映主要自然资源实物存量及变动情况的资产负债表。

全民所有自然资源资产负债表的基本平衡关系:期初存量+本期增加量-本期减少量=期末存量。期初存量和期末存量来自自然资源统计调查和行政记录数据,本期期初存量即为上期期末存量。编制全民所有自然资源资产负债表所使用的分类,原则上采用国家标准。尚未制定国家标准的,可暂采用行业标准。编制全民所有自然资源资产负债表所涉及指标的含义、包含范围和计算方法,由统计部门会同有关部门制定。[5]

### 11. 生态产品价值实现模式

生态产品的价值实现模式主要有生态资源指标及产权交易、生态修复及价值提升、生态产业化经营和生态补偿4类。(1)生态资源指标及产权交易是针对生态产品的非排他性、非竞争性和难以界定受益主体等特征,通过政府管控或设定限额等方式,创造对生态产品的交易需求,引导和激励利益相关方进行交易,是以自然资源产权交易和政府管控下的指标限额交易为核心,将政府主导与市场力量相结合的价值实现路径。(2)生态修复及价值提升是在自然生态系统被破坏或生态功能缺失地区,通过生态修复、系统治理和综合开发,恢复自然生态系统的功能,增加生态产品的供给,并利用优化国土空间布局、调整土地用途等政策措施发展持续产业,实现生态产品价值提升和价值"外溢"。(3)生态产业化经营是综合利用国土空间规划、建设用地供应、产业用地政策、绿色标识等政策工具,发挥生态优势和资源优势,推进生态产业化和产业生态化,以可持续的方式经营开发生态产品,将生态产品的价值附着于农产品、工业品、服务产品的价值中,并转化为可以直接进行市场交易的商品,是市场化的价值实现路径。(4)生态补偿是按照"谁受益,谁补偿,谁保护,谁受偿"的原则,由各级政府或生态受益地区以资金补偿、园区共建、产业扶持等方式向生态保护地区购买生态产品,是以政府为主导的价值实现路径。[6]

### 三、全民所有自然资源资产所有权委托代理

中办、国办印发《全民所有自然资源资产所有权委托代理机制试点方案》明确要求,以习近平新时代中国特色社会主义思想为指导,深入贯彻习近平生态文明思想,以所有者职责为主线,以自然资源清单为依据,以调查监测和确权登记为基础,以落实产权主体为重点,着力摸清自然资源资产家底,依法行使所有者权利,实施有效管护,强化考核监督,为切实落实和维护国家所有者权益、促进自然资源资产高效配置和保值增值、推进生态文明建设提供有力支撑。[16]

**12. 全民所有自然资源资产所有者职责及履行主体**

全民所有自然资源资产所有者职责为主张所有、行使权利、履行义务、承担责任、落实权益。由国务院代表国家行使全民所有自然资源所有权,授权自然资源部统一履行全民所有自然资源资产所有者职责,部分职责由自然资源部直接履行,部分职责由自然资源部委托省级、市地级政府代理履行,法律另有规定的依照其规定。[16]

**13. 委托代理试点目标**

到2023年,基本建立统一行使、分类实施、分级代理、权责对等的全民所有自然资源资产所有权委托代理机制,产权主体全面落实,管理权责更加明晰,资产家底基本摸清,资源保护更加有力,资产配置更加高效,收益管理制度更加完善,考核评价标准初步建立,所有者权益得到有效维护,形成一批可复制可推广的改革成果,为全面落实统一行使所有者职责、修改完善相关法律法规积累实践经验。[16]

**14. 委托代理试点任务和内容**

针对全民所有的土地、矿产、海洋、森林、草原、湿地、水、国家公园等8类自然资源资产(含自然生态空间)开展所有权委托代理试点。一是明确所有权行使模式,国务院代表国家行使全民所有自然资源所有权,授权自然资源部统一履行全民所有自然资源资产所有者职责,部分职责由自然资源部直接履行,部分职责由自然资源部委托省级、

市地级政府代理履行,法律另有规定的依照其规定。二是编制自然资源清单并明确委托人和代理人权责,自然资源部会同有关部门编制中央政府直接行使所有权的自然资源清单,试点地区编制省级和市地级政府代理履行所有者职责的自然资源清单。三是依据委托代理权责依法行权履职,有关部门、省级和市地级政府按照所有者职责,建立健全所有权管理体系。四是研究探索不同资源种类的委托管理目标和工作重点。五是完善委托代理配套制度,探索建立履行所有者职责的考核机制,建立代理人向委托人报告受托资产管理及职责履行情况的工作机制。[16]

### 四、全民所有自然资源资产规划使用和管护

**15. 全民所有自然资源资产保护使用专项规划**

自然资源资产保护和使用规划是作为自然资源资产的所有者,为保护自然资源资产,保证资产保值增值,编制保护使用规划,是基于自然资源资产所有权人的权利、行使所有者职责而进行的规划制度设计。

编制全民所有自然资源资产保护使用专项规划是"十四五"期间自然资源工作中"建立全民所有自然资源资产管理体系"重要任务中的一项重要内容。旨在提出全民所有自然资源资产保护和可持续利用的目标、路线、政策,提出资产保护和规划的近期、中期、远期安排。[3]

**16. 土地储备和储备土地**

土地储备是指县级(含)以上自然资源主管部门为调控土地市场、促进土地资源合理利用,依法取得土地,组织前期开发、储存以备供应的行为。根据《土地储备管理办法》和《安徽省国有土地储备办法》,土地储备工作统一归口自然资源主管部门管理,土地储备机构承担土地储备的具体实施工作。财政部门负责土地储备资金及形成资产的监管。[7]

储备土地指产权清晰的政府储备土地,即政府已取得完整产权的土地,尚未设立使用权或使用权已经灭失、以国家所有权形态存在的国有土地资产,包括依法收回的国有土地、收购的土地、行使优先购买权购得的土地、已办理农用地转用征收批准手续并完成征收的土地、其他依法取得的土地。[1]

**17. 土地储备机构**

土地储备机构应为县级(含)以上人民政府批准成立、具有独立的法人资格、隶属于所在行政区划的自然资源主管部门、承担本行政辖区内土地储备工作的事业单位。

自然资源主管部门对土地储备机构实施名录制管理。市、县级自然资源主管部门应将符合规定的机构信息逐级上报至省级自然资源主管部门,经省级自然资源主管部门审核后报自然资源部,列入全国土地储备机构名录,并定期更新。[7]

**18. 土地储备三年滚动计划与年度土地储备计划**

(1)土地储备三年滚动计划:指根据国民经济和社会发展规划、国土空间规划等,合理确定未来三年土地储备规模,对三年内可收储的土地资源,在总量、结构、布局、时序等方面做出统筹安排,优先储备空闲、低效利用等存量建设用地的三年计划。

(2)年度土地储备计划:根据城市建设发展和土地市场调控的需要,结合当地社会发展规划、土地储备三年滚动计划、年度土地供应计划、地方政府债务限额等因素,合理制订年度土地储备计划。年度土地储备计划内容应包括:①上年度末储备土地结转情况(含上年度末的拟收储土地及入库储备土地的地块清单);②年度新增储备土地计划(含当年新增拟收储土地和新增入库储备土地规模及地块清单);③年度储备土地前期开发计划(含当年前期开发地块清单);④年度储备土地供应计划(含当年拟供应地块清单);⑤年度储备土地临时管护计划;⑥年度土地储备资金需求总量。[7]

**19. 土地储备专项债券**

地方政府土地储备专项债券是地方政府专项债券的一个品种,是指地方政府为土地储备发行,以项目对应并纳入政府性基金预算管理的国有土地使用权出让收入或国有土地收益基金收入(统称"土地出让收入")偿还的地方政府专项债券。[3]

**20. 土地储备资产负债表**

2019年8月,自然资源部办公厅印发了《关于开展土地储备资产负债表试点工作的函》,试点开展土地储备资产负债表编制工作。主要任务:一是完善土地储备资产实物量清查统计体系。二是建立土地储备资产价值量核算体系。三是建立土地储备资产负债核算体系。四是建立土地储备资产负债表报表体系。五是编制年度土地储备资产负债表。六是探索资产负债表的应用。[3]

### 五、国有土地资产配置

**21. 国有建设用地供应计划编制**

依据《中华人民共和国土地管理法实施条例》(以下简称《土地管理法实施条例》)第十六条,市、县自然资源主管部门应结合产业用地政策要求和国土空间规划,依据《国有建设用地供应计划编制规范(试行)》的规定,编制年度国有建设用地供应计划,科学安排国有建设用地供应的总量、结构、布局、时序和方式,经本级人民政府确定,并向社会公布。

优先纳入国有建设用地供应计划范围:(1)国务院及其职能部门发布的产业发展规划中明确的重点产业;(2)国务院及其职能部门发布的产业促进政策中明确的重点产业;(3)县级以上地方人民政府依据前述规划、政策明确的本地区重点产业。[8]

**22. 国有建设用地配置方式**

国有建设用地配置方式主要有划拨、出让、租赁和作价出资(入股)4种。

(1)国有建设用地使用权划拨:县级以上人民政府依法批准,在土地使用者缴纳补偿、安置等费用后将该幅土地交付其使用或者将土地使用权无偿交付给土地使用者使用的行为。[9]市、县自然资源主管部门划拨国有建设用地使用权时,在符合国土空间规划的前提下,可以建设项目审批、核准、备案文件记载的项目建设内容为依据,判断是否符合《划拨用地目录》,不得以建设单位投资来源为民间投资、外商投资或政府和社会资本合作等为由限制申请划拨用地。[8]

(2)国有建设用地使用权出让:国家将国有土地使用权在一定年限内出让给土地使用者,由土地使用者向国家支付土地使用权出让金的行为。出让方式有招标、拍卖、挂牌和协议。[9]

(3)国有建设用地租赁:有权限的人民政府依法将国有建设用地出租给使用者使用,由使用者与县级以上人民政府自然资源主管部门签订一定年期的土地租赁合同,并支付租金的行为。[3]

(4)国有建设用地使用权作价出资(入股):国家以一定年期的国有土地使用权作价,作为出资投入股份有限公司或者有限责任公司,相应的土地使用权转化为国家对企业出资的国家资本金或股本金的行为。[3]

**23. 招标拍卖挂牌和协议出让国有土地使用权的范围及一般程序**

(1)招标拍卖挂牌出让范围:①供应工业、商业、旅游、娱乐和商品住宅等各类经营性用地;②其他土地供地计划公布后同一宗地有两个或者两个以上意向用地者的;③划拨土地使用权改变用途,《国有建设用地划拨决定书》或法律、法规、行政规定等明确应当收回土地使用权,实行招标拍卖挂牌出让的;④划拨土地使用权转让,《国有建设用地划拨决定书》或法律、法规、行政规定等明确应当收回土地使用权,实行招标拍卖挂牌出让的;⑤出让土地使用权改变用途,《国有建设有用地使用权出让合同》约定或法律、法规、行政规定等明确应当收回土地使用权,实行招标拍卖挂牌出让的;⑥法律、法规、行政规定明确应当招标拍卖挂牌出让的其他情形。

一般程序：①公布出让计划，确定供地方式；②编制、确定出让方案；③地价评估，确定出让底价；④编制出让文件；⑤发布出让公告；⑥申请和资格审查；⑦招标拍卖挂牌活动实施；⑧签订出让合同，公布出让结果；⑨核发《建设用地规划许可证》，交付土地；⑩办理土地登记和资料归档。

（2）协议出让范围：①供应工业、商业、旅游、娱乐和商品住宅等各类经营性用地以外用途的土地，其供地计划公布后同一宗地只有一个意向用地者的；②原划拨、承租土地使用权人申请办理协议出让，经依法批准，可以采取协议方式，但《国有建设用地划拨决定书》《国有土地租赁合同》、法律、法规、行政规定等明确应当收回土地使用权重新公开出让的除外；③划拨土地使用权转让申请办理协议出让，经依法批准，可以采取协议方式，但《国有建设用地划拨决定书》、法律、法规、行政规定等明确应当收回土地使用权重新公开出让的除外；④出让土地使用权人申请续期，经审查准予续期的，可以采取协议方式；⑤法律、法规、行政规定明确可以协议出让的其他情形。

一般程序：①公开出让信息，接受用地申请，确定供地方式；②编制协议出让方案；③地价评估，确定底价；④协议出让方案、底价报批；⑤协商，签订意向书；⑥公示；⑦签订出让合同，公布出让结果；⑧核发《建设用地规划许可证》，交付土地；⑨办理土地登记；⑩资料归档。[10]

**24. 先租后让、租让结合、弹性年期出让**

先租后让，是指供地方先行以租赁方式提供用地，承租方投资产业用地项目达到约定条件后再转为出让的供应方式。

租让结合，是指供地方先行以租赁方式提供用地，承租方投资产业用地项目达到约定条件后再将部分用地保持租赁、部分用地转为出让的供应方式。以租让结合方式使用土地的，租赁部分单次签约时限不得超过二十年，可以续签租赁合同。

弹性年期出让，是指整宗土地以低于对应用途国有建设用地使用权出让法定最高年限的使用年期出让的供应方式。[8]

**25. 国有土地使用权出让最高年限**

（1）居住用地七十年；（2）工业用地五十年；（3）教育、科技、文化、卫生、体育用地年限为五十年；（4）商业、旅游、娱乐用地四十年；（5）仓储用地五十年；（6）综合或者其他用地五十年。[11]

### 26. 国有土地使用权收回

依据《土地管理法》第五十八条规定，有下列情形之一的，由有关人民政府自然资源主管部门报经原批准用地的人民政府或者有批准权的人民政府批准，可以收回国有土地使用权：(1)为实施城市规划进行旧城区改建以及其他公共利益需要，确需使用土地的；(2)土地出让等有偿使用合同约定的使用期限届满，土地使用者未申请续期或者申请续期未获批准的；(3)因单位撤销、迁移等，停止使用原划拨的国有土地的；(4)公路、铁路、机场、矿场等经核准报废的。依照第(1)项规定收回国有土地使用权的，应当对土地使用权人给予适当补偿。[12]

### 27. 改制企业的国有土地资产处置方式

国有土地资产处置：在国有(国营)企事业单位改制过程中，如发生土地权属的变更，原划拨土地使用权不符合法定划拨范围的，应当实行有偿使用。目前限于建设用地范围，一般有5种处置方式：保留划拨、出让、租赁、作价出资(入股)和授权经营。

(1)保留划拨。改制企业向市、县自然资源主管部门申请并由市、县人民政府批准后，将仍符合法定划拨范围的划拨土地使用权保留给改组后新的企业。

(2)国有土地使用权出让。改制企业向市、县自然资源主管部门申请并由市、县人民政府批准后，与其自然资源主管部门签订一定年期的土地出让合同，并向市、县人民政府支付土地使用权出让金。

(3)国有土地使用权租赁。改制企业向市、县自然资源主管部门申请并由市、县人民政府批准后，与其自然资源主管部门签订一定年期的土地租赁合同，并向市、县人民政府支付土地租金。

以上3种处置方式由改制企业直接向市、县自然资源主管部门申请办理。

(4)国家以土地使用权作价出资(入股)。改制企业向省级以上自然资源主管部门申请并由省级以上人民政府批准后，省级以上自然资源主管部门以一定年期的国有土地使用权作价，作为出资投入改组后的新设企业，该土地使用权由新设企业持有，土地使用权作价出资(入股)形成的国家股权，按照国有资产出资层级，由有批准权的自然资源主管部门持有，或委托有资格的国有股权持有单位统一持有。

(5)国有土地授权经营。改制企业向省级以上自然资源主管部门申请并由省级以上人民政府批准后，省级以上自然资源主管部门以一定年期的国有土地使用权作价后授权给经省级以上人民政府批准设立的国家控股公司、作为国家授权投资机构的国有独资公司和集团公司经营管理。被授权的国家控股公司、作为国家授权投资机构的国有独资公司和集团公司凭授权书,可以向其直属企业、控股企业、参股企业以作价出资(入股)或租赁等方式配置土地。向集团外企业转让土地使用权的,应向地方人民政府补办土地使用权出让手续。

以上两种处置方式由改制企业按照国有资产出资层级,向同级自然资源主管部门申请办理。[3]

**28."标准地"出让**

"标准地"是指在完成建设项目相关区域性统一评估基础上,明确建设项目投资、能耗、环境、建设、亩均税收等控制性指标履约承诺出让的国有建设用地。[13]

根据《安徽省自然资源厅、安徽省市场监督管理局关于印发〈安徽省开发区工业项目"标准地"工作指引(试行)〉的通知》,开发区工业项目"标准地"(主要指全省开发区新增工业用地)全流程管理分为出让前准备、按标出让、审批服务、按标施建、对标验收、监督管理等6个主要环节。[14]

出让前准备:主要包括地块前期开发、区域评估、控制性指标体系制定及拟出让地块的具体标准设定。按标出让:市、县自然资源主管部门根据当地有关部门联合提出的"标准地"具体控制性指标,拟定国有建设用地使用权出让方案,按规定程序报人民政府批准后,发布"标准地"招拍挂出让公告,并组织实施土地出让工作。审批服务:以"标准地"方式取得新增工业用地的企业投资项目,按照国家有关规定,对事中事后监管能够纠正不符合审批条件的行为且不会产生严重后果的审批事项,实行告知承诺制并对外公布清单及具体要求。用地企业作出书面承诺并完成公示后,审批部门可以直接作出审批决定。按标施建:用地企业按照相关规定和既定计划建设实施。对标验收:依据各地制定的工业项目"标准地"竣工验收和达产复核具体办法,按照事先约定条件进行对标验收。项目未通过竣工验收或达产复核的,由提出关联条件的部门责令其限期整改。整改后仍不能达到约定条件的,竣工验收或达产复核不予通过,其违约责任按签订的《开发区工业项目"标准地"投资建设协议》有关条款执行。监督管理:在项目建设过程中,重点监管企业是否严格按约定的标准、设计要求施工建设。项目通过达产复核,正常运营后,按照亩均效益综合评价进行管理,实现项目全生命周期闭环管理。以"标准地"方式取得的国有建设用地使用权在全部或部分转让后,"标准地"性质不变。[14]

## 六、全民所有自然资源资产收益管理

### 29. 全民所有自然资源资产收益管理内涵

合理区分体现国家权力的"税"、体现所有者权益的"价(租)"以及体现监管者权力的"费",构建统一规范的收益管理制度。逐步统一各类自然资源资产的收益名称、内涵、设立依据、预算归属类别等,研究推动建立国有自然资源资产预算,研究提出合理调整全民所有自然资源资产收益分配比例和支出结构的建议,加大对生态保护和修复的支持力度。

## 七、全民所有自然资源资产考核监管

建立对委托代理和法律授权事项的考核和奖惩机制,对履行所有者职责不到位的情况通过通报问题、调减委托单位等方式督促履职。建立健全自然资源资产监管体系,建立对自然资源资产损害和所有者权益损失重大案件的发现、核实、责任追究和报告制度,强化自然资源资产损害赔偿责任,切实维护所有者权益。

## 八、国有自然资源资产管理情况专项报告

### 30. 国有自然资源资产管理情况专项报告

国有自然资源资产管理情况的年度报告采取综合报告和专项报告相结合的方式。综合报告全面反映各类国有自然资源资产基本情况;专项报告分别反映企业国有资产(不含金融企业)、金融企业国有资产、行政事业性国有资产、国有自然资源等国有资产管理情况。[15]专项报告反映国有资产的规模、结构、分布、表现形式、配置、使用、处置、收益等情况;说明国有资产管理情况;查找国有资产管理中存在的突出问题,进行原因分析;提出具体可行的推进改革、改进工作的安排和建议。

2021年9月27日,受省政府委托,省自然资源厅向省十三届人民代表大会常务委员会第二十九次会议专项报告我省2020年度国有自然资源资产管理情况。《安徽省人民政府关于2020国有自然资源资产管理情况的专项报告》分4个方面:一是国有自然资源资产基本情况。阐述土地、矿产、林草湿、水、自然保护区基本情况。二是国有自然资源资产管理情况和成效。着重从履行全民所有自然资源资产所有者职责、优化国土空间开发保护格局、加强自然资源整体保护和生态修复、持续提升自然资源保护和高效利用水平、深化自然资源领域改革、持续推进自然资源监管体系建设等6个方面概述。三是国有自然资源资产管理存在的问题。主要是反映自然资源资产管理基

础有待提升、自然资源资产管理制度尚需健全、资源约束趋紧与资源利用粗放等3个方面问题。四是国有自然资源资产管理工作的下一步安排。主要在夯实自然资源管理基础、严格保护和高效利用自然资源、健全制度建设、强化国土空间用途管制和生态保护修复等4个方面做好工作。另外,对各类自然资源数据配表说明。[17]

**参考资料:**

[1]《全民所有自然资源资产清查技术指南(试行稿)》

[2]《安徽省自然资源厅 安徽省林业局关于印发安徽省全民所有自然资源资产清查试点实施方案的通知》(皖自然资权〔2021〕2号)

[3]自然资源所有者权益司:全民所有自然资源所有者权益管理培训教材,2019年。

[4]《自然资源管理知识手册》编写组:《自然资源管理知识手册》,中国大地出版社,2020年。

[5]《国务院办公厅关于印发编制自然资源资产负债表试点方案的通知》(国办发〔2015〕82号)

[6]《自然资源部办公厅关于印发〈生态产品价值实现典型案例〉(第一批)的通知》(自然资办函〔2020〕673号)

[7]《国土资源部 财政部 中国人民银行 中国银行业监督管理委员会关于印发〈土地储备管理办法〉的通知》(国土资规〔2017〕17号)

[8]《产业用地政策实施工作指引(2019年版)》

[9]《中华人民共和国城市房地产管理法》(2019年修正)

[10]《关于印发〈招标拍卖挂牌出让国有土地使用权规范〉(试行)和〈协议出让国有土地使用权规范〉(试行)的通知》(国土资发〔2006〕114号)

[11]《中华人民共和国城镇国有土地使用权出让和转让暂行条例》(国务院令第55号,2020年修订)

[12]《中华人民共和国土地管理法》(2019年修正)

[13]《安徽省人民政府办公厅关于全省开发区"标准地"改革的指导意见》(皖政办秘〔2020〕17号)

[14]《安徽省自然资源厅 安徽省市场监督管理局关于印发〈安徽省开发区工业项目"标准地"工作指引(试行)〉的通知》(皖自然资权〔2021〕1号)

[15]《中共中央关于建立国务院向全国人大常委会报告国有资产管理情况制度的意见》(中发〔2017〕33号)

[16]《全民所有自然资源资产所有权委托代理机制试点方案》

[17]《安徽省人民政府关于2020年度国有自然资源资产管理情况的专项报告》

# 第三篇　不动产登记与自然资源确权登记篇

不动产登记是物权公示的重要方式，是维护交易安全、保护权利人合法权益的重要制度。建立和实施不动产统一登记制度是党中央、国务院作出的重大决策。2013年3月，第十二届全国人民代表大会第一次会议审议通过了《国务院机构改革和职能转变方案》，提出加强基础性制度建设，建立不动产统一登记制度。《中华人民共和国民法典》（以下简称《民法典》）第二百一十条（原《中华人民共和国物权法》（以下简称《物权法》）第十条）规定，国家对不动产实行统一登记制度。统一登记的范围、登记机构和登记办法，由法律、行政法规规定。不动产统一登记自2015年破冰启航，经过多年的努力，已完成不动产登记职责和机构整合，建立统一的不动产登记信息平台，实现了国务院要求的统一登记土地、房屋、林地、海域、草原等不动产的要求，达到了登记机构、登记簿册、登记依据、信息平台"四统一"。

自然资源统一确权登记是中央生态文明体制改革的重要决策部署，是加强自然资源资产管理的现实需要，是履行自然资源管理"两统一"职责的基础支撑，是落实《中共中央关于全面深化改革若干重大问题的决定》和《中共中央国务院关于印发〈生态文明体制改革总体方案〉的通知》的精神而建立和实施的一项重要制度，目的是推进自然资源资产产权登记法治化，推动建立归属清晰、权责明确、流转顺畅、保护严格、监管有效的自然资源资产产权制度，支撑自然资源合理开发、有效保护和严格监管。

本篇第一部分、第二部分就是将这些分散在法律、法规、部门规章、技术规范中有关不动产登记和自然资源统一确权登记应知应会的知识点，串联在一起，同时对不动产登记与自然资源统一确权登记的区别和关联进行了分析，帮助理解这些知识点，处理遇到的不同类型的问题。第三部分、第四部分对宅基地和集体建设用地确权登记的疑难问题、实施统一登记前历史遗留问题进行了梳理。第五部分介绍了《民法典》修订后涉及的有关不动产登记内容。

# 一、不动产登记

## 1. 不动产登记的概念

不动产登记是指不动产登记机构依法将不动产权利归属和其他法定事项记载于不动产登记簿的行为。不动产登记的概念明确界定了登记的主体、客体、内容和登记记载在何处：不动产登记的主体是不动产登记机构；不动产登记的客体是土地、房屋、林木和海域等。不动产登记的内容既包括不动产自然状况、权利归属、权属内容，也包括不动产的权利状态等法定事项；不动产登记的载体是不动产登记簿。[1]

## 2. 不动产登记"四统一"

《不动产登记暂行条例》的出台，对推进不动产统一登记制度的实施具有十分重要的意义。落实不动产统一登记制度，核心是必须实现登记机构、登记簿册、登记依据和信息平台的"四统一"，它既是不动产统一登记改革的目标，又是实现不动产统一登记的手段和方法。

（1）统一登记依据。不动产统一登记的前提是统一登记依据。启动不动产统一登记制度改革以来，以《民法典》、原《物权法》等上位法为基础先后出台了《不动产登记暂行条例》《不动产统一登记暂行条例实施细则》《不动产登记操作规范》《不动产登记资料查询暂行办法》《不动产权籍调查技术方案（试行）》《不动产登记信息管理基础平台建设总体方案》等，形成了法律、法规、技术规范等不动产登记依据体系，为不动产登记改革提供了法律保障和操作标准。

（2）统一登记机构。不动产登记工作具体落实靠机构。现实情况是，不同的不动产分散在不同的部门进行登记。因此，要落实不动产统一登记制度，登记机构的统一是关键。不动产登记立法的细化、登记簿册的统一和统一的信息平台的建立，都离不开一个强有力的、覆盖全国的、统一的登记机构。《不动产登记暂行条例》紧紧抓住了机构统一的"牛鼻子"，明确将机构统一写入条例中，明确自然资源部负责指导、监督全国不动产登记工作，在国家层面上确定了不动产统一登记的指导和监督机关。同时要求县级以上地方人民政府确定一个部门负责本行政区域的不动产登记工作，并接受上级不动产登记主管部门的指导和监督，从基层层面落实了具体的不动产登记机构实行统一归口。这一规定抓住"两头"，对创建不动产登记机构体系、理顺不动产管理和登记职责具有十分重要的意义。

（3）统一登记簿册。登记簿是确定不动产物权归属和内容的根据。登记簿册是实现"四统一"的一个重要抓手。《不动产登记暂行条例》改变了现实生活中各部门分设登记簿的状况,对登记簿册的统一设立做了明确规定,对登记簿应当记载的事项进行了明确,从法规制度层面上实现了登记簿册的统一。同时要求对登记簿册的设计既要考虑纸质填写的需要,更要为登记簿的电子化、数据化处理创造条件,是统一的信息平台建设的基础。

(4)统一信息平台。《不动产登记暂行条例》要求国务院自然资源主管部门会同有关部门建立统一的不动产登记信息管理基础平台,实现国家、省、市、县四级登记信息的实时共享,自然资源、公安、民政、税务、工商、金融、审计、统计等部门加强不动产登记有关信息互通共享。这种信息的纵(国家、省、市、县四级登记信息的共享)横(各部门间)共享,对促进政府相关调控和管理的科学性,不动产登记和服务的准确性和及时性,不动产权利人办理和查询的便利性具有极其重要的意义。

### 3. 不动产登记的基本原则

(1)依申请登记原则,是指除法律另有规定(依嘱托登记和依职权登记外),不动产登记应当依据民事主体的申请而进行。民事主体提交申请后,在申请登记事项记载不动产登记簿之前,可以申请撤回登记申请。[1]

(2)一体登记原则,即要求土地使用权、海域使用权的权利主体与依附于其上的建筑物、构筑物、森林、林木等定着物的权利主体一致。土地使用权、海域使用权首次登记、转移登记、抵押登记、查封登记的,该土地、海域范围内符合登记条件的相关不动产所有权应当一并登记。房屋等建筑物、构筑物所有权和森林、林木等定着物所有权首次登记、转移登记、抵押登记、查封登记的,该不动产所有权占用范围内的土地使用权、海域使用权应当一并登记。[6]只有这样,才能确保同一不动产登记簿上各个不动产及其上权利之间的关联性,从根本上避免房地、房海分离,减少纠纷,维护权利人的合法权益。[1]

(3)连续登记原则,即未办理不动产首次登记的,不得办理不动产其他类型登记。下列情形除外:预购商品房预告登记、预购商品房抵押预告登记的,在建建筑物抵押权登记的,预查封登记的,法律、行政法规规定的其他情形。连续登记原则的意义在于,它确保了只有合法的不动产才能进入不动产登记法律体系中,防止不动产违法交易。[6]

(4)属地登记原则,指不动产登记原则上由不动产所在地的县级人民政府不动产登记机构办理,但特别管辖例外。[6]

#### 4. 不动产登记管辖范围

《不动产登记暂行条例》第六条规定:"国务院国土资源主管部门负责指导、监督全国不动产登记工作。县级以上地方人民政府应当确定一个部门为本行政区域的不动产登记机构,负责不动产登记工作,并接受上级人民政府不动产登记主管部门的指导、监督。"《不动产登记暂行条例》第七条规定:"不动产登记由不动产所在地县级人民政府不动产登记机构办理;直辖市、设区的市人民政府可以确定本级不动产登记机构统一办理所属各区的不动产登记。跨县级行政区域的不动产登记,由所跨县级行政区域的不动产登记机构分别办理。不能分别办理的,由所跨县级行政区域的不动产登记机构协商办理;协商不成的,由共同的上一级人民政府不动产登记主管部门指定办理。国务院确定的重点国有林区的森林、林木和林地,国务院批准项目用海、用岛,中央国家机关使用的国有土地等不动产登记,由国务院国土资源主管部门会同有关部门规定。"[2]

#### 5. 不动产登记机构应当履行的职责

《民法典》第二百一十二条明确规定:"登记机构应当履行下列职责:(1)查验申请人提供的权属证明和其他必要材料;(2)就有关登记事项询问申请人;(3)如实及时登记有关事项等职责;(4)法律、行政法规规定的其他职责。申请登记的不动产的有关情况需要进一步证明的,登记机构可以要求申请人补充材料,必要时可以实地查看。"按照《不动产登记暂行条例》第十八条要求,不动产登记机构还应当查验:(1)不动产界址、空间界限、面积等材料与申请登记的不动产状况是否一致;(2)有关证明材料、文件与申请登记的内容是否一致;(3)登记申请是否违反法律、行政法规规定。"[2][3]

#### 6. 不动产登记簿及法律效力

不动产登记簿是承载涉及不动产的各种法律关系的法律工具。国家按照登记簿记载对象的种类,统一规划登记簿页和栏目,根据登记程序和审查要求,设置统一的登记簿样式,使符合登记条件的不动产信息得以准确、清晰、完整、有序地记载,以实现稳定物权、保护权利人合法权益、维护交易秩序和交易安全等目的。不动产登记簿记载的事项包括:不动产的坐落、界址、空间界线、面积、用途等自然状况;不动产权利的主体、类型、内容、来源、期限、权利变化等权属状况;涉及不动产权利限制、提示的事项;其他相关事项。不动产登记簿由不动产登记机构建立和保管,不动产登记簿应当采用电子介质,并具有唯一、确定的纸质转化形式。暂不具备条件的,可以采用纸质介质。[1]

不动产登记的法律效力是指登记这一法律事实对当事人的不动产物权所产生的法律关系和实际影响,它是整个登记制度的核心。[1]我国《民法典》第二百零九条规定:"不动产物权的设立、变更、转让和消灭,经依法登记,发生效力;未经登记,不发生效力,但法律另有规定的除外。"《民法典》第二百一十四条规定:"不动产物权的设立、变更、转让和消灭,依照法律规定应当登记的,自记载于不动产登记簿时发生效力。"不动产登记簿是物权归属和内容的根据。[3]

不动产权属证书是权利人享有该不动产物权的证明,是不动产登记簿的副本。不动产权属证书记载的事项,应当与不动产登记簿一致;记载不一致的,除有证据证明不动产登记簿确有错误外,以不动产登记簿为准。[3]

### 7. 不动产登记单元

不动产以不动产登记单元为基本单位进行登记,不动产单元具有唯一编码。[2]不动产登记单元是指权属界线封闭且具有独立使用价值的空间,独立使用价值的空间应当足以实现相应的用途,并可以独立利用。不动产单元主要分两类,一类是没有房屋等建筑物、构筑物以及森林、林木定着物的,以土地、海域权属界线封闭的空间为不动产单元;一类是有房屋等建筑物、构筑物以及森林、林木定着物的,以该房屋等建筑物、构筑物以及森林、林木定着物与土地、海域权属界线封闭的空间为不动产单元。上述房屋包括独立成幢、权属界线封闭的空间,以及区分套、层、间等可以独立使用、权属界线封闭的空间。[4]

不动产单元号,是不动产单元的唯一编码,相当于一个人的身份证一样,通过不动产单元号可以锁定该不动产在全国范围内的权利信息和自然状况信息。按照每个不动产单元应具有唯一编码的原则,不动产单元代码采用七层28位层次码结构,不动产单元代码采用分层编码,第一层次为县级行政区划代码,码长6位;第二层次为地籍区代码,码长3位;第三层次为地籍子区代码,码长3位;第四层次为宗地(宗海)特征码,码长2位;第五层次为宗地(宗海)顺序号,码长5位;第六层次为定着物特征码,码长1位;第七层次为定着物单元号,码长8位。由宗地(宗海)代码与定着物单元代码构成,如图3—1所示。[5]

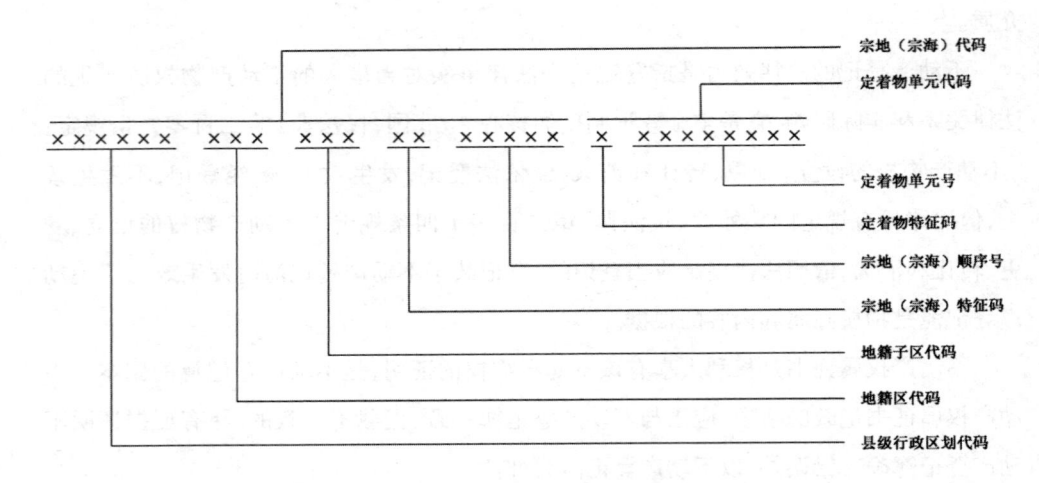

图 3—1 不动产单元代码结构图

### 8. 不动产登记类型

不动产登记包括不动产权利首次登记、变更登记、转移登记、注销登记,以及更正登记、异议登记、预告登记、查封登记等类型。[1]

首次登记是指不动产权利的第一次登记,[1]第一次将不动产权利记载不动产登记簿的行为。

变更登记是指因权利人的姓名或者名称、身份证类型或身份证明号码发生变更,不动产的所在街道或门牌号等坐落、名称、用途、面积等自然状况发生变更,不动产权利期限、来源等权利状况发生变化等不涉及不动产权属转移而进行的登记。[1]

转移登记是指因买卖、互换、赠与、继承、受遗赠等原因导致不动产权属发生转移而进行的登记。[1]

注销登记是指因不动产灭失或不动产权利消灭等原因,[1]当事人提出注销申请而记载登记簿的行为。

更正登记是指登记机构根据权利人、利害关系人认为不动产登记簿记载的事项错误,提出更正申请记载于不动产登记簿的行为。[4]

异议登记是指登记机构根据利害关系人对不动产登记簿记载的事项错误,权利人不同意更正,所提出的异议申请记载于不动产登记簿的行为。[4]

预告登记是指为保障一项将来发生的不动产物权变动得以实现而向登记机关申请的登记。预告登记后,未经预告登记的权利人同意,不得处分该不动产。[1]

查封登记是指不动产登记机构依据人民法院及其他机关的查封裁定书和协助执行通知书等法律文书,将查封情况记载于不动产登记簿上的登记。[1]

### 9. 不动产权利范围

《不动产登记暂行条例》第五条规定:"下列不动产权利,依照本条例的规定办理登记:(1)集体土地所有权;(2)房屋等建筑物、构筑物所有权;(3)森林、林木所有权;(4)耕地、林地、草地等土地承包经营权;(5)建设用地使用权;(6)宅基地使用权;(7)海域使用权;(8)地役权;(9)抵押权;(10)法律规定需要登记的其他不动产权利。"[2]

《民法典》将物权分为所有权、用益物权和担保物权。不动产所有权包括集体土地所有权,房屋等建筑物、构筑物所有权,森林、林木所有权;不动产用益物权包括耕地、林地、草地等土地承包经营权,建设用地使用权,宅基地使用权,海域使用权,地役权,土地经营权、居住权;不动产担保物权包括抵押权。《民法典》新增了土地经营权和居住权,两者都属于用益物权。[3]

### 10. 不动产登记一般程序

不动产登记因发起形式不同又分为依申请登记、依嘱托登记和依职权登记。

依申请的不动产登记应当按申请、受理、审核、登簿程序进行。其中,申请是指申请人根据不同的申请事项,向不动产登记机构提交登记申请材料,办理不动产登记;受理是指不动产登记机构依法查验申请主体、身份证明、申请材料、询问登记事项、出具受理凭证等工作过程;审核是指不动产登记机构受理申请后,根据登记事项需要采取查阅登记原始资料、实地查看、调查、公告等做进一步审查措施,并决定是否予以登记的工作过程;登簿是指登记人员对申请主体、登记材料审查合格后,将登记事项记载登记簿的过程。

依嘱托的不动产登记应按嘱托、接受嘱托、审核、登簿程序进行。不动产登记机构依据人民法院、人民检察院等国家有权机关出具的嘱托文件,如查封登记等。

依职权的不动产登记应当按启动、审核、登簿程序进行。不动产登记机构依职权办理不动产登记事项,如:注销登记、更正登记。[6]

### 11. 申请不动产登记应当提交的材料

《不动产登记暂行条例》规定,办理不动产登记申请人应当提交下列材料:(1)登记申请书;(2)申请人、代理人身份证明材料,授权委托书;(3)相关的不动产权属来源证明材料、登记原因证明材料、不动产权属证书;(4)不动产界址、空间界限、面积等材料;

(5)与他人利害关系的说明材料;(6)法律、行政法规以及本条例实施细则规定的其他材料。同时要求申请对申请材料的真实性负责,不动产登记机构应当在办公场所和门户网站公开申请登记所需材料目录和示范文本等信息。[2]

**12. 不动产登记申请方式**

自然人申请不动产登记分为当事人申请、代理人申请和监护人申请,完全民事行为能力人可以自行申请不动产登记,也可以委托他人代为申请不动产登记,代理人申请不动产登记的,代理人应当向不动产登记机构提供被代理人签字或者盖章的授权委托书,自然人处分不动产委托代理人申请登记的,应当与代理人共同到不动产登记机构现场签订授权委托书或经公证的授权委托书,境外申请人委托他人办理处分不动产登记的,其授权委托书应当按照国家有关规定办理认证或者公证。无民事行为能力人、限制民事行为能力人申请不动产登记的,应当由其监护人代为申请,监护人代为申请登记的,应当提供监护人与被监护人的身份证或者户口本有关监护关系等材料;因处分不动产而申请登记的,应当提供为监护人利益的书面保证。[4]

处分不动产申请登记的又分为单方申请和共同申请。《不动产登记暂行条例》第十四条规定:"因买卖、设定抵押权等申请不动产登记的,应当由当事人双方共同申请。对于下列情形之一的,可以由当事人单方申请:(1)尚未登记的不动产首次申请登记的;(2)继承接受遗赠取得不动产权利的;(3)人民法院仲裁委员会生效的法律文书或者人民政府生效的决定等设立、变更、转让、消灭不动产权利的;(4)权利人姓名、名称或者自然状况发生变化,申请变更登记的;(5)不动产灭失或者权利人放弃不动产权利,申请注销登记的;(6)申请更正登记或者异议登记的;(7)法律、行政法规规定可以由当事人单方申请的其他情形。"[2]

根据 2021 年 6 月 7 日《自然资源部关于修改印发〈不动产登记操作规范(试行)〉的通知》将"申请是指申请人根据不同的申请登记事项,到不动产登记机构现场向不动产登记机构提交登记申请材料,办理不动产登记的行为",修改为"申请是指申请人根据不同的申请登记事项,向不动产登记机构提交登记申请材料,办理不动产登记的行为"。也就是说申请不动产登记,可以不到不动产登记机构现场提交材料,为异地办理、网上申请扫清了障碍。[6]

**13. 不动产登记受理、补正告知、不予受理和不予登记**

受理:属于登记职责范围,申请材料齐全、符合法定形式,或者申请人按照要求提交全部补正申请材料的应当受理并书面告知申请人;申请材料存在可以当场更正错误的应当告知申请人当场更正,申请人当场更正后应当受理并告知申请人。

补正告知:申请材料不齐全,或者不符合法定形式的,应当当场书面告知申请人不予受理,并一次性告知需要补正的全部内容。

不予受理:申请登记的不动产不属于本机构登记范围的,应当当场书面告知申请人不予受理,并告知申请人向有登记权的机构申请。

不予登记:有违反法律、行政法规规定的,存在尚未解决的权属争议的,申请登记的不动产权利超过规定期限的等情形之一的,不动产登记机构应当不予登记并书面告知申请人。[2]

### 14. 不动产登记查验和实地查看

不动产登记机构受理不动产登记申请的应当按照下列要求进行查验:

(1)申请人、委托代理人身份证明材料以及授权委托书与申请主体是否一致;

(2)权属来源材料或者登记原因文件与申请登记的内容是否一致;

(3)不动产界址、空间界限、面积等权籍调查成果是否完备,权属是否清楚,界址是否清晰,面积是否准确;

(4)法律行政法规规定的完税或者缴费凭证是否齐全。

属于下列情形之一的,不动产登记机构可以对申请登记的不动产进行实地查看:(1)房屋等建筑物、构筑物所有权首次登记,查看房屋坐落及其建造完成等情况;(2)在建建筑物抵押登记,查看抵押的在建建筑物坐落及其建造等情况;(3)因不动产灭失导致的注销登记,查看不动产灭失等情况。实地查看应有不动产登记机构工作人员参加,查看人员应当对查看对象拍照,填写实地查看记录,现场照片及查看记录应归档。[4]

### 15. 不动产权籍调查

不动产权籍调查是不动产首次登记的前提和基础,是不动产统一登记之后将原来分散登记时的地籍调查、房产测量等整合的产物,不动产权籍调查的内容大多是不动产登记簿需要记载的内容。不动产权籍调查一般包括不动产权属调查和不动产测量。前者主要是获取不动产权利的主体、类型、内容、来源、期限、权利变化等权属状况,后者主要是获取不动产的坐落、界址、空间界限、面积、用途等自然状况。

申请不动产首次登记前需要开展不动产权籍调查,应当以宗地、宗海为基础,以不动产单元为基本单位,开展不动产权籍调查;申请不动产变更、转移等登记,不动产界址发生变化,或界址无变化但未进行过权籍调查或无法提供不动产权籍调查成果的,应当补充或者重新开展不动产权籍调查。其中政府组织开展的集体土地所有权、宅基地使用权、集体建设用地使用权、土地承包经营权的首次登记所需的不动产权籍调查成果,由人民政府有关部门组织获取,其他登记需要的不动产权籍调查成果由申请人提供。[6]

### 16. 不动产登记公告和不动产权利人声明

不动产登记公告是指登记机构在登记事项记载于登记簿前依法将不动产登记申请审核结果进行的程序性公示。公告的主要内容包括:申请人的姓名或者名称;不动产坐落、面积、用途、权利类型等;提出异议的期限、方式和受理机构;需要公告的其他事项。不动产登记公告分为登簿前公告和登簿后公告。

不动产登簿前需要公告的情形。《不动产登记暂行条例实施细则》第十七条明确规定,有下列情形之一的,不动产登记机构应当在登记事项记载于登记簿前进行公告:

(1)政府组织的集体土地所有权登记;

(2)宅基地使用权及房屋所有权,集体建设用地使用权及建筑物、构筑物所有权,土地承包经营权等不动产权利的首次登记;

(3)依职权更正登记;

(4)依职权注销登记;

(5)法律、行政法规规定的其他情形。以上几种情形的公告是作为登簿前的最后排除异议的重要环节,是登记程序不可或缺的。登记机构需将登记事项先进行公告,在公告期满15个工作日后方可进行相应登记。其中,依职权的更正登记所需时限最长,根据《不动产登记暂行条例实施细则》第八十一条,不动产登记机构发现不动产登记簿记载的事项错误,应通知当事人在30个工作日内办理更正登记。当事人逾期不办理的,不动产登记机构应在公告15个工作日后,依法予以更正。

不动产登簿后需要公告的情形。《不动产登记暂行条例实施细则》规定:"因不动产权利灭失等情形,不动产登记机构需要收回不动产权属证书或者不动产登记证明的,应当在不动产登记簿上将收回不动产权属证书或者不动产登记证明的事项予以注明,确实无法收回的,应当在其门户网站或者当地公开发行的报刊上公告作废"。其实质是对原不动产权利的灭失起到公示的作用。

不动产权利人声明是指不动产权利人在不动产权证书或登记证明遗失、灭失的情况下，申请补发，以不动产权利人的名义，按规定由不动产登记机构刊发的声明。《不动产登记暂行条例》第二十二条第二款规定："不动产权属证书或者不动产登记证明遗失、灭失不动产权利人申请补发的，由不动产登记机构在其门户网站上刊发不动产权利人的遗失、灭失声明15个工作日后，予以补发。"[2][4]

**17. 不动产登记错误的救济措施**

申请更正登记。权利人、利害关系人认为不动产登记簿记载事项错误的，可以申请更正登记。不动产登记簿记载的权利人同意更正或者有证据证明登记确有错误的，登记机构应当予以更正。[4]

申请异议登记。不动产登记簿记载的权利人不同意更正的，利害关系人可以申请异议登记。登记机构予以异议登记的，申请人在异议登记之日起15日内不起诉的，异议登记失效。[4] 异议登记不当造成权利人损害的，权利人可以向申请人请求损害赔偿。[3]

提起民事诉讼。当事人对不动产的归属有异议，产生争议的根源在于对物权变动的民事法律关系有异议，当事人要求转移登记的，可以提起民事诉讼。

提起行政诉讼。当事人认为登记机构未尽审查义务，违反登记程序致使不动产登记记载的权利人和真实权利不一致的，可以提起行政诉讼。

**18. 不动产登记查询**

不动产登记信息涉及特定的权利人或利害关系人，为平衡个人隐私与公众知情权，国家从法律、法规、规章等层面对不动产登记信息查询作出了专门规定。根据原《物权法》《不动产登记暂行条例》等法律法规制定了《不动产登记资料查询暂行办法》，对不动产登记资料范围、查询主体、查询地点和查询方式等作出了具体的规定：

（1）不动产登记资料范围包括：不动产登记簿等不动产登记结果；不动产登记原始资料，包括不动产登记申请书、申请人身份材料、不动产权属来源、登记原因、不动产权籍调查成果等材料以及不动产登记机构审核材料。

（2）查询主体：不动产权利人、利害关系人及不动产权利人、利害关系人委托的律师或者其他代理人有权查询、复制。符合下列条件的利害关系人可以申请查询有利害关系的不动产登记结果：因买卖、互换、赠与、租赁、抵押不动产构成利害关系的、因不动产存在民事纠纷且已经提起诉讼、仲裁而构成利害关系的、法律法规规定的其他情形。

(3)查询权限:不动产登记簿记载的权利人可以查询不动产登记结果和不动产登记原始资料,可以以权利人的姓名或者名称、公民身份号码或者统一社会信用代码等特定主体身份信息、不动产具体坐落位置信息、不动产权属证书号、不动产单元号进行索引查询,也就是说既能以房查房,也能以人查房;利害关系人只能查询不动产登记结果,利害关系人只能通过不动产具体坐落位置、不动产权属证书号、不动产单元号查询,且每份申请书只能申请查询一个不动产登记单元,也就是说只能以房查房,不能以人查房。

(4)查询地点:查询不动产登记资料,应当在不动产所在地的市、县人民政府不动产登记机构进行,但法律法规另有规定的除外,即属地查询原则。有关国家机关查询复制不动产登记资料以及国家机关之间共享不动产登记信息的具体办法另行规定,不受属地原则的限制(例:假设税务机关因征收房地产税需要获取不动产登记信息,可以在不动产所在市、县人民政府不动产登记机构获取,也可以从省级甚至国家不动产登记机构通过数据交换获取,这取决于相关的法律法规的具体规定)。[7]

不动产登记资料不属于政府信息公开范畴,国务院办公厅政府信息与政务公开办公室对原国土资源部办公厅《关于不动产登记资料依申请公开问题的函》作出的复函中明确:"不动产登记资料查询,以及户籍信息查询、工商登记资料查询等,属于特定行政管理领域的业务查询事项,其法律依据、办理程序、法律后果等,与《中华人民共和国政府信息公开条例》所调整的政府信息公开行为存在根本性差别。当事人依据《中华人民共和国政府信息公开条例》申请这类业务查询的,告知其依据相应的法律法规规定办理。"

### 19. 登记信息共享与保护

《不动产登记暂行条例》第四章规定,不动产登记机构、不动产登记信息共享单位及其工作人员应当对不动产登记信息保密,涉及国家秘密的不动产登记信息,应当依法采取必要的安全保密措施。查询不动产登记资料的单位、个人应当向不动产登记机构说明查询目的,不得将查询获得的不动产登记资料用于其他目的,未经权利人同意,不得泄露查询获得的不动产登记资料。[2]《民法典》第二百一十九条规定:"利害关系人不得公开、非法使用权利人的不动产登记资料。"[3]

## 二、自然资源确权登记

### 20. 自然资源统一确权登记的内容和主要工作任务

自然资源统一确权登记的主要内容是对水流、森林、山岭、草原、荒地、滩涂、海域、无居民海岛以及探明储量的矿产资源等自然资源的所有权和所有自然生态空间统一进行确权登记。[1]

自然资源统一确权登记工作的主要任务是,开展国家公园自然保护地确权登记,开展自然保护区、自然公园等其他自然保护地确权登记,开展江河湖泊等水流资源确权登记,开展湿地、草原自然资源确权登记,开展海域、无居民海岛自然资源确权登记,开展探明储量的矿产资源确权登记,开展森林自然资源确权登记,自然资源确权登记信息化建设。通过开展自然资源统一确权登记,清晰界定全部国土空间各类自然资源资产的所有权主体,划清全民所有和集体所有之间的边界,划清全民所有、不同层级政府行使所有权的边界,划清不同集体所有者的边界,划清不同类型自然资源之间的边界,进一步明确国家不同类型自然资源的权利和保护范围等,推进确权登记法治化。[8]

### 21. 自然资源统一确权登记原则

自然资源统一确权登记坚持的原则有:

(1)坚持资源公有。坚持自然资源社会主义公有制,即全民所有和集体所有;

(2)坚持物权法定。坚持按照法律规定,确定自然资源的物权种类和权利内容、自然资源资产产权主体和行使代表;

(3)坚持统筹兼顾,在新的自然资源管理体制和格局基础上与相关改革做好衔接;

(4)坚持以不动产登记为基础,构建自然资源统一确权登记制度体系,实现自然资源统一确权登记与不动产登记的有机融合;

(5)坚持发展和保护相统一,加快形成有利于节约资源和保护环境的新的空间格局。[1]

### 22. 自然资源登记类型及一般程序

自然资源登记的类型包括首次登记、变更登记、更正登记、注销登记。

首次登记是指在一定时间内对登记单元里全部国家所有的自然资源所有权进行的第一次登记。首次登记应当由登记机构依职权启动。首次登记的程序为:通告、调查、审核、公告、登簿。[8]

变更登记是指因自然资源的类型、范围和权属边界等自然资源登记簿内容发生变化进行的登记。[8]根据变化内容不同分为依职权变更登记和依嘱托变更登记，登记单元内自然资源类型、面积等自然状况发生变化的，以全国国土调查和水资源专项调查、湿地资源专项调查、森林资源专项调查、草原专项调查、海域和无居民海岛调查等自然资源专项调查成果为依据，由登记机构依职权办理变更登记。自然保护地范围线、水流范围线变化导致登记单元边界变化，登记单元内的国家所有权界线、所有权代表（代理）行使主体、行使内容等自然资源登记簿主要内容发生变化的，登记机构依据嘱托办理变更登记，程序为：嘱托、接受嘱托、审核、公告、登簿。变更登记涉及所有权权属界线的，应当在登簿前进行公告。公告期不少于15个工作日。[9]

更正登记是指登记机构对自然资源登记簿的错误记载事项进行更正的登记。[8]更正登记可以依嘱托办理，也可以依职权办理。依嘱托更正登记程序为：嘱托、接受嘱托、审核、公告、登簿，更正登记涉及所有权权属界线的，应当在登簿前进行公告，公告期不少于15个工作日。依职权办理更正登记的程序为：启动、审核、公告、登簿。[9]

注销登记是指因不可抗力等因素导致自然资源所有权灭失进行的登记。[8]登记机构依自然资源所有权代表行使主体或代理人嘱托办理注销登记，程序为：（1）嘱托；（2）接受嘱托；（3）审核；（4）公告；（5）登簿。[9]

### 23. 自然资源统一确权登记的管辖职责

自然资源主管部门作为承担自然资源统一确权登记工作的机构，按照分级和属地相结合的方式进行登记管辖。[1]

国务院自然资源主管部门负责指导、监督全国自然资源统一确权登记工作，省级以上人民政府负责自然资源统一确权登记工作。自然资源部会同省级人民政府负责组织开展由中央政府直接行使所有权的国家公园、自然保护区、自然公园等各类自然保护地以及大江大河大湖和跨境河流、生态功能重要的湿地和草原、国务院确定的重点国有林区、中央政府直接行使所有权的海域、无居民海岛、石油天然气、贵重稀有矿产资源等自然资源和生态空间的确权登记工作。具体登记工作由国家登记机构负责办理。[8]

各省负责组织开展本行政区域内由中央委托地方代理行使所有权的自然资源和生态空间的统一确权登记工作。具体登记工作由省级及省级以下登记机构负责办理。[8]

市县应按照要求做好本行政区域范围内自然资源统一确权登记工作。跨行政区域的自然资源确权登记由共同的上一级登记机构直接办理,或者指定登记机构办理。[8]

### 24. 自然资源登记簿

自然资源登记簿是承载涉及自然资源的各种法律关系的法律工具。国家按照登记簿记载对象的种类,统一规划登记簿页和栏目,根据登记程序和审查要求,设置统一的登记簿样式,使符合登记条件的自然资源信息得以准确、清晰、完整、有序地记载,以实现自然资源资产公有、归属清晰、权责明确。《自然资源统一确权登记暂行办法》规定,自然资源登记簿记载的事项包括:自然资源的坐落、空间范围、面积、类型以及数量、质量等自然状况;自然资源所有权主体、所有权代表行使主体、所有权代理行使主体、行使方式及权利内容等权属状况等。同时自然资源登记簿应当对地表、地上、地下空间范围内各类自然资源进行记载,并关联国土空间规划明确的用途、划定的生态保护红线等管制要求及其他特殊保护规定等信息。自然资源登记簿附图内容包括:自然资源空间范围界线、面积、所有权主体、所有权代表行使主体、所有权代理行使主体,以及登记的不动产权利界线,不同类型自然资源的边界、面积等信息。

自然资源登记簿由具体负责登记的各级登记机构进行管理,永久保存。自然资源登记簿和附图应当采用电子介质,配备专门的自然资源登记电子存储设施,采取信息网络安全防护措施,保证电子数据安全,并定期进行异地备份。[8]

### 25. 自然资源登记单元分类

自然资源统一确权以自然资源登记单元为基本单位,根据自然资源特点将自然资源登记单元类型分为:

(1)海域登记单元,登记单元内的海域全部为国家所有。

(2)无居民海岛登记单元,登记单元内自然资源全部为国家所有。

(3)自然保护地登记单元,包括国家公园、自然保护区、自然公园登记单元等。登记单元内一般包含有多种类型、多种所有权形式的自然资源。

(4)水流登记单元,登记单元内可能会包括多种所有权形式,以国家所有为主。

(5)国务院确定的重点国有林区登记单元,登记单元内可能包括多种类型的自然资源,或包含自然保护区、自然公园等自然保护地的,全部森林资源均为中央政府直接行使所有权。

（6）湿地、森林、草原、荒地等自然资源登记单元，登记单元内自然资源以国家所有为主。

（7）探明储量的矿产资源登记单元，包括固体矿产的推断资源量、控制资源量、探明资源量和油气的探明地质储量。[9]

### 26. 自然资源登记单元预划原则和优先顺序

自然资源登记单元应当由登记机构会同水利、林草、生态环境等部门在自然资源所有权范围基础上，综合考虑不同自然资源种类和在生态、经济、国防等方面的重要程度，以及相对完整的生态功能、集中连片等因素划定。

自然资源登记单元的划定原则为：

（1）坚持资源公有、物权法定。坚持自然资源社会主义公有制，即自然资源属于国家所有或集体所有，以自然资源所有权范围为基础划定，并与已登记的不动产物权边界做好衔接。不同行使主体的自然资源或生态空间，应分别划定登记单元。

（2）坚持集中连片，保持生态功能完整性。按照不同自然资源种类和在生态、经济、国防等方面的重要程度以及相对完整的生态功能、集中连片等因素划定。

（3）坚持应划尽划、不重不漏。全部国土空间的国有自然资源以及自然保护地等自然生态空间内涉及的集体所有自然资源，符合自然资源登记单元条件的，均应划为自然资源登记单元，做到应划尽划、没有遗漏。自然资源登记单元范围相重叠的，应按照优先顺序划定，防止重叠。

自然资源登记单元划定优先顺序为：

（1）海域和无居民海岛登记单元；

（2）国家公园登记单元，国务院确定的重点国有林区登记单元，除国家公园外的其他类型自然保护地登记单元；

（3）水流登记单元；

（4）湿地、森林、草原、荒地等单项国有自然资源登记单元，探明储量的矿产资源登记单元。[9]

### 27. 自然资源地籍调查的内容和方法

自然资源地籍调查内容是要以不动产登记成果为基础，结合全民所有自然资源资产清单划定成果，查清自然资源登记单元权属状况、界址，登记单元内所有权、相关不动产权利及许可等信息;要采用全国国土调查和自然资源专项调查成果,查清自然资源的坐落、空间范围、面积、类型以及数量、质量等自然状况;要采用国土空间规划明确的用途管制范围、生态保护红线、特殊保护区范围线等管理管制成果,查清自然资源登记单元内相关公共管制要求。[9]自然资源地籍调查主要采用"内业为主、外业为辅"的内外业相结合的方法。针对不同的调查内容,调查方法有所差异,且不同类型调查方法也不尽相同。

权属调查包括权属状况调查和界址调查,遵循充分利用已有相关资料、尽量减少非必要的外业调查的原则开展。权属状况调查是以不动产登记成果和自然资源登记单元已有权属来源资料为基础,结合全民所有自然资源资产清单划定成果,以及相关许可信息,获取自然资源登记单元的基本状况和权属状况,登记单元内所有权状况,以及登记单元内相关不动产登记及许可信息。对于内业无法确认或缺少相关来源资料的,应开展外业实地调查。[9]

界址调查主要包括指界和界标设置等。[9]首先,在国土调查、专项调查、权籍调查、土地勘测定界等工作中对重要界址点已经指界确认的,不需要重复指界。[8]其次,对于登记单元界线来源资料合法、界址明确的,以及因工作底图比例尺或精度原因造成登记单元界线与实际位置偏差的,不需要进行界址调查。[9]

自然状况和公共管制调查。自然状况和公共管制调查主要采用内业调查方式开展。其中,对于自然状况调查,充分利用国土调查、各类自然资源专项调查等调查成果,通过内业图层叠加,直接提取相应地类图斑,形成水流、湿地、森林、草原、荒地等各类自然资源类型界线,获取自然资源类型、面积、包含图斑数量等。针对不同类型的自然资源,依据各类自然资源专项调查成果,查清自然资源质量等专项自然状况信息。对于公共管制调查,通过将国土空间规划明确的用途管制范围、生态保护红线、特殊保护区范围线等管理管制成果,套合登记单元边界,获取登记单元内相关管理管制信息,包括区块编号、面积、用途管制和特殊保护要求等内容。[9]

**28. 自然资源确权登记信息管理和应用**

自然资源登记资料由具体负责的登记机构管理,各级登记机构应当建立登记资料管理制度及信息安全保密制度,建立符合自然资源登记资料登记保护标准的登记资料存放场所。自然资源登记资料包括,自然资源登记簿等登记结果,自然资源权籍调查成果、权属来源材料、相关公共管制要求、登记机构审核材料等登记原始资料。

在国家不动产登记信息管理基础平台上,拓展开发全国统一的自然资源登记信息系统,实现自然资源确权登记信息的统一管理,各级登记机构应当建立标准统一的自然资源确权登记数据库,确保自然资源确权登记信息日常更新。自然资源确权登记信息纳入不动产登记信息管理基础平台,实现自然资源确权登记信息与不动产登记信息有效衔接和融合。自然资源确权登记信息应当及时汇交国家不动产登记信息管理基础平台,确保国家、省、市、县四级自然资源确权登记信息的实时共享。

自然资源确权登记结果应当向社会公开,但涉及国家秘密以及《不动产登记暂行条例》规定的不动产登记的相关内容除外。自然资源确权登记信息与水利、林草、生态环境、财税等相关部门管理信息应当互通共享,服务自然资源资产的有效监督和保护。[8]

### 29. 自然资源确权登记和不动产登记的区别与联系

自然资源统一确权登记和不动产统一登记的区别:

(1)登记目的不同。开展自然资源统一确权登记的目的主要是贯彻落实党中央、国务院关于生态文明建设决策部署,推动建立归属清晰、权责明确、保护严格、流转顺畅、监管有效的自然资源资产产权制度。不动产登记目的主要是为了发挥登记的物权公示的作用,保护公民和法人的不动产物权,维护交易安全。不动产登记的权利主体为不动产所有权主体或用益物权主体。

(2)登记内容不同。自然资源统一确权登记的内容包括自然资源的坐落、空间范围、面积、类型以及数量等自然状况,自然资源所有权主体、所有权代表行使主体、所有权代理行使主体、行使方式及权利内容等权属状况。不动产登记范围包括国有、集体以及企业和个人的不动产,除了登记不动产的所有权之外,还登记使用权、抵押权等各种物权。不仅包括不动产自然状况、权属状况,还涉及不动产权利限制,提示的事项,以及其他相关事项。

(3)登记类型不完全相同。自然资源确权登记类型包括自然资源首次登记、变更登记、注销登记和更正登记。不动产登记的类型不仅包括首次登记、变更登记、注销登记和更正登记,还包括转移登记、异议登记、预告登记、查封登记。

(4)登记程序不同。自然资源首次登记程序为通告、权籍调查、审核、公告、登簿。而不动产的登记程序为当事人申请,登记机构受理、查验、询问、审核,必要时实地查看,特殊情形下公告,然后登簿、发证。

（5）尽管存在国家权力机关嘱托的登记和登记机构依职权发起的登记，不动产登记主要是由权利人申请而触发；自然资源统一确权登记只能依据所有权代表行使主体或代理人行使主体嘱托登记或自然资源登记机构依职权办理登记。

自然资源统一确权登记与不动产统一登记的联系：

（1）自然资源统一确权登记以不动产登记为基础。按照《自然资源统一确权登记暂行办法》和《自然资源统一确权登记工作方案》有关规定，自然资源统一确权登记工作要坚持以不动产登记为基础，构建自然资源统一确权登记制度体系，实现自然资源统一确权登记与不动产登记的有机融合。

（2）通过不动产登记单元和权利主体实现关联。《自然资源统一确权登记暂行办法》规定："已按照《不动产登记暂行条例》办理登记的不动产权利，通过不动产单元号、权利主体实现自然资源登记簿与不动产登记簿的关联。"自然资源确权登记涉及调整或限制已登记的不动产权利的，应当符合法律法规规定，依法及时记载于不动产登记簿，并书面通知权利人。

（3）建设登记信息管理平台，实现信息统一管理。在国家不动产登记信息管理基础平台上，拓展开发全国统一的自然资源登记信息系统，实现自然资源确权登记信息的统一管理；各级登记机构应当建立标准统一的自然资源确权登记数据库，及时更新自然资源确权登记信息。将自然资源确权登记信息纳入不动产登记信息管理基础平台，实现自然资源确权登记信息与不动产登记信息有效衔接和融合。[10]

### 三、宅基地和集体建设用地确权登记有关问题

#### 30. 没有权属来源材料的宅基地确权登记

对于没有权属来源材料的宅基地，应当查明土地历史使用情况和现状，由所在农民集体经济组织或村民委员会对宅基地使用权人、面积、四至范围等进行确认后，公告30天无异议或异议不成立的，由所在农民集体经济组织或村委会出具证明，并经乡（镇）人民政府审核批准，属于合法使用的，予以确权登记。[11]

#### 31. "一户多宅"登记

宅基地使用权应按照"一户一宅"要求，原则上确权登记到"户"。符合当地分户建房条件未分户，但未经批准另行建房分开居住的，其新建房屋占用的宅基地符合相关规划、经本农民集体经济组织或村民委员会同意并公告无异议或异议不成立的，可按

规定补办有关用地手续后,依法予以确权登记;未分开居住的,其实际使用的宅基地没有超过分户后建房用地合计面积标准的,依法按照实际使用面积予以确权登记;对于因继承房屋占用宅基地,形成"一户多宅"的,可按规定确权登记,并在不动产登记簿和证书附记栏进行注记。[11]

### 32. 宅基地确权登记中"户"的认定

地方对"户"的认定有规定的,按地方规定办理。地方未作规定的,可按以下原则认定:"户"原则上应以公安部门户籍登记信息为基础,同时应当符合当地申请宅基地建房的条件。根据户籍登记信息无法认定的,可参考当地农村集体土地家庭承包中承包集体土地的农户情况,结合村民自治方式予以认定。[11]

### 33. 超面积宅基地登记

农民集体经济组织成员经批准建房占用宅基地的,按照批准面积予以确权登记。未履行批准手续建房占用宅基地的,地方有规定的,按地方规定办理。地方未作规定的,按照《国土资源部关于进一步加快宅基地和集体建设用地确权登记发证有关问题的通知》规定的分阶段处理原则办理:

(1) 1982 年《村镇建房用地管理条例》实施前,农民集体经济组织成员建房占用的宅基地,范围在《村镇建房用地管理条例》实施后至今未扩大的,无论是否超过其后当地规定面积标准,均按实际使用面积予以确权登记。

(2) 1982 年《村镇建房用地管理条例》实施起至 1987 年《土地管理法》实施时止,农民集体经济组织成员建房占用的宅基地,超过当地规定面积标准的,超过面积按国家和地方有关规定处理的结果予以确权登记。

(3) 1987 年《土地管理法》实施后,农民集体经济组织成员建房占用的宅基地,超过批准面积建设的,不予确权登记。符合规划经依法处理予以保留的,在补办相关用地手续后,只登记批准部分,超出部分在登记簿和证书中注记。

(4) 历史上接受转让、赠与房屋占用的宅基地超过当地规定面积标准的,按照转让、赠与行为发生时对宅基地超面积标准的政策规定,予以确权登记。[11]

### 34. 非本农民集体经济组织成员取得宅基地的登记

非本农民集体经济组织成员,因易地扶贫搬迁、地质灾害防治、新农村建设、移民安置等按照政府统一规划和批准使用宅基地的,在退出原宅基地并注销登记后,依法确定新建房屋占用的宅基地使用权,并办理不动产登记。

非本农民集体经济组织成员(含城镇居民),因继承房屋占用宅基地的,可按规定确权登记,在不动产登记簿及证书附记栏注记"该权利人为本农民集体经济组织原成员住宅的合法继承人"。

1999年《国务院办公厅关于加强土地转让管理严禁炒卖土地的通知》印发前,回原籍村庄、集镇落户的职工、退伍军人、离(退)休干部以及回乡定居的华侨、港澳台同胞等,原在农村合法取得的宅基地,或因合法取得房屋而占用宅基地的,经公告无异议或异议不成立的,由该农民集体经济组织出具证明,可依法确权登记,在不动产登记簿及证书附记栏注记"该权利人为非本农民集体经济组织成员"。文件印发后,城市居民违法占用宅基地建造房屋、购买农房的,不予登记。[11]

**35. 进城落户后的农民宅基地确权登记**

依法维护进城落户农民的宅基地使用权、土地承包经营权、集体收益分配权,引导进城落户农民依法自愿有偿退出上述权益,不得以退出承包地和宅基地作为农民进城落户条件,农民进城落户后,其原合法取得的宅基地使用权应予以确权登记。[11]

**36. 农民集体经济组织成员之间互换房屋的确权登记**

经宅基地所有权人同意,农民集体经济组织成员之间互换房屋,导致宅基地使用权及房屋所有权发生转移的,可以依法予以确权登记。农民集体经济组织内部互换房屋,申请宅基地使用权及房屋所有权转移登记的,应当提交不动产权属证书或者其他权属来源材料、集体经济组织内部互换房屋的协议等材料办理登记。[11]

**37. 农民集体经济组织成员之间转让、赠与宅基地上房屋的确权登记**

经宅基地所有权人同意,在本集体内部向符合宅基地申请条件的农户转让、赠与宅基地上房屋,导致宅基地使用权及房屋所有权发生转移的,可以依法予以确权登记。转让、赠与宅基地,申请宅基地使用权及房屋所有权转移登记的,参照《不动产登记暂行条例实施细则》第四十二条规定,提交不动产权属证书或者其他权属来源材料、集体内部转让、赠与协议等材料办理登记。历史上接受转让、赠与房屋占用的宅基地超过当地规定面积标准的,按照转让、赠与行为发生时对宅基地超面积标准的政策规定,予以确权登记。[11]

**38. 合法宅基地上房屋没有符合规划或者建设相关材料的登记**

合法宅基地上房屋没有符合规划或建设相关材料的,地方已出台相关规定,按其规定办理。未出台相关规定,位于原城市、镇规划区内的,出具规划意见后办理登记。

位于原城市、镇规划区外且在《中华人民共和国城乡规划法》(以下简称《城乡规划法》)实施前建设的,在办理登记时可不提交符合规划或建设的相关材料;位于原城市、镇规划区外且在《城乡规划法》实施后建设的,由集体经济组织或者村民委员会公告15天无异议或者异议不成立,经乡(镇)人民政府审核后,按照审核结果办理登记。[11]

**39. 换发房地一体不动产权证书时,房屋测量面积与原房屋所有权证面积不一致,宅基地测量面积与原登记面积不一致的处理方式**

换发房地一体不动产权证书时,房屋测量面积与原房屋所有权证记载面积不一致的,应当以精度高的测量方法测得的面积为准。运用同种测量方法测量,属于精度误差范围内的,以原房屋所有权证记载面积为准。对于房屋翻建后造成面积不一致的,当事人应当提供翻建房屋的规划许可等材料,申请变更登记。

换发房地一体不动产权证书时,宅基地测量面积与原登记面积不一致的,应当区分不同情形进行处理:

(1)对于宅基地界址未发生变化,属于测量方法造成面积不一致的,以精度高的测量方法测得面积登记。

(2)因非法超占宅基地导致测量面积大于原登记面积的,应以原登记面积为准。[11]

**40. 同一宗宅基地上多个房屋属于不同权利人,申请办理房地一体不动产登记的处理方式**

同一宗宅基地上多个房屋属于不同权利人,申请办理房地一体不动产登记的,应当区分不同情形进行处理:

(1)属于新型农村社区或多(高)层多户农民公寓的,按照《不动产登记暂行条例实施细则》第四十三条,参照国有建设用地使用权及建筑物区分所有权的规定,办理宅基地等集体土地上的建筑物区分所有权登记。

(2)属于因继承、分家析产等原因,造成房地权利主体不一致,若遗嘱或者分家析产协议对宅基地作了明确分割,分割的宅基地经县(市)自然资源主管部门认定符合不动产单元划定标准,可以分别办理登记;若遗嘱或者分家析产协议对宅基地未作明确分割的,按照宅基地使用权共同共有办理登记。

(3)属于存在民事纠纷的,待纠纷解决后予以确权登记。[11]

**41. 原乡镇企业或村办企业破产、关停、改制等,其原使用的集体建设用地确权**

登记

　　原乡镇企业或村办企业因破产、关停等不再使用集体土地的,应当按照《土地管理法》第六十六条规定,由农村集体经济组织报经原批准用地的人民政府批准后收回集体建设用地使用权。若原乡镇企业或村集体企业因破产、兼并、改制等导致集体建设用地使用权发生转移,现用地单位继续占用且未改变批准用途的,可以提交集体建设用地使用权转移的材料办理转移登记。若现用地单位继续占用该地块且经批准改变土地用途的,申请人还应当提交有批准权的人民政府或主管部门的批准文件等材料。[11]

### 四、不动产登记历史遗留问题处理

**42. 关于用地手续不完善的问题**

　　由政府主导的安置房、棚改房、经济适用房等项目,可按照划拨、协议出让等方式补办用地手续;国家机关、企事业单位利用自有土地建设房改房、集资房的,可按划拨方式补办用地手续。对于其他建设项目,可以按照地方实际情况,分不同时间段、不同类型分别采取划拨、协议出让等方式,按照项目建设时的政策规定补办用地手续。对于已经办理了房屋所有权登记的,经公告权属清晰无争议的,报经地方人民政府同意,直接按现状核发用地划拨决定书或者补办协议出让手续。[12]

**43. 关于欠缴土地出让价款和相关税费的问题**

　　房屋已销售且已入住的住宅项目,开发单位未按出让合同约定足额缴纳土地出让价款,以及将经济适用房等政策性住房按商品房对外出售但未补缴土地出让价款,或者开发单位欠缴税费的,可报经地方人民政府同意,按照"证缴分离"原则,在有关部门追缴土地出让价款和税费的同时,办理不动产登记手续。房屋尚未入住的住宅项目,开发单位未按规定缴纳土地出让价款和相关税费的,以及划拨土地上自建房擅自对外出售,未补缴土地出让价款的,依法缴纳所欠价款和税费后,方可办理不动产登记。[12]

**44. 关于未通过建设工程规划核实的问题**

　　对于按照规定能够补办规划验收等手续的,应当依法依规处理并补办相关核实手续后办理不动产登记;对确因建成时间较早等原因不具备补办条件的,在符合国土空间规划的前提下,报经地方人民政府同意后,自然资源主管部门按现状出具认定或核实意见。建设项目部分符合规划的,自然资源主管部门可以对符合规划的部分先行核实,并出具规划核实意见。[12]

### 45. 关于开发建设主体灭失的问题

因开发企业或有关单位灭失,有承继单位或上级主管部门的,由承继单位或上级主管部门办理;没有承继单位和上级主管部门的,可以由不动产所在地人民政府指定的机构或组织代为申请办理。开发企业或有关单位灭失的,首次登记与转移登记可一并办理,并在登记簿中对权利主体灭失情况予以记载。已办理首次登记,开发企业或有关单位已经灭失的,购房人可单方申请办理转移登记。[12]

### 46. 关于原分散登记的房屋、土地信息不一致,项目跨宗地建设问题

分散登记时,已经分别登记的房屋和土地用途不一致的不动产,继续分别按照原记载的房屋、土地用途进行登记,未经依法批准不得改变已登记的不动产用途;因房屋所有权多次转移、土地使用权未同步转移导致房屋、土地权利主体不一致的,经核实,权属关系变动清晰且无争议的,可以根据规定程序由房屋所有权人单方申请办理房地权利主体一致的不动产登记。房屋和土地有合法权属来源文件、跨宗地建设未超出批准用地范围,无调整宗地需求的,可按照所在宗地分别办理不动产登记;有调整宗地需求的,经自然资源主管部门进行宗地边界调整或宗地合并、分割后,办理不动产登记。[12]

### 47. 关于已取得房屋所有权证未取得国有土地使用权证的不动产登记问题

有合法土地使用批准手续的,不动产登记机构应予以办理。申请人能提供或者能查询到土地权属来源文件的,应按权属来源文件批准内容,由不动产登记机构据实登记。权属来源文件没有载明批准用途的,按房屋登记簿记载的用途进行登记。

不动产统一登记制度实施前,已办理房屋所有权证未办理国有土地使用权证的,申请人无法提供且经查询无土地权属来源文件的,由不动产登记机构进行权籍调查,经公告无异议后,按建筑物基底所占宗地落宗,土地性质按划拨确定。对于土地用途,有规划手续的,按规划用途进行登记;无规划手续的,按房屋登记簿记载的用途进行登记。

在合法用地上建造的房屋,其房屋所有权已多次转移并取得房屋所有权证,但未同步办理国有土地使用权转移登记的,现权利人提交房屋所有权证和原权利人国有土地使用权证申请登记的,在核实房地权属来源等有关材料,由现权利人签署知悉情况的说明后,办理权利主体一致的不动产登记。对因原权利人下落不明等原因无法提供

原国有土地使用权证的,由不动产登记机构公告原国有土地使用权证书作废后,再办理房地统一的不动产登记。[13]

**48. 关于已取得国有土地使用权证未取得房屋所有权证的不动产登记问题**

不动产统一登记制度实施前,已办理房屋所有权首次登记,因开发建设单位注销且长期失联等原因,购房人无法按照双方共同申请的规定办理不动产转移登记的,土地和房屋权属来源清晰,购房人可凭购房合同、完税凭证等相关材料,经不动产登记机构公示无异议后,单方申请办理不动产转移登记。工程已竣工但未办理房屋所有权首次登记,后期因开发建设单位注销且长期失联等原因缺少申请办证主体的,在用地、规划报建、竣工验收等批准文件清楚齐备的情况下,可由市、县人民政府指定所在乡镇人民政府(街道办事处)或相关单位作为申请人办理首次登记。

对政府招商的工业等实体经济项目已建成投产,因缺少规划、建设等批准文件,企业难以提供申请办理不动产登记所需材料的,市、县人民政府应根据实际,区分政府和企业原因,组织自然资源、住房城乡建设、消防等部门依法依规处理,完善有关手续后,办理不动产登记。[13]

**49. 关于违反用地、规划等开发建设条件的不动产登记问题**

不动产统一登记制度实施前,存在超用地红线、超容积率等违反规划、用地条件,但已取得房屋所有权证书的,可由购房人出具知悉情况的说明后,先行办理不动产登记。市、县人民政府应责成相关部门在规定时间内,对违反规定问题依法依规处理,并将处理结果送不动产登记机构备案。对已交房入住、不影响建筑物整体安全但短期内无法整改到位的,由市、县人民政府组织相关部门形成整改意见后,为权利人先行办理不动产登记,后续整改工作由市、县人民政府负责,按要求全面整改到位。[13]

**50. 关于保障性住房的不动产转移登记问题**

对符合交易条件的经济适用房、集资建房、房改房、存量公房和公租房等保障性住房,应按市、县人民政府规定程序和标准缴纳相应的土地出让金或土地收益等价款后,办理不动产转移登记。

在原用途为教育、医疗卫生、办公、工业、商业等划拨土地上经批准已建住宅的,可将住房占用的土地从原宗地中剥离,按房屋规划设计用途办理房地一体不动产登记,原宗地权利人同步办理不动产变更登记。

宗地为出让土地的,按照相关规定办理不动产转移登记。宗地为划拨土地的,经批准补办出让手续后,办理不动产转移登记;对经市、县人民政府批准同意保留划拨用地性质的,按市、县人民政府规定的标准缴纳土地收益后,办理不动产转移登记。[13]

**51. 关于拆迁安置房不动产登记问题**

由政府组织实施的拆迁安置房项目,因规划、建设等手续不完善导致不符合办理不动产登记要求的,由市、县人民政府牵头,各相关部门配合,建立自然资源、住房城乡建设、税务、司法等部门联办机制,本着维护群众合法权益原则将问题整改完成后,为群众办理不动产登记。对在短期内无法整改到位但已交房入住的,市、县人民政府可委托有工程质量检测鉴定资质的第三方机构进行房屋安全性检测鉴定,经住房城乡建设部门确认房屋安全性鉴定结果后,为权利人先行办理不动产登记,后续整改工作由市、县人民政府负责,按要求全面整改到位。

政府回购商品房用于拆迁安置的,直接为被安置人办理不动产权转移登记。[13]

**52. 关于城市个人自建房不动产登记问题**

对于城市个人自建房,各地可根据实际,按照城市自建房建造的时间段办理登记。《土地管理法》实施前已建成且房屋状况无变化、无权属纠纷的,按市、县人民政府的相关规定办理不动产登记。《土地管理法》实施后建设的,凭用地批准文件、建设规划证明及规划核实凭证等有关材料办理不动产登记。[13]

**53. 关于土地登记面积(或界址线)与实测面积(或界址线)不一致的不动产登记问题**

不动产统一登记制度实施前,依法取得国有建设用地使用权并办理房屋所有权登记的,现申请不动产登记时:若申请登记(含批准,下同)的四至界线与实地一致而实测面积与登记面积不一致的,按实测面积进行不动产登记。申请登记的四至界线与实地不一致导致实测面积与登记面积也不一致的,若实测面积小于登记面积的,按实测面积登记;若实测面积大于登记面积的,可暂按原登记面积办理不动产登记,宗地范围按照实测范围确定,超出的面积在不动产登记簿和产权证书附记栏中注明。在权利人处分该不动产时,需按实际用地范围和面积完善相关用地手续。[13]

**54. 关于建筑物跨越宗地的不动产登记问题**

不动产登记中涉及建筑物跨越相邻宗地且土地使用权人与建筑物所有权人主体一致、权属性质和使用权类型一致的,应按照房屋与宗地对应一致的原则进行分割、合并或调整宗地边界后,办理不动产登记。房屋落宗可按照建筑物占用主要宗地落宗,并在不动产登记簿和产权证中记载。涉及宗地合并的应按相关规定统一土地使用年限。[13]

**55. 关于房地用途不一致的不动产登记问题**

房屋所有权证和国有土地使用权证记载的房屋用途与土地用途不一致的,可分别按照原登记记载的房屋、土地用途进行不动产登记,未经依法批准不得改变已登记的不动产用途。原批准用途与《土地利用现状分类》二级类不对应的,按照《土地利用现状分类》二级类重新确定归属地类后登记,并在不动产登记簿及产权证书予以记载。[13]

**56. 关于权利主体不一致问题**

父母、子女、配偶等近亲属拥有同一不动产,但土地、房产或规划许可手续名称不一致的,由合法权利人提交原建房协议或共同签署承诺书,对不动产权利人及不动产所占份额进行明确,不动产登记机构可依据原建房协议或承诺书,按相关规定,办理不动产登记手续。[13]

### 五、《民法典》有关不动产登记内容的修订

**57. 总则编**

(1)限制民事能力人年龄的修订。《民法典》第十九条将无民事行为能力人和限制民事行为能力的年龄界限从原来的十周岁下调为八周岁,并且明确了限制民事行为能力人可以独立实施纯获利益的民事法律行为或者与其年龄、智力相适应的民事法律行为。而《不动产登记暂行条例实施细则》规定无民事行为能力人、限制民事行为能力人申请不动产登记的,应当由其监护人代为申请,缺少限制民事行为能力人可以独立实施民事法律行为情形的规定,不动产登记相关规定和实践应作出相应调整,以便登记规则与《民法典》精神相对应。

(2)临时监护人规则的修订。《民法典》第三十一条第三款:"根据本条第一款规定指定监护人前,被监护人的人身权利、财产权利以及其他合法权益处于无人保护状态的,由被监护人住所地的居民委员会、村民委员会、法律规定的有关组织或者民政部门担任临时监护人。"此条解决了监护人有争议时的临时监护问题,即有关当事人在对监护人资格有争议而进行诉讼的时候,需办理被监护人不动产登记的代理人可由被监护人住所地的居民委员会、村民委员会、法律规定的有关组织或者民政部门担任临时监护人办理。

58. 物权编

（1）预告登记规则的修订。《民法典》第二百二十一条规定第一款："当事人签订买卖房屋的协议或者签订其他不动产物权的协议，为保障将来实现物权，按照约定可以向登记机构申请预告登记，未经预告登记的权利人同意，处分该不动产的，不发生物权效力。"较之《物权法》而言，通过对比可以看出，在"房屋"后增加了"的协议"，在"其他不动产物权"前增加了"签订"，《物权法》规定下的预告登记制度适用范围以签订买卖房屋的协议为主，签订其他不动产物权的协议为辅，而《民法典》则明确了签订买卖房屋的协议和签订其他不动产物权的协议具有相同重要的位置，同时增加了其他不动产物权的内涵，赋予了预告登记制度更为广阔的适用空间（如：国有建设用地使用权）。

（2）遗赠取得物权规则的修订。《民法典》第二百三十条删除了原《物权法》第二十九条有关受遗赠取得物权的，自受遗赠开始时发生效力的内容，因为从本质上来看继承是一种法律事实行为，而遗赠是一种民事法律行为，属于两种不同的法律关系。法律事实行为发生即生效，而民事法律行为是需要以当事人意思表示为要素，原《中华人民共和国继承法》（以下简称《继承法》）第二十五条和《民法典》第一千一百二十四条第二款均有"受遗赠人应当在知道受遗赠后 60 日内，作出接受或者放弃受遗赠的表示；到期没有表示的，视为放弃受遗赠"的规定，遗赠是需要作出接受的意思表示才能生效的法律行为，所以在办理不动产登记时要注意审查遗赠是否发生法律效力。

（3）共有不动产规则修订。《民法典》第三百零一条关于共有不动产的规定中，除了原有处分或者重大修缮不动产需要三分之二以上按份共有或者全体共同共有人同意以外，新增了变更不动产性质或者用途也需要执行以上规则的规定。

（4）按份共有人转让份额规则修订。在原《物权法》第一百零一条仅规定了按份共有人在转让份额时，其他共有人有优先购买权，而《民法典》第三百零六条则更为具体地规定了转让按份共有人的通知义务和其他共有人需在合理期限内行使优先购买权的规定。而现行《不动产登记规范》中对此的要求是如受让人非原按份共有人的，需提交其他共有人同意的书面材料。不动产登记相关规定和实践应作出相应调整，以便登记规则与《民法典》精神相对应。

（5）承包经营权期限规则修订。《民法典》第三百三十二条删除了特殊林木的林地承包期可由国务院林业主管部门批准延长的规定，并明确了耕地、草地、林地承包期限届满后可按照农村土地承包的法律继续承包。以此推理，在不动产登记实践中应该不需要收取相关主管部门批准延期承包经营权的材料,目前《不动产登记操作规范》还没有对耕地、林地、草地等土地承包经营权登记作出相关规定,应该完善相关内容,以便登记规则和《民法典》精神对应。

(6)土地经营权的设立。根据国家所有权、承包权、经营权三权分置的精神,《民法典》第三百三十九条规定,土地承包经营权人向他人流转的不是承包经营权,而是土地经营权,从而从土地承包经营权中分离出了土地经营权。土地经营权当事人可以向登记机构申请土地经营权登记,未经登记的,不得对抗善意第三人。同时《民法典》第三百四十二条规定,通过招标、拍卖、公开协商等方式承包农村土地,依法登记取得权属证书的,可以依法出租、入股、抵押或者其他方式流转土地经营权。这就意味着土地经营权可以办理抵押登记。

(7)居住权的设立。《民法典》的物权编一大亮点,在于增加了"居住权"这一新型用益物权,并以专章规定了居住权制度,与土地承包经营权、建设用地使用权、宅基地使用权和地役权并列存在。居住权存在与设立,对于完善住房保障体系、增加制度弹性、为弱势群体保障兜底等,具有重要的社会意义和法治价值,也必然会对不动产登记工作带来相当大的影响。设立居住权的应当向登记机构申请居住权登记,居住权自登记时设立,居住权消灭的,也应当及时办理注销登记。

(8)无居民海岛所有权设立。所有权分编增加了无居民海岛所有权。《民法典》第二百四十八条规定:"无居民海岛属于国家所有,国务院代表国家行使无居民海岛所有权。"目前,无居民海岛所有权是正在开展的全民自然资源所有权登记发证工作的内容之一。《民法典》明确无居民海岛属于国家所有,对保护海岛及其周边海域生态系统,合理开发利用海岛自然资源,维护国家海洋权益,促进海岛经济社会可持续发展具有重要意义。

(9)住宅建设用地续期规则修订。《民法典》第三百五十九条规定:"住宅建设用地使用权期限届满,自动续期。续期费用的缴纳或者减免,依照法律、行政法规的规定办理。非住宅建设用地使用权期限届满后的续期,依照法律规定办理。该土地上的房屋及其他不动产的归属,有约定的按照约定办理;没有约定或者约定不明确的,依照法律、行政法规的规定办理。"与《物权法》相比,《民法典》增加了"续期费用的缴纳或者减免,依照法律、行政法规的规定"的内容,但具体缴纳费用标准和减免政策还没有相关法律、行政法规予以明确。在法律没有明确前,登记部门应该按照《国土资源部办公厅关于妥善处理少数住宅建设用地使用权到期问题的复函》"两不一正常"要求执行，即：不需要提出续期申请，不收取费用，正常办理交易和登记手续。

（10）担保合同类型规则的修订。《民法典》第三百八十八条将非典型担保正式纳入担保合同的范围之内，为各类法律没有禁止的担保行为进行兜底，例如现在实务中经常出现的保理合同、融资租赁合同、采购合同等，都可以通过提供担保来保障合法权益。对于不动产登记机构来说，今后在办理不动产抵押登记业务时，不应对申请的担保功能是否可以办理抵押进行审查，除非有其他法律规定明确禁止该担保行为。

（11）可以抵押财产范围规则的修订。《民法典》第三百九十五条规定的可以抵押财产的范围将原《物权法》第一百八十条中以招标、拍卖、公开协商等方式取得的荒地等土地承包经营权删除，增加了海域使用权。实际上《不动产登记操作规范》14.1.2抵押财产范围中也将海域使用权列为可以依法抵押的不动产，这是《民法典》对一些法律实践的承认和完善。需要特别注意的是《民法典》虽然在抵押范围中删除了土地承包经营权有关内容，但土地经营权是可以抵押的，因在《民法典》第三百四十二条、《中华人民共和国农村土地承包法》（以下简称《农村土地承包法》）第五十三条都明确规定通过招标、拍卖、公开协商等方式取得承包农村土地，经依法登记取得权属证书的，可以依法采取出租、入股、抵押或者其他方式流转土地经营权，这意味着土地经营权是可以抵押的。

（12）禁止抵押财产范围的规则修订。《民法典》第三百九十九条不得抵押范围对原《物权法》第一百八十四条第三款进行了修订，将"医院"修改为"医疗机构"，将"事业单位、社会团体"修改为"非营利法人"。显然，《民法典》扩大了禁止设立抵押的主体范围，增加了基金会、社会服务机构等。同时意味着不以公益为目的设立的营利法人、特别法人、非法人组织拥有的教育设施、医疗卫生设施应该是可以抵押的。不动产登记机构在实务审查时应注意抵押财产主体性质是不是为公益目的设立的非营利法人。

另外将耕地从禁止抵押范围中予以删除了，也为耕地设立的承包经营权和土地经营权正常抵押留下了空间。

（13）抵押财产转让规则修订。《民法典》第四百〇六条对原《物权法》第一百九十一条的规则进行了修订，明确："抵押期间，抵押人可以转让抵押财产。当事人另有约定的，按照其约定。抵押财产转让的，抵押权不受影响。抵押人转让抵押财产的，应当及时通知抵押权人。抵押权人能够证明抵押财产转让可能损害抵押权的,可以请求抵押人将转让所得的价款向抵押权人提前清偿债务或者提存。转让的价款超过债权数额的部分归抵押人所有,不足部分由债务人清偿。"

《民法典》实施后带押过户将不受限制,《不动产登记操作规范》国有建设用地使用权及房屋所有权转移登记审查要点要求:"关于设有抵押的,是否办理抵押权注销登记。"应该修改,以便登记规则与《民法典》精神相对应。

(14)集体土地抵押规则修正。《民法典》第四百一十八条将原《物权法》第二百〇一条进行了修正,没有限定只有土地承包经营权和乡镇、村企业的厂房等建筑物占用范围内的建设用地使用权可以抵押,而是明确了集体所有土地的使用权依法可以抵押,也就是说其他法律、行政法规未禁止抵押的集体土地使用权均可以设立抵押权。

## 59. 继承编

(1)丧失继承权规则的修订。《民法典》第一千一百二十五条对原《继承法》第七条的丧失继承权规则进行了重大的修订,主要有三方面的变化:一是增加了以欺诈、胁迫手段迫使或者妨碍被继承人设立、变更或者撤回遗嘱,情节严重的,丧失继承权;二是被继承人表示宽恕或者事后在遗嘱中将其列为继承人的,该继承人不丧失继承权;三是受遗人故意杀害被继承人的丧失受遗赠权。此规则的设定其实也是为了最大程度尊重被继承人的意志,并且可尽量避免继承人因法定事由被剥夺继承权后财产变为国有,从而引发与民争利的问题。

(2)继承人范围规则的修订。《民法典》第一千一百二十八条修订了原《继承法》第十一条的代位继承的规则,增加了"被继承人的兄弟姐妹先于被继承人死亡的,由被继承人的兄弟姐妹的子女代位继承"。其立意是尽可能避免财产无人继承的情况出现。

(3)遗产范围规则修订。原《继承法》第三条规定:"遗产是公民死亡时遗留的个人合法财产,包括公民的收入;公民的房屋、储蓄和生活用品;公民的林木、牲畜和家禽;公民的文物、图书资料;法律允许公民所有的生产资料;公民的著作权、专利权中的财产权利;公民的其他合法财产。"采取的是"列举+兜底"的方式。《民法典》第一千一百二十二条规定:"遗产是自然人死亡时遗留的个人合法财产。依照法律规定或者根据其性质不得继承的遗产,不得继承。"采取的是概括的方式,此举让遗产所涵盖的范围更广。下面重点探讨一下土地承包经营权、土地经营权和宅基地的继承问题:

一是土地承包经营权,土地承包经营权的主体为农村集体经济组织成员,具有明显的人身属性，但农民个人是无法取得的，必须是以农户为单位方可取得该项权利，而遗产是"自然人"死亡时遗留的"个人"合法财产，对于作为以户为单位取得的农村土地承包经营权自然不能作为遗产继承，在《农村土地承包法》第三十二条第一款中，仅规定了承包收益可以被继承；

二是土地经营权，随着《民法典》的实施，将土地经营权从土地承包经营权分离出来，并规定土地经营权可通过租赁、入股获得，因此对土地经营权的主体没有法律上的限制，且属于自然人死亡时个人的合法财产，土地经营权自然属于遗产的范围，可以被继承；

三是宅基地使用权，宅基地是以"户"分配和使用的，只要"户"中还有其他成员，批准使用人的死亡就不影响该"户"的宅基地使用权，可由现在的户主申请登记。如果"户"中已没有其他成员，但宅基地上房屋可以作为个人的合法财产继承的，于2020年9月9日发布对"十三届全国人大三次会议第3226号建议"答复明确表示："农民的宅基地使用权可以依法由城镇户籍的子女继承并办理不动产登记。根据《继承法》规定，被继承人的房屋作为其遗产由继承人继承，按照房地一体原则，继承人继承取得房屋所有权和宅基地使用权，农村宅基地不能单独被继承。"因此对于已有房屋建造在其上的宅基地使用权，可以作为遗产继承，但是尚未建造房屋的宅基地使用权无法单独作为遗产继承。

（4）遗嘱规则的修订。《民法典》第一千一百三十六条、一千一百三十七条新增了两种遗嘱设立形式，即打印遗嘱和录像遗嘱，同时规定了这两种遗嘱形式的具体要求。今后在不动产登记中如何运用这两种遗嘱形式作为不动产登记的申请材料需要出台相应的规范，以便登记规则与《民法典》精神相对应。

另外在不动产登记时值得注意的是《民法典》第一千一百三十九条删除了原《继承法》关于公证遗嘱优先的规定，《民法典》第一千一百四十二条规定，立有数份遗嘱，内容相抵触的，以最后的遗嘱为准。

参考资料：

［1］《自然资源管理知识手册》编写组：《自然资源管理知识手册》，中国大地出版社，2020年。

［2］《不动产登记暂行条例》（国务院令第656号，2019年修改）

[3]《中华人民共和国民法典》(主席令第四十五号)

[4]《不动产登记暂行条例实施细则》(国土资源部令第63号,2019年修改)

[5]《不动产单元设定与代码编制规则(试行)》(GB/T 37346-2019)

[6]《不动产登记操作规范(试行)》(根据2021年6月7日《自然资源部关于修改印发〈不动产登记操作规范(试行)〉的通知》修订)

[7]《不动产登记资料查询暂行办法》(国土资源部令第80号)

[8]《自然资源部 财政部 生态环境部 水利部 国家林业和草原局关于印发〈自然资源统一确权登记暂行办法〉的通知》(自然资发〔2019〕116号)

[9]《自然资源部办公厅关于印发〈自然资源确权登记操作指南(试行)〉的通知》(自然资办发〔2020〕9号)

[10]《自然资源管理基础》编写组:《自然资源管理基础》,宁夏人民出版社,2020年。

[11]《自然资源部办公厅关于印发〈宅基地和集体建设用地使用权确权登记工作问答〉的函》(自然资办函〔2020〕1344号)

[12]《自然资源部关于加快解决不动产登记若干历史遗留问题的通知》(自然资发〔2021〕1号)

[13]《安徽省自然资源厅关于妥善处理不动产登记历史遗留问题的指导意见》(皖自然资〔2020〕157号)

[14]《中华人民共和国农村土地承包法》(2018年12月29日修正)

[15]《国土资源部关于进一步加快宅基地和集体建设用地确权登记发证有关问题的通知》(国土资发〔2016〕191号)

[16]《农业农村部 自然资源部关于规范宅基地审批管理的通知》(农经发〔2019〕6号)

[17]《国土资源部、中央农村工作领导小组办公室、财政部、农业部关于农村集体土地确权登记发证的若干意见》(国土资发〔2011〕178号)

[18]《中共中央 国务院关于实施乡村振兴战略的意见》(中发〔2018〕1号)

[19]《自然资源部关于加快宅基地和集体建设用地使用权确权登记工作的通知》(自然资发〔2020〕84号)

# 第四篇　国土空间规划篇

国土空间是生态文明建设的载体,国土空间规划是推进生态文明建设的关键举措。国土空间规划是以实现国土空间的高质量生产、高品质生活和持续性演进为终极目标,是国家空间发展的指南、可持续发展的空间蓝图,各类开发保护建设活动和空间用途管制的基本依据。建立全国统一、责权清晰、科学高效的国土空间规划体系,整体谋划新时代国土空间开发保护格局,综合考虑人口分布、经济布局、国土利用、生态环境保护等因素,科学布局生产空间、生活空间、生态空间,是加快形成绿色生产方式和生活方式、推进生态文明建设、建设美丽中国的关键举措,是坚持以人民为中心、实现高质量发展和高品质生活、建设美好家园的重要手段,是保障国家战略有效实施、促进国家治理体系和治理能力现代化、实现"两个一百年"奋斗目标和中华民族伟大复兴中国梦的必然要求。

本章节主要以国土空间规划"五级三类四体系"为主线,系统介绍国土空间规划编制内容。

## 一、国土空间规划概述

### 1. 国土空间规划基本概念

国土空间规划是对一定区域国土空间开发保护在空间和时间上作出的安排,建立国土空间规划体系并监督实施,将主体功能区规划、土地利用规划、城乡规划等空间规划融合为统一的国土空间规划,实现"多规合一",强化国土空间规划对各专项规划的指导约束作用,是党中央、国务院作出的重大部署。[1]

### 2. 国土空间规划主要目标

到2020年,基本建立国土空间规划体系,逐步建立"多规合一"的规划编制审批体系、实施监督体系、法规政策体系和技术标准体系;基本完成市、县以上各级国土空间总体规划编制,初步形成全国国土空间开发保护"一张图"。

到2025年,健全国土空间规划法规政策和技术标准体系;全面实施国土空间监测预警和绩效考核机制;形成以国土空间规划为基础,以统一用途管制为手段的国土空间开发保护制度。

到2035年,全面提升国土空间治理体系和治理能力现代化水平,基本形成生产空间集约高效、生活空间宜居适度、生态空间山清水秀,安全和谐、富有竞争力和可持续发展的国土空间格局。[2]

### 3. 国土空间规划总体框架

国土空间规划建立"五级三类四体系"的总体框架:

"五级"是指国家、省、市、县、乡镇五级国土空间规划;"三类"是指总体规划、详细规划和相关专项规划;"四体系"是指规划编制审批体系、实施监督体系、法规政策体系、技术标准体系。[2]

### 4. 国土空间规划编制要求

(1) 体现战略性

全面落实党中央、国务院重大决策部署,体现国家意志和国家发展规划的战略性,自上而下编制各级国土空间规划,对空间发展作出战略性、系统性安排。落实国家安全战略、区域协调发展战略和主体功能区战略,明确空间发展目标,优化城镇化格局、农业生产格局、生态保护格局,确定空间发展策略,转变国土空间开发保护方式,提升国土空间开发保护质量和效率。

(2) 提高科学性

坚持生态优先、绿色发展,尊重自然规律、经济规律、社会规律和城乡发展规律,因地制宜开展规划编制工作;坚持节约优先、保护优先、自然恢复为主的方针,在资源环境承载能力和国土空间开发适宜性评价的基础上,科学有序统筹布局生态、农业、城镇等功能空间,划定生态保护红线、永久基本农田、城镇开发边界等空间管控边界以及各类海域保护线,强化底线约束,为可持续发展预留空间。坚持山水林田湖草生命共同体理念,加强生态环境分区管治,量水而行,保护生态屏障,构建生态廊道和生态网络,推进生态系统保护和修复,依法开展环境影响评价。坚持陆海统筹、区域协调、城乡融合,优化国土空间结构和布局,统筹地上地下空间综合利用,着力完善交通、水利等基础设施和公共服务设施,延续历史文脉,加强风貌管控,突出地域特色。坚持上下结合、社会协同,完善公众参与制度,发挥不同领域专家的作用。运用城市设计、乡村营造、大数据等手段,改进规划方法,提高规划编制水平。

(3)加强协调性

国土空间总体规划要统筹和综合平衡各相关专项领域的空间需求;详细规划要依据批准的国土空间总体规划进行编制和修改;相关专项规划要遵循国土空间总体规划,不得违背总体规划强制性内容,其主要内容要纳入详细规划。

(4)注重操作性

按照"谁组织编制,谁负责实施"的原则,明确各级各类国土空间规划编制和管理的要点。明确规划约束性指标和刚性管控要求,同时提出指导性要求。制定实施规划的政策措施,提出下级国土空间总体规划和相关专项规划、详细规划的分解落实要求,健全规划实施传导机制,确保规划能用、管用、好用。[2]

**5. 国土空间规划基础工作**

(1)统一底图底数

在第三次全国国土调查基础上,按照《自然资源部办公厅关于规范和统一市县国土空间规划现状基数的通知》等有关标准规范,形成符合规定的国土空间利用现状和工作底数。统一采用2000国家大地坐标系和1985国家高程基准作为空间定位基础,形成坐标一致、边界吻合、上下贯通的工作底图。各地应根据需要开展补充调查,并充分应用基础测绘和地理国情监测成果,收集自然资源、生态环境、经济产业、人口社会、历史文化、基础设施、城乡发展、区域协调、灾害风险、水土污染等相关资料,以及土地利用审批、永久基本农田、高标准农田等数据和相关规划成果,加强基础数据分析。[8]

(2)国土空间调查、规划、用途管制用地用海分类

用地用海分类采用三级分类体系,本指南共设置24个一级类、106个二级类及39个三级类。国家国土调查以一级类和二级类为基础分类,三级类为专项调查和补充调查的分类。国土空间总体规划原则上以一级类为主,可细分至二级类;国土空间详细规划和市县层级涉及空间利用的相关专项规划,原则上使用二级类和三级类;具体使用按照相关国土空间规划编制要求执行。国土空间用途管制、用地用海审批、规划许可、出让合同和确权登记应依据有关法律法规,将国土空间规划确定的用途分类作为管理的重要依据。在保障安全、避免功能冲突的前提下,鼓励节约集约利用国土空间资源,国土空间详细规划可在该指南分类基础上确定用地用海的混合利用及地上、地下空间的复合利用。[4]

(3)现状评估和风险识别

"双评价"是科学布局国土空间的关键和基础,"双评价"包括资源承载评价和国土

空间开发适宜性评价两方面的内容。资源环境承载能力评价是指基于特定发展阶段、经济技术水平、生产生活方式和生态保护目标，一定地域范围内资源环境要素能够支撑农业生产、城镇建设等人类活动的最大合理规模。国土空间开发适宜性评价是指在维系生态系统健康和国土安全的前提下，综合考虑资源环境要素条件，以及在特定国土空间进行农业生产、城镇建设等人类活动的适宜程度。

"双评价"主要分为两条逻辑主线：一是根据各类资源、环境要素本底条件自上而下确定承载规模；二是结合自上而下的国土空间开发适宜性评价，确定国土空间开发的适宜程度，为主体功能区划分、"三线"划定等提供支撑。评价形成的结果包括承载的农业生产、城镇建设的最大合理规模以及生态保护、农业生产、城镇建设的适宜性与不适宜性（极重要区/重要区）。[5]

（4）划定三条控制线

永久基本农田是为保障国家粮食安全，按照一定时期人口和经济社会发展对农产品的需求，依法确定不得擅自占用或改变用途、实施特殊保护的耕地。《土地管理法》第三十三条规定，国家实行永久基本农田保护制度。下列耕地应当根据土地利用总体规划划分为永久基本农田，实行严格保护：①经国务院农业农村主管部门或者县级以上地方人民政府批准确定的粮、棉、油、糖等重要农产品生产基地内的耕地；②有良好的水利与水土保持设施的耕地，正在实施改造计划以及可以改造的中、低产田和已建成的高标准农田；③蔬菜生产基地；④农业科研、教学试验田；⑤国务院规定应当划为永久基本农田的其他耕地。各省、自治区、直辖市划定的永久基本农田一般应当占本行政区域内耕地的80%以上，具体比例由国务院根据各省、自治区、直辖市耕地实际情况规定。划定规则：全域范围内（以设区市为单位）和城市（镇）周边（指城市和县城所在地建制镇周边）范围内永久基本农田保护任务，以"三调"认定的长期稳定利用耕地数量（不含"二调"村庄范围内耕地数量）乘以上一轮省下达各市的永久基本农田的保护率确定。不划入永久基本农田的情形：不符合《基本农田划定技术规程》要求的建设用地、林地、草地、园地、湿地、水域及水利设施用地等非耕地；河道两岸堤防之间范围内不适宜稳定利用的耕地；受自然灾害严重损毁且无法复垦的耕地；因采矿造成耕作层损毁、地面塌陷无法耕种且无法复垦的耕地；依据《中华人民共和国土壤污染防治法》（以下简称《土壤污染防治法》）列入严格管控且无法恢复治理的耕地；已划入允许建设区范围内的耕地，已批准建设项目占用的土地或已办理设施农用地备案手续的耕地；25度以上的坡耕地，重要水源地15度以上的坡耕地；生态保护红线范围内的耕地；

法律法规确定的其他禁止或不适宜划入永久基本农田保护的土地。

生态保护红线是指在生态空间范围内具有特殊重要生态功能、必须强制性严格保护的区域。优先将具有重要水源涵养、生物多样性维护、水土保持、防风固沙、海岸防护等功能的生态功能极重要区域，以及生态极敏感脆弱的水土流失、沙漠化、石漠化、海岸侵蚀等区域划入生态保护红线。其他经评估虽然不能确定，但具有潜在重要生态价值的区域也划入生态保护红线。对自然保护地进行调整优化，评估调整后的自然保护地应划入生态保护红线；自然保护地发生调整的，生态保护红线相应调整。经安徽省政府同意，安徽省生态保护红线评估调整成果已经上报自然资源部、生态环境部和国家林草局。生态保护红线评估调整成果经国务院批准后，直接划定并落实到市县及乡镇国土空间规划、村庄规划中。

城镇开发边界控制线是在一定时期内因城镇发展需要，可以集中进行城镇开发建设，重点完善城镇功能的区域边界，涉及城市、建制镇以及各类开发区等。城镇集中建设区是根据规划城镇建设用地规模，为满足城镇居民生产生活需要，划定的一定时期内允许开展城镇开发和集中建设的地域空间；城镇弹性发展区为应对城镇发展的不确定性，在城镇集中建设区外划定的，在满足特定条件下方可进行城镇开发和集中建设的地域空间；特别用途区是为完善城镇功能，提升人居环境品质，保持城镇开发边界的完整性，根据规划管理需划入开发边界内的重点地区，主要包括与城镇关联密切的生态涵养、休闲游憩、防护隔离、自然和历史文化保护等地域空间。规划城镇建设用地规模测算规则：规划城镇建设用地规模＝城镇建设用地现有数量＋规划期城镇建设用地增量。城镇建设用地现有数量以"三调"为基础，依据自然资源部《关于国土空间规划现状技术转换的若干规定》执行。规划期城镇建设用地增量＝（2035年城镇常住人口预测数－现有城镇常住人口数）×100平方米/人。2035年城镇常住人口预测所采用的人口自然增长率、城镇化增长率原则不得超过2011—2020年相应增长率的平均值。现有城镇常住人口数采用第七次人口普查数据。为落实国家重大战略，规划城镇建设用地规模可适当增加，但必须提供依据以及科学性、合理性论证说明。预留一定比例的留白区，为未来发展留有开发空间的，应当对其科学性、合理性做出说明。[6][7]

（5）重大专题研究

省级国土空间规划各地可结合实际，开展国土空间开发保护重大问题研究，如国土空间目标战略、城镇化趋势、开发保护格局优化、人口产业与城乡融合发展、空间利用效率和品质提升、基础设施与资源要素配置、历史文化传承和景观风貌塑造、生态保护修复和国土综合整治、规划实施机制和政策保障等。要加强水平衡研究,综合考虑水资源利用现状和需求,明确水资源开发利用上限,提出水平衡措施,量水而行,以水定城、以水定地、以水定人、以水定产,形成与水资源、水环境、水生态、水安全相匹配的国土空间布局。

市级国土空间规划重大专题可包括但不限于:研究人口规模、结构、分布以及人口流动等对空间供需的影响和对策;研究气候变化及水土资源、洪涝等自然灾害等因素对空间开发保护的影响和对策;研究重大区域战略、新型城镇化、乡村振兴、科技进步、产业发展等对区域空间发展的影响和对策;研究交通运输体系和信息技术对区域空间发展的影响和对策;研究公共服务、基础设施、公共安全、风险防控等支撑保障系统的问题和对策;研究建设用地节约集约利用和城市更新、土地整治、生态修复的空间策略;研究自然山水和人工环境的空间特色、历史文化保护传承等空间形态和品质改善的空间对策;研究资源枯竭、人口收缩城市振兴发展的空间策略;综合研究规划实施保障机制和相关政策措施。

县级国土空间规划结合地方特点和规划编制需求,对有关重大问题开展专题研究。可选择但不限于以下专题:国土空间发展与战略定位、城镇化与人口变化趋势、基于城市地质调查的国土空间保护开发研究、产业发展与布局、区域协调与城乡融合发展、县域村庄分类与布局、耕地和永久基本农田保护、重要自然资源保护利用、土地节约集约利用、国土综合整治与生态保护修复、乡村振兴、历史文化传承利用与景观风貌塑造、城乡重大基础设施与公共服务设施、城市健康安全体系与综合防灾体系、城市设计和乡村营造等。[8][10][11]

## 二、国土空间总体规划

### 6. 全国国土空间总体规划的主要内容

(1)对全国国土空间作出的全局安排,是全国国土空间保护、开发、利用、修复的政策和总纲。由自然资源部会同相关部门组织编制,由党中央、国务院审定后印发。

(2)体现国家意志导向,维护国家安全和国家主权,谋划顶层设计和总体部署,明确国土空间开发保护的战略选择和目标任务。

(3)明确国土空间规划管控的底数、底盘、底线和约束性指标。

(4)协调区域发展、海陆统筹和城乡统筹,优化部署重大资源、能源、交通、水利等关键性空间要素。

（5）进行地域分区，统筹全国生产力组织和经济布局，调整和优化产业空间布局结构，合理安排全国性工业集聚区、新兴产业示范基地、农业商品生产基地布局。

（6）合理规划城镇体系，合理布局中心城市、城市群或城市圈。

（7）统筹推进大江大河流域治理，跨省区的国土空间综合整治和生态保护修复，建立以国家公园为主体的自然保护地体系。

（8）提出国土空间开发保护的政策宣言和差别化空间治理的总体原则。

**7. 省级国土空间总体规划的主要内容**

（1）目标与战略

落实国家重大战略，按照全国国土空间规划纲要的主要目标、管控方向、重大任务等，结合省域实际，明确省级国土空间发展的总体定位，确定国土空间开发保护目标。立足省域资源环境禀赋和经济社会发展需求，针对国土空间开发保护突出问题制定省级国土空间开发保护战略。

（2）开发保护格局

开发保护格局涉及主体功能区分区、网格化空间组织和统筹三条控制线。落实全国国土空间规划纲要确定的国家级主体功能区，各地可结合实际，完善和细化省级主体功能区，按照主体功能定位划分政策单元，确定协调引导要求，明确管控导向，合理划分生态空间、农业空间和城镇空间。以重要自然资源、历史文化资源等要素为基础、以区域综合交通和基础设施网络为骨架、以重点城镇和综合交通枢纽为节点，加强生态空间、农业空间和城镇空间的有机互动，实现人口、资源、经济等要素优化配置，促进形成省域国土空间网络化。确定省域三条控制线的总体格局和重点区域，明确市县划定任务，提出管控要求，将三条控制线的成果在市、县、乡级国土空间规划中落地。

（3）资源要素保护与利用

按照山水林田湖草系统保护要求，统筹耕地、森林、草原、湿地、河湖、海洋、冰川、荒漠、矿产等各类自然资源的保护利用，确定自然资源利用上线和环境质量安全底线，提出水、土地、能源等重要自然资源供给总量、结构以及布局调整的重点和方向。对于历史文化和自然景观资源，深入挖掘历史文化资源，全面评价自然景观资源，构建历史文化与自然景观网络，制定区域整体保护措施。

（4）基础支撑体系

落实国家重大项目，明确省级重点项目，按照区域一体化要求，构建与国土空间开发保护格局相适应的基础设施支撑体系。对于防灾减灾，考虑气候变化可能造成的环境风险,提出各类灾害的防治标准和规划要求,明确省级综合防灾减灾重大项目布局及时序安排。

(5)生态修复和国土综合整治

落实国家确定的生态修复和国土综合整治的重点区域、重大工程。针对省域生态功能退化、生物多样性降低等问题区域,将生态单元作为修复和整治范围。按照保障安全、突出生态功能、兼顾景观功能的优先次序,提出修复和整治目标、重点区域、重大工程。

(6)区域协调与规划传导

区域协调侧重省际协调与省域重点地区协调。市县规划传导注重分区传导、底线管控、控制指标、名录管理、政策要求;专项规划指导约束要求综合统筹相关专项规划的空间需求,协调各专项规划的空间安排。[8][9]

**8. 市级国土空间总体规划的主要内容**

(1)落实主体功能定位,明确空间发展目标战略

结合本地发展阶段和特点,并针对存在问题、风险挑战和未来趋势,确定城市性质和国土空间发展目标,提出国土空间开发保护战略。

(2)优化空间总体格局,促进区域协调、城乡融合发展

落实国家和省的区域发展战略、主体功能区战略,以自然地理格局为基础,形成开放式、网络化、集约型、生态化的国土空间总体格局。完善区域协调格局,注重推动城市圈、都市圈交通一体化,发挥综合交通对区域网络化的引领和支撑作用,重点解决资源和能源、生态环境、公共服务设施和基础设施、产业空间和邻避设施布局等区域协同问题。

(3)强化资源环境底线约束,推进生态优先、绿色发展

落实上位国土空间规划确定的生态保护红线、永久基本农田、城镇开发边界等划定要求,统筹划定"三条控制线"。基于资源环境承载力能力和国土安全要求,明确水资源、能源等重要资源利用上限,划定各类控制线,作为开发建设不可逾越的红线。

(4)优化空间结构,提升连通性,促进节约集约、高质量发展

依据国土空间开发保护总体格局,注重城乡融合、产城融合,优化城市功能布局和空间结构,改善空间连通性和可达性,促进形成高质量发展的新增长点。优化城市功能布局和空间结构,划分规划分区;落实上位规划指标,制定市域国土空间功能结构调整表。确定中心城区各类建设用地总量和结构,制定中心城区城镇建设用地结构规

划表。

(5)完善公共空间和公共服务功能,营造健康、舒适、便利的人居环境

结合不同尺度的城乡生活圈,优化居住和公共服务设施用地布局,完善开敞空间和慢行网络,提高人居环境品质。提出分区分级公共服务中心体系布局和标准,确定中心城区公共服务设施用地总量和结构比例。优化居住用地结构和布局,改善职住关系。

(6)保护自然与历史文化,塑造具有地域特色的城乡风貌

加强自然和历史文化资源的保护,运用城市设计方法,优化空间形态,突显本地特色优势。明确和整合各级文物保护单位、历史文化名城名镇名村、历史城区、历史文化街区、传统村落、历史建筑等历史文化遗存的保护范围,统筹划定包括城市紫线在内的各类历史文化保护线。明确空间形态重点管控地区,提出开发强度分区和容积率、密度等控制指标,以及高度、风貌、天际线等空间形态控制要求。

(7)完善基础设施体系,增强城市安全韧性

统筹存量和增量、地上和地下、传统和新型基础设施系统布局,构建集约高效、智能绿色、安全可靠的现代化基础设施体系,提高城市综合承载能力,建设韧性城市。结合空间格局优化和智慧城市建设,优化形成各类基础设施一体化、网络化、复合化、绿色化、智能化布局。基于灾害风险评估,确定主要灾害类型的防灾减灾目标和设防标准,划定灾害风险区,增强城市安全韧性。确定重要交通、能源、市政、防灾等基础设施用地控制范围,划定中心城区重要基础设施的黄线,与生态保护红线、永久基本农田等控制线相协调。

(8)推进国土整治修复与城市更新,提升空间综合价值

针对空间治理问题,分类开展整治、修复与更新,有序盘活存量用地,提高国土空间的品质和价值。针对生态功能退化、生物多样性减少、水土污染、洪涝灾害、地质灾害等问题区域,明确生态系统修复的目标、重点区域和重大工程,维护生态系统,改善生态功能。土地整治应以乡村振兴为目标,提出农用地综合整治、低效建设用地整治等综合整治目标、重点区域和重大工程,建设美丽乡村。明确实施城市有机更新的重点区域,根据需要确定城市更新空间单元。

(9)建立规划实施保障机制,确保一张蓝图干到底

保障规划有效实施,提出对下位规划和专项规划的指引;衔接国民经济和社会发展五年规划,制订近期行动计划;提出规划实施保障措施和机制,以"一张图"为支撑完

善规划全生命周期管理。[10]

**9. 县级国土空间总体规划的主要内容**

（1）目标与战略

贯彻落实国家、省重大战略决策部署，以上位规划为指导，结合本地自然资源禀赋、经济社会发展条件和历史人文特色，确定县级战略定位和城市性质。落实上位规划指标要求，结合地方实际，统筹布局农业、生态、城镇等功能空间，提出近期和远期国土空间开发保护目标，明确国土空间开发保护的量化指标。按照"一带一路"、长江经济带发展、长三角区域一体化、中部崛起、淮河生态经济带等国家重大战略和省、市高质量发展要求，围绕本地区国土空间战略定位和目标，进一步提出国土空间开发保护战略。

（2）国土空间总体格局

依据省、市级国土空间规划和主体功能区战略的总体布局，重点围绕产业互补协作、区域基础设施互联互通、生态环境共治共保、城镇密集地区协同规划、农业空间区域协同发展、公共服务设施均衡配置、历史文化传承共保等方面的发展要求，统筹协调跨行政区域的空间布局安排。

落实上位规划的有关要求，在县域范围内统筹划定永久基本农田、生态保护红线、城镇开发边界三条控制线，明确"三线"空间范围和管控要求，具体划定要求应符合自然资源部和省有关规定。结合规划目标与策略，重塑"山水林田湖草"生命共同体，统筹优化生态、农业、城镇空间。根据国土空间保护开发总体格局，划分县域国土空间分区和中心城区国土空间分区，优化国土空间用途结构。

（3）资源保护与利用

基于资源环境承载能力和国土安全要求，合理确定耕地、水、林地、湿地、草地、矿山等资源的保护与利用措施。对于耕地资源，县级落实耕地保有量和永久基本农田保护面积等目标要求，提出质量提升和布局优化的主要措施。对于水资源，依据水资源时空分布和承载能力调查结果，明确用水总量、水质达标率等控制目标，提出节约用水、优化用水结构措施。对于林地湿地草地资源，落实林地湿地草地资源保护目标，提出有效预防林地湿地草地资源退化、灾毁等相关措施。对于矿产资源，依据矿产资源勘查、开发与保护目标，按照矿业转型升级和绿色发展要求，优化矿产资源开发保护空间格局，明确重要矿产资源保护与开发的重要区域。

（4）历史文化保护与城乡风貌塑造

完善历史文化保护布局，落实上位规划历史文化保护要求，进一步挖掘本地历史文化资源,明确历史文化遗存名录。结合相关保护规划,划定各类历史文化保护线,提出相应空间管控要求。构建城乡特色风貌格局,立足县域山水林田湖草整体格局、城镇村空间形态和地方文化特色,明确整体风貌定位和特征。

(5)国土空间支撑体系

在落实上位规划及相关专项规划设施布局要求的基础上,确定县域设施配置标准,明确综合交通体系、公共服务设施、商业服务业设施、水利设施、给排水设施、能源设施、通信设施、环卫设施等主要设施、廊道控制要求。

(6)国土整治修复与城市更新

针对空间治理问题,分类开展整治、修复和更新工作,包括生态修复、农村土地整治和城市更新,有序盘活存量,提高国土空间的品质和价值。

(7)中心城区布局优化

综合考虑地形地貌、城镇空间演化、重大设施与廊道控制、职住平衡等因素,研究确定中心城区主要发展方向、空间结构和二级规划分区,优化城市空间形态。按照国土空间规划用途分类对中心城区空间布局作出具体安排,确定中心城区各类建设用地总量和结构,制定中心城区城镇建设用地结构规划表。合理划定城市黄线、蓝线、绿线、紫线,明确各类控制线的管控要求。[11]

### 三、国土空间详细规划

**10. 国土空间详细规划的概念**

国土空间详细规划是指在国土空间总体规划或专项规划的控制和指导下,详细规定具体地块的各种控制指标和规划管理要求,或直接对某一地段、某一土地使用单位的国土空间作出具体的安排。从国土空间详细规划的对象来看,可以分为城镇开发边界内详细规划和城镇开发边界外详细规划,在城镇开发边界内编制详细规划,由市县自然资源主管部门组织编制,报同级政府审批;在城镇开发边界外的乡村地区,以一个或几个行政村为单元编制实用性村庄规划,作为详细规划,报上一级政府审批。[2]

**11. 城镇开发边界内详细规划的主要内容**

城镇开发边界内详细规划分为单元和街区两个层次。

(1)单元层次详细规划的主要内容

单元层次详细规划承接传导上位规划意图,落实总体规划(分区规划)所确定的单元功能定位、永久基本农田、生态保护红线、城镇开发边界、城市控制线、开发规模、开发强度分区等管控传导要求,按照《国土空间调查、规划、用途管制用地用海分类指南(试行)》,针对不同地类形成不同深度的用地布局方案,加强城市设计引导,将相关管控要求分解传导至街区,同时提出地块开发管控通则。

目标定位。统筹考虑发展条件与上位规划要求,明确单元发展目标和功能定位。单元主导功能应以上位规划确定的单元内主导国土空间二级分区或主要土地用途为基础。

规模控制。依据上位规划约束指标传导要求,分析现状人口变化情况,深入研究单元人口构成和需求,合理确定单元常住人口和服务人口、住宅建筑总面积、总建设用地及集中建设区、弹性发展区、特别用途区内建设用地规模,保持人口规模、住宅规模、公共管理与公共服务设施配置的匹配关系。

建设空间布局。落实上位规划的保护开发总体要求,统筹单元内部生态保护、重大设施与廊道控制、特色景观、新城建设以及老城更新等空间影响因素,加强产城融合,促进职住平衡,研究确定单元布局结构。加强与周边单元在交通、生态、景观等重要廊道控制、基础设施、公共管理与公共服务设施共享、临界空间要素统一等方面的协调。

蓝绿空间管控。落实总体规划(分区规划)及绿地系统专项规划确定的生态环境保护目标,合理确定单元绿地总量和重要绿地、绿廊、广场布局,明确绿地、广场的规模、数量以及绿廊宽度。尊重水系现状和历史沿革,保护河流、湖泊、水库、坑塘、沟渠等蓝色空间和滨水绿色空间,明确水面率控制要求,形成有机连通的水域空间网络。并严格落实上位规划分解的耕地、林地、湿地及永久基本农田、生态公益林等保护任务,依据生态保护、生态修复、国土综合整治等相关专项规划,优化耕地、林地、湿地等空间布局。

地下空间。根据地下空间资源条件、地面建设状况等评价地下空间开发潜力,落实细化总体规划(分区规划)、专项规划确定的地下空间开发利用分区,划定地下空间禁止建设区、限制建设区、重点建设区一般建设区,保障地下空间资源开发利用的战略性、前瞻性与长效性。

综合交通。落实总体规划(分区规划)及综合交通规划提出的道路网、公共交通、慢行交通、停车设施等交通网络与设施的规模、布局要求,坚持以人为本、公交优先、绿色低碳、分区差异等原则,统筹协调交通、用地、环境等空间要素,综合考虑慢行交通、机动交通、静态交通等各类交通的关系,优化并明确交通设施功能、规模、布局,提升交通出行环境。

　　公用设施。以安全、高效、集约、绿色、智能为目标,以新城建对接新基建,推动市政基础设施智慧化建设,统筹地上和地下、传统和新型公用设施体系布局,加强公用设施用地管控。包括给水工程、排水工程、供电工程、燃气工程、供热工程、通信工程、环卫工程和管线(管廊)综合。

　　城市控制线。应在深化和完善上位规划的基础上,划定城市道路红线、城市绿线和城市蓝线和城市黄线。

　　街区管控。明确街区编号、主导功能、规划人口规模、建设用地总规模、特别用途区和弹性发展区内建设用地规模、强度分区、住宅建筑总面积。街区规划人口规模为弹性控制内容,其余为刚性控制内容。

　　(2)街区层次详细规划的主要内容

　　街区层次详细规划在严格遵循单元层次详细规划管控要求的基础上,结合街区实际情况,加强用地策划,深化城市更新、交通承载力评价、社区生活圈构建、城市设计等研究工作,优化空间布局,制定地块容积率、建筑密度、建筑高度、绿地率等具体管控指标和管控要求,指导建设项目实施。

　　优化用地布局。结合城市更新、项目建设的实施需求,根据地块特点、权属单位开发意向及利害关系人意见,综合运用城市设计、交通分析、土地整备、经济分析等方法进行深化研究,结合土地收储及开发时序优化用地布局,提高土地利用经济性和规划实施可操作性。

　　保障设施落地。以符合单元层次详细规划约束性指标和强制性内容为前提,在满足社区生活圈服务半径要求基础上,优化调整单元层次详细规划确定的公共管理与公共服务设施、绿地广场、公用设施的位置及边界。

　　加强交通管控。根据单元层次详细规划确定的交通设施功能、规模、布局等要求,深化并明确各类设施的位置、控制点及控制界线,指导工程设计。

　　细化竖向及立体开发控制。依据单元层次详细规划,细化确定街区内各地块场地高程和道路控制点标高;协调地上地下空间开发利用,深化街区内重点地下空间的分层建设控制范围、功能、规模、标高和交通组织,明确涉及道路、绿地等公共空间的地下空间开发控制要求;明确架空步道、上盖开发等标高控制要求。

　　确定地块控制基本指标。加强建设用地特别是工业项目、公益事业项目用地控制指标与国家、省关于建设用地指标相关规定的衔接。根据土地配置审批、开发利用、供后监管等管理需求,明确地块编号、地块边界、建筑退线、机动车出入口方位,确定地块用地性质、容积率、建筑密度、建筑高度、绿地率、各类配套设施要求、混合用地地块内不同功能比例等控制指标和要求。街区层次详细规划确定的地块容积率、建筑密度、建筑高度、绿地率指标为刚性控制内容。[12]

**12. 村庄规划的主要内容**

（1）村庄规划的工作目标

2021年上半年完成省级试点村的村庄规划编制和审批,2021年底完成市、县级试点村的村庄规划编制和审批,设区市出台村庄规划编制规程,结合市、县(市)国土空间规划完善村庄分类和布局;2022年完成集聚提升类及有条件有需求村的村庄规划编制和审批,依据村庄规划实施规划许可和用途管制;2023年完成其他应编村的村庄规划编制和审批,建立"详细规划+规划许可"和"约束指标+分区准入"用途管制制度并实施。[13]

（2）村庄规划的主要内容

统筹村庄发展目标。落实上位规划要求,充分考虑人口资源环境条件和经济社会发展、人居环境整治等要求,研究制定村庄发展、国土空间开发保护、人居环境整治目标,明确各项约束性指标。

统筹生态保护修复。落实生态保护红线划定成果,明确森林、河湖、草原等生态空间,尽可能多的保留乡村原有的地貌、自然形态等,系统保护好乡村自然风光和田园景观。加强生态环境系统修复和整治,慎砍树、禁挖山、不填湖,优化乡村水系、林网、绿道等生态空间格局。

统筹耕地和永久基本农田保护。落实永久基本农田和永久基本农田储备区划定成果,落实补充耕地任务,守好耕地红线。统筹安排农、林、牧、副、渔等农业发展空间,推动循环农业、生态农业发展。

统筹历史文化传承与保护。深入挖掘乡村历史文化资源,划定乡村历史文化保护线,提出历史文化景观整体保护措施,保护好历史遗存的真实性。

统筹基础设施和基本公共服务设施布局。在县域、乡镇域范围内统筹考虑村庄发展布局以及基础设施和公共服务设施用地布局,规划建立全域覆盖、普惠共享、城乡一体的基础设施和公共服务设施网络。

统筹产业发展空间。统筹城乡产业发展,优化城乡产业用地布局,引导工业向城镇产业空间集聚,合理保障农村新产业新业态发展用地,明确产业用地用途、强度等要求。除少量必需的农产品生产加工外,一般不在农村地区安排新增工业用地。

统筹农村住房布局。按照上位规划确定的农村居民点布局和建设用地管控要求,合理确定宅基地规模,划定宅基地建设范围,严格落实"一户一宅"。充分考虑当地建筑文化特色和居民生活习惯,因地制宜提出住宅的规划设计要求。农村建房行为进一步明确"八不准"通知如下:不准占用永久基本农田建房、不准强占多占耕地建房、不准买卖、流转耕地违法建房、不准在承包耕地上违法建房、不准巧立名目违法占用耕地建房、不准违反"一户一宅"规定占用耕地建房、不准非法出售占用耕地建的房屋、不准违法审批占用耕地建房。[17][18]

统筹村庄安全和防灾减灾。分析村域内地质灾害、洪涝等隐患,划定灾害影响范围和安全防护范围,提出综合防灾减灾的目标以及预防和应对各类灾害危害的措施。

明确规划近期实施项目。研究提出近期急需推进的生态修复整治、农田整理、补充耕地、产业发展、基础设施和公共服务设施建设、人居环境整治、历史文化保护等项目,明确资金规模及筹措方式、建设主体和方式等。[14][15][16]

## 四、国土空间专项规划

### 13. 国土空间专项规划的概念

国土空间专项规划是指在特定区域(流域)、特定领域,为体现特定功能,对空间开发保护利用作出的专门安排,是涉及空间利用的专项规划,是"五级三类"国土空间规划体系的重要组成部分。县级以上交通、能源、水利、农业、信息、市政等基础设施,公共服务设施,军事设施,以及生态环境保护、文物保护、林业草原等主管部门,依据国土空间总体规划,编制国土空间专项规划,科学安排重大项目布局,并依法落实到详细规划中,可以有效保障特定区域(流域)和领域项目用地,防止项目因缺少规划支撑无法落地。[19]

### 14. 省级国土空间专项规划的主要内容

省国土空间专项规划包括省国土空间生态修复规划、省矿产资源规划、省高速公路网规划、省普通省道网规划、省干线航道网规划、省民用机场规划、省水利基础设施空间布局规划、河湖岸线保护与利用规划、省跨市及主要湖泊保护规划、省林地保护利用规划、省天然林(公益林)保护修复规划、省自然保护地规划、省湿地保护规划、省国土绿化规划和省森林经营规划。[19]

**15. 市县国土空间专项规划的主要内容**

市县国土空间专项规划包括资源保护和利用类、市政设施类、公共设施类、产业和城乡发展类、交通类和公共安全类。

（1）资源保护和利用类

包括耕地保护规划、山体水体保护规划、林草地和湿地保护利用规划、自然保护地规划、风景名胜区规划、历史文化名城名镇名村与街区规划、文物保护专项规划、传统村落保护规划、生态环境保护规划、天然林和公益林保护修复规划、城镇绿地系统规划、水资源保护与利用规划、国土空间生态修复规划、矿产资源规划、地下空间开发利用规划、河湖岸线保护与利用规划和湖泊保护规划。

（2）市政设施类

包括排水防涝设施布局规划、给水设施布局规划、城镇污水处理设施布局规划、电力设施布局规划、燃气设施布局规划、市县水利基础设施布局规划、生活垃圾设施布局规划。

（3）公共设施类

包括公共设施综合布局规划、社区服务中心布局规划、体育设施布局规划、殡葬设施布局规划、医疗卫生设施布局规划、城乡养老服务设施布局规划、公共文化设施布局规划、中小学校幼儿园布局规划。

（4）产业与城乡发展类

包括城镇体系布局规划、城乡融合基础设施布局规划、总体城市设计规划、总体乡村风貌设计规划、村庄分类布局规划、旅游发展布局规划、城镇更新规划、产业园区布局规划、物流仓储发展规划。

（5）交通类

包括综合交通体系规划、公共交通规划、通用机场布局与控制区规划、轨道交通线网规划、绿道与慢行系统规划、城镇停车规划。

（6）公共安全类

包括国家安全安控区规划、城市安全和防灾减灾体系建设规划、公安基础设施规划、内涝防治设施布局规划、公共卫生安全规划、消防设施规划、人防工程建设规划、防洪工程设施规划、地质灾害防治规划、危化品仓储布局规划。[19]

### 五、国土空间规划城市设计

**16. 国土空间规划城市设计的概念**

城市设计是营造美好人居环境和宜人空间场所的重要理念与方法,通过对人居环境多层级空间特征的系统辨识,多尺度要素内容的统筹协调,以及对自然、文化保护与发展的整体认识,运用设计思维,借助形态组织和环境营造方法,依托规划传导和政策推动,实现国土空间整体布局的结构优化,生态系统的健康持续,历史文脉的传承发展,功能组织的活力有序,风貌特色的引导控制,公共空间的系统建设,达成美好人居环境和宜人空间场所的积极塑造。城市设计是国土空间规划体系的重要组成,是国土空间高质量发展的重要支撑,贯穿于国土空间规划建设管理的全过程。[20]

**17. 总体规划中城市设计的主要内容**

(1)跨区域层面

在都市圈、城镇群层面运用城市设计思维,加强对大尺度自然山水、历史文化等方面的研究,协同构建自然与人文并重、生产生活生态空间相融合的国土空间开发保护格局。优化重大设施选址及重要管控边界确定;提出自然山水环境保护开发的整体要求;提出历史文化要素的保护与发展要求;形成共识性的设计规则和协同行动方案。

(2)市、县域层面

在市/县域层面运用城市设计方法,强化生态、农业和城镇空间的全域全要素整体统筹,优化市、县域的整体空间秩序;统筹整体空间格局;提出大尺度开放空间的导控要求;明确全域全要素的空间特色。

(3)中心城区层面

在中心城区层面运用城市设计方法,整体统筹、协调各类空间资源的布局与利用,合理组织开放空间体系与特色景观风貌系统,提升城市空间品质与活力,分区分级提出城市形态导控要求:确立城市空间特色;提出空间秩序的框架;明确开放空间与设施品质提升措施;划定城市设计重点控制区。

(4)乡村层面

在乡村层面应体现尊重自然、传承文化、以人为本的理念,保护乡村自然本底,营造富有地域特色的"田水路林村"景观格局,传承空间基因,延续当地空间特色,运用本土化材料,展现独特的村庄建设风貌,忌简单套用城市空间的设计手法。[20]

**18. 详细规划中城市设计的主要内容**

（1）城市一般片区

城市一般片区应落实总体规划中的各项设计要求，通过三维形态模拟等方式，进一步统筹优化片区的功能布局和空间结构，明确景观风貌、公共空间、建筑形态等方面的设计要求，营造健康、舒适、便利的人居环境。打造人性化的公共空间。结合自然山水、历史人文、公共设施等资源，优化片区公共空间系统，明确广场、公园绿地、滨水空间等重要开敞空间的位置、范围和设计要求。营造清晰有序的空间秩序。合理确定地块建筑高度、密度和开发强度，对重要地块进行细化控制引导。

（2）重点控制区

重点控制区是影响城市风貌的重点区域，应在满足城市一般片区设计要求的基础上，更加关注其特殊条件和核心问题，通过精细化设计手段，打造具有更高品质的城市地区。结合不同片区功能提出建筑体量、界面、风格、色彩、第五立面、天际线等要素的设计原则，塑造凸显地域特色的城市风貌。

（3）详细规划中的城市设计成果内容

城市一般片区。规划成果包括但不限定于：现状特色资源分布图、公共空间系统图、空间形态控制图，与图纸匹配的文本内容应一并纳入。

重点控制区。在城市一般片区设计成果基础上，重点对特色空间、景观风貌、开放空间、交通组织、建筑布局、建筑色彩、第五立面、天际线等内容进一步开展详细设计或专项设计，必要时可附加城市设计图则和其他需要特别控制的要素系统图，与图纸匹配的文本内容应一并纳入。[20]

**19. 专项规划中城市设计的主要内容**

（1）特殊地域类专项规划城市设计的主要内容

自然保护地专项规划。以风景道串联历史人文节点，打造自然与人文相融合的风景序列；注重自然保护地与周边的城镇空间、农业空间之间的界面塑造与衔接；严格控制建设项目规模，并对其提出设计指引。

海岸带专项规划。从自然和谐、空间特色和人文体验视角协同确定区域内建设用地的空间布局；加强滨海风貌的分段导控，明确各段风貌控制要求；建设项目不宜对海岸线产生大面积遮挡；注重保护山、树和礁石等自然山体背景轮廓，塑造疏密有致、高低起伏的滨海轮廓线；注重滨海慢行道、公共活动节点以及必要的休闲服务设施的建设，形成活力开放的滨海公共空间。

环湖沿江地带专项规划。加强环湖沿江地带的分段导控,明确各段风貌控制要求;对于城镇边界与江湖交接的生态边缘地区宜进行灵活的小聚落式轻开发,并加强建筑与景观风貌控制;在滨湖沿江地区规划连续多样的慢行风景道,串联生态空间和景观节点。

沿山地带专项规划。加强沿山地带特色风景廊道和重要景观节点的塑造与系统联通;沿山地带建设空间宜采用有机松散、分片集中的布局结构;注重沿山地区建筑风貌、高度和视廊控制,做到显山透绿。

(2)特定地域类专项规划城市设计的主要内容

综合交通体系专项规划。选址和线路选择应避免对自然山体、湖泊和人文景观资源的扰动和破坏,避免削山填湖;避免公路、铁轨等工程设施对城市生态环境的分隔和负面视觉影响;路权划分需注重空间体验,体现公共属性。

生态绿地系统专项规划。在严守生态保护红线的基础上,提升绿色空间活力;注重绿地空间与开发界面的融合,协调周边风貌;加强对生态绿地系统的特色景观引导。

历史文化保护类专项规划。从城市设计角度,综合视廊、天际线等要素协同划定保护范围、建设控制地带等各类保护控制区域;注重对历史街区、历史建筑等保护要素的活力激发;加强对过渡区域的设计引导。

公共服务设施专项规划。公共服务设施的布局在满足功能性要求的基础上,统筹考虑城市场所营造、城市风貌、特色格局、开敞空间等城市设计要求;提升公共服务设施的公共审美价值。

地下空间专项规划。加强地下空间与地上空间的一体化衔接;注重地下空间的体验感受和特色塑造。

市政基础设施专项规划。市政基础设施的地面构筑物应强调与城市环境相协调;注意电力走廊等大型线性设施在国土空间中的视觉影响;提升变电站、泵站和垃圾站等小型市政设施的外观品质。[20]

## 六、国土空间规划的监管实施

### 20.国土空间规划编制和审批主体

按照国土空间规划"谁编制、谁实施""谁审批、谁监督"的原则,明晰各级政府及部门的职责,强化分工协作。

总体规划分为全国规划、省级规划、市县及乡镇国土空间规划。全国国土空间规划由自然资源部会同相关部门组织编制,由党中央、国务院审定后印发。

省级国土空间规划是对全国国土空间规划的落实,指导市县国土空间规划编制,侧重协调性,由省级政府组织编制,经同级人大常委会审议后报国务院审批。

需报国务院审批的城市国土空间总体规划,由市政府组织编制,经同级人大常委会审议后,由省级政府报国务院审批;其他市县及乡镇国土空间规划由省级政府根据当地实际,明确规划编制审批内容和程序要求。各地可因地制宜,将市县与乡镇国土空间规划合并编制,也可以几个乡镇为单元编制乡镇级国土空间规划。

在城镇开发边界内的详细规划,由市县自然资源主管部门组织编制,报同级政府审批;在城镇开发边界外的乡村地区,以一个或几个行政村为单元,由乡镇政府组织编制"多规合一"的实用性村庄规划,作为详细规划,报上一级政府审批。

海岸带、自然保护地等专项规划及跨行政区域或流域的国土空间规划,由所在区域或上一级自然资源主管部门牵头组织编制,报同级政府审批;涉及空间利用的某一领域专项规划,如交通、能源、水利、农业、信息、市政等基础设施,公共服务设施,军事设施,以及生态环境保护、文物保护、林业草原等专项规划,由相关主管部门组织编制。[2]

**21. 国土空间规划监督体系**

(1) 强化规划权威

规划一经批复,任何部门和个人不得随意修改、违规变更,防止出现换一届党委和政府改一次规划。下级国土空间规划要服从上级国土空间规划,相关专项规划、详细规划要服从总体规划;坚持先规划、后实施,不得违反国土空间规划进行各类开发建设活动;坚持"多规合一",不在国土空间规划体系之外另设其他空间规划。相关专项规划的有关技术标准应与国土空间规划衔接。因国家重大战略调整、重大项目建设或行政区划调整等确需修改规划的,须先经规划审批机关同意后,方可按法定程序进行修改。对国土空间规划编制和实施过程中的违规违纪违法行为,要严肃追究责任。

(2) 改进规划审批

按照"谁审批、谁监管"的原则,分级建立国土空间规划审查备案制度。精简规划审批内容,管什么就批什么,大幅缩减审批时间。减少需报国务院审批的城市数量,直辖市、计划单列市、省会城市及国务院指定城市的国土空间总体规划由国务院审批。相关专项规划在编制和审查过程中应加强与有关国土空间规划的衔接及"一张图"的核对,批复后纳入同级国土空间基础信息平台,叠加到国土空间规划"一张图"上。

（3）健全用途管制制度

以国土空间规划为依据，对所有国土空间分区分类实施用途管制。在城镇开发边界内的建设，实行"详细规划+规划许可"的管制方式；在城镇开发边界外的建设，按照主导用途分区，实行"详细规划+规划许可"和"约束指标+分区准入"的管制方式。对以国家公园为主体的自然保护地、重要海域和海岛、重要水源地、文物等实行特殊保护制度。因地制宜制定用途管制制度，为地方管理和创新活动留有空间。

（4）监督规划实施

依托国土空间基础信息平台，建立健全国土空间规划动态监测评估预警和实施监管机制。上级自然资源主管部门要会同有关部门组织对下级国土空间规划中各类管控边界、约束性指标等管控要求的落实情况进行监督检查，将国土空间规划执行情况纳入自然资源执法督察内容。健全资源环境承载能力监测预警长效机制，建立国土空间规划定期评估制度，结合国民经济社会发展实际和规划定期评估结果，对国土空间规划进行动态调整完善。

（5）推进"放管服"改革

以"多规合一"为基础，统筹规划、建设、管理三大环节，推动"多审合一""多证合一"。优化现行建设项目用地（海）预审、规划选址以及建设用地规划许可、建设工程规划许可等审批流程，提高审批效能和监管服务水平。[2]

22. 国土空间规划城市体检评估

国土空间规划城市体检评估是国土空间规划编制和动态维护的前置环节和重要依据。按照有关要求，国土空间规划城市体检评估是依据国土空间规划，按照"一年一体检，五年一评估"的方式，对城市发展阶段特征及总体规划实施效果定期进行分析和评价，是促进城市高质量发展、提高国土空间规划实施有效性的重要工具。

体检评估工作由城市人民政府负责组织实施，城市自然资源主管部门结合国土空间规划编制、审批、动态维护、实施监督等职责，牵头具体组织开展。可采取自体检评估和第三方体检评估相结合的方式。依据《城区范围确定规程》《国土空间规划城市体检评估规程》等相关标准规范，开展城市体检评估工作。

各城市按安全、创新、协调、绿色、开放和共享6个维度建立指标体系，包括基本指标、推荐指标和自选指标。在基本指标的基础上，可结合本地发展阶段选择推荐指标，也可与地方实际紧密结合另行增设城市发展中与时空紧密关联、体现质量、效率、结构和品质的自选指标。围绕战略定位、底线管控、规模结构、空间布局、支撑体系、实施保障等6个方面的评估内容,采取全局数据与典型案例结合、纵向比较与横向比较结合、客观评估与主观评价结合等分析方法,对各项指标现状年与基期年、目标年或未来预期进行比照,分析规划实施率等进展情况。同时结合政府重点工作实施情况、自然资源保护和开发利用、相关政策执行和实施效果、外部发展环境及对规划实施影响等,开展成效、问题、原因及对策分析。[21]

### 23. 国土空间规划实施全周期监管

(1)加强国土空间规划"一张图"建设

结合国土空间规划编制,逐步构建形成国土空间规划"一张图"。未纳入"一张图"的规划,不得作为自然资源有关审批管理的依据。

(2)建立"一张图"实施监督信息系统

省厅统一建设国土空间规划"一张图"实施监督信息系统。依托"一张图"实施国土空间规划数据审查、规划编制与审批管理、建设项目规划许可、规划评估预警等。设立"一张图"信息系统自动强制留痕功能,确保规划管理行为全过程可回溯、可查询。

(3)加强规划实施监管

市县自然资源主管部门要加强对国土空间规划执行情况监管,通过日常巡查、"双随机一公开"检查、"一张图"和台账核对,构建起规划全生命周期监管机制。严格建设项目规划管理,对不符合规划要求建设的项目不予规划许可和竣工验收。落实好村庄建设、农民建房"选址、放线、验收三到场"制度,防止批少占多、批甲占乙、违规占用耕地。对新增违法违规建设零容忍,发现一起依法处理一起;对历史遗留问题全面梳理,依法依规分类加快处置。[22][23]

### 24. 国土空间规划公共参与和社会协调

规划编制采取政府组织、专家领衔、部门合作、公众参与的方式,建立全流程、多渠道的公众参与机制。在规划编制启动阶段,深入了解各地区、各部门、各行业和社会公众的意见和需求。在规划方案论证阶段,应将中间成果征求有关方面意见。规划成果报批前,应以通俗易懂的方式征求社会各方意见。充分利用各类媒体和信息平台,采取贴近群众的各种社会沟通工具,保障各阶段公众参与的广泛性、代表性和实效性,并保障充分的参与时间。

制定涵盖各相关部门的协作机制,研究规划重大问题,共同推进规划编制工作。充分调动大专院校、企事业单位力量,组建专家咨询团队,注重听取生态、资源、环境、地理、经济、社会、文化、安全等多领域多学科的专家意见建议。公众参与情况在规划说明中要形成专章。[8]

## 参考资料：

[1]《自然资源管理知识手册》编写组：《自然资源管理知识手册》，中国大地出版社，2020年。

[2]《中共中央 国务院关于建立国土空间规划体系并监督实施的若干意见》（中发〔2019〕18号）

[3]《自然资源管理基础》编写组：《自然资源管理基础》，宁夏人民出版社，2020年。

[4]《自然资源部办公厅关于印发〈国土空间调查、规划、用途管制用地用海分类指南（试行）〉的通知》（自然资办发〔2020〕51号）

[5]《自然资源部办公厅关于印发〈资源环境承载能力和国土空间开发适宜性评价指南（试行）〉的函》（自然资办函〔2020〕127号）

[6]《安徽省自然资源厅关于印发〈在国土空间规划中统筹划定三条控制线实施方案（暂行）〉的通知》（皖自然资规划〔2021〕3号）

[7]《中共中央办公厅 国务院办公厅〈关于在国土空间规划中统筹划定落实三条控制线的指导意见〉》

[8]《自然资源部办公厅关于印发〈自然资源调查监测标准体系（试行）〉的通知》（自然资办发〔2020〕5号）

[9]《安徽省人民政府办公厅关于印发全省国土空间规划编制工作方案的通知》（皖政办〔2019〕32号）

[10]《自然资源部办公厅关于印发〈市级国土空间总体规划编制指南（试行）〉的通知》（自然资办发〔2020〕46号）

[11]《安徽省自然资源厅关于印发〈安徽省县级国土空间总体规划编制指南（试行）〉的通知》（皖自然资规划〔2021〕6号）

[12]《江苏省城镇开发边界内详细规划编制指南（试行）》

[13]《安徽省自然资源厅安徽省发展和改革委员会安徽省财政厅安徽省农业农村厅安徽省文化和旅游厅关于印发安徽省村庄规划三年行动计划（2021—2023年）的通知》

[14]《自然资源部办公厅关于加强村庄规划促进乡村振兴的通知》（自然资办发

〔2019〕35号）

[15]《安徽省自然资源厅 安徽省农业农村厅关于进一步加强设施农业用地管理助推乡村振兴的通知》（皖自然资规〔2020〕3号）

[16]《安徽省自然资源厅关于印发安徽省村庄规划编制指南（试行）的通知》（皖自然资〔2020〕63号）

[17]《自然资源部 农业农村部关于农村乱占耕地建房"八不准"的通知》（自然资办发〔2020〕127号）

[18]《安徽省自然资源厅 安徽省农业农村厅关于贯彻农村乱占耕地建房"八不准"的通知》（皖自然资执〔2020〕4号）

[19]《安徽省国土空间规划委员会办公室关于开展国土空间专项规划编制工作的通知》（皖国土规办〔2021〕18号）

[20]《国土空间规划城市设计指南》（TD/T 1065-2021）

[21]《国土空间规划城市体检评估规程》（TD/T 1063-2021）

[22]《自然资源部办公厅关于加强国土空间规划监督管理的通知》（自然资办发〔2020〕27号）

[23]《安徽省自然资源厅关于加强国土空间规划监督管理有关事项的通知》（皖自然资规划〔2020〕2号）

# 第五篇　国土空间用途管制篇

我国的国土空间用途管制源于土地用途管制,早在1998年修订的《土地管理法》就明确提出了"国家实行土地用途管制制度"。2013年,《中共中央关于全面深化改革若干重大问题的决定》明确指出要"完善自然资源监管体制,统一行使所有国土空间用途管制职责"。2014年,《生态文明体制改革总体方案》要求:"构建以空间规划为基础、以用途管制为主要手段的国土空间开发保护制度。"2018年,《深化党和国家机构改革方案》明确组建自然资源部,承担"统一行使所有国土空间用途管制和生态保护修复职责"。2019年,《中共中央 国务院关于建立国土空间规划体系并监督实施的若干意见》强调,到2025年,形成以国土空间规划为基础,以统一用途管制为手段的国土空间开发保护制度。要以国土空间为依据,对所有国土空间分区分类实施用途管制。可见,国土空间用途管制已成为国家推进空间治理体系和治理能力现代化的一项基本制度。实施国土空间用途管制对于规避市场缺陷、降低空间负外部性、协调开发保护矛盾、维护空间公共利益、提升公共财政效率、促进空间有序开发和可持续发展等都具有重要的作用。

本篇围绕目前我国国土空间用途管制的管理体系,我省自然资源主管部门国土空间用途管制的主要职责以及国土空间用途管制工作中需要了解的基本知识进行编写。从国土空间用途管制的相关概念入手,介绍了国土空间用途管制的规划分区及用途分类,针对建设用地预审及报批(包含农用地转用、土地征收、城乡建设用地增减挂钩、先行用地等)、土地利用年度计划等普及了相关的业务知识及国家和安徽省现行政策规定。

## 一、国土空间规划分区与用途分类

### 1. 国土空间分类分区的概念

国土空间分类,就是根据国土空间本身的差异性,按照一定的规律,将大量个体单元按照某种属性归入某个类别,通过揭示分类对象的属性特征,用类群取代个体单元,从而将国土空间划分成若干个不同的类别,以此减少处理对象的数量,以便于识别和处理。

国土空间分区,又称区域划分,它是指按照一定的标准或依据,将某一国土空间的自然或人文要素进行划分和合并,将一个大区域分为若干个小区域的过程。区域划分通过揭示国土空间内部的相似性和差异性来对国土空间特征进行科学认知,进而为国土空间可持续发展和国土空间用途管制提供决策支持。[1]

### 2. 土地用途管制的概念

所谓土地用途管制,是根据规划所划定的土地用途分区、确定土地使用限制条件,实行用途变更许可的一项强制性制度。它包括两方面的内涵:一是土地使用分区,指对由自然、经济、社会和生态等要素决定的土地使用功能的地域空间划分;二是管制规则,指对土地用途区内开发利用行为进行规范的细则,包括用途区内允许的、限制的和禁止的土地用途和开发利用方式的规定以及违反规定的处理办法。土地用途管制是实施国土空间用途管制的核心工具,土地使用分区的设计有利于提高国土空间利用的合理性,而管制规则的制定为用途管制实施提供了标准依据和制度保障。[1]

### 3. 国土空间用途管制的基本内涵

国土空间用途管制源于土地用途管制,涉及规划、实施、监督三项核心职责。其基本内涵是:按照可持续发展的要求和不同层级公共管理目标,划分不同尺度的空间区域,制定各空间区域的用途管制规则或正负面清单,通过用途变更许可或正负面清单等配套政策,使国土空间开发利用者严格按照国家规定的用途开发利用国土空间的制度。其核心内容包括:国土空间区域划分、分区内容确定、管制条款或正负面清单制定、管制实施4个方面的内容。

国土空间用途管制的基本思路是在管控层级上以国土空间规划为基础,将空间用途管制嵌入"三区三线"(城镇空间、农业空间、生态空间,生态保护红线、永久基本农田保护红线、城镇开发边界)空间管控,强化国土空间分级分类管制,建立三级管控体系。其中,一级管控体系是指在省级层面,明确三类主体功能区的管控要求,强化对开发强度、空间布局的整体调控;二级管控体系是指在市县层面,明确生态保护红线区、一般生态区、永久基本农田区、农业农村发展区、城镇建设区等5类分区开发建设行为的空间准入要求、条件、程度,提出准入正面、负面清单管控原则;三级管控体系是指在实施层面,从现状、规划、审批和开发等方面提出管控规则,实施用途转用审批和许可,严格控制农用地和生态用地转为建设用地,提高土地使用效率。[1]

### 4. 市县级国土空间规划分区

市县级是国土空间用途管制的重点,自然资源部2019年5月出台的《市县国土空间规划分区与用途分类指南(试行)》,明确了市县国土空间规划分区和用途分类的主要构成、综合管控要求和主要国土空间用途。

市域规划分区主要可包括:生态保护与保留区、海洋特殊保护与渔业资源养护区、永久基本农田集中保护区、古迹遗址保护区,以及城镇发展区、农业农村发展区、海洋利用与保留区、矿产与能源发展区等8类分区。

县域规划分区主要可包括核心生态保护区、生态保护修复区、自然保留区、海洋特别保护区、海洋渔业资源养护区、永久基本农田集中保护区、古迹遗址保护区,以及城镇集中建设区、城镇有条件建设区、特别用途区、农业农村发展区、海域利用区、无居民海岛利用区、海洋保留区、矿产与能源发展区等15类分区。[2]

### 5. 国土空间规划用途分类

依据国土空间规划战略意图和资源利用的主导方式,将国土空间规划用途划分为农林用地、建设用地、自然保护与保留用地、海洋利用、海洋保护与保留5种类型,对应28类一级分类,102类二级分类和24类三级分类。[2]

表5-1 国土空间规划用途分类框架表

| 分类名称 | | 一级分类（28类） |
|---|---|---|
| 农林用地 | | 01 耕地 |
| | | 02 种植园用地 |
| | | 03 林地 |
| | | 04 牧草地 |
| | | 05 其他农用地 |
| 建设用地 | 城乡建设用地 | 06 居住用地 |
| | | 07 公共管理与公共服务设施用地 |
| | | 08 商服用地 |
| | | 09 工业用地 |
| | | 10 物流仓储用地 |
| | | 11 道路与交通设施用地 |
| | | 12 公用设施用地 |
| | | 13 绿地与广场用地 |
| | | 14 留白用地 |
| | 其他建设用地 | 15 区域基础设施用地 |
| | | 16 特殊用地 |
| | | 17 采矿盐田用地 |
| 自然保护与保留用地 | | 18 湿地 |
| | | 19 其他自然保留地 |
| | | 20 陆地水域 |
| 海洋利用 | | 21 渔业用海 |
| | | 22 工业与矿场能源用海 |
| | | 23 交通运输用海 |
| | | 24 旅游娱乐用海 |
| | | 25 特殊用海 |
| | | 26 可利用无居民海岛 |
| 海洋保护与保留 | | 27 保护海域海岛 |
| | | 28 保留海域海岛 |

## 二、建设项目用地预审

### 6. 建设项目用地预审的概念

建设项目用地预审是指自然资源主管部门在建设项目审批、核准、备案阶段,依法对建设项目涉及的土地利用事项进行审查,并提出建设项目用地预审报告的行为。建设项目用地预审制度的目的是保证土地利用总体规划的实施,充分发挥土地供应的宏观调控作用,控制建设用地总量。[3]

### 7. 建设项目用地预审的原则

(1)符合土地利用总体规划;(2)保护耕地,特别是永久基本农田;(3)合理和节约集约利用土地;(4)符合国家供地政策。

《土地管理法》第五十二条明确规定,建设项目可行性研究论证时,自然资源主管部门可以根据土地利用总体规划、土地利用年度计划和建设用地标准,对建设用地有关事项进行审查,并提出意见。[3]

### 8. 建设项目用地预审的权限

建设项目用地实行分级预审:

(1)需人民政府或有批准权的人民政府发展改革等部门审批的建设项目,由该人民政府的自然资源主管部门预审;(2)需核准和备案的建设项目,由与核准、备案机关同级的自然资源主管部门预审;(3)需审批的建设项目在可行性研究阶段,由建设用地单位提出预审申请;(4)需核准的建设项目在项目申请报告核准前,由建设单位提出用地预审申请;(5)需备案的建设项目在办理备案手续后,由建设单位提出用地预审申请。[3]

### 9. 安徽省用地预审与规划选址的办理

为贯彻落实《自然资源部关于以"多规合一"为基础推进规划用地"多审合一、多证合一"改革的通知》要求,安徽省自然资源厅印发了《关于推进规划用地"多审合一、多证合一"工作的通知》,将建设项目选址意见书、建设项目用地预审意见合并,由自然资源主管部门统一核发建设项目用地预审与选址意见书,不再单独核发建设项目选址意见书、建设项目用地预审意见。

国务院批准或国家有关部委审批(核准、备案)及占用永久基本农田、生态保护红线的项目,用地预审权限在自然资源部的,建设单位向项目所在地自然资源主管部门提出用地预审与规划选址申请,由市(县)自然资源主管部门受理,逐级上报省自然资源厅,经省自然资源厅初审后上报自然资源部,待自然资源部通过用地预审后,依据建设项目审批(核准、备案)层级规定由省自然资源厅或市(县)自然资源主管部门核发建设项目用地预审与选址意见书。

省级审批(核准、备案)的项目,用地预审与规划选址权限在省自然资源厅的,建设单位向省自然资源厅提出用地预审与规划选址申请,项目所涉及的市(县)自然资源主管部门出具初审意见,省自然资源厅审查通过后核发建设项目用地预审与选址意见书。

设区市行政区域范围内的项目(不含占用永久基本农田、生态保护红线、用地规模70公顷以上以及占用耕地超过35公顷的项目),建设单位向市级自然资源主管部门提出用地预审与规划选址申请,市级自然资源主管部门审查通过后核发建设项目用地预审与选址意见书,并报省自然资源厅备案。

建设项目用地预审与规划选址权限在市(县)自然资源主管部门的,建设单位向市(县)自然资源主管部门提出用地预审与规划选址申请,市(县)自然资源主管部门审查通过后核发建设项目用地预审与选址意见书。[4]

## 10. 规划用地"多审合一、多证合一"

自然资源部出台了《自然资源部关于以"多规合一"为基础推进规划用地"多审合一、多证合一"改革的通知》,文件规定,合并规划选址和用地预审("多审核一")。将建设项目选址意见书、建设项目用地预审意见合并,自然资源主管部门统一核发建设项目用地预审与选址意见书,不再单独核发建设项目选址意见书、建设项目用地预审意见。建设项目用地预审与选址意见书有效期为三年,自批准之日起计算。合并建设用地规划许可和用地批准("多证合一")。将建设用地规划许可证、建设用地批准书合并,自然资源主管部门统一核发新的建设用地规划许可证,不再单独核发建设用地批准书。[7]

## 11. 建设项目用地预审与选址意见书的有效期

建设项目用地预审与选址意见书有效期为三年,自批准之日起计算。已核发的规划选址意见书,有效期满后不再办理延期;需重新办理的,由建设单位向自然资源主管部门提出申请,自然资源主管部门按程序核发建设项目用地预审与选址意见书。[4]

已经预审的项目,如需对土地用途、建设项目选址等进行重大调整的,应当重新申请预审。未经预审或者预审未通过的,不得批复可行性研究报告、核准项目申请报告;不得批准农用地转用、土地征收,不得办理供地手续。预审审查的相关内容在建设用地报批时,未发生重大变化的,不再重复审查。[3]

## 12. 安徽省建设项目用地预审的审查要点

使用已经依法批准的存量建设用地进行建设的项目,不需办理用地预审。其他建设项目用地预审和规划选址主要审查以下内容：

（1）项目建设依据是否充分，用地是否符合国家产业政策、供地政策和土地管理法律、法规规定的条件。

（2）市级自然资源主管部门出具的初审意见中标注的项目位置、地类、面积与勘测定界范围的数据库比对结果是否相符，权属是否清晰无争议。

（3）建设项目选址是否符合现行土地利用总体规划、城乡规划和专项规划；属《土地管理法》第二十五条规定情形，建设项目用地需修改规划的，是否已编制规划修改方案，规划修改程序是否符合法律、法规规定。

（4）建设项目选址是否符合生态保护红线的管控要求，涉及占用生态保护红线确实难以避让的，是否符合中共中央办公厅、国务院办公厅《关于在国土空间规划中统筹划定落实三条控制线的指导意见》和自然资源部生态保护红线管控规则规定可以占用的项目范围，是否已经省政府出具论证意见；涉及占用自然保护地确实难以避让的，是否已按照自然资源部、国家林业和草原局有关规定明确具体功能区，是否涉及必须严禁占用的核心保护区，是否涉及占用一般控制区，涉及占用一般控制区的是否已经省林业局出具同意意见函。

（5）建设项目占用永久基本农田的，是否属于允许占用的重大建设项目范围，依据是否充分，占用是否必要，规模是否合理；是否按《自然资源部关于做好占用永久基本农田重大建设项目用地预审的通知》《自然资源部 农业农村部关于加强和改进永久基本农田保护工作的通知》要求编制规划修改和永久基本农田补划方案，并经省自然资源厅出具踏勘论证意见。

（6）线性工程占用耕地100公顷以上、块状工程占用耕地70公顷以上，或者块状工程占用耕地面积达到用地总面积50%以上且超过35公顷的建设项目，是否已经省自然资源厅实地踏勘论证并出具审查意见。

（7）建设单位是否已承诺将补充耕地、征地补偿、土地复垦等相关费用足额纳入项目工程概算，占用永久基本农田的缴费标准按照当地耕地开垦费最高标准的两倍执行；市级自然资源主管部门是否已督促建设单位和地方政府，在正式用地报批前按规定做好征地补偿安置、耕地占补平衡以及土地复垦等有关前期工作。

（8）建设项目用地规模和功能分区是否符合建设用地使用标准控制等节约集约用地要求；对国家和地方尚未颁布建设用地使用标准和建设标准的建设项目，以及确需突破建设用地使用标准确定的规模和功能分区的建设项目，是否已组织建设项目节地评价并出具评审论证意见。

(9)是否存在信访情况以及行政复议或行政诉讼事项。[5]

**13. 建设项目用地预审涉及占用永久基本农田的有关规定**

(1)《中共中央 国务院关于加强耕地保护和改进占补平衡的意见》规定,一般建设项目不得占用永久基本农田,重大建设项目选址确实难以避让永久基本农田的,在可行性研究阶段,必须对占用的必要性、合理性和补划方案的可行性进行严格论证,通过自然资源部(原国土资源部)用地预审。

(2)《自然资源部关于做好占用永久基本农田重大建设项目用地预审的通知》界定了占用永久基本农田重大建设项目范围,主要包括6大类:

①党中央、国务院明确支持的重大建设项目(包括党中央、国务院发布文件或批准规划中明确具体名称的项目和国务院批准的项目)。

②军事国防类。中央军委及其有关部门批准的军事国防项目。

③交通类。机场项目,指国家级规划(指国务院及其有关部门颁布,下同)明确的民用运输机场项目;铁路项目,指国家级规划明确的铁路项目,《推进运输结构调整三年行动计划(2018—2020年)》明确的铁路专用线项目,国务院投资主管部门批准的城际铁路建设规划明确的城际铁路项目,国务院投资主管部门批准的城市轨道交通建设规划明确的城市轨道交通项目;公路项目,指国家级规划明确的公路项目,包括《国家公路网规划(2013—2030年)》明确的国家高速公路和国道项目,国家级规划明确的国防公路项目。

此外,为解决当前地方存在的突出问题,将省级公路网规划的部分公路项目纳入受理范围,包括省级高速公路;连接深度贫困地区直接为该地区服务的省级公路。

④能源类。国家级规划明确的能源项目;电网项目,包括500千伏及以上直流电网项目和500千伏、750千伏、1000千伏交流电网项目,以及国家级规划明确的其他电网项目;其他能源项目,包括国家级规划明确的且符合国家产业政策的能源开采、油气管线、水电、核电项目。

⑤水利类。国家级规划明确的水利项目。

⑥为贯彻落实党中央、国务院重大决策部署,国务院投资主管部门或国务院投资主管部门会同有关部门支持和认可的交通、能源、水利基础设施项目。

(3)《自然资源部农业农村部关于加强和改进永久基本农田保护工作的通知》要求:

①深度贫困地区、集中连片特困地区、国家扶贫开发工作重点县省级以下基础设施、易地扶贫搬迁、民生发展等建设项目,确实难以避让永久基本农田的,可以纳入重大建设项目范围,由省级自然资源主管部门办理用地预审。

②重大建设项目在用地预审时不占永久基本农田、用地审批时占用的,按有关要求报自然资源部用地预审。(委托预审)

③线性重大建设项目占用永久基本农田用地预审通过后,选址发生局部调整、占用永久基本农田规模和区位发生变化的,由省级自然资源主管部门论证审核后完善补划方案,在用地审查报批时详细说明调整和补划情况。

④非线性重大建设项目占用永久基本农田用地预审通过后,所占规模和区位原则上不予调整。

**14. 建设项目用地预审中需要实地踏勘论证的情形**

建设项目用地预审中遇到公路、铁路、河流、管线等线性工程建设项目占用永久基本农田或者占用耕地100公顷以上;能源、矿山、水利、环保工程等块状建设项目占用永久基本农田,或者占用耕地70公顷以上,或占用耕地达到用地总面积50%以上(不包括水库类项目)的情形应当组织实地踏勘论证。[6]

### 三、建设项目用地报批

**15. 用地审批权下放**

2020年3月12日,国务院发布的《关于授权和委托用地审批权的决定》,将国务院可以授权的永久基本农田以外的农用地转为建设用地审批事项授权各省、自治区、直辖市人民政府批准。其中,8个首批试点省份分别是北京、天津、上海、江苏、浙江、安徽、广东、重庆,试点期限一年。[8]

(1)安徽省承接建设用地审批权委托试点具体内容

①省政府承接国务院委托事项。永久基本农田转为建设用地,以及永久基本农田、永久基本农田以外的耕地超过35公顷、其他土地超过70公顷的土地征收审批事项。

②省自然资源厅承接自然资源部委托事项。占用永久基本农田建设项目的用地预审审批事项;国家重点建设项目中控制工期的单体工程和因工期紧或者受季节影响急需动工建设的其他工程先行用地审批事项。[9]

(2)安徽省人民政府关于委托用地审批权的决定

省政府于2021年7月5日正式印发了《安徽省人民政府关于委托用地审批权的决定》,将《土地管理法》赋予省级人民政府的用地审批权,委托给16个设区市、县级市和省直管县人民政府行使。委托事项包括:

①分批次用地农用地转用,即在国土空间规划确定的城市和村庄、集镇建设用地规模范围内,将永久基本农田以外的农用地转为建设用地的。

②分批次用地土地征收,即在国土空间规划确定的城市和村庄、集镇建设用地规模范围内,征收永久基本农田以外耕地不超过35公顷、其他土地不超过70公顷的。

③城乡建设用地增减挂钩实施规划。

(3)关于与国务院授权和委托用地审批权的衔接

①我省承接国务院授权和委托的用地审批事项,即委托审批占用永久基本农田的农用地转用和土地征收,以及土地征收耕地超过35公顷、其他土地超过70公顷,授权审批单独选址项目用地,按照国务院规定不得委托下放。

②合肥、淮北、淮南、马鞍山市属于国务院批准土地利用总体规划的城市,其城市建设用地规模范围内的用地审批事项(农用地转用和土地征收),依法由国务院批准,现国务院授权省政府批准,按照规定也不得下放,上述4个市所辖县的用地审批事项由省政府委托给设区市政府批准。

(4)关于县级市和宿松县政府承接用地审批权的衔接

根据《土地管理法》及《安徽省实施〈中华人民共和国土地管理法〉办法》等有关规定,批次用地的农用地转用与土地利用总体规划的批准机关应一致。虽然《安徽省人民政府关于委托用地审批权的决定》将省级用地审批权(农用地转用和土地征收)委托下放给县级市和宿松县政府批准,但城关镇以外的乡(镇)农用地转用事项,则由设区市政府批准。因此会出现县级市和宿松县政府审批征收,而设区市政府审批农转用,存在审批层级不衔接的情况。因此,建议设区市政府可考虑将依法由设区市政府审批的县级市和宿松县城关镇以外的农用地转用事项,同步委托给县级市和宿松县政府批准,从而保证县级市和宿松县政府的农用地转用和土地征收审批层级保持一致。

(5)用地审批权委托下放的有关要求

①受委托市、县(市)人民政府负责委托审批事项的具体落实和承接工作,严格落实保护耕地、节约集约用地政策,维护被征地群众合法权益。

②省自然资源厅对受委托市、县(市)人民政府及其自然资源主管部门的审查审批行为负有监管、检查、指导责任。[10]

**16. 单独选址建设项目农用地转用和土地征收审查要点**

（1）基本情况。土地界址、地类、面积清楚，权属清晰无争议；是否涉及信访问题、行政复议、行政诉讼；建设单位已取得建设项目批准（核准或备案）文件、初步设计批准或审核文件，且应当在有效期内；已按规定通过用地预审，且不属于应当重新预审的情形；用地规模原则上不得超过用地预审控制规模的10%；项目主要功能和用途。

（2）符合规划计划情况。用地应当符合土地利用总体规划（国土空间规划），或已按规定履行规划调整程序。涉及占用自然保护区确实难以避让的，涉及占用生态保护红线确实难以避让的，在用地预审环节已经组织论证或由相关部门出具意见且占用范围没有发生变化的，不再重新论证或由相关部门出具意见，但须说明论证或由相关部门出具意见情况；用地预审环节没有开展相关工作的，按照有关要求进行论证或由相关部门出具意见。

（3）补充耕地情况。占用耕地（包括占用可调整地类和原为耕地的设施农用地）应当已履行法定开垦耕地义务，按照《关于在用地审查报批中按管理新方式落实耕地占补平衡的通知》要求落实补充耕地数量、水田和标准粮食产能，并在自然资源部耕地占补平衡动态监管系统中对应核销，做到耕地占补平衡数量质量双到位。

（4）占用和补划永久基本农田情况。涉及占用永久基本农田的建设项目，应当属于《土地管理法》第三十五条以及《自然资源部 关于做好占用永久基本农田重大建设项目用地预审的通知》规定的允许占用永久基本农田的重点建设项目范围。占用永久基本农田应当按照《自然资源部农业农村部关于加强和改进永久基本农田保护工作的通知》规定进行严格把关，重大建设项目在用地预审时不占永久基本农田，用地审批时占用的，按有关要求须重新预审。线性工程项目占用永久基本农田用地预审通过后，占用永久基本农田规模和区位发生变化的，由省级自然资源主管部门论证审核后完善补划方案，在用地审查报批时详细说明调整和补划情况，做到数量质量不降低、布局稳定。

（5）土地征收情况。涉及征收农民集体所有的土地的，应当符合《土地管理法》第四十五条规定情形和条件。县级以上地方人民政府应当就按规定履行土地征收报批前期有关程序出具结论性意见。

（6）节约集约用地情况。用地面积和功能分区符合建设用地标准控制等节约集约用地要求。对国家和地方尚未颁布土地使用标准和建设标准的建设项目，以及确需突破土地使用标准确定的规模和功能分区的建设项目，应当按照《国土资源部关于改进和优化建设项目用地预审和用地审查的通知》等要求组织开展建设项目节地评价。

（7）供地情况。符合《禁止供地项目目录》《限制供地项目目录》等供地政策；符合《划拨用地目录》等供地政策。煤炭、煤电（火电）等产能过剩行业建设项目是否符合国家宏观调控政策，审查过程中省级人民政府有关部门应请国家发展改革委、国家能源局出具意见；对开工手续不全等违规煤电建设项目，省级人民政府应当将问责处理情况报送国家发展改革委、国家能源局，并抄送自然资源部。

（8）违法用地查处情况。应当明确是否存在违法用地，如存在，是否已查处并落实到位；具体动工、竣工时间。

（9）其他事项。涉及占用林地、草原、自然保护区的，按照《森林法》《草原法》《中华人民共和国自然保护区条例》需要相关部门出具意见的，由建设单位按照相关要求办理，相关手续文件应当在有效期内。应当缴纳新增建设用地土地有偿使用费的，缴纳等级、标准准确。涉及土地复垦的，已履行土地复垦义务。位于地质灾害易发区的，应当已进行地质灾害危险性评估。涉及压覆重要矿产资源的，建设单位已与矿业权人签订压矿补偿协议，或双方已就压矿补偿进行协商、有关市县人民政府承诺做好压矿补偿协调工作；对未签订补偿协议、未办理压覆矿产资源审批手续的，不得转发用地批复、不得供地。

（10）减少前后重复审查。对已通过自然资源部用地预审的项目，农用地转用和土地征收审查时，如土地利用现状、符合用地标准、永久基本农田占用和补划等情况均未发生变化的，不再重复进行审查。[11]

**17. 城市建设用地审查要点**

（1）符合规划计划情况。用地布局应当符合土地利用总体规划（国土空间规划），年度新增建设用地规模原则上不超过土地利用总体规划（国土空间规划）确定的规划期剩余的城市建设用地年均量；土地利用计划指标安排应当符合规定。根据"增存挂钩"制度，上一年度批而未供和闲置土地处置未达到任务要求的，适当核减用地规模；原由国务院批准用地的106个城市，2009年以后实施方案审核同意的用地规模低于国务院批准用地规模一定比例（如70%，视当地具体情况确定）的，原则上不再新批准用地规模。

（2）申报用地规划用途。应当明确申报用地中按照规划用途划分的用地规模；应当明确住宅用地中保障性安居工程用地的规模。实行保障性安居工程用地应保尽保。

（3）土地征收情况。涉及征收农民集体所有的土地的，应当符合《土地管理法》第四十五条规定情形和条件。县级以上地方人民政府应当就按规定履行土地征收报批前期有关程序出具结论性意见。

（4）补充耕地情况。占用耕地（包括占用可调整地类和原为耕地的设施农用地）应当在申请审核农用地转用和土地征收实施方案前，按照自然资办发〔2018〕8号文件要求落实补充耕地数量、水田和标准粮食产能，并在自然资源部耕地占补平衡动态监管系统中对应核销，做到耕地占补平衡数量质量双到位。[11]

**18. 农用地转用的概念**

农用地转用即农用地转为建设用地，是指将现状为农用地，按照国土空间规划、土地利用年度计划，并按国家规定的程序和批准权限，报原批准土地利用总体规划的机关或者其授权的机关审查批准后转为建设用地的法律行为，简称"农转用"。包括批次用地和单独选址项目用地。[12]其中，批次用地即城镇村批次建设用地，是指在国土空间规划确定的城市和村庄、集镇建设用地规模范围内，需要进行建设使用的土地，也称圈内用地，由市、县人民政府申请，报有批准权的人民政府批准农用地转用和土地征收。单独选址项目用地即单独选址项目建设用地，是指能源、交通、水利、矿山、军事设施等建设项目用地，在确实需要的情况下，在土地利用总体规划确定的城市和村庄、集镇建设用地范围外，需要进行建设使用的土地，也称圈外用地。划拨方式供应土地的单独选址项目建设用地，由建设项目单位申请；出让方式供地的，由市、县人民政府或政府储备机构申请。建设项目报有批准权的人民政府批准农用地转用、土地征收，由市、县人民政府办理土地供应。[13][14]

**19. 农用地转用的审批权限**

（1）永久基本农田转为建设用地的，由国务院批准；同时委托北京、天津、上海、江苏、浙江、安徽、广东、重庆等8个试点省（市）人民政府批准永久基本农田转为建设用地和土地征收审批事项，同步将自然资源部的建设用地预审权下放省级自然资源主管部门。[8]

（2）《土地管理法》规定由国务院批准的农用地转用审批事项，可以通过授权方式下放。国务院发布《关于授权和委托用地审批权的决定》，授权各省、自治区、直辖市人民政府批准永久基本农田以外的农用地转为建设用地审批事项，同步向各省、自治区、直辖市人民政府自然资源主管部门下放相应的建设用地预审权。[8]

（3）建设不占用永久基本农田的，分为批次用地和单独选址项目用地两种，按规定的审批权限分级审批；另外，安徽省自2021年7月5日起，将批次用地农用地转用的用地审批权委托给 16 个设区市、县级市及省直管县人民政府行使。[10]

**20. 农用地转为建设用地审批的主要依据**

决定农用地能否转为建设用地，其依据主要有：

（1）国土空间规划和土地利用总体规划。如果符合土地利用总体规划确定的用途，即在建设用地区范围内的农用地可以转为建设用地，否则将不得转为建设用地。

（2）土地利用年度计划。政府批准农用地转用必须在土地利用年度计划控制指标范围之内，不得超计划批准农用地转用。

（3）建设用地供应政策。国家通过制定建设用地的供应政策，控制建设用地总量，防止大量占用农用地，同时优化投资结构，防止重复建设，促进国民经济协调发展。[12]

**21. 城乡建设用地增减挂钩的概念**

城乡建设用地增减挂钩是指依据国土空间规划（土地利用总体规划），将若干拟整理复垦为耕地的农村建设用地地块（拆旧地块）和拟用于城镇建设的地块（建新地块）等面积共同组成建新拆旧项目区（以下简称项目区），通过建新拆旧和土地整理复垦等措施，在保证项目区内各类土地面积平衡的基础上，最终实现建设用地总量不增加，耕地面积不减少，质量不降低，城乡用地布局更合理的目标。项目区实施规划和拆旧建新整体组卷报批，不再单独办理农用地转用审批手续，整体审批结果报自然资源部备案。[15]

**22. 安徽省报省政府批准的城乡建设用地增减挂钩实施方案审查要点**

（1）项目使用周转指标年度及面积是否无误。

（2）是否占用生态保护红线和永久基本农田（不得占用）。

（3）市县林业主管部门是否出具不占公益林的说明。涉及风景名胜区附近的，是否已取得市县林业部门出具的不占风景名胜区的说明。

（4）是否提供标注用地位置的国土空间规划图。国土空间规划批准前，市县政府是否出具"将该用地规模和布局纳入正在编制的规划期至 2035 年的国土空间规划"的承诺函。[16]

**23. 安徽省报省政府批准的城乡建设用地增减挂钩建新区征收（采煤塌陷区）、工矿废弃地复垦挂钩项目用地审查要点**

（1）是否已取得增减挂钩实施方案、工矿废弃地复垦项目批复，使用的指标是否已验收归还（承诺归还承诺期不超过一年）。

（2）是否提供标注用地位置的国土空间规划图。国土空间规划批准前，市县政府是否出具"将该项目用地规模和布局纳入正在编制的规划期至2035年的国土空间规划"的承诺函。

(3)是否占用生态保护红线和永久基本农田(不得占用)。

(4)涉及风景名胜区附近的,是否已取得市县林业部门出具的不占风景名胜区的说明。

(5)征地准备金凭证是否金融机构提供。[16]

### 24. 安徽省跨县域流转节余指标增减挂钩项目的审批

节余指标流转包括规划建设用地规模和耕地保有量指标,以及补充耕地指标和建设用地计划的调剂。调出节余指标的县,同时相应减少建设用地规模、增加耕地保有量等规划指标;调入节余指标的县,同时相应增加建设用地规模、减少耕地保有量等规划指标。[17]

根据中共中央有关文件、《安徽省城乡建设用地增减挂钩节余指标有偿调剂管理办法》、《中共安徽省委办公厅安徽省人民政府办公厅关于严格规范村庄撤并工作的通知》、《安徽省自然资源厅关于调整跨县域流转节余指标增减挂钩项目拆旧区实施规划审批权的通知》精神,脱贫地区跨县域流转节余指标的增减挂钩项目实行拆旧区与建新区分开报批,拆旧区实施规划由省自然资源厅审查后报省政府批准。

### 25. 安徽省增减挂钩项目验收

根据《安徽省国土资源厅关于调整城乡建设用地增减挂钩拆旧地块土地复垦工程验收工作的通知》规定,增减挂钩项目由项目所在地省辖市自然资源部门(含广德、宿松县)组织验收,市自然资源部门要按照"谁验收,谁负责"的原则,承担验收主体责任,并对验收结果的真实性和准确性负责。

已批准的增减挂钩项目到期未能归还挂钩指标的,如若申请延期验收,需由市级自然资源部门出具明确意见并报省自然资源厅。[19]

### 26. 安徽省增减挂钩项目备案

根据《安徽省国土资源厅关于调整城乡建设用地增减挂钩拆旧地块土地复垦工程验收工作的通知》规定,增减挂钩项目拆旧地块土地复垦工程由项目所在地省辖市自然资源管理部门(含广德、宿松县)组织验收,验收合格的,由组织验收的自然资源管理部门下达验收批复。在批复下达后15个工作日内将验收批复、验收全套资料装订成册(含光盘)报省土地开发复垦整理中心备案,并在备案后10个工作日内完成项目在线报备。[19]

**27. 先行用地的概念及审批权限**

国家重点建设项目中的控制工期的单体工程和因工期紧或者受季节影响急需动工建设的其他工程,可以由省、自治区、直辖市自然资源主管部门向自然资源部(原国土资源部)申请先行用地。[20]新修订的《土地管理法实施条例》规定:抢险救灾、疫情防控等急需使用土地的,可以先行使用土地。[13]

先行用地原由自然资源部审批。为贯彻落实《国务院关于授权和委托用地审批权的决定》,2020年3月,自然资源部印发了《关于贯彻落实〈国务院关于授权和委托用地审批权的决定〉的通知》,将先行用地批准权委托给8个试点省份省级自然资源主管部门行使。

**28. 先行用地的审查要点**

(1)基本情况。土地界址、地类、面积清楚,权属清晰无争议。

(2)项目立项情况。建设项目应是国务院及有关部门审批(核准、备案)的项目或国家级规划明确的建设项目。建设单位已取得建设项目批准(核准或备案)文件、初步设计批准或有关部门确认工程建设的文件,且应当在有效期内。办理先行用地部分应是项目中控制工期的单体工程和因工期紧或者受季节影响急需动工建设的其他工程。

(3)用地预审情况。应按规定由有权一级自然资源主管部门通过预审;先行用地规模原则上不得超过用地预审控制规模的20%。

(4)占用永久基本农田情况。占用永久基本农田的规模和边界范围不得超过用地预审批准的永久基本农田的规模和边界范围。

(5)占用生态保护红线和自然保护区情况。先行用地不得占用生态保护红线。涉及占用自然保护区确实难以避让的,须由省级林草主管部门出具同意意见。

(6)节约集约用地情况。用地面积符合建设用地标准控制等节约集约用地要求。

(7)用地补偿安置情况。涉及农村集体土地的,补偿安置应已征得农民同意并确保补偿及时足额支付到位,地方政府应承诺动工前将补偿费发放到相关村组和群众及确保不因先行用地发生信访问题和突发事件;涉及国有土地的,相关单位应对先行用地补偿标准无异议,已出具同意先行用地的书面意见。

(8)其他情况。建设项目是否已开工建设,如存在违法用地不得批准先行用地。占用林地的,应当已取得林地审核同意书,或林业主管部门已出具同意先行使用林地的意见。

(9)办理正式用地报批手续的时限要求。列入《国家公路网规划》的公路、铁路和国务院确定的172项重大水利项目应当在批准先行用地一年内办理正式用地报批手续,其他项目应当在半年内办理正式用地报批手续。[11]

### 四、土地征收

#### 29. 土地征收的概念及特征

土地征收是指国家为了公共利益需要,依照法律规定的程序和权限,将农民集体所有的土地转化为国有土地,并依法给予被征地的农村集体经济组织和被征地农民合理补偿及妥善安置的法律制度。土地征收具有以下特征:

(1)土地征收具有法定性,必须符合法律的规定,遵循法定程序。

(2)土地征收具有强制性,土地征收本身是政府的一种具体行政行为,具有明显的行政强制性,并不以被征收者的同意为前提条件。

(3)土地征收的目的和前提,必须是为了公共利益的需要。

(4)土地征收应当给予被征地者公平、合理的补偿。[12]

#### 30. 可以依法实施征收的情形

为了公共利益的需要,有下列情形之一,确需征收农民集体所有的土地的,可以依法实施征收:

(1)军事和外交需要用地的。

(2)由政府组织实施的能源、交通、水利、通信、邮政等基础设施建设需要用地的。

(3)由政府组织实施的科技、教育、文化、卫生、体育、生态环境和资源保护、防灾减灾、文物保护、社区综合服务、社会福利、市政公用、优抚安置、英烈保护等公共事业需要用地的。

(4)由政府组织实施的扶贫搬迁、保障性安居工程建设需要用地的。

(5)在土地利用总体规划确定的城镇建设用地范围内,经省级以上人民政府批准由县级以上地方人民政府组织实施的成片开发建设需要用地的。

(6)法律规定为公共利益需要可以征收农民集体所有的土地的其他情形。

征收土地的建设活动,应当符合国民经济和社会发展规划、土地利用总体规划、城乡规划和专项规划;第(4)项、第(5)项规定的建设活动,还应当纳入国民经济和社会发展年度计划;第(5)项规定的成片开发并应当符合国务院自然资源主管部门规定的标准。[14]

#### 31. 土地征收审批权限划分

(1)征收下列土地的,由国务院批准:①永久基本农田;②永久基本农田以外的耕地超过35公顷的;③其他土地超过70公顷的。另外,北京、天津、上海、江苏、浙江、安徽、广东、重庆等8个试点省(市)的上述土地征收审批权限,由国务院委托试点省(市)人民政府批准。[8]

（2）征收上述规定以外的土地的,由省、自治区、直辖市人民政府批准。另外,安徽省自2021年7月5日起,将分批次用地土地征收(在国土空间规划确定的城市和村庄、集镇建设用地规模范围内,征收永久基本农田以外耕地不超过35公顷,其他土地不超过70公顷的)的用地审批权委托给16个设区市人民政府及巢湖市、界首市、天长市、明光市、无为市、广德市、宁国市、桐城市、潜山市等9个县级市和省直管宿松县人民政府行使。[10]

### 32. 征收土地需要做的前期工作

需要征收土地,县级以上地方人民政府认为符合土地征收规定的,应当发布征收土地预公告,并开展拟征收土地现状调查和社会稳定风险评估。

征收土地预公告应当包括征收范围、征收目的、开展土地现状调查的安排等内容。征收土地预公告应当采用有利于社会公众知晓的方式,在拟征收土地所在的乡(镇)和村、村民小组范围内发布,预公告时间不少于10个工作日。自征收土地预公告发布之日起,任何单位和个人不得在拟征收范围内抢栽抢建;违反规定抢栽抢建的,对抢栽抢建部分不予补偿。

土地现状调查应当查明土地的位置、权属、地类、面积,以及农村村民住宅、其他地上附着物和青苗等的权属、种类、数量等情况。

社会稳定风险评估应当对征收土地的社会稳定风险状况进行综合研判,确定风险点,提出风险防范措施和处置预案。社会稳定风险评估应当有被征地的农村集体经济组织及其成员、村民委员会和其他利害关系人参加,评估结果是申请征收土地的重要依据。

县级以上地方人民政府应当依据社会稳定风险评估结果,结合土地现状调查情况,组织自然资源、财政、农业农村、人力资源和社会保障等有关部门拟定征地补偿安置方案。征地补偿安置方案应当包括征收范围、土地现状、征收目的、补偿方式和标准、安置对象、安置方式、社会保障等内容。

征地补偿安置方案拟订后,县级以上地方人民政府应当在拟征收土地所在的乡(镇)和村、村民小组范围内公告,公告时间不少于30日。征地补偿安置公告应当同时载明办理补偿登记的方式和期限、异议反馈渠道等内容。多数被征地的农村集体经济组织成员认为拟订的征地补偿安置方案不符合法律、法规规定的,县级以上地方人民政府应当组织听证。

县级以上地方人民政府根据法律、法规规定和听证会等情况确定征地补偿安置方案后,应当组织有关部门与拟征收土地的所有权人、使用权人签订征地补偿安置协议。征地补偿安置协议示范文本由省、自治区、直辖市人民政府制定。对个别确实难以达成征地补偿安置协议的,县级以上地方人民政府应当在申请征收土地时如实说明。

县级以上地方人民政府完成规定的征地前期工作后,方可提出征收土地申请。[13]

### 33. 农用地转用审批程序和土地征收审批程序的衔接

征收农用地的,应当依法先行办理农用地转用审批手续。其中,经国务院批准农用地转用的,同时办理征地审批手续,不再另行办理征地审批;经省、自治区、直辖市人民政府在征地批准权限内批准农用地转用的,同时办理征地审批手续,不再另行办理征地审批,超过征地批准权限的,应当由省级人民政府先行办理农用地转用审批,并将农用地转用批准的有关文件随同征地申报材料同时报国务院,由国务院根据省级人民政府的批准文件,决定是否批准征收土地。[14]

### 34. 征地补偿和安置

(1)征收土地应当给予公平、合理的补偿,保障被征地农民原有生活水平不降低、长远生计有保障。

(2)征收土地应当依法及时足额支付土地补偿费、安置补助费以及农村村民住宅、其他地上附着物和青苗等的补偿费用,并安排被征地农民的社会保障费用。

(3)征收农用地的土地补偿费、安置补助费标准由省、自治区、直辖市通过制定公布区片综合地价确定。制定区片综合地价应当综合考虑土地原用途、土地资源条件、土地产值、土地区位、土地供求关系、人口以及经济社会发展水平等因素,并至少每三年调整或者重新公布一次。

(4)征收农用地以外的其他土地、地上附着物和青苗等的补偿标准,由省、自治区、直辖市制定。对其中的农村村民住宅,应当按照先补偿后搬迁、居住条件有改善的原则,尊重农村村民意愿,采取重新安排宅基地建房、提供安置房或者货币补偿等方式给予公平、合理的补偿,并对因征收造成的搬迁、临时安置等费用予以补偿,保障农村村民居住的权利和合法的住房财产权益。

(5)县级以上地方人民政府应当将被征地农民纳入相应的养老等社会保障体系。被征地农民的社会保障费用主要用于符合条件的被征地农民的养老保险等社会保险缴费补贴。被征地农民社会保障费用的筹集、管理和使用办法,由省、自治区、直辖市制定。[14]

(6)地上附着物和青苗等的补偿费用,归其所有权人所有。申请征收土地的县级以上地方人民政府应当及时落实土地补偿费、安置补助费、农村村民住宅以及其他地上附着物和青苗等的补偿费用、社会保障费用等,并保证足额到位,专款专用。有关费用未足额到位的,不得批准征收土地。[13]

(7)安徽省省委办公厅、省政府办公厅印发的《关于进一步做好征地拆迁工作切实维护社会稳定的通知》文件,进一步明确土地补偿费的70%以上和安置补助费的全部要足额支付到被征地农民个人账户。

安徽省人民政府《关于公布全省征地区片综合地价标准的通知》文件明确规定,省人民政府委托各市人民政府根据本地经济发展水平和实际情况,制定被征收土地地上附着物和青苗等补偿标准,报省自然资源厅备案后执行。被征地农民社会保障费用标准由省人力资源社会保障部门负责制定。

### 五、土地利用年度计划

#### 35. 土地利用年度计划的概念

土地利用年度计划是根据国民经济和社会发展计划、国家产业政策、土地利用总体规划以及建设用地和土地利用的实际状况编制,[14]对计划年度内新增建设用地量、土地整治补充耕地量和耕地保有量的具体安排。[21]

《土地管理法》第二十三条规定,各级人民政府应当加强土地利用计划管理,实行建设用地总量控制。土地利用计划的编制审批程序与土地利用总体规划的编制审批程序相同,一经审批下达必须严格执行。[14]

#### 36. 土地利用年度计划的指标

土地利用年度计划指标包括:

(1)新增建设用地计划指标。包括新增建设用地总量和新增建设占用农用地及耕地指标。

(2)土地整治补充耕地计划指标。

(3)耕地保有量计划指标。

(4)城乡建设用地增减挂钩指标和工矿废弃地复垦利用指标。

各地可以根据实际需要,在上述分类的基础上增设控制指标。[21]

### 37. 土地利用年度计划的配置方式

（1）对纳入国家重大项目清单、国家军事设施重大项目清单的项目用地，以及纳入省政府重大项目清单的能源、交通、水利、军事设施、产业单独选址项目用地，实行计划指标重点保障。建设用地依法依规批准后，自然资源部直接配置计划指标。

（2）对未纳入重大项目清单的单独选址项目用地，以及城镇村批次用地，实施计划指标配置与存量土地处置相挂钩，以当年存量土地处置规模为基础核定计划指标。

（3）鼓励开展城乡建设用地增减挂钩，相关计划由各省根据需要确定。[22]

### 38. 土地利用年度计划的执行

（1）新增建设用地计划指标实行指令性管理，不得突破。

批准使用的建设用地应当符合土地利用年度计划。凡不符合土地利用总体规划、国家区域政策、产业政策和供地政策的建设项目，不得安排土地利用年度计划指标。

没有土地利用年度计划指标擅自批准用地的，按照违法批准用地追究法律责任。

（2）土地利用年度计划一经批准下达，必须严格执行。

因特殊情况需要增加土地利用年度计划中新增建设用地计划的，按规定程序报国务院审定。

因地震、洪水、台风、泥石流等重大自然灾害引发的抗灾救灾、灾后恢复重建用地等特殊情况，制定灾后重建规划，经发展改革、自然资源、民政等部门审核，省级以上人民政府批准，可以先行安排新增建设用地指标，列出具体项目，半年内将执行情况报自然资源部。

水利设施工程建设区域以外的水面用地，不占用计划指标。[21]

### 39. 土地利用年度计划的监管考核

（1）依法依规批准用地。不符合国土空间规划、国家产业政策、供地政策和用地定额标准等法规政策规定的，不得批准用地。违法违规批准用地的，批准文件无效。

（2）明确批而未供和闲置土地处置要求。完成批而未供和闲置土地处置必须符合认定标准，否则不予认定和核算计划指标。

（3）建立监测预警机制。各地计划指标配置情况应及时在土地利用计划管理系统报备。自然资源部将根据土地市场动态监测与监管系统，按季度公布批而未供和闲置土地处置情况，并与地方计划指标配置情况进行比对，对超出当季计划测算量的，提示预警。对超出年终核定计划总量批准用地的，视为超计划批地。

（4）严格监督考核。计划执行情况纳入土地管理水平综合评价。对超计划批地的,向省级党委政府通报,并相应扣减下一年度计划指标。对违法违规批地、虚假供地的,一经发现,严肃查处,相应调减计划指标核定量,并追究相关责任人的责任。[22]

**40. 建设用地"增存挂钩"机制**

"增存挂钩"机制是将新增建设用地计划指标分配与存量建设用地消化相挂钩,并实施奖惩的一种工作制度,主要目的是通过新增建设用地计划指标分配促进存量建设用地消化,提高土地集约利用水平。

《自然资源部关于健全建设用地"增存挂钩"机制的通知》提出,各级自然资源主管部门分解下达新增建设用地计划,要把批而未供和闲置土地数量作为重要测算指标,逐年减少批而未供、闲置土地多和处置不力地区的新增建设用地计划安排。要明确各地区处置批而未供和闲置土地具体任务和奖惩要求,对两项任务均完成的省份,国家安排下一年度计划时,将在因素法测算结果基础上,再奖励10%新增建设用地计划指标;任一项任务未完成的,核减20%新增建设用地计划指标。[24]

## 参考资料:

[1]吴次芳,谭永忠,郑红玉:《国土空间用途管制》,地质出版社,2020年。

[2]《市县国土空间规划基本分区与用途分类指南(试行)》

[3]《建设项目用地预审管理办法》(国土资源部令第68号)

[4]《安徽省自然资源厅关于推进规划用地"多审合一、多证合一"工作的通知》(皖自然资管函〔2020〕34号)

[5]《安徽省自然资源厅关于印发落实省政府承接国务院建设用地审批权委托试点审查实施细则的通知》(皖自然资〔2020〕74号)

[6]《安徽省国土资源厅关于进一步规范建设项目用地预审实地踏勘论证工作的通知》(皖国土资函〔2017〕398号)

[7]《自然资源部关于以"多规合一"为基础推进规划用地"多审合一、多证合一"改革的通知》(自然资规〔2019〕2号)

[8]《国务院关于授权和委托用地审批权的决定》(国发〔2020〕4号)

[9]《安徽省人民政府关于印发承接国务院建设用地审批权委托试点工作实施方案的通知》(皖政〔2020〕25号)

[10]《安徽省人民政府关于委托用地审批权的决定》(皖政〔2021〕32号)

[11]《自然资源部国土空间用途管制司关于提供建设用地审查要点的函》(自然

资用途管制函〔2020〕15号）

　　［12］《自然资源管理知识手册》编写组：《自然资源管理知识手册》，中国大地出版社，2020年。

　　［13］《中华人民共和国土地管理法实施条例》（国务院令第743号，2021年修订）

　　［14］《中华人民共和国土地管理法》（2019年修正）

　　［15］《城乡建设用地增减挂钩试点管理办法》（国土资发〔2008〕138号）

　　［16］《安徽省自然资源厅关于明确厅政务中心窗口受理建设用地报件审查有关事项的通知》（皖自然资管函〔2021〕41号）

　　［17］《安徽省自然资源厅关于印发〈安徽省城乡建设用地增减挂钩节余指标有偿调剂管理办法〉的通知》（皖自然资〔2021〕165号）

　　［18］《安徽省自然资源厅关于调整跨县域流转节余指标增减挂钩项目拆旧区实施规划审批权的通知》（皖自然资管〔2021〕6号）

　　［19］《安徽省国土资源厅关于调整城乡建设用地增减挂钩拆旧地块土地复垦工程验收工作的通知》（皖国土资函〔2016〕1400号）

　　［20］《建设用地审查报批管理办法》（2016年11月25日第二次修改）

　　［21］《土地利用年度计划管理办法》（国土资源部令第66号）（2016年5月10日第三次修订）

　　［22］《自然资源部关于2020年土地利用计划管理的通知》（自然资发〔2020〕91号）

　　［23］《安徽省人民政府办公厅关于印发安徽省建设用地年度计划管理办法的通知》（皖政办秘〔2018〕226号）

　　［24］《自然资源部关于健全建设用地"增存挂钩"机制的通知》（自然资规〔2018〕1号）

　　［25］《中共中央国务院关于加强耕地保护和改进占补平衡的意见》（中发〔2017〕4号）

　　［26］《自然资源部关于贯彻落实〈国务院关于授权和委托用地审批权的决定〉的通知》（自然资规〔2020〕1号）

　　［27］《自然资源部关于做好占用永久基本农田重大建设项目用地预审的通知》（自然资规〔2018〕3号）

　　［28］《自然资源部农业农村部关于加强和改进永久基本农田保护工作的通知》

（自然资规〔2019〕1号）

[29]《国土资源部关于改进和优化建设项目用地预审和用地审查的通知》（国土资规〔2016〕16号）

[30]《安徽省国土资源厅关于改进和优化建设项目用地预审工作的通知》（皖国土资〔2017〕80号）

[31]《安徽省国土资源厅关于贯彻落实建设用地"增存挂钩"机制的通知》（皖国土资〔2017〕97号）

# 第六篇　自然资源开发利用篇

自然资源开发利用是指对自然界中一切能被人类利用的物质、能量的开发利用，包括对土地资源、矿产资源、水资源、海洋资源以及气候资源等的开发利用。人们对自然资源的掠夺性开发，造成了资源损毁、生态破坏及环境恶化。

习近平总书记指出："生态环境问题，归根到底是资源过度开发、粗放利用、奢侈浪费造成的。资源开发利用既要支撑当代人过上幸福生活，也要为子孙后代留下生存根基。要解决这个问题，就必须在转变资源利用方式、提高资源利用效率上下功夫。"自然资源开发利用要贯彻节约资源和保护环境基本国策，落实"节约优先、保护优先、自然恢复为主"的方针，按照在保护中开发，在开发中保护的要求，充分发挥市场在资源配置中的决定性作用和更好发挥政府作用，以统筹自然资源的合理开发利用为引领，以自然资源市场监管、自然资源节约集约利用为主线，深化改革，创新机制，促进自然资源的有效保护、合理利用和高效配置，为推进生态文明建设和经济高质量发展提供有力保障。

本篇第一部分主要介绍全民所有自然资源的概念、有偿使用制度、自然资源市场（包括土地市场）等相关内容；第二部分主要介绍土地节约集约利用、闲置土地、批而未供土地处置等相关规定；第三、四、五部分介绍产业用地、临时用地及地价评估相关知识；第六部分介绍安徽省土地征收成片开发相关规定。

## 一、自然资源有偿使用

### 1. 全民所有自然资源

全民所有自然资源是指宪法和法律规定属于国家所有的各类自然资源，主要包括国有土地资源、水资源、矿产资源、国有森林资源、国有草原资源、海域海岛资源等。[1]

### 2. 自然资源有偿使用制度

自然资源有偿使用制度，是指国家采取强制手段使开发利用自然资源的单位或个人支付一定费用的一整套管理措施,是自然资源价值在法律上的体现和确认。自然资源资产有偿使用制度是生态文明制度体系的一项核心制度。改革开放以来,我国全民所有自然资源资产有偿使用制度逐步建立,在促进自然资源保护和合理利用、维护所有者权益方面发挥了积极作用,主要包括土地资源有偿使用制度、水资源有偿使用制度、矿产资源有偿使用制度、森林资源有偿使用制度、草原资源有偿使用制度、海域海岛有偿使用制度。[1]

**3. 自然资源市场信用信息、录入原则及责任单位**

信用信息由基本信息和自然资源市场信用信息组成。基本信息是指信用主体注册登记信息、资质信息等。

自然资源市场信用信息是指信用主体在土地市场、矿业权市场、测绘地理信息市场、自然资源中介服务、自然资源工程项目等自然资源监管领域产生的合同内容信息和履约义务信息等。

自然资源市场信用信息,按照"谁主管,谁采集,谁录入"的原则,除系统自动生成的信息外,录入人员应当自信用信息产生之日起2个工作日内,准确、完整地录入信用信息管理系统。

省自然资源市场信用信息,由省自然资源厅具体承办处室负责录入;市、县自然资源市场信用信息,由市、县自然资源和规划局具体承办科(股)室负责录入。[4]

**4. 自然资源市场信用失信行为的认定**

自然资源市场信用失信行为,包括土地市场失信行为、矿业权市场失信行为、测绘地理信息市场失信行为、自然资源中介服务市场失信行为、自然资源工程项目市场失信行为等。

其他失信行为包括因违法被依法处罚、不履行行政处罚决定、被行政强制及其他应当予以惩戒的失信行为。

失信行为的认定按照"谁监管,谁认定"的原则,由监管主体依据法律、法规、规章和规范性文件作出认定,并将失信认定信息录入信用信息管理系统。[4]

**5. 自然资源市场失信行为的分类及惩戒**

自然资源市场失信行为分为一般失信行为和严重失信行为。一般失信行为的行政处罚信息主要是指对性质较轻、情节轻微、社会危害程度较小的违法失信行为的行政处罚信息;严重失信行为的行政处罚信息主要是指对性质恶劣、情节严重、社会危害程度较大的违法失信行为的行政处罚信息。

一般失信行为的行政处罚信息自行政处罚决定之日起,在公示网站最短公示期限为3个月,最长公示期限为一年。严重失信行为的行政处罚信息自行政处罚决定之日起,在公示网站最短公示期限为6个月,最长公示期限为三年。最长公示期限届满的,公示网站撤下相关信息,不再对外公示。法律、法规、规章另有规定的从其规定。[4]

### 6. 土地市场及分级

土地市场是我国现代市场体系的重要组成部分,是资源要素市场的重要内容。土地市场是土地在流通过程中发生的经济关系的总和。主体是土地买卖双方,客体是土地,主体之间的种种利益关系构成了市场。价格是市场的中心,土地市场也可以说是土地供求双方为确定土地交换价格而进行的一切活动或安排。在土地市场交换的有土地所有权,也有土地使用权、租赁权、抵押权等。

土地一级市场:土地一级市场是政府作为国有土地所有者的代表,将土地使用权以划拨、出让、租赁、作价出资或入股等方式供应给土地使用者行为的总称。[15]

随着新《土地管理法》的实施,集体经营性建设用地入市后,农民集体经济组织通过出让、出租等方式将集体经营性建设用地交由单位或者个人使用,也有观点认为是土地一级市场。

建设用地使用权二级市场:改革开放以来,通过大力推行国有建设用地有偿使用制度,我国基本形成了以政府供应为主的土地一级市场和以市场主体之间转让、出租、抵押为主的土地二级市场,对建立和完善社会主义市场经济体制、促进土地资源的优化配置和节约集约利用、加快工业化和城镇化进程起到了重要作用。

建设用地使用权转让、出租、抵押二级市场的交易对象是国有建设用地使用权,重点针对土地交易以及土地连同地上建筑物、其他附着物等整宗地一并交易的情况。涉及房地产交易的,应当遵守《中华人民共和国城市房地产管理法》(以下简称《城市房地产管理法》)、《城市房地产开发经营管理条例》等法律法规。[3]

建设用地使用权转让,是指各类依法转移建设用地使用权的行为,包括买卖、交换、赠与、出资以及司法处置、资产处置、法人或其他组织合并或分立等形式涉及的建设用地使用权转移。建设用地使用权转移的,地上建筑物、其他附着物所有权应一并转移。[17]

建设用地使用权出租,是指建设用地使用权人作为出租人将土地使用权或者随同地上建筑物、附着物及相关附属设施出租给承租人使用,由承租人向出租人支付租金的行为。[17]

建设用地使用权抵押,是指建设用地使用权人(抵押人)以其合法取得的建设用地使用权以不转移占有的方式向债权人(抵押权人)提供债务履行担保的行为。[17]

**7. 集体经营性建设用地入市的相关规定**

《土地管理法》第六十三条规定,土地利用总体规划、城乡规划确定为工业、商业等经营性用途,并经依法登记的集体经营性建设用地,土地所有权人可以通过出让、出租等方式交由单位或者个人使用,并应当签订书面合同,载明土地界址、面积、动工期限、使用期限、土地用途、规划条件和双方其他权利义务。

前款规定的集体经营性建设用地出让、出租等,应当经本集体经济组织成员的村民会议三分之二以上成员或者三分之二以上村民代表的同意。

通过出让等方式取得的集体经营性建设用地使用权可以转让、互换、出资、赠与或者抵押,但法律、行政法规另有规定或者土地所有权人、土地使用权人签订的书面合同另有约定的除外。

集体经营性建设用地的出租,集体建设用地使用权的出让及其最高年限、转让、互换、出资、赠与、抵押等,参照同类用途的国有建设用地执行。具体办法由国务院制定。

《土地管理法》第六十四条规定:集体建设用地的使用者应当严格按照土地利用总体规划、城乡规划确定的用途使用土地。[2]

**8. "十四五"规划中土地要素实现市场化配置的关键点**

(1)建立健全城乡统一的建设用地市场。积极探索实施农村集体经营性建设用地入市制度。建立土地征收公共利益用地认定机制,缩小土地征收范围。

(2)改革完善农村宅基地制度。探索宅基地所有权、资格权、使用权分置实现形式。保障农户宅基地用益物权,赋予农民宅基地更完整的权能,并创造条件将其逐步纳入城乡统一的建设用地市场。

(3)加快发展建设用地二级市场。在符合国土空间规划的前提下,推动土地混合开发利用、用途合理转换。充分运用市场机制盘活存量土地和低效用地,实现土地有偿使用。[5]

## 二、土地节约集约利用

**9. 土地管理和利用应当遵循的原则**

(1)坚持节约优先的原则,各项建设少占地、不占或者少占耕地,珍惜和合理利用每一寸土地。

(2)坚持合理使用的原则,严控总量、盘活存量、优化结构、提高效率。

(3)坚持市场配置的原则,妥善处理好政府与市场的关系,充分发挥市场在土地资源配置中的决定性作用。

(4)坚持改革创新的原则,探索土地管理新机制,创新节约集约用地新模式。[6]

**10. 节约集约利用土地的概念**

节约集约利用土地是指通过规模引导、布局优化、标准控制、市场配置、盘活利用等手段,达到节约土地、减量用地、提升用地强度、促进低效废弃地再利用、优化土地利用结构和布局、提高土地利用效率的各项行为与活动。[6]

**11. 节约集约利用土地的措施**

(1)实行最严格的节约用地制度,从严控制建设用地总规模。按照节约集约和总量控制的原则,合理确定新增建设用地规模、结构、时序。提高土地保有成本,盘活存量建设用地,加大闲置土地清理力度,鼓励深度开发利用地上地下空间。强化土地利用总体规划和年度计划管控,严格用途管制,健全节约用地标准,加强用地节地责任考核。(2)实行建设用地总量与强度双控,逐步减少新增建设用地计划,控制单位国内生产总值建设用地强度。强化约束,把双控目标同经济发展、环境改善、社会和谐目标有机结合,分解落实。建立目标责任制,纳入经济社会发展综合评价体系,作为考核领导班子和选拔任用干部的重要依据。加强结果评估和监测,定期发布公示。[3]

**12. 建设用地节约集约利用评价的概念和目的**

节约集约利用评价(简称节地评价)是通过调查、分析,评价项目预期节地效果,测算优化用地规模的过程。[7]

建设用地节约集约利用评价的目的是为全面掌握区域、城市建设用地节约集约利用状况及集约利用潜力,科学管理和合理利用建设用地,提高土地利用效率,为国家和各级政府制定土地政策和调控措施,为土地利用规划、计划及相关规划的制定提供科学依据。[8]

**13. 规范开展建设项目节地评价工作的措施**

(1)严格执行土地使用标准控制制度

各地要严格执行国家发布的各类土地使用标准,在建设项目设计、审批、供地、用地等环节,进一步落实标准控制制度。对因安全生产、地形地貌、工艺技术等有特殊要求,确需突破土地使用标准确定的规模和功能分区的建设项目,有法定审批权的地方自然资源主管部门应当对申报材料中超标准的原因、申请用地的依据开展节地评价,组织专家评审,出具评审论证意见,并将其作为建设用地供应的依据。

(2)促进无标准建设项目节约集约用地

对于国家和地方未颁布土地使用标准的建设项目,有法定审批权的自然资源主管部门应当结合行业专业技术设计规范、建设规范等,加强审核把关,主要包括规模、功能分区等是否体现了项目所在区域的地形地貌特征;是否合理利用地上地下空间或者科学、合理提高项目投资强度、容积率、建筑密度等;是否采取了先进的项目工艺流程、施工工艺和技术;对存在远期预留用地的项目,是否可以分期报批,避免低效、闲置;是否采取措施少占或不占耕地、避让永久基本农田;是否为降低建设成本而粗放用地;是否设置了不必要的功能分区;是否存在"搭车用地"、多报少用等。依据申报材料以上内容无法作出判断的,有法定审批权的自然资源主管部门开展节地评价,组织专家评审论证,出具评审论证意见。

(3)规范开展节地评价工作

各级自然资源主管部门要严格落实国务院"放管服"改革要求,做好建设用地审批与节地评价的工作衔接,不得新设审批事项。要保障建设项目节地评价工作经费,不得向市场主体转嫁费用。自然资源部负责审查的建设项目,由所在地的省级自然资源主管部门组织开展节地评价。对水库和水电工程项目淹没区用地、矿山企业开采区用地、通信和输电线路塔基用地、河道治理工程用地和引排灌工程用地、涉密工程用地、小型工程用地、小于0.2公顷的工程项目用地,以及未确定用地主体、以招标拍卖挂牌方式供应的工业、商业、旅游、娱乐和商品住宅等经营性用地,可不列入建设项目节地评价范围。[9]

**14. 闲置土地的概念与认定**

闲置土地是指国有建设用地使用权人超过国有建设用地使用权有偿使用合同或者划拨决定书约定、规定的动工开发日期满一年未动工开发的国有建设用地。

已动工开发但开发建设用地面积占应动工开发建设用地总面积不足三分之一或者已投资额占总投资额不足25%,中止开发建设满一年的国有建设用地,也可以认定为闲置土地。[10]

**15. 闲置土地清理处置措施**

(1)消除动工障碍

①对配套设施不完善、前期工作迟缓等原因导致无法进场施工造成土地闲置的,当地政府要通过加快配套设施建设、加快前期工作速度等措施,限期消除无法进场施

工因素，推进项目尽快开工。②对土地用途或者规划条件不符合现行政策要求造成土地闲置的，可通过调整土地用途或者规划条件的方式，按照新用途或者新规划条件核算、收缴或者退还土地价款，重新办理用地手续，加快项目动工开发。

（2）调整用途

因地方政府及有关部门行为及其他不可抗力造成闲置的土地，允许调整土地用途，在调整方案和盘活结果双公示的基础上，报经当地政府批准后，以协议出让方式重新办理供地手续。闲置工业用地，除按法律规定、合同约定应收回的情形外，鼓励通过依法转让、合作开发等方式盘活利用。其中，用于发展新产业新业态的，可以依照原国土资源部《产业用地政策实施工作指引》和相关产业用地政策，适用过渡期政策；依据规划改变用途的，报市、县级人民政府批准后，按照新用途或者新规划条件重新办理相关用地手续。

（3）依法征缴土地闲置费或收回土地

①对因地方政府及有关部门的行为导致动工开发延迟或者投资、建设迟缓造成土地闲置，且土地使用权人不愿意继续开发的，可通过协议方式有偿收回国有建设用地使用权。②对企业自身原因未动工开发满一年的，按照土地出让或者划拨价款的20%征缴土地闲置费；未动工开发满两年、确因无力建设的项目，经有批准权的人民政府批准后，依法无偿收回国有建设用地使用权。

（4）因地制宜，妥善处理

①对地方政府及有关部门原因造成闲置的，如一年内能处置到位且土地使用权人愿意继续开发的，可签订补充协议重新约定开竣工时间；两年内能处置到位且土地使用权人愿意继续开发的，采取安排临时使用、签订补充协议重新约定开竣工时间等方式处置。②对政府融资平台土地，要限期注销抵押权，收回国有建设用地使用权，依法注销不动产权证。③对涉法涉诉暂时无法开工建设的，要积极与法院和债权人沟通协商，达成处置意见后，尽快落实处置方案。[11]

**16. 批而未供土地的概念及清理处置措施**

批而未供土地是指经国务院或省政府批准土地征收、农用地转用，但未实施供地的土地。清理处置措施如下：

（1）加快供应

①对批而未征土地，市或县人民政府要加大征迁工作力度，限期完成征地拆迁工作。②对已征收但不具备供地条件的，市或县人民政府要加大土地前期开发力度，限

期满足供地条件。③对因建设项目未落实到位、手续不齐全造成土地批而未供的,市或县人民政府要及时调整、落实建设项目,加快供地实施进度。④对政府投资的基础设施和公共设施用地以及其他符合要求可以补办供地手续的项目,限期完成供地。

(2)完善手续

①对政府投资的城市公共道路、公共绿地、雨水污水排放管线、公共休憩广场等城市基础设施、公共设施用地,可直接通过土地市场动态监测与监管系统核发《国有建设用地划拨决定书》给建设单位;对于道路绿化带、安全间距等代征地以及不能利用的边角地,确实无法按宗地单独供地的,可通过土地市场动态监测与监管系统直接核发《国有建设用地划拨决定书》给政府有关部门。②对城市基础设施和公用设施用地未供先用的,依法查处到位后,在征地补偿费用落实到位、划拨土地价款缴纳方式及期限经市县人民政府同意的前提下,按有关规定办理供地手续。对于经营性项目建设用地未供先用的,必须在严格依法查处到位后,按有关规定重新组织招标拍卖挂牌出让。

(3)据实核销

①农用地转用或土地征收经依法批准后,两年内未用地或未实施征地补偿安置方案的,有关批准文件自动失效。②对已实施的征地补偿安置方案,因相关规划、政策调整不再具备供地条件的土地,经市或县人民政府组织核实现场地类与批准前一致的,在处理好有关征地补偿事宜后,可由市或县人民政府逐级报原批准机关申请撤回用地批准文件。③失效或撤回的用地批准文件由市、县人民政府报送省自然资源主管部门,省自然资源主管部门组织实地核实后汇总报自然资源部。经自然资源部核销的,用地不再纳入批而未供土地统计,相关土地由县级自然资源主管部门在年度变更调查中按原地类认定,相应的土地利用计划、耕地占补平衡指标、相关税费等仍然有效。[11]

### 三、临时用地管理

**17. 临时用地的概念与使用范围**

临时用地是指建设项目施工、地质勘查等临时使用,不修建永久性建(构)筑物,使用后可恢复的土地(通过复垦可恢复原地类或者达到可供利用状态)。临时用地具有临时性和可恢复性等特点,与建设项目施工、地质勘查等无关的用地,使用后无法恢复到原地类或者复垦达不到可供利用状态的用地,不得使用临时用地。临时用地的范围包括:

（1）建设项目施工过程中建设的直接服务于施工人员的临时办公和生活用房,包括临时办公用房、生活用房、工棚等使用的土地;直接服务于工程施工的项目自用辅助工程,包括农用地表土剥离堆放场、材料堆场、制梁场、拌合站、钢筋加工厂、施工便道、运输便道、地上线路架设、地下管线敷设作业,以及能源、交通、水利等基础设施项目的取土场、弃土(渣)场等使用的土地。

（2）矿产资源勘查、工程地质勘查、水文地质勘查等,在勘查期间临时生活用房、临时工棚、勘查作业及其辅助工程、施工便道、运输便道等使用的土地,包括油气资源勘查中钻井井场、配套管线、电力设施、进场道路等钻井及配套设施使用的土地。

（3）符合法律、法规规定的其他需要临时使用的土地。[16]

### 18. 临时用地的选址要求和使用期限

建设项目施工、地质勘查使用临时用地时应坚持"用多少,批多少,占多少,恢复多少",尽量不占或者少占耕地。使用后土地复垦难度较大的临时用地,要严格控制占用耕地。铁路、公路等单独选址建设项目,应科学组织施工,节约集约使用临时用地。制梁场、拌合站等难以恢复原种植条件的不得以临时用地方式占用耕地和永久基本农田,可以建设用地方式或者临时占用未利用地方式使用土地。临时用地确需占用永久基本农田的,必须能够恢复原种植条件,并符合《自然资源部 农业农村部关于加强和改进永久基本农田保护工作的通知》中申请条件、土壤剥离、复垦验收等有关规定。

临时用地使用期限一般不超过两年。建设周期较长的能源、交通、水利等基础设施建设项目施工使用的临时用地,期限不超过四年。城镇开发边界内临时建设用地规划许可、临时建设工程规划许可的期限应当与临时用地期限相衔接。临时用地使用期限,从批准之日起算。[16]

### 19. 临时用地的审批与恢复责任

县(市)自然资源主管部门负责临时用地审批,其中涉及占用耕地和永久基本农田的,由市级或者市级以上自然资源主管部门负责审批,不得下放临时用地审批权或者委托相关部门行使审批权。城镇开发边界内使用临时用地的,可以一并申请临时建设用地规划许可和临时用地审批,具备条件的还可以同时申请临时建设工程规划许可,一并出具相关批准文件。油气资源探采合一开发涉及的钻井及配套设施建设用地,可先以临时用地方式批准使用,勘探结束转入生产使用的,办理建设用地审批手续;不转入生产的,油气企业应当完成土地复垦,按期归还。

申请临时用地应当提供临时用地申请书、临时使用土地合同、项目建设依据文件、土地复垦方案报告表、土地权属材料、勘测定界材料、土地利用现状照片及其他必要的材料。临时用地申请人根据土地权属，与县（市）自然资源主管部门或者农村集体经济组织、村民委员会签订临时使用土地合同，明确临时用地的地点、四至范围、面积和现状地类，以及临时使用土地的用途、使用期限、土地复垦标准、补偿费用和支付方式、违约责任等。临时用地申请人应当编制临时用地土地复垦方案报告表，由有关自然资源主管部门负责审核。其中，所申请使用的临时用地位于项目建设用地报批时已批准土地复垦方案范围内的，不再重复编制土地复垦方案报告表。

临时用地使用人应当按照批准的用途使用土地，不得转让、出租、抵押临时用地。临时用地使用人应当自临时用地期满之日起一年内完成土地复垦，因气候、灾害等不可抗力因素影响复垦的，经批准可以适当延长复垦期限。

严格落实临时用地恢复责任，临时用地期满后应当拆除临时建（构）筑物，使用耕地的应当复垦为耕地，确保耕地面积不减少、质量不降低；使用耕地以外的其他农用地的应当恢复为农用地；使用未利用地的，对于符合条件的鼓励复垦为耕地。

县（市）自然资源主管部门依法监督临时用地使用人履行复垦义务情况，对逾期不恢复种植条件、违反土地复垦规定的行为，责令限期改正，并依照法律法规的规定进行处罚。按年度统计，县（市）范围内的临时用地，超期一年以上未完成土地复垦规模达到应复垦规模20%以上的，省级自然资源主管部门应当要求所在县（市）暂停审批新的临时用地，根据县（市）整改情况恢复审批。[16]

### 20. 临时用地的监管

自然资源部建立临时用地信息系统。自2022年3月1日起，县（市）自然资源主管部门应当在临时用地批准后20个工作日内，将临时用地的批准文件、合同以及四至范围、土地利用现状照片影像资料信息等传至临时用地信息系统，完成系统配号，并向社会公开临时用地批准信息。县（市）自然资源主管部门负责督促临时用地使用人按照土地复垦方案报告表开展土地复垦工作，在信息系统中及时更新土地复垦等信息。

建立定期抽查和定期通报制度，部和省级自然资源主管部门负责定期抽查占用耕地和永久基本农田临时用地的使用和复垦情况，对不符合用地要求和未完成复垦任务的，予以公开通报。国家自然资源督察机构要加强临时用地政策执行情况的监督检查，督促地方政府和部门落实审批和监管责任，整改纠正临时用地违法违规突出问题。

加强"一张图"管理，各级自然资源主管部门在年度国土变更调查、卫片执法检查中要结合临时用地信息系统中的批准文件、合同、影像资料、土地复垦方案报告表等，认真审核临时用地的批准、复垦情况。各级自然资源主管部门要严肃查处违法违规审批、使用临时用地,未按照批准内容进行临时建设,以及临时用地超出复垦期限未完成复垦等行为,处理结果向社会公开通报,并依规依纪依法移送问题线索,追究责任人的责任。[16]

### 四、产业用地政策

#### 21. 产业用地政策的内涵和基本原则

产业用地政策是指国务院、国务院办公厅及自然资源部等部门的规范性文件中规定的适用于特定行业的用地政策。上述特定行业不包括房地产业。

地方各级自然资源主管部门应当遵守国家有关法律法规规章和产业用地政策规定,落实国土空间规划的管控要求,在保障产业发展用地中坚持规划确定用途、用途确定供应方式、市场确定供应价格的原则。地方各级自然资源主管部门执行产业用地政策时,应当坚持公平、开放、透明的市场规则,对产业用地中各种所有制经济一视同仁、平等对待,防止排除、限制市场竞争等不规范行为。[18]

#### 22. 限制用地项目目录和禁止用地项目目录

《国土资源部 国家发展和改革委员会关于发布实施〈限制用地项目目录(2012年本)〉和〈禁止用地项目目录(2012年本)〉的通知》(以下分别简称《限制目录》和《禁止目录》)规定:

(1)凡列入《限制目录》的建设项目,必须符合目录规定条件,自然资源管理部门和投资管理部门方可办理相关手续。

(2)凡列入《禁止目录》的建设项目或者采用所列工艺技术、装备、规模的建设项目,自然资源管理部门和投资管理部门不得办理相关手续。

(3)凡采用《产业结构调整指导目录(2011年本)》明令淘汰的落后工艺技术、装备或者生产明令淘汰产品的建设项目,自然资源管理部门和投资管理部门一律不得办理相关手续。

(4)《限制目录》和《禁止目录》执行中,国务院发布的产业政策和土地资源管理政策对限制和禁止用地项目另有规定的,按国务院规定办理。

(5)自然资源部、国家发展改革委根据宏观调控需要,依据国家产业政策、土地供应政策,适时修订《限制目录》和《禁止目录》。[19]

《限制用地项目目录(2012年本)》和《禁止用地项目目录(2012年本)》详见附件

3、附件 4。

### 五、地价评估

#### 23. 地价的概念

地价指在市场条件下形成的土地权利价格,包括在公开市场条件下形成的客观合理价格和在特定市场条件下形成的市场关联各方可接受的价格。无特殊说明下,指公开市场条件下形成的、一定年期建设用地使用权的权利价格,其空间内涵包括地表及地上、地下的一定范围,也可依据权属划分,单独界定为地下空间使用权或空中使用权价格。

公示地价指以维护经济和市场的平稳健康发展为目标,遵循公开市场价值标准评估,并经政府确认、公布实施的地价。包括基准地价、标定地价、课税地价等。基准地价指在土地利用总体规划确定的城镇可建设用地范围内,对平均开发利用条件下,不同级别或不同均质地域的建设用地,按照商服、住宅、工业等用途分别评估,并由政府确定的,某一估价期日法定最高使用年期土地权利的区域平均价格。标定地价指政府为管理需要确定的,标准宗地在现状开发利用、正常市场条件下,于某一估价期日法定最高使用年期下的土地权利价格。课税地价指为课税需要,以基准地价、标定地价为基础测算,并由政府确定的,作为计税依据的土地价格。[20]

#### 24. 土地估价及方法

土地估价指土地估价师根据估价目的和待估土地状况,遵循估价原则,按照一定的估价程序,在全面调查和综合分析影响地价因素的基础上,选用适宜的估价方法,对待估土地在估价期日的价格进行估算和判定的行为。

土地估价的方法包括市场比较法、收益还原法、剩余法、成本逼近法和公示地价系数修正法。[20]

#### 25. 国有建设用地使用权出让地价评估的定义、目的和原则

土地使用权出让地价评估,是指土地估价专业评估师按照规定的程序和方法,参照当地正常市场价格水平,评估拟出让宗地土地使用权价格或应当补缴的地价款。[21]

开展土地使用权出让地价评估,目的是为出让方通过集体决策确定土地出让底价,或核定应该补缴的地价款提供参考依据。[21]

土地使用权出让地价评估应遵循以下原则:

(1)替代原则;

(2)最有效利用原则;

(3)预期收益原则;

(4)供需原则;

(5)贡献原则;[20]

(6)价值主导原则;

(7)审慎原则;

(8)公开市场原则。[21]

出让地价评估,应至少采用两种评估方法,包括市场比较法、收益还原法、剩余法的之一,以及成本逼近法或公示地价系数修正法。[21]

划拨国有建设用地使用权地价评估要点见《自然资源部办公厅关于印发〈划拨国有建设用地使用权地价评估指导意见(试行)〉的通知》。[22]

### 六、成片开发

#### 26. 土地征收成片开发的概念

土地征收成片开发,是指在国土空间规划确定的城镇开发边界内的集中建设区,由县级以上地方人民政府组织的对一定范围的土地进行的综合性开发建设活动。[12]

#### 27. 安徽省土地征收成片开发方案的主要内容

土地征收成片开发方案应当以完整的集中建设区为单元进行编制,包括下列主要内容:

(1)成片开发的位置、面积、范围和基础设施条件等基本情况;

(2)成片开发的必要性、主要用途和实现的功能;

(3)成片开发拟安排的建设项目、开发时序和年度实施计划;

(4)集中建设区范围内基础设施、公共服务设施以及其他公益性用地比例;

(5)成片开发的土地利用效益以及经济、社会、生态效益评估。

在城镇开发边界内尚未建设的零星地块可以与相邻正在开发建设的区域作为一个集中建设区,编制土地征收成片开发方案。

土地征收成片开发方案规范文本格式由省自然资源主管部门制定。[13]

#### 28. 安徽省土地征收成片开发方案的实施期限

土地征收成片开发方案的实施期限应当与市、县国民经济和社会发展规划相适应,最长不超过五年。[13]

### 29. 安徽省关于集中建设区的相关规定

集中建设区范围内基础设施、公共服务设施以及其他公益性用地的比例一般不低于40%，经依法批准的以工业为主的开发区在保障产城融合、职住平衡发展的前提下，基础设施、公共服务设施以及其他公益性用地的比例不低于25%。

《安徽省土地征收成片开发标准实施细则》实施前，已经国务院及省人民政府批准设立的开发区，其核准的四至范围内基础设施、公共服务设施以及其他公益性用地的比例不低于25%，或者在依法调整开发区用地结构后不低于25%。在本细则实施后需要继续实施征收土地的，可以不再编制土地征收成片开发方案，但应当纳入市、县国民经济和社会发展年度计划，并经集中建设区内或者剩余未被征收土地范围内集体经济组织成员的村民会议三分之二以上成员或者三分之二以上村民代表同意。[13]

### 30. 安徽省土地征收成片开发方案的审批

土地征收成片开发方案应当报经省人民政府审批。涉及多个开发方案的，应当分别申报。

县（市）土地征收成片开发方案，由省人民政府委托设区的市和省直管县（市）人民政府组织专家委员会论证并审批，报省自然资源主管部门备案；设区的市土地征收成片开发方案，由省自然资源主管部门组织专家委员会论证和审查，报省人民政府审批。审批土地征收成片开发方案，加盖省人民政府土地征收成片开发方案审批专用章。[13]

### 31. 安徽省不予批准土地征收成片开发方案的情形

（1）涉及占用永久基本农田的；

（2）未完成批而未供土地和闲置土地处置任务的；

（3）省级以上开发区土地建成率、亩均固定资产投资总额、亩均税收、综合容积率等指标均低于同级别、同类型开发区平均指标值50%的；

（4）城市新区经土地集约利用程度评价认定效率低下的；

（5）已批准实施的土地征收成片开发连续两年未完成方案安排的年度实施计划的；

（6）集中建设区内具有土壤污染风险的建设用地地块未达到土壤污染风险管控、修复目标的；

（7）法律法规规定的其他情形。[13]

### 32. 安徽省征地区片综合地价标准

（1）本省行政区域内批准征收集体农用地的土地补偿费和安置补助费，均按征地区片综合地价执行。土地补偿费不高于征地区片综合地价的40%,安置补助费不低于征地区片综合地价的60%。集体建设用地补偿标准与征地区片综合地价标准一致,集体未利用地补偿标准按征地区片综合地价0.8的修正系数确定。

(2)使用国有农(林、牧、渔)场土地的补偿标准,参照所在乡镇(街道)的区片综合地价执行。大中型水利水电工程建设征地补偿标准,按国务院有关规定执行。

(3)各市、县征地区片综合地价标准,由省人民政府统一制定,依法至少每三年调整或重新公布一次。省人民政府委托各市人民政府根据本地经济发展水平和实际情况,制定被征收土地地上附着物及青苗等补偿标准,补偿标准报省自然资源厅备案后执行。被征地农民社会保障费用标准由省人力资源社会保障部门负责制定。

(4)各市、县人民政府要切实做好新旧征地补偿标准的衔接工作,加强政策宣传解释,妥善解决实施过程中的有关问题,确保新征地补偿标准顺利实施。

2019年12月31日前已依法获得征地批复,征地补偿安置方案已公告并经市、县人民政府批准的,补偿标准按照公告确定的标准执行;未批准征地补偿安置方案的,按新征地补偿标准执行。详见附件5。[14]

## 参考资料:

[1]《国务院关于全民所有自然资源资产有偿使用制度改革的指导意见》(国发〔2016〕82号)

[2]《中华人民共和国土地管理法》(2019年修正)

[3]《自然资源管理知识手册》编写组:《自然资源管理知识手册》,中国大地出版社,2020年。

[4]《安徽省自然资源厅关于印发〈安徽省自然资源市场信用管理实施办法〉的通知》(皖自然资规〔2020〕6号)

[5]《党的十九届五中全会〈建议〉学习辅导百问》编写组:《党的十九届五中全会〈建议〉学习辅导百问》,党建读物出版社、学习出版社,2020年。

[6]《节约集约利用土地规定》(国土资源部令第61号)

[7]《安徽省国土资源厅关于印发〈安徽省建设项目节地评价技术规程(试行)〉的通知》(皖国土资规〔2016〕3号)

[8]《建设用地节约集约利用评价规程》(TD/T 1018-2008)

[9]《自然资源部办公厅关于规范开展建设项目节地评价工作的通知》(自然资办

发〔2021〕14号)

[10]《闲置土地处置办法》(2012年修订)

[11]《安徽省人民政府办公厅关于印发清理处置批而未供和闲置土地专项行动方案的通知》(皖政办秘〔2018〕211号)

[12]《自然资源部关于印发〈土地征收成片开发标准(试行)〉的通知》(自然资规〔2020〕5号)

[13]《安徽省自然资源厅关于印发〈安徽省土地征收成片开发标准实施细则〉的通知》(皖自然资规〔2021〕4号)

[14]《安徽省人民政府关于公布全省征地区片综合地价标准的通知》(皖政〔2020〕32号)

[15]陆雄文:《管理学大辞典》,上海辞书出版社,2013年。

[16]《自然资源部关于规范临时用地管理的通知》(自然资规〔2021〕2号)

[17]《广西壮族自治区自然资源厅关于印发〈广西壮族自治区建设用地使用权转让、出租、抵押二级市场交易规则(试行)〉的通知》(桂自然资规〔2020〕17号)

[18]《自然资源部办公厅关于印发〈产业用地政策实施工作指引(2019年版)〉的通知》(自然资办发〔2019〕31号)

[19]《国土资源部 国家发展和改革委员会关于发布实施〈限制用地项目目录(2012年本)〉和〈禁止用地项目目录(2012年本)〉的通知》(国土资发〔2012〕98号)

[20]《城镇土地估价规程》(GB/T 18508-2014)

[21]《国土资源部办公厅关于印发〈国有建设用地使用权出让地价评估技术规范〉的通知》(国土资厅发〔2018〕4号)

[22]《自然资源部办公厅关于印发〈划拨国有建设用地使用权地价评估指导意见(试行)〉的通知》(自然资办函〔2019〕922号)

# 第七篇　耕地保护监督篇

我国耕地保护监督工作一直面临着严峻的形势和艰巨的任务：一方面，我国耕地基本国情是人多地少、人均耕地占有量低，耕地资源总体质量不高，局部耕地质量退化严重，耕地后备资源不足，补充耕地难度大，同时耕地分布格局不均衡。另一方面，耕地保护难度大，优质耕地分布区域与城镇化建设区域高度重合，耕地高强度利用与浪费现象并存，生态用地需求增多，耕地"非农化""非粮化"趋势加剧，耕地保护任重道远。

机构改革后，耕地保护监督的工作内容主要包括负责拟定并实施耕地保护政策，组织实施耕地保护责任目标考核和永久基本农田特殊保护，负责永久基本农田划定、占用和补划的监督管理。承担耕地占补平衡管理工作，负责耕地保护政策与林地、草地、湿地等土地资源保护政策的衔接。自然资源部门始终坚持底线思维，严格保护耕地，耕地保护工作取得了明显成效，实现了国家确定的 2020 年耕地保有量 18.65 亿亩的目标，守住了耕地红线。特别是近两年来，耕地减少的势头得到遏制，2021 年全国耕地总量实现净增加。

本篇主要分为耕地保护、耕地占补平衡、永久基本农田保护、耕地"非农化"与"非粮化"、设施农业用地、税费等共 6 个部分，以耕地保护为核心，对相关法律法规、政策文件进行了梳理，介绍了相关概念、管理制度和原则方法。重点就耕地占补平衡、永久基本农田保护、设施农业用地管理方面的内容进行了详细说明，突出我省实施的地方性措施或办法。同时归纳了国务院关于耕地"非农化""非粮化"的要求，简单介绍了耕地税费相关知识。

## 一、耕地保护

### 1. 耕地

耕地是指以利用地表耕作层种植农作物为主，每年种植一季及以上（含以一年一季以上的耕种方式种植多年生作物)的土地,包括熟地、新开发、复垦、整理地、休闲地(含轮歇地、休耕地),以及间有零星果树、桑树或其他树木的耕地,包括南方宽度<1.0米,北方宽度<2.0米固定的沟、渠、路和地坎(埂),包括直接利用地表耕作层种植的温室、大棚、地膜等保温、保湿设施用地。

耕地分为以下3种:

(1)水田:指用于种植水稻、莲藕等水生农作物的耕地,包括实行水生、旱生农作物轮种的耕地。

(2)水浇地:指有水源保证和灌溉设施,在一般年景能正常灌溉,种植旱生农作物(含蔬菜)的耕地。

(3)旱地:指无灌溉设施,主要靠天然降水种植旱生农作物的耕地,包括没有灌溉设施,仅靠引洪淤灌的耕地。[1]

**2. 18亿亩耕地保护红线**

耕地是我国最宝贵的资源。我国人多地少的基本国情决定了必须把关系十几亿人吃饭大事的耕地保护好,绝不能有闪失。2013年12月24日,在中央农村工作会议公告中提出的18亿亩耕地保护红线,是根据我国一定时期内耕地保有量、人口数量、城乡建设用地数量、耕地后备资源数量、粮食需求等因素,经科学研究,综合测算出来的保证国家粮食安全的耕地保有量底线,必须坚守。[2]

**3. 耕地保护制度**

耕地保护是指运用法律、行政、经济、技术等手段和措施,对耕地的数量和质量进行的保护。耕地保护是关系我国经济和社会可持续发展的全局性战略问题。自1986年我国首次提出将"十分珍惜和合理利用每一寸土地,切实保护耕地"作为必须长期坚持的一项基本国策后,随着《土地管理法》的出台和历次修改,相继出台一系列规范性文件,基本确立了土地用途管制、耕地总量动态平衡、耕地占补平衡、耕地保护目标责任、永久基本农田保护、农用地转用审批、土地开发整理复垦、土地税费、耕地保护法律责任等多项耕地保护制度。

(1)土地用途管制制度。2019年修订的《土地管理法》(以下未经标注,则均指2019年修订版本)第四条第一款规定:"国家实行土地用途管制制度。"同条第二款规定:"国家编制土地利用总体规划,规定土地用途,将土地分为农用地、建设用地和未利用地。严格限制农用地转为建设用地,控制建设用地总量,对耕地实行特殊保护。"

(2)耕地总量动态平衡制度。《土地管理法》第三十二条规定:"省、自治区、直辖市人民政府应当严格执行土地利用总体规划和土地利用年度计划,采取措施,确保本行政区域内耕地总量不减少、质量不降低。耕地总量减少的,由国务院责令在规定期限内组织开垦与所减少耕地的数量与质量相当的耕地;耕地质量降低的,由国务院责令在规定期限内组织整治。新开垦和整治的耕地由国务院自然资源主管部门会同农业农村主管部门验收。个别省、直辖市确因土地后备资源匮乏,新增建设用地后,新开垦耕地的数量不足以补偿所占用耕地的数量的,必须报经国务院批准减免本行政区域内开垦耕地的数量,易地开垦数量和质量相当的耕地。"

(3)耕地占补平衡制度。《土地管理法》第三十条第二款规定:"国家实行占用耕地补偿制度。非农业建设经批准占用耕地的,按照'占多少,垦多少'的原则,由占用耕地的单位负责开垦与所占用耕地的数量和质量相当的耕地;没有条件开垦或者开垦的耕地不符合要求的,应当按照省、自治区、直辖市的规定缴纳耕地开垦费,专款用于开垦新的耕地。"同条第三款规定:"省、自治区、直辖市人民政府应当制订开垦耕地计划,监督占用耕地的单位按照计划开垦耕地或者按照计划组织开垦耕地,并进行验收。"

(4)耕地保护目标责任制度。按照《省级政府耕地保护责任目标考核办法》要求,落实地方各级政府保护耕地的主体责任,将省级政府耕地保护责任目标考核结果作为领导干部综合考核评价、生态文明建设目标评价考核、粮食安全省长责任制考核、领导干部问责和领导干部自然资源资产离任审计的重要依据。

(5)永久基本农田保护制度。《土地管理法》第三十三条规定:"国家实行永久基本农田保护制度。"《国土资源部关于全面实行永久基本农田特殊保护的通知》就全面落实永久基本农田特殊保护制度作出总体部署。

(6)农用地转用审批制度。《土地管理法》第四十四条规定:"建设占用土地,涉及农用地转为建设用地的,应当办理农用地转用审批手续。永久基本农田转为建设用地的,由国务院批准。在土地利用总体规划确定的城市和村庄、集镇建设用地规模范围内,为实施该规划而将永久基本农田以外的农用地转为建设用地的,按土地利用年度计划分批次按照国务院规定由原批准土地利用总体规划的机关或者其授权的机关批准。在已批准的农用地转用范围内,具体建设项目用地可以由市、县人民政府批准。在土地利用总体规划确定的城市和村庄、集镇建设用地规模范围外,将永久基本农田以外的农用地转为建设用地的,由国务院或者国务院授权的省、自治区、直辖市人民政府批准。"

(7)土地开发整理复垦制度。《土地管理法》第三十九条第一款规定:"国家鼓励单位和个人按照土地利用总体规划,在保护和改善生态环境、防止水土流失和土地荒漠化的前提下,开发未利用的土地;适宜开发为农用地的,应当优先开发成农用地。"第四十二条第一款规定:"国家鼓励土地整理。县、乡(镇)人民政府应当组织农村集体经济组织,按照土地利用总体规划,对田、水、路、林、村综合整治,提高耕地质量,增加有效耕地面积,改善农业生产条件和生态环境。"第四十三条规定:"因挖损、塌陷、压占等造成土地破坏,用地单位和个人应当按照国家有关规定负责复垦;没有条件复垦或者复垦不符合要求的,应当缴纳土地复垦费,专项用于土地复垦。复垦的土地应当优先用于农业。"

(8)土地税费制度。《土地管理法》第三十条规定:"非农业建设经批准占用耕地的,……没有条件开垦或者开垦的耕地不符合要求的,应当按照省、自治区、直辖市的规定缴纳耕地开垦费,专款用于开垦新的耕地。"第三十八条规定:"已经办理审批手续的非农业建设占用耕地,一年以上未动工建设的,应当按照省、自治区、直辖市的规定缴纳闲置费。"第四十八条规定:"征收土地应当依法及时足额支付土地补偿费、安置补助费以及农村村民住宅、其他地上附着物和青苗等的补偿费用,并安排被征地农民的社会保障费用。征收农用地的土地补偿费、安置补助费标准由省、自治区、直辖市通过制定公布区片综合地价确定。"第五十五条第一款规定:"以出让等有偿使用方式取得国有土地使用权的建设单位,按照国务院规定的标准和办法,缴纳土地使用权出让金等土地有偿使用费和其他费用后,方可使用土地。"《耕地占用税暂行条例》规定,非农业建设占用耕地,要缴纳耕地占用税。法律规定的税费制度是通过经济手段保护耕地的重要措施。

(9)耕地保护法律责任制度。《中华人民共和国刑法》(以下简称《刑法》)第三百四十二条规定:"违反土地管理法规,非法占用耕地、林地等农用地,改变被占用土地用途,数量较大,造成耕地、林地等农用地大量毁坏的,处五年以下有期徒刑或者拘役,并处或者单处罚金。"第四百一十条规定:"国家机关工作人员徇私舞弊,违反土地管理法规,滥用职权,非法批准征收、征用、占用土地,或者非法低价出让国有土地使用权,情节严重的,处三年以下有期徒刑或者拘役;致使国家或者集体利益遭受特别重大损失的,处三年以上七年以下有期徒刑。"《土地管理法》《土地管理法实施条例》《基本农田保护条例》等法律法规,对耕地保护违法行为均规定了相应的行政及法律责任。[2]

**4. 耕地数量、质量、生态"三位一体"保护**

2017年1月,《中共中央 国务院关于加强耕地保护和改进占补平衡的意见》,围绕实现耕地数量、质量、生态"三位一体"保护，系统指出了加强耕地管控、建设和激励多措并举的保护政策；进一步改进耕地占补平衡政策，建立健全永久基本农田"划、建、管、补、护"长效机制，全面落实特殊保护制度，促进形成保护更加有力、执行更加顺畅、管理更加高效的耕地保护新格局。

耕地"三位一体"保护应树立以系统保护为视角的耕地保护理念，注重保护工作的整体性和完整性。在数量上，保持耕地总量动态平衡，落实耕地占补平衡，确保实有耕地数量基本稳定，实行最严格的耕地保护制度，严守耕地保护红线；在质量上，进一步加强耕地质量调查评价与监测工作，完善耕地质量等别"定期全面评价、年度更新评价、年度监测评价"的工作制度，落实耕地保护责任机制，确保补充耕地的质量不低于占用耕地的质量，改进占补平衡管理，以县域自行平衡为主，省域内调剂为辅，国家适度统筹为补充，落实补充耕地任务；在生态上，维持耕地生态平衡，使耕地的生态环境保持良好的状态，增强农田生态系统的抗逆性和缓冲性，提升系统生态功能和景观功能，并在耕地的生产性、保护性、稳定性和持续性上进行综合监测。[3]

## 二、耕地占补平衡

### 5. 耕地占补平衡的由来

1998年第二次修订的《土地管理法》第三十一条规定："国家实行占用耕地补偿制度。非农业建设经批准占用耕地的，按照'占多少，垦多少'的原则，由占用耕地的单位负责开垦与所占耕地的数量和质量相当的耕地；没有条件开垦或者开垦的耕地不符合要求的，应当按照省、自治区、直辖市的规定缴纳耕地开垦费，专款用于开垦新的耕地"。1999年1月实施的《土地管理法实施条例》对此作了进一步说明。自此，耕地占补平衡制度正式确立。

2019年修订的《土地管理法》第三十条规定："非农业建设经批准占用耕地的，按照'占多少，垦多少'的原则，由占用耕地的单位负责开垦与所占用耕地的数量和质量相当的耕地；没有条件开垦或者开垦的耕地不符合要求的，应当按照省、自治区、直辖市的规定缴纳耕地开垦费，专款用于开垦新的耕地。"[4]要完善耕地占补平衡责任落实机制，非农建设占用耕地的，建设单位必须依法履行补充耕地义务；无法自行补充数量、质量相当的耕地的，应当按照规定足额缴纳耕地开垦费。地方各级政府负责组织实施土地整治，通过土地整理、复垦、开发等推进高标准农田建设，增加耕地数量、提升耕地质量，以县域自行平衡为主，省域内调剂为辅，国家适度统筹为补充，落实补充耕地任务。

### 6. 未利用地土地开发

《土地管理法》第三十九条、第四十条、第四十一条对未利用土地开发作了详细的规定:一是国家鼓励单位和个人按照土地利用总体规划进行未利用地开发。对未利用地的开发是补充耕地的有效途径,国家给予鼓励,并给予各种政策。开发未确定土地使用权的国有荒山、荒地、荒滩从事种植业、林业、畜牧业或者渔业生产的,经县级以上地方人民政府依法批准,可以确定给开发单位或者个人长期使用,可以依法将土地的使用权或承包经营权确定给土地开发者,明确土地使用权或者承包经营权的年限。土地使用权或者承包经营权可以继承,但不得用于非农建设。二是未利用土地的开发,必须以保护和改善生态环境,防止水土流失、土地荒漠化、土壤污染为前提条件,要依据土地利用总体规划制定的未利用土地开发规划,合理确定开发未利用土地的区域,对于可能造成水土流失、土地沙化和洪涝灾害的地区,要禁止开发。要将未利用土地的开发与生态环境建设相结合,采取措施防止水土流失和土地沙化,不但不能使未利用土地开发造成生态环境的破坏,还要通过土地开发达到改善生态环境的效果。三是因地制宜,适宜开发成农用地的,应当优先开发成农用地,其中适合开发成耕地的首先应当开发成耕地。[4]

### 7. 土地整理

土地整理是指通过采取各种措施,对田、水、路、林、村综合整治,提高耕地质量,增加有效耕地面积,改善农业生态条件和生态环境的行为。《土地管理法》第四十二条规定:"国家鼓励土地整理。县、乡(镇)人民政府应当组织农村集体经济组织,按照土地利用总体规划,对田、水、路、林、村综合整治,提高耕地质量,增加有效耕地面积,改善农业生产条件和生态环境。地方各级人民政府应当采取措施,改造中、低产田,整治闲散地和废弃地。"一是国家鼓励进行土地整理,对进行土地整理的给予政策上的支持,各级人民政府应当协调解决好土地整理中的产权关系、利益分配等问题,保证土地整理有效实现。二是对土地整理作出规划,使土地整理按照规划实施后,真正达到改善生产条件和生态环境的作用,既增加了有效耕地面积,又改善了生产生活条件。三是土地整理应当由县、乡人民政府组织。土地整理往往涉及几个村或几个村民小组,几十个承包经营权人,没有统一的组织很难进行;同时,县、乡人民政府应当对整理土地的调整作出安排,不得借土地整理侵害农民的合法权益。

### 8. 土地复垦

土地复垦是指对生产建设活动和自然灾害损毁的土地,采取整治措施,使其达到可供利用状态的活动。《土地管理法》第四十三条规定:"因挖损、塌陷、压占等造成土地破坏,用地单位和个人应当按照国家有关规定负责复垦;没有条件复垦或者复垦不符合要求的,应当缴纳土地复垦费,专项用于土地复垦。复垦的土地应当优先用于农业。"

为了加强土地复垦工作,1998年国务院制定了《土地复垦条例》;2011年国务院对《土地复垦条例》进行了全面修订,并于2011年3月5日颁布施行。

### 9. 跨省域补充耕地国家统筹

跨省域补充耕地国家统筹,是指耕地后备资源严重匮乏的直辖市,占用耕地、新开垦耕地不足以补充所占耕地,或者资源环境条件严重约束、补充耕地能力严重不足的省,由于实施重大建设项目造成补充耕地缺口,经国务院批准,在耕地后备资源丰富的省份落实补充耕地任务的行为。[5]

跨省域补充耕地国家统筹办理程序。《国务院办公厅关于印发跨省域补充耕地国家统筹管理办法和城乡建设用地增减挂钩节余指标跨省域调剂管理办法的通知》规定,补充耕地国家统筹的申请、批准按以下程序办理:

(1)由省、直辖市人民政府向国务院提出补充耕地国家统筹申请;

(2)自然资源部组织对补充耕地国家统筹申请的评估论证,汇总有关情况并提出意见,会同财政部按程序报国务院批准。经国务院批准补充耕地由国家统筹的省、直辖市应缴纳跨省域补充耕地资金。[5]

### 10. 安徽省重大基础设施项目补充耕地指标交易

(1)交易适用范围

《安徽省重大基础设施项目补充耕地指标交易指南》适用于国家及省级立项、省委省政府重点调度的交通、水利等经营性重大基础设施项目的补充耕地指标交易;公益性重大基础设施项目补充耕地指标省级足额保障,不参与市场竞买,交易价格按公益性项目购买补充耕地指标价格的基准价加产能价确定。[6]

(2)交易组织实施主体及交易时间安排

根据《安徽省自然资源厅关于印发〈安徽省重大基础设施项目补充耕地指标交易指南〉的通知》文件规定,补充耕地指标交易交由省国土资源储备发展中心办理,按省厅的部署具体组织实施,省土地开发复垦整理中心承担交易完成后的补充耕地指标划转。

省级指标交易原则上每季度进行一次,每季度的前2个月为购买指标申报期,第3

个月进行指标交易。如有项目急需购买指标,可不受时间限制,直接向省自然资源厅申请。[6]

(3)交易流程

根据《安徽省自然资源厅关于印发〈安徽省市级基础设施项目补充耕地指标交易指南〉的通知》文件规定,补充耕地指标交易流程如下:转让人向省自然资源厅提交转让申请→省国土资源储备发展中心按照省自然资源厅指标交易工作任务安排,在省厅、省国土资源储备发展中心和安徽合肥公共资源交易中心的门户网站公告交易拟转让信息(公告期15个工作日)→受让人向省自然资源厅提交购买申请→省国土资源储备发展中心在安徽合肥公共资源交易中心组织挂牌→挂牌交易现场确定受让方→现场签订成交确认书→公示交易结果信息(公示期5个工作日)→公示有异议,经调查违法、违规,则交易终止→公示无异议或异议不成立→签订指标转让合同(3个工作日)→受让方缴纳交易价款→交易双方向省自然资源厅申请办理指标划转→省自然资源厅下达补充耕地指标调剂批复→省土地开发复垦整理中心依据省厅批复在补充耕地指标储备库划转指标。[7]

(4)其他事项

《安徽省市级基础设施项目补充耕地指标交易指南》适用于《安徽省国土资源厅关于改进耕地占补平衡工作的通知》中的市级及以上立项的交通、能源、水利、通信、邮政、生态建设和资源保护等独立选址项目的补充耕地指标交易。

①交易申请

省级指标交易原则上每个季度进行一次(具体交易频次视需求情况确定)。转让方为指标所在地人民政府。转让方提前向省自然资源厅(以下简称"省厅")提出指标交易申请。省不动产登记中心(省国土资源储备发展中心)(以下简称"省储备中心")在省厅、省储备中心和安徽合肥公共资源交易中心的门户网站上发布指标挂牌交易公告,公告期15个工作日。

②组织交易

省级指标交易按指标转让方申请时间顺序依次挂牌。省储备中心在安徽合肥公共资源交易中心组织指标的现场交易,通过资格审查的受让申请人根据项目需求,按要求分类别填写竞买报价单,进行现场集中报价,竞买报价单一经报出,不得撤回。依据竞买规则现场确定受让方后,由省储备中心组织转、受让双方当场签订补充耕地指标成交确认书。

③指标划转

指标现场交易结束后,在省厅、省储备中心和安徽合肥公共资源交易中心的门户网站上对交易结果进行公示,公示时间为5个工作日。对公示内容没有异议,或者经调查异议不影响指标交易的,省储备中心及时组织交易双方签订《补充耕地指标转让合同》;公示期间,对公示内容有异议的单位或个人,可以书面形式向省储备中心提出异议,经调查,异议属实或确实存在违法、违规行为的,交易终止。

受让方按照合同约定足额支付交易价款后,交易双方向省厅申请办理指标划转,省厅根据申请材料下达指标调剂批复,省土地开发复垦整理中心依据批复及时办理指标划转工作。[7]

### 三、永久基本农田保护

**11. 永久基本农田的概念**

永久基本农田是指为保障国家粮食安全,按照一定时期人口和经济社会发展对农产品的需求,依据国土空间规划确定的不得占用的耕地。[2]永久基本农田经依法划定后,任何单位和个人不得擅自占用或者改变其用途。[4]

**12. 永久基本农田保护的原则**

永久基本农田是最优质、最精华、生产能力最高的耕地,划定并守住永久基本农田控制线功在当前、利及长远。实行永久基本农田特殊保护要遵守以下基本原则:

(1)坚持保护优先。适应经济发展新常态和加快生态文明体制改革要求,牢固树立山水林田湖草是一个生命共同体理念,实现永久基本农田保护与经济社会发展、乡村振兴、生态系统保护相统筹。

(2)坚持从严管控。强化用途管制,加强永久基本农田对各类建设布局的约束和引导,严格控制非农建设占用永久基本农田。

(3)坚持补建结合。落实质量兴农战略,加强农村土地综合整治和高标准农田建设,提升永久基本农田综合生产能力,建立健全占用和补划永久基本农田踏勘论证制度,建设永久基本农田整备区。

(4)坚持权责一致。充分发挥市场配置资源的决定性作用和更好发挥政府作用,强化永久基本农田保护主体责任,健全管控性、建设性和激励性保护机制,完善监管考核制度,实现永久基本农田保护权责统一。[2]

**13. 永久基本农田划定的范围**

根据《土地管理法》第三十三条,国家实行永久基本农田保护制度。下列耕地应当

根据土地利用总体规划划为永久基本农田,实行严格保护:

(1)经国务院农业农村主管部门或者县级以上地方人民政府批准确定的粮、棉、油、糖等重要农产品生产基地内的耕地;

(2)有良好的水利与水土保持设施的耕地,正在实施改造计划以及可以改造的中、低产田和已建成的高标准农田;

(3)蔬菜生产基地;

(4)农业科研、教学试验田;

(5)国务院规定应当划为永久基本农田的其他耕地。

各省、自治区、直辖市划定的永久基本农田一般应当占本行政区域内耕地的80%以上,具体比例由国务院根据各省、自治区、直辖市耕地实际情况规定。

根据《土地管理法》第三十四条,永久基本农田划定以乡(镇)为单位进行,由县级人民政府自然资源主管部门会同同级农业农村主管部门组织实施。永久基本农田应当落实到地块,纳入国家永久基本农田数据库严格管理。

乡(镇)人民政府应当将永久基本农田的位置、范围向社会公告,并设立保护标志。[4]

**14. 永久基本农田特殊保护的措施**

(1)从严管控非农建设占用永久基本农田。永久基本农田一经划定,任何单位和个人不得擅自占用或者擅自改变用途,不得多预留一定比例永久基本农田为建设占用留有空间,严禁通过擅自调整县乡土地利用总体规划规避占用永久基本农田的审批,严禁未经审批违法违规占用。按有关要求,重大建设项目选址确实难以避让永久基本农田的,在可行性研究阶段,省级自然资源主管部门负责组织对占用的必要性、合理性和补划方案的可行性进行论证,报自然资源部进行用地预审;农用地转用和土地征收依法依规报国务院批准。

(2)坚决防止永久基本农田"非农化"。永久基本农田必须坚持农地农用,禁止任何单位和个人在永久基本农田保护区范围内建窑、建房、建坟、挖砂、采石、采矿、取土、堆放固体废弃物或者进行其他破坏永久基本农田的活动;禁止任何单位和个人占用永久基本农田植树造林;禁止任何单位和个人闲置、撂荒永久基本农田;禁止以设施农用地为名占用永久基本农田,建设休闲旅游、仓储厂房等设施;合理引导利用永久基本农田进行农业结构调整,不得对耕作层造成破坏。[2]

**15. 现阶段允许占用永久基本农田的重大建设项目**

根据《自然资源部关于做好占用永久基本农田重大建设项目用地预审的通知》,现阶段允许将以下占用永久基本农田的重大建设项目纳入用地预审受理范围：

(1)党中央、国务院明确支持的重大建设项目(包括党中央、国务院发布文件或批准规划中明确具体名称的项目和国务院批准的项目)。

(2)军事国防类,指中央军委及其有关部门批准的军事国防项目。

(3)交通类,具体包括:①机场项目。国家级规划(指国务院及其有关部门颁布,下同)明确的民用运输机场项目。②铁路项目。国家级规划明确的铁路项目,《推进运输结构调整行动计划(2018—2020年)》明确的铁路专用线项目,国务院投资主管部门批准的城际铁路建设规划明确的城际铁路项目,国务院投资主管部门批准的城市轨道交通建设规划明确的城市轨道交通项目。③公路项目。国家级规划明确的公路项目,包括《国家公路网规划(2013—2030年)》明确的国家高速公路和国道项目,国家级规划明确的国防公路项目。此外,为解决当前地方存在的突出问题,将省级公路网规划的部分公路项目纳入受理范围,包括省级高速公路和连接深度贫困地区直接为该地区服务的省级公路。

(4)能源类,指国家级规划明确的能源项目。电网项目,包括500千伏及以上直流电网项目和500千伏、750千伏、1000千伏交流电网项目,以及国家级规划明确的其他电网项目。其他能源项目,包括国家级规划明确的且符合国家产业政策的能源开采、油气管线、水电、核电项目。

(5)水利类,指国家级规划明确的水利项目。

(6)为贯彻落实党中央、国务院重大决策部署,国务院投资主管部门或国务院投资主管部门会同有关部门支持和认可的交通、能源、水利基础设施项目。[8]

**16. 安徽省重大建设项目占用和补划永久基本农田审查要求**

(1)重大建设项目占用永久基本农田重点审查内容

①线性重大建设项目

线性重大建设项目的主线工程尽可能少占永久基本农田。

铁路附属配套设施中,站场等确实无法避让永久基本农田的,可以占用永久基本农田;通信信号设施、电力及电气化设施原则上不允许占用永久基本农田,对车辆段、动车段及动车运用所等附属设施需要占用永久基本农田的要严格把关。

高速公路附属配套设施中,互通立交、收费站、加油站及高速服务区等确实无法避让永久基本农田的,可以占用永久基本农田;高速公路的养护工区、管理处等附属配套设施要严格把关,原则上不允许占用永久基本农田。

堤防、河道治理等水利类线性工程如出现截弯取直等改变原工程布局,增加占用永久基本农田的情况,须由建设单位充分论证和说明。

②非线性重大建设项目

机场、水库、泵站等非线性重大建设项目选址时要尽量避让永久基本农田。其中水库、泵站中的管理和配电等附属设施要严格把关,原则上不允许占用永久基本农田;机场的管理及附属设施占用永久基本农田要严格把关,原则上不允许占用永久基本农田。

电网项目要按照"共廊共线"的原则减少占用永久基本农田,有条件的项目可以考虑"共杆共塔"进一步优化项目选址。方案中对不能"共廊共线"的要详细说明原因。

重大建设项目中涉及的安置点和"三改"(改水、改路、改渠)用地原则上不得占用永久基本农田。

(2)重大建设项目补划永久基本农田重点审查内容

①重大建设项目占用永久基本农田原则上要在永久基本农田储备区中进行补划,补划的永久基本农田原则上要与现有永久基本农田集中连片。

②占用城市周边永久基本农田的,原则上在城市周边范围内补划,经实地踏勘论证后,确实难以在城市周边补划的,由市级自然资源主管部门出具情况说明,并按照空间由近及远、质量由高到低的要求进行补划。

③对重大建设项目落地难以满足补划要求的县(市、区),可由项目所在市统筹在市域范围内补划,落实永久基本农田总量管控要求。

④以下情形不得补划永久基本农田:实地核实为建设用地、林地、草地、园地、湿地、水域及水利设施用地等非耕地;河道两岸堤防之间范围内不适宜稳定利用的耕地;受自然灾害严重损毁且无法复垦的耕地;因采矿造成耕作层损毁、地面塌陷无法耕种且无法复垦的耕地;依据《土壤污染防治法》列入严格管控类且无法恢复治理的耕地;已划入允许建设区范围内的耕地,已批准拟建设项目占用的土地或已办理设施农用地备案手续的耕地;25度以上的陡坡耕地,重要水源地15度以上的坡耕地;生态保护红线(自然保护地)范围内的耕地;法律法规确定的其他禁止或不适宜划入永久基本农田保护的土地。

(3)其他要求

①市级自然资源主管部门在申请省自然资源厅对重大建设项目占用和补划情况审查的请示中,要说明项目所在地自然资源主管部门参与并指导项目用地选址情况,

以及建设单位对市级初审意见的落实情况。

②对项目占用永久基本农田总量超过用地总规模50%的,建设单位要专题组织研究,论证如何避让或少占永久基本农田,分析必要性和合理性,并出具论证意见。

③线性重大建设项目占用永久基本农田用地预审通过后,选址发生局部调整、占用永久基本农田规模和区位发生局部变化,增加占用永久基本农田面积的,由市级自然资源主管部门对占用和补划永久基本农田情况进行审核并补充踏勘论证,通过后完善补划方案进行用地报批;减少占用永久基本农田面积的,由市级自然资源主管部门对占用和补划永久基本农田调整情况进行说明,完善补划方案。

④非线性重大建设项目占用永久基本农田用地预审通过后,所占规模和区位原则上不予调整。

⑤各类重大建设项目占用永久基本农田用地预审通过后,如需对土地用途、建设项目选址等进行重大调整的和拟增加相应功能分区的,重新申请预审。

⑥重大建设项目用地批准后,应按规定及时修改和更新永久基本农田及其储备区数据库,并纳入国土空间规划"一张图"管理。[9]

**17. 安徽省重大建设项目占用和补划永久基本农田审查流程及方法**

重大建设项目占用和补划永久基本农田的审查,实行内业技术审查、外业实地踏勘论证、专家评审相结合的工作制度。

(1)申请:市级自然资源主管部门对占用永久基本农田的重大建设项目初审通过后,向省自然资源厅申请对重大建设项目占用和补划永久基本农田情况进行审查和论证。

(2)受理:省自然资源厅耕地保护监督处会同国土空间用途管制处,审查项目是否符合占用永久基本农田条件及提交材料是否齐全。在1个工作日内,对符合受理要求的出具审查委托函转交省土地勘测规划院进行内业审查,对不符合受理条件的退回申报单位。

(3)内业审查:省土地勘测规划院依据永久基本农田数据库、土地利用总体规划数据库、耕地质量等别成果数据库、土地利用现状数据库、生态保护红线数据库,对重大建设项目占用和补划永久基本农田矢量数据进行内业审查,在2个工作日内完成审查工作,出具内业审查意见报送厅耕地保护监督处。厅耕地保护监督处在收到内业审查意见2个工作日内提出办理意见,对其中审查通过的项目组织开展外业踏勘,对审查不通过的项目退回申报单位。

（4）外业踏勘：厅耕地保护监督处会同规划处、省土地勘测规划院，项目所在市、县两级自然资源主管部门组成踏勘论证组，对重大建设项目占用和补划永久基本农田情况进行实地踏勘，在 3 个工作日内出具实地踏勘论证反馈意见。对实地踏勘论证中提出的问题，建设单位须按要求进行整改，整改结果经县级自然资源主管部门初审、市级自然资源主管部门复核后，报送省自然资源厅。整改时间和市、县自然资源主管部门复核时间不计入省厅审查时限。

（5）专家评审：厅耕地保护监督处会同省土地勘测规划院在 2 个工作日内完成重大建设项目占用和补划永久基本农田组织专家评审，出具专家评审意见。

（6）出具审查意见：厅耕地保护监督处对以上各环节形成的材料进行汇总审核，在 3 个工作日内会同厅相关处室会签，出具重大建设项目占用和补划永久基本农田的审查意见以及省级踏勘论证意见。[9]

**18. 永久基本农田核实整改补足规则**

根据《自然资源部国土空间规划局 自然资源部耕地保护监督司关于加快推进永久基本农田核实整改补足和城镇开发边界划定工作的函》文件规定，永久基本农田核实整改补足规则如下：

在现有永久基本农田保护范围内，三调调查为长期稳定利用耕地的，原则上继续保留。属于下列情形的，应当调出：

（1）三调调查为非耕地和 25 度以上的坡耕地、河道耕地、湖区耕地、林区耕地、牧区耕地、沙漠化耕地、石漠化耕地、盐碱耕地等不稳定利用的耕地；

（2）位于生态保护红线内按要求需退出的耕地；

（3）经国务院同意，已纳入生态退耕规划范围的耕地；

（4）土壤污染详查为严格管控类、经论证无法恢复治理的耕地；

（5）纳入市、县国土空间总体规划的线性基础设施占用的耕地，但调整时同步补足；

（6）三调时为耕地，三调后新增的建设占用、植树造林等，经论证确需保留的。

依据永久基本农田保护任务，在长期稳定利用耕地中，按照以下质量优先序，调整补足永久基本农田：

（1）未划入永久基本农田的已建和在建高标准农田；

（2）有良好水利与水土保持设施的集中连片优质耕地；

（3）土地综合整治新增加的耕地；

（4）未划入永久基本农田的黑土区耕地。[10]

**19. 违反《基本农田保护条例》的法律责任**

（1）违反本条例规定，有下列行为之一的，依照《土地管理法》和《土地管理法实施条例》的有关规定，从重给予处罚：

①未经批准或者采取欺骗手段骗取批准，非法占用基本农田的；②超过批准数量，非法占用基本农田的；③非法批准占用基本农田的；④买卖或者以其他形式非法转让基本农田的。

（2）违反本条例规定，应当将耕地划入基本农田保护区而不划入的，由上一级人民政府责令限期改正；拒不改正的，对直接负责的主管人员和其他直接责任人员依法给予行政处分或者纪律处分。

（3）违反本条例规定，破坏或者擅自改变基本农田保护区标志的，由县级以上地方人民政府土地行政主管部门或者农业行政主管部门责令恢复原状，可以处1000元以下罚款。

（4）违反本条例规定，占用基本农田建窑、建房、建坟、挖砂、采石、采矿、取土、堆放固体废弃物或者从事其他活动破坏基本农田，毁坏种植条件的，由县级以上人民政府土地行政主管部门责令改正或者治理，恢复原种植条件，处占用基本农田的耕地开垦费1倍以上2倍以下的罚款；构成犯罪的，依法追究刑事责任。

（5）侵占、挪用基本农田的耕地开垦费，构成犯罪的，依法追究刑事责任；尚不构成犯罪的，依法给予行政处分或者纪律处分。[11]

## 四、耕地"非农化""非粮化"

**20. 耕地"非农化"的"六个严禁"**

为落实好最严格的耕地保护制度，守住耕地红线，2020年9月，国务院办公厅印发了《关于坚决制止耕地"非农化"行为的通知》，对耕地保护工作提出了新的要求，即严禁耕地"非农化"，具体如下：

（1）严禁违规占用耕地绿化造林。禁止占用永久基本农田种植苗木、草皮等用于绿化装饰以及其他破坏耕作层的植物。违规占用耕地及永久基本农田造林的，不予核实造林面积，不享受财政资金补助政策。

（2）严禁超标准建设绿色通道。要严格控制铁路、公路两侧用地范围以外绿化带用地审批，道路沿线是耕地的，两侧用地范围以外绿化带宽度不得超过5米，其中县乡道路不得超过3米。不得违规在河渠两侧、水库周边占用耕地及永久基本农田超标准建设绿色通道。禁止以城乡绿化建设等名义违法违规占用耕地。

（3）严禁违规占用耕地挖湖造景。禁止以河流、湿地、湖泊治理为名,擅自占用耕地及永久基本农田挖田造湖、挖湖造景。不准在城市建设中违规占用耕地建设人造湿地公园、人造水利景观。

（4）严禁占用永久基本农田扩大自然保护地。新建的自然保护地应当边界清楚,不准占用永久基本农田。自然保护地以外的永久基本农田和集中连片耕地,不得划入生态保护红线,允许生态保护红线内零星的原住民在不扩大现有耕地规模前提下,保留生活必需的少量种植。

（5）严禁违规占用耕地从事非农建设。不得违反规划搞非农建设、乱占耕地建房等。巩固"大棚房"问题清理整治成果,强化农业设施用地监管。加强耕地利用情况监测,对乱占耕地从事非农建设及时预警,构建早发现、早制止、严查处的常态化监管机制。

（6）严禁违法违规批地用地。各地区不得通过擅自调整县乡国土空间规划规避占用永久基本农田审批。对各类未经批准或不符合规定的建设项目、临时用地等占用耕地及永久基本农田的,依法依规严肃处理,责令限期恢复原种植条件。[12]

**21. 防止耕地"非粮化"稳定粮食生产**

2020年11月,《国务院办公厅关于防止耕地"非粮化"稳定粮食生产的意见》指出,坚持问题导向,坚决防止耕地"非粮化"倾向。要明确耕地利用优先序,对耕地实行特殊保护和用途管制,严格控制耕地转为林地、园地等其他类型农用地。永久基本农田要重点用于发展粮食生产,特别是保障稻谷、小麦、玉米三大谷物的种植面积。一般耕地应主要用于粮食和棉、油、糖、蔬菜等农产品及饲料生产。耕地在优先满足粮食和食用农产品生产基础上,适度用于非食用农产品生产,对市场明显过剩的非食用农产品,要加以引导,防止无序发展。不得擅自调整粮食生产功能区,不得违规在粮食生产功能区内建设种植和养殖设施,不得违规将粮食生产功能区纳入退耕还林还草范围,不得在粮食生产功能区内超标准建设农田林网。

严禁违规占用永久基本农田种树挖塘。要贯彻《土地管理法》《基本农田保护条例》有关规定,落实耕地保护目标和永久基本农田任务。严格规范永久基本农田上农业生产经营活动,禁止占用永久基本农田从事林果业以及挖塘养鱼、非法取土等破坏耕作层的行为,禁止闲置、荒芜永久基本农田。利用永久基本农田发展稻鱼、稻虾、稻蟹等综合立体种养,应当以不破坏永久基本农田为前提,沟坑占比符合稻渔综合种养技术规范通则标准。推动制定和完善相关法律法规,明确对占用永久基本农田从事林果业、挖塘养鱼等的处罚措施。

要加强耕地种粮情况监测。农业农村部、自然资源部要综合运用卫星遥感等现代信息技术,每半年开展一次全国耕地种粮情况监测评价,建立耕地"非粮化"情况通报机制。各地区要对本区域耕地种粮情况进行动态监测评价,发现问题及时整改,重大情况及时报告。定期对粮食生产功能区内目标作物种植情况进行监测评价,实行信息化、精细化管理,及时更新电子地图和数据库。[13]

### 五、设施农业用地

**22. 自然资源部、农业农村部关于设施农业用地的相关规定**

(1)设施农业用地包括农业生产中直接用于作物种植和畜禽水产养殖的设施用地。

(2)设施农业属于农业内部结构调整,可以使用一般耕地,不需落实占补平衡。种植设施不破坏耕地耕作层的,可以使用永久基本农田,不需补划;破坏耕地耕作层,但由于位置关系难以避让永久基本农田的,允许使用永久基本农田但必须补划。养殖设施原则上不得使用永久基本农田,涉及少量永久基本农田确实难以避让的,允许使用但必须补划。

(3)各类设施农业用地规模由各省(区、市)自然资源主管部门会同农业农村主管部门根据生产规模和建设标准合理确定。其中,看护房执行"大棚房"问题专项清理整治整改标准,养殖设施允许建设多层建筑。

(4)市、县自然资源主管部门会同农业农村主管部门负责设施农业用地日常管理。国家、省级自然资源主管部门和农业农村主管部门负责通过各种技术手段进行设施农业用地监管。设施农业用地由农村集体经济组织或经营者向乡镇政府备案,乡镇政府定期汇总情况后汇交至县级自然资源主管部门。涉及补划永久基本农田的,须经县级自然资源主管部门同意后方可动工建设。

各省(区、市)自然资源主管部门会同农业农村主管部门制定具体实施办法,并报自然资源部备案。[14]

我省根据文件精神,结合实际,《安徽省自然资源厅 安徽省农业农村厅关于进一步加强设施农业用地管理助推乡村振兴的通知》,对设施农业用地的范围、规模标准及备案程序进行了细化。

**23. 安徽省设施农业用地及范围**

设施农业用地是指农业生产中直接用于作物种植和畜禽水产养殖的设施用地,按功能分为生产设施用地和辅助设施用地。

(1) 生产设施用地

①作物种植类生产设施用地。包括直接用于农作物生产(工厂化栽培)所建造的大棚、日光温室、智能温室、育种育苗场所等用地。

②畜禽水产养殖类生产设施用地。包括畜禽舍、孵化室、隔离舍、养殖池(车间)、绿化隔离带、进(排)水渠道等用地。

(2) 辅助设施用地

①作物种植类辅助设施用地。包括为作物种植直接服务的简易生产看护房(单层、15平方米以内)、检验检疫、病虫害防治、秸秆收储、农资农机具存放场所,以及与生产农产品直接关联的烘干晾晒、分拣包装、临时保鲜存储等用地。

②畜禽水产养殖类辅助设施用地。包括与养殖生产直接关联的必要管理用房、有机肥与沼气制取、检验检疫、配套的病死畜禽无害化处理设施、畜禽粪污处置、饲料配制和仓储、疫病防治、洗消转运、水产养殖尾水处理等用地。[15]

**24. 安徽省设施农业用地的规模标准**

(1) 作物种植类设施用地规模。直接用于作物种植的生产设施用地规模根据生产需要,按照农业行业标准合理确定。农作物设施种植(工厂化栽培)、育种育苗的辅助设施用地面积原则上控制在项目用地面积的5%以内,最多不超过10亩。从事规模化粮食作物种植的辅助设施用地面积原则上控制在种植面积的1%以内,种植面积500亩以内的,最多不超过5亩;种植面积超过500亩的,可适当扩大,但最多不得超过15亩。

(2) 畜禽水产养殖类设施用地规模。直接用于养殖的生产设施用地规模根据生产需要,按照农业行业标准合理确定。规模化养殖猪、牛、羊的辅助设施用地面积原则上控制在项目用地面积的15%以内,最多不超过20亩,其中生猪养殖不受20亩上限限制;其他规模化畜禽水产养殖的辅助设施用地面积原则上控制在项目用地面积的10%以内,最多不超过15亩(其中水产养殖的最多不超过10亩)。养殖设施允许建设多层建筑,但必须符合相关规定。

因生产需要,确需突破设施用地控制规模的,报经县级农业农村主管部门会同同级自然资源主管部门论证核定。[15]

**25. 安徽省设施农业用地的备案程序**

设施农业用地由经营者提出申请,向农村集体经济组织申报,到乡镇政府备案,备案审核意见要及时告知经营者,不符合设施农业用地有关规定的不得动工建设。具体按以下程序和要求办理:

(1)经营者申请。经营者向土地权属归属地的农村集体经济组织或村民委员会(以下简称村级组织)提出使用申请,申请内容包括项目名称、拟用地位置、拟建设类型、用途、用地面积、生产期限等基本情况。

(2)签订协议。村级组织应就用地申请,充分征求用地范围内的村民小组和相邻权利人的意见。协商一致后,将用地单位(经营者)、项目名称、地点、用途、生产期限、用地规模、用地补偿、生产建设活动中损毁的土地复垦措施及时限、土地交还和违约责任等情况在村民小组范围内公示,公示时间不少于5个工作日。公示期满无异议的,由村级组织和经营者共同签订用地使用协议。

设施农业用地使用期限不得超过土地承包经营期。涉及土地承包经营权流转的,经营者应依法先行与承包农户签订流转合同,使用期限不得超过承包农户承包期内的剩余年限。

(3)用地备案。用地协议签订后,由村级组织或经营者向乡镇政府申请备案。乡镇农业综合服务站(中心)就设施农业建设的必要性和可行性,用地规模是否符合规定,经营者农业经营能力和流转合同的合法性进行审核,并提出备案建议。乡镇自然资源管理部门依据农业农村部门审核建议,就设施农业用地是否符合设施农业用地政策要求,土地复垦责任是否落实等进行审核。涉及使用永久基本农田的,须经县级自然资源主管部门同意;未经同意的,用地不得备案,项目不得动工建设。涉及林业、水利等部门的,应征求相关部门意见。

国有农场的设施农业用地由国有农场主管部门、国有农场和经营者三方签订用地协议,并由国有农场向县级自然资源主管部门、农业农村主管部门备案。

设施农业用地使用期限届满,经营者确需继续使用的,按程序办理备案。不再使用或续期申请未通过的,由乡镇政府会同村级组织,监督经营者落实土地复垦义务,确保恢复土地原用途。

(4)备案信息汇交。乡镇政府在完成用地备案后10个工作日内,应将备案信息汇交至县级自然资源和农业农村主管部门。

县级自然资源主管部门在收到乡镇政府汇交的备案信息后应及时核验,在5个工作日内,将项目名称、地点、用途、类型、生产期限等项目概况信息,以及项目用地总规模和地块坐标、使用和补划永久基本农田面积和地块坐标等用地信息,通过自然资源部设施农业用地监管系统,在自然资源一张图监管平台上图入库。设施农业生产变更用途、停止经营或合同到期不再使用的,县级自然资源主管部门应及时在监管系统中变更相关信息。[15]

**六、耕地占用税和耕地开垦费**

**26. 耕地占用税**

根据《中华人民共和国耕地占用税法》,在中华人民共和国境内占用耕地建设建筑物、构筑物或者从事非农业建设的单位和个人,为耕地占用税的纳税人,应当依照本法规定缴纳耕地占用税。占用耕地建设农田水利设施的,不缴纳耕地占用税。

耕地占用税以纳税人实际占用的耕地面积为计税依据,按照规定的适用税额一次性征收,应纳税额为纳税人实际占用的耕地面积(平方米)乘以适用税额。[16]

**27. 少征或者免征耕地占用税的情形**

(1)军事设施、学校、幼儿园、社会福利机构、医疗机构占用耕地,免征耕地占用税。

(2)铁路线路、公路线路、飞机场跑道、停机坪、港口、航道、水利工程占用耕地,2元/平方米的税额征收耕地占用税。

(3)农村居民在规定用地标准以内占用耕地新建自用住宅,按照当地适用税额减半征收耕地占用税;其中农村居民经批准搬迁,新建自用住宅占用耕地不超过原宅基地面积的部分,免征耕地占用税。

(4)农村烈士遗属、因公牺牲军人遗属、残疾军人以及符合农村最低生活保障条件的农村居民,在规定用地标准以内新建自用住宅,免征耕地占用税。

(5)根据国民经济和社会发展的需要,国务院可以规定免征或者减征耕地占用税的其他情形,报全国人民代表大会常务委员会备案。[16]

**28. 耕地开垦费**

耕地开垦费是指在土地利用总体规划确定的城市和村庄、集镇建设用地范围内,为实施城市规划和村庄、集镇规划占用耕地,以及在土地利用总体规划确定的城市建设用地范围外的能源、交通、水利、矿山、军事设施等建设项目占用耕地的,分别由市、县人民政府、农村集体经济组织和建设单位依照《土地管理法》第三十条的规定负责开垦耕地；没有条件开垦或者开垦的耕地不符合要求，应当按照省、自治区、直辖市的规定缴纳耕地开垦费。

### 29. 安徽省耕地开垦费征收标准

根据《安徽省发展改革委 安徽省财政厅 安徽省自然资源厅〈关于调整耕地开垦费征收标准等有关问题的通知〉》文件规定，我省耕地开垦费征收标准如下：

①非农业建设经批准占用耕地的，耕地开垦费的征收等别标准按行政区划分为四等：一等地区，36元/平方米；二等地区，32元/平方米；三等地区，28元/平方米，四等地区，24元/平方米。②非农业建设经批准占用永久基本农田的，按照当地耕地开垦费标准的2倍缴纳耕地开垦费。[17]

表7—1 安徽省耕地开垦费标准和征收等别划分表

单位：元/平方米

| 等别 | 标准 | 市、县 |
| --- | --- | --- |
| 一等 | 36 | 合肥市、芜湖市、马鞍山市所辖区 |
| 二等 | 32 | 淮南市、淮北市、铜陵市、蚌埠市、安庆市、六安市、宿州市、宣城市、池州市、阜阳市、滁州市、黄山市、亳州市所辖区 |
| 三等 | 28 | 巢湖市、宁国市、肥西县、肥东县、长丰县、繁昌县、芜湖县、桐城市、天长市、界首市、当涂县、明光市 |
| 四等 | 24 | 绩溪县、濉溪县、歙县、祁门县、含山县、泾县、石台县、舒城县、霍山县、金寨县、蒙城县、凤阳县、怀远县、五河县、固镇县、怀宁县、枞阳县、太湖县、岳西县、潜山市、望江县、宿松县、休宁县、黟县、全椒县、颍上县、临泉县、涡阳县、砀山县、萧县、无为县、庐江县、和县、广德县、东至县、青阳县、寿县、霍邱县、定远县、来安县、凤台县、太和县、阜南县、利辛县、灵璧县、泗县、旌德县、郎溪县、南陵县 |

## 参考资料：

[1]《自然资源部办公厅关于印发〈国土空间调查、规划、用途管制用地用海分类指南（试行）〉的通知》（自然资办发〔2020〕51号）

[2]《自然资源管理知识手册》编写组：《自然资源管理知识手册》，中国大地出版

社,2020年。

[3]《中共中央 国务院关于加强耕地保护和改进占补平衡的意见》(中发〔2017〕4号)

[4]《中华人民共和国土地管理法》(2019年修正)

[5]《国务院办公厅关于印发跨省域补充耕地国家统筹管理办法和城乡建设用地增减挂钩节余指标跨省域调剂管理办法的通知》(国办发〔2018〕16号)

[6]《安徽省自然资源厅关于印发〈安徽省重大基础设施项目补充耕地指标交易指南〉的通知》(皖自然资耕〔2020〕1号)

[7]《安徽省自然资源厅关于印发〈安徽省市级基础设施项目补充耕地指标交易指南〉的通知》(皖自然资耕〔2020〕3号)

[8]《自然资源部关于做好占用永久基本农田重大建设项目用地预审的通知》(自然资规〔2018〕3号)

[9]《安徽省自然资源厅关于印发〈重大建设项目占用和补划永久基本农田审查要点〉的通知》(皖自然资耕〔2020〕2号)

[10]《自然资源部国土空间规划局 自然资源部耕地保护监督司关于加快推进永久基本农田核实整改补足和城镇开发边界划定工作的函》(自然资空间规划函〔2021〕121号)

[11]《基本农田保护条例》(2011年修正)

[12]《国务院办公厅关于坚决制止耕地"非农化"行为的通知》(国办发明电〔2020〕24号)

[13]《国务院办公厅关于防止耕地"非粮化"稳定粮食生产的意见》(国办发〔2020〕44号)

[14]《自然资源部 农业农村部关于设施农业用地管理有关问题的通知》(自然资规〔2019〕4号)

[15]《安徽省自然资源厅 安徽省农业农村厅关于进一步加强设施农业用地管理助推乡村振兴的通知》(皖自然资规〔2020〕3号)

[16]《中华人民共和国耕地占用税法》(2018年)

[17]《安徽省发展改革委 安徽省财政厅 安徽省自然资源厅〈关于调整耕地开垦费征收标准等有关问题的通知〉》(皖发改收费〔2019〕33号)

[18]《国土资源部关于改进管理方式切实落实耕地占补平衡的通知》(国土资规

〔2017〕13号）

[19]《自然资源部办公厅关于改进耕地占补平衡动态监管系统有关事项的通知》（自然资办函〔2019〕2367号）

[20]《国务院办公厅关于印发〈省级政府耕地保护责任目标考核办法的通知〉》（国办发〔2018〕2号）

# 第八篇　国土空间生态修复篇

党的十八大以来，我国持续推动生态文明理论创新、实践创新、制度创新，形成了习近平生态文明思想，为实现人与自然和谐共生的现代化提供了方向指引和根本遵循。2018年，生态文明建设写入宪法。习近平总书记指出，要坚持系统观念，从生态系统整体性出发，推进山水林田湖草沙一体化保护和修复，更加注重综合治理、系统治理、源头治理。自然资源部门是建设生态文明的重要部门，我们必须贯彻山水林田湖草沙生命共同体理念，加快推进生态保护修复，实施重要生态系统保护和修复重大工程，优化生态安全屏障体系，构建生态廊道和生物多样性保护网络，提升生态系统质量和稳定性，实现碳达峰、碳中和目标。

本篇围绕国土生态修复的工作，主要介绍生态用地、生态修复、生态补偿的相关概念，从国土综合整治、土地复垦、土壤污染防治、山水林田湖草生态保护修复工程、国土空间生态修复规划、矿山生态修复、矿山地质环境、矿山地质环境保护规划、矿山地质环境保护与土地复垦方案共10个方面介绍基本概念、理论方法、工作流程等。

## 一、生态用地、生态修复、生态补偿

### 1. 生态用地

生态用地是指生产性用地和承载性用地以外，以提供生态产品、环境调节和生物保育等生态服务功能为主要用途的土地。对维持区域生态平衡和可持续发展具有重要作用的土地利用类型。其中，环境调节功能主要指气体调节、气候调节、水文调节、土壤调节与控制、干扰调节等，生物保育功能主要指为人类之外的其他生物提供栖息地、基因库、生物防治等。

生态用地包括基础性生态用地和保全性生态用地。

基础性生态用地指森林、草地、湿地（包括水域）等土地类型在改善环境、维持生物多样性和区域生态平衡方面发挥着不可替代的重要作用，具有巨大的生态系统服务价值的生态用地。

保全性生态用地指盐碱地、沙地、裸岩及裸土地、高寒荒漠及苔原、冰川及永久积雪等土地类型,以生态修复和保护为主,人类过度干预和开发会给生态安全带来严重负面影响的生态用地。[1]

#### 2. 生态修复

生态修复是指针对结构不良、功能受损的生态系统进行的修复。生态修复侧重于以优化国家生态安全屏障体系为目标,以改善区域生态环境质量为重点,对山上山下、地上地下、陆地海洋及流域上下游进行整体保护、系统修复、综合治理,实施以自然恢复为主、人工修复为辅的修复工程,恢复与重建在自然突变和人类活动影响下受到破坏的自然生态系统,使部分或完全受损的生态系统逐步恢复或使生态系统向良性循环方向发展,从而解决突出的生态环境问题,构建区域生态安全格局,服务生态文明建设和高质量发展。[2]生态保护修复是守住自然生态安全边界、促进自然生态系统质量整体改善的重要措施。

#### 3. 国土空间生态修复

国土空间生态修复是为实现国土空间格局优化、生态系统健康稳定和生态功能提升的目标,按照山水林田湖草是一个生命共同体的原理,对长期受到高强度开发建设、不合理利用和自然灾害等影响造成生态系统严重受损退化、生态功能失调和生态产品供给能力下降的区域,采取工程和非工程等综合措施,对国土空间生态系统进行生态恢复、生态整治、生态重建、生态康复的过程和有意识的活动。[3]

#### 4. 生态修复模式

生态修复模式包括保护保育、自然恢复、辅助再生、生态重建。

保护保育是指保护单一生物物种或者不同生物群落所依存的栖息地、生态系统,以及保护和维系栖息地(自然生态保护区域内)原住民文化与传统生活习惯,以达到维持自然资源可持续利用与永续存在的活动。

自然恢复是指对生态系统停止人为干扰,以减轻负荷压力,依靠生态系统的自我调节能力和自组织能力,使其向有序的方向自然演替和更新恢复的活动。一般为生态系统的正向演替过程。

辅助再生是指充分利用生态系统的自我恢复能力,辅以人工促进措施,使退化、受损的生态系统逐步恢复并进入良性循环的活动,亦称协助再生。

生态重建是指对因自然灾害或人为破坏导致生态功能和自我恢复能力丧失,生态系统发生不可逆转变化,以人工措施为主,通过生物、物理、化学、生态或工程技术方法,围绕修复生境、恢复植被、生物多样性重组等过程,重构生态系统并使生态系统进入良性循环的活动。[2]

**5. 生态保护补偿**

生态保护补偿是指采取财政转移支付或市场交易等方式,对生态保护者因履行生态保护责任所增加的支出和付出的成本,予以适当补偿的激励性制度安排。

学术观点认为:生态补偿是以保护和可持续利用生态系统服务为目的,以经济手段为主,调节相关者利益关系的制度安排。生态补偿机制是以保护生态环境、促进人与自然和谐发展为目的,根据生态系统服务价值、生态保护成本、发展机会成本,运用政府和市场手段,调节生态保护利益相关者之间利益关系的公共制度。综合国内外学者的研究并结合我国的实际情况,对生态补偿的理解有广义和狭义之分。广义的生态补偿既包括对生态系统和自然资源保护所获得效益的奖励,或破坏生态系统和自然资源所造成损失的赔偿,也包括对造成环境污染者的收费。狭义的生态补偿则主要是指前者。生态补偿的主要内容:一是对生态系统本身保护或破坏的成本进行补偿;二是通过经济手段将经济效益的外部性内部化;三是对个人或区域保护生态系统和环境的投入或者放弃发展机会的损失的经济补偿;四是对具有重大生态价值的区域或对象进行保护性投入。

## 二、国土综合整治

**6. 国土综合整治及其主要类型**

国土综合整治是国土开发、整理、复垦、修复和防护的统称。指为整体改善国土空间要素和系统防治国土空间退化以及为满足新的功能需要,对国土进行改造建设的活动。[3]

国土综合整治的主要类型包括城市地区国土综合整治、乡村地区国土综合整治、江河流域国土综合整治、重点生态功能区国土综合整治、矿产资源开发集中区国土综合整治、海岸带和海岛地区国土综合整治、特别地区或复合型国土综合整治。[4]

**7. 全域土地综合整治**

全域土地综合整治是以科学合理规划为前提,以乡镇为基本实施单元,整体推进农用地整理、建设用地整理和乡村生态保护修复等,优化生产、生活生态空间格局,促进耕地保护和土地节约集约利用,改善农村人居环境,助推乡村全面振兴,对闲置、利用低效、生态退化及环境破坏的区域实施国土空间综合治理的活动。[5] 全域土地综合整治的主要任务包括：编制村庄规划，制订实施方案，开展农用地整理，推进建设用地整理，实施乡村生态保护修复。

**8. 国土综合整治与生态修复**

国土综合整治与生态修复是新时期自然资源主管部门行使"两统一"职责的重要抓手，是落实国土空间规划的重要平台，是统筹推进现代化建设、生态文明建设、乡村振兴和城乡融合发展的重要途径。国土综合整治与生态修复工作相互依存，包括山水林田湖草系统治理、土地综合整治、矿山生态修复和蓝色海湾综合整治。

国土综合整治与生态修复主要工作内容包括：以习近平生态文明思想为统领，坚持尊重自然、顺应自然、保护自然的理念和节约优先、保护优先、自然恢复为主的方针，在国土空间规划指导下，立足于整体保护、系统修复和综合治理，以提升资源环境承载能力为主要考量，以优化国土空间开发格局为主要目标，以修复治理受损生态系统为主要内容，综合采取经济、法律、行政等手段和工程、生物、化学、农艺等多种措施，在重点生态功能区实施山水林田湖草生态系统修复工程，在乡村地区实施土地综合整治与生态修复工程，在矿产集中开发区实施矿山生态修复工程，在海岸海域实施海洋生态修复工程，形成点、线、面相结合的国土整治与生态修复工程布局。以改善生产发展条件和生态环境质量，提高国土开发利用质量和效益，提升国土生态安全水平，倒逼经济发展方式根本转变和产业结构战略调整，解决资源环境和国土空间利用问题，推进经济、人口布局向均衡方向发展，促进生态系统安全稳定和区域全面协调可持续发展。[1]

**9. 国土综合整治与生态修复的区别与联系**

（1）整治与修复的关系。国土整治主要对格局失序、效能低下和品质不高的空间进行调整和整治；生态保护修复主要对结构不良、功能受损的生态系统进行修复，二者互为依存，相互促进。

（2）局部与系统的关系。相对于单项国土整治，生态保护修复是一个有机整体，更加强调生态系统的整体性、系统性，改变过去的单一要素整治修复，转变为以多要素为基础的整体保护修复。

（3）工程与生态的关系。无论是国土整治还是生态保护修复，都是短期内改变生态系统结构和过程的人为干扰活动，或多或少带有工程措施，但这些工程措施要以生态系统结构、功能和过程的系统性为导向。

（4）政府与市场的关系。国土整治与生态保护修复都是在政府主导的基础上坚持市场引导和公众参与。政府更多地在整治修复的公平性、高效性和可持续性上发力；整治修复需要大量的资金投入，因而还需注重市场机制和社会资本的引入。

(5)生态与社会的关系。生态保护修复主要是针对生态系统而言的，而国土综合整治的对象除了生态系统以外，还包括生产系统、生活系统和其他复合系统。如果只是针对生态系统而言，生态保护修复在某种程度上可以包括国土综合整治，但如果针对整个区域系统而言，国土综合整治可以包含生态保护修复，例如乡村综合整治不称为乡村生态保护修复，后者只是乡村系统的生态要素部分。

综上所述，国土综合整治的功能主要是防止国土空间的功能失调或退化，其本质在于事先防治，着力解决国土空间开发利用保护中存在的短板、限制和潜在退化危机，目的是通过系统性、综合性整治推进生态文明建设，促进人地和谐共生，提升资源环境承载能力，保障经济社会持续发展。生态保护修复主要是治理已经失调或退化的国土空间功能。其"事后治理"与国土整治的"事先防治"有着明显的区别，但在实践中，这种定义的边界有时也并不清晰，需要视具体情况而定。[4]

**10. 国土综合整治与生态修复要遵循的程序**

自然资源开发利用和保护贯穿于人类活动"源头、过程、后果"全链条。国土综合整治与生态修复是人类对自然生态系统退化的修补和改善，也是人类改善并提升自然资本价值的过程。主要是5个程序：

(1)调查评估包括收集和调查工程区域各类有关自然、经济、社会相关数据资料，运用数据综合分析得到有效信息，储存备用前期利用的相关调查技术，充分掌握项目所在区域的自然基底条件、资源禀赋、经济基础、社会状况、生态环境现状、区位条件等有效信息，同时搜集区域土地利用规划资料、相关部门规划及国家颁布的有关标准，为项目后续的有序开展做好基础保障。

(2)规划设计是以生命共同体建设为切入点和主线，为其可持续发展提供系统化的路径、战略和规划指引。它的实施既能保证整体项目发挥土壤保护、地力修复、污染修复、水土流失防治的作用，又能够与生态防护、景观塑造、生物多样性保护相结合，充分体现出国土整治和生态保护修复项目的多功能特性。

(3)工程施工是以规划设计为依据，开展精细化的生态修复工程。统筹考虑自然条件和退化程度的差异，并采取一定的人工干预措施助推生态修复。还应统筹好工程实施的生态效益、社会效益和经济效益，协调好生态保护修复与经济社会发展之间的关系，实现可持续发展。

（4）实施监管主要是一种行政行为，但也是一种社会过程。必须与其他社会组织如企业、第三方机构、社会公众等形成一种相互作用的监管网络，通过多元主体的共同参与，对国土整治和生态保护修复进行更有效的监管维护；在技术上应构建好动态监测网络进行可持续监测，形成有效监管。

（5）绩效评价是对国土整治和生态修复项目实施效果的综合考量，涉及经济绩效、社会绩效、生态绩效等。[4]

### 三、土地复垦

#### 11. 土地复垦的概念及复垦主体

土地复垦是指对生产建设活动和自然灾害损毁的土地采取综合整治措施，使其达到可利用状态的活动。

生产建设活动损毁的土地，按照"谁损毁，谁复垦"的原则，由生产建设单位或者个人负责复垦。由于历史原因无法确定土地复垦义务人的生产建设活动损毁的土地和自然灾害损毁的土地，由县级以上人民政府负责组织复垦。[6]

#### 12. 土地复垦方案

土地复垦义务人应当按照土地复垦标准和国务院自然资源主管部门的规定编制土地复垦方案。土地复垦方案应当包括下列内容：

（1）项目概况和项目区土地利用状况；

（2）损毁土地的分析预测和土地复垦的可行性评价；

（3）土地复垦的目标任务；

（4）土地复垦应当达到的质量要求和采取的措施；

（5）土地复垦工程和投资估（概）算；

（6）土地复垦费用的安排；

（7）土地复垦工作计划与进度安排；

（8）国务院自然资源主管部门规定的其他内容。[6]

#### 13. 复垦区与土地复垦责任范围

复垦区指生产建设项目损毁土地和永久性建设用地构成的区域。土地复垦责任范围指复垦区中损毁土地及不再留续使用的永久性建设用地构成的区域。[7]

#### 14. 土地复垦率及复垦土地的使用

土地复垦率指复垦的土地面积占复垦责任范围土地面积的百分比。[7]

复垦的土地应当优先用于农业。属于农民集体所有的土地,复垦后应当交给农民集体使用。[6]

**15. 土地复垦义务人在生产建设活动中应当遵循的原则和应采取的预防控制措施**

基本原则是"保护、预防和控制为主,生产建设与复垦相结合"。

采取的预防控制措施:

(1)对可能被损毁的耕地、林地、草地等,应当进行表土剥离,分层存放,分层回填,优先用于复垦土地的土壤改良。表土剥离厚度应当依据相关技术标准,根据实际情况确定。表土剥离应当在生产工艺和施工建设前进行或者同步进行。

(2)露天采矿、烧制砖瓦、挖沙取土、采石,修建铁路、公路、水利工程等,应当合理确定取土的位置、范围、深度和堆放的位置、高度等。

(3)地下采矿或者疏干抽排地下水等施工,对易造成地面塌陷或者地面沉降等特殊地段应当采取充填、设置保护支柱等工程技术方法以及限制、禁止开采地下水等措施。

(4)禁止不按照规定排放废气、废水、废渣、粉灰、废油等。[8]

**16. 历史遗留损毁土地的认定条件**

历史遗留损毁土地的认定条件包括:

(1)土地复垦义务人灭失的生产建设活动损毁的土地;

(2)《土地复垦规定》实施以前生产建设活动损毁的土地。[8]

**17. 历史遗留损毁土地和自然灾害损毁土地复垦资金来源**

历史遗留损毁土地和自然灾害损毁土地复垦资金来源包括:

(1)土地复垦费;

(2)耕地开垦费;

(3)新增建设用地土地有偿使用费;

(4)用于农业开发的土地出让收入;

(5)可以用于土地复垦的耕地占用税地方留成部分;

(6)其他可以用于土地复垦的资金。[8]

**18. 土地复垦费及缴(预)存**

土地复垦义务人不复垦,或者复垦验收中经整改仍不合格的,应当缴纳土地复垦费,由有关自然资源主管部门代为组织复垦。

确定土地复垦费的数额,应当综合考虑损毁前的土地类型、实际损毁面积、损毁程度、复垦标准、复垦用途和完成复垦任务所需的工程量等因素。土地复垦费的具体征收使用管理办法,由国务院财政、价格主管部门商国务院有关部门制定。

土地复垦义务人缴纳的土地复垦费专项用于土地复垦。任何单位和个人不得截留、挤占、挪用。[6]

土地复垦义务人应当与损毁土地所在地县级自然资源主管部门在双方约定的银行建立土地复垦费用专门账户,按照土地复垦方案确定的资金数额,在土地复垦费用专门账户中足额预存土地复垦费用。预存的土地复垦费用遵循"土地复垦义务人所有,自然资源主管部门监管,专户储存专款使用"的原则。

土地复垦义务人应当在项目动工前1个月内预存土地复垦费用。土地复垦义务人按照本办法第七条规定补充编制土地复垦方案的,应当在土地复垦方案通过审查后1个月内预存土地复垦费用。土地复垦义务人按照《土地复垦条例实施办法》第十三条规定修改土地复垦方案后,已经预存的土地复垦费用不足的,应当在土地复垦方案通过审查后1个月内补齐差额费用。

土地复垦费用预存实行一次性预存和分期预存两种方式。生产建设周期在三年以下的项目,应当一次性全额预存土地复垦费用。生产建设周期在三年以上的项目,可以分期预存土地复垦费用,但第一次预存的数额不得少于土地复垦费用总金额的20%。余额按照土地复垦方案确定的土地复垦费用预存计划预存,在生产建设活动结束前一年预存完毕。[8]

### 19. 土地复垦质量要求

土地复垦义务人应当建立土地复垦质量控制制度,遵守土地复垦标准和环境保护标准,保护土壤质量与生态环境,避免污染土壤和地下水。

土地复垦义务人应当首先对拟损毁的耕地、林地、牧草地进行表土剥离,剥离的表土用于被损毁土地的复垦。

禁止将重金属污染物或者其他有毒有害物质用作回填或者充填材料。受重金属污染物或者其他有毒有害物质污染的土地复垦后,达不到国家有关标准的,不得用于种植食用农作物。[6]

### 20. 土地复垦的验收要求及权限

验收要求:土地复垦义务人按照土地复垦方案的要求完成土地复垦任务后,应当按照国务院自然资源主管部门的规定向所在地县级以上地方人民政府自然资源主管部门申请验收,接到申请的自然资源主管部门应当会同同级农业、林业、环境保护等有关部门进行验收。

进行土地复垦验收,应当邀请有关专家进行现场踏勘,查验复垦后的土地是否符合土地复垦标准以及土地复垦方案的要求,核实复垦后的土地类型、面积和质量等情况,并将初步验收结果公告,听取相关权利人的意见。相关权利人对土地复垦完成情况提出异议的,国土资源主管部门应当会同有关部门进一步核查,并将核查情况向相关权利人反馈;情况属实的,应当向土地复垦义务人提出整改意见。

负责组织验收的自然资源主管部门应当会同有关部门在接到土地复垦验收申请之日起60个工作日内完成验收,经验收合格的,向土地复垦义务人出具验收合格确认书;经验收不合格的,向土地复垦义务人出具书面整改意见,列明需要整改的事项,由土地复垦义务人整改完成后重新申请验收。[6]

验收权限:政府投资的土地复垦项目竣工后,负责组织实施土地复垦项目的自然资源主管部门应当依照《土地复垦条例》第二十八条第二款的规定进行初步验收。初步验收完成后,负责组织实施土地复垦项目的自然资源主管部门应当按照国务院自然资源主管部门的规定向上级人民政府自然资源主管部门申请最终验收。上级人民政府自然资源主管部门应当会同有关部门及时组织验收。

土地权利人自行复垦或者社会投资进行复垦的土地复垦项目竣工后,由负责组织实施土地复垦项目的自然资源主管部门会同有关部门进行验收。

生产建设周期五年以上的项目,土地复垦义务人可以分阶段提出验收申请,负责组织验收的自然资源主管部门实行分级验收、阶段验收由项目所在地县级自然资源主管部门负责组织,总体验收由审查通过土地复垦方案的自然资源主管部门负责组织或者委托有关自然资源主管部门组织。[6]

**21. 自然资源主管部门对土地复垦的监督管理**

(1)县级以上自然资源主管部门应当采取年度检查、专项核查、例行稽查、在线监管等形式,对本行政区域内的土地复垦活动进行监督检查,并可以采取下列措施:①要求被检查当事人如实反映情况和提供相关的文件、资料和电子数据;②要求被检查当事人就土地复垦有关问题做出说明;③进入土地复垦现场进行勘查;④责令被检查当事人停止违反条例的行为。

(2)县级以上自然资源主管部门应当在门户网站上及时向社会公开本行政区域内的土地复垦管理规定、技术标准、土地复垦规划、土地复垦项目安排计划以及土地复垦方案审查结果、土地复垦工程验收结果等重大事项。

（3）县级以上地方自然资源主管部门应当通过自然资源主干网等按年度将本行政区域内的土地损毁情况、土地复垦工作开展情况等逐级上报。

上级自然资源主管部门对下级自然资源主管部门落实土地复垦法律法规情况、土地复垦义务履行情况、土地复垦效果等进行绩效评价。

县级以上自然资源主管部门应当对土地复垦档案实行专门管理，将土地复垦方案、土地复垦资金使用监管协议、土地复垦验收有关材料和土地复垦项目计划书、土地复垦实施情况报告等资料和电子数据进行档案存储与管理。

县级以上自然资源主管部门应当建立土地复垦信息管理系统，利用自然资源综合监管平台，对土地复垦情况进行动态监测，及时收集、汇总、分析和发布本行政区域内土地损毁、土地复垦等数据信息。

（6）复垦后的土地权属和用途发生变更的，应当依法办理土地登记相关手续。[8]

## 22. 土地复垦的激励措施

（1）退税：土地复垦义务人将生产建设活动损毁的耕地、林地、牧草地等农用地复垦恢复为原用途的，可凭验收合格确认书向所在地县级自然资源主管部门提出出具退还耕地占用税意见的申请。经审核属实的，县级自然资源主管部门应当在15日内向土地复垦义务人出具意见。土地复垦义务人凭自然资源主管部门出具的意见向有关部门申请办理退还已经缴纳的耕地占用税手续。

（2）补充耕地指标：由社会投资将历史遗留损毁和自然灾害损毁土地复垦为耕地的，对属于将非耕地复垦为耕地的，经验收合格并报省级自然资源主管部门复核同意后，可以作为本省、自治区、直辖市的补充耕地指标，市县政府可以出资购买指标。

由县级以上地方人民政府投资将历史遗留损毁和自然灾害损毁的建设用地复垦为耕地的，经验收合格并报省级自然资源主管部门复核同意后，可以作为本省、自治区、直辖市的补充耕地指标。

（3）二次分配：社会投资复垦的历史遗留损毁土地或者自然灾害损毁土地，属于无使用权人的国有土地的，经县级以上人民政府依法批准，可以确定给投资单位或者个人长期从事种植业、林业、或者渔业生产。

（4）政府补贴：历史遗留损毁和自然灾害损毁的国有土地使用权人，以及历史遗留损毁和自然灾害损毁的农民集体所有土地的所有权人、使用权人，自然将损毁土地复垦为耕地的，由县级以上地方人民政府给予补贴。[6]

## 23. 土地复垦义务人不依法履行土地复垦义务的限制条款

土地复垦义务人不依法履行土地复垦义务的，在申请新的建设用地时，有批准权的人民政府不得批准;在申请新的采矿许可证或者申请采矿许可证延续、变更、注销时,有批准权的自然资源主管部门不得批准。[6]

### 四、土壤污染防治

**24. 土壤污染**

土壤污染是指因人为因素导致某种物质进入陆地表层土壤,引起土壤化学、物理、生物等方面特性的改变,影响土壤功能和有效利用,危害公众健康或者破坏生态环境的现象。

土壤污染防治应当坚持预防为主、保护优先、分类管理、风险管控、污染担责、公众参与的原则。

国务院生态环境主管部门对全国土壤污染防治工作实施统一监督管理;国务院农业农村、自然资源、住房城乡建设、林业草原等主管部门在各自职责范围内对土壤污染防治工作实施监督管理。[9]

**25. 国家实行土壤环境监测制度**

国务院生态环境主管部门制定土壤环境监测规范,会同国务院农业农村、自然资源、住房城乡建设、水利、卫生健康、林业草原等主管部门组织监测网络,统一规划国家土壤环境监测站(点)的设置。

地方人民政府农业农村、林业草原主管部门应当会同生态环境、自然资源主管部门对下列农用地地块进行重点监测:

(1)产出的农产品污染物含量超标的;
(2)作为或者曾作为污水灌溉区的;
(3)用于或者曾用于规模化养殖、固体废物堆放、填埋的;
(4)曾作为工矿用地或者发生过重大、特大污染事故的;
(5)有毒有害物质生产、贮存、利用、处置设施周边的;
(6)国务院农业农村、林业草原、生态环境、自然资源主管部门规定的其他情形。

地方人民政府生态环境主管部门应当会同自然资源主管部门对下列建设用地地块进行重点监测:

(1)曾用于生产、使用、贮存、回收、处置有毒有害物质的;
(2)曾用于固体废物堆放、填埋的;
(3)曾发生过重大、特大污染事故的;

(4)国务院生态环境、自然资源主管部门规定的其他情形。[9]

### 26. 土壤污染风险管控和修复

土壤污染风险管控和修复包括土壤污染状况调查和土壤污染风险评估、风险管控、修复、风险管控效果评估、修复效果评估、后期管理等活动。

国家建立农用地分类管理制度。按照土壤污染程度和相关标准,将农用地划分为优先保护类、安全利用类和严格管控类。县级以上地方人民政府应当依法将符合条件的优先保护类耕地划为永久基本农田,实行严格保护。在永久基本农田集中区域,不得新建可能造成土壤污染的建设项目;已经建成的,应当限期关闭拆除。

国家实行建设用地土壤污染风险管控和修复名录制度。建设用地土壤污染风险管控和修复名录由省级人民政府生态环境主管部门会同自然资源等主管部门制定,按照规定向社会公开,并根据风险管控、修复情况适时更新。

对土壤污染状况普查、详查和监测、现场检查表明有土壤污染风险的建设用地地块,地方人民政府生态环境主管部门应当要求土地使用权人按照规定进行土壤污染状况调查。用途变更为住宅、公共管理与公共服务用地的,变更前应当按照规定进行土壤污染状况调查。

列入建设用地土壤污染风险管控和修复名录的地块,不得作为住宅、公共管理与公共服务用地。[9]

## 五、山水林田湖草生态保护修复工程

### 27. 山水林田湖草生态保护修复工程(简称"山水工程")

"山水工程"是指按照山水林田湖草是生命共同体理念,依据国土空间总体规划以及国土空间生态保护修复等相关专项规划,在一定区域范围内,为提升生态系统自我恢复能力,增强生态系统稳定性,促进自然生态系统质量的整体改善和生态产品供应能力的全面增强,遵循自然生态系统演替规律和内在机理,对受损、退化、服务功能下降的生态系统进行整体保护、系统修复、综合治理的过程和活动。[2]

### 28. 山水林田湖草生态保护修复工程的技术流程

一般划分为工程规划、工程设计、工程实施、管理维护4个阶段。工程规划阶段服务于区域(或流域)尺度(Landscape Scale)的宏观问题识别诊断、总体保护修复目标制定,以及确定保护修复单元和工程子项目布局;工程设计阶段主要服务于生态系统尺度(Ecosystem Scale)下的各保护修复单元生态问题进行诊断,制定相应的具体指标体系和标准,确定保护修复模式措施;工程实施阶段服务于场地尺度(Site Scale)的子项目施工设计与实施。管理维护、监测评估与适应性管理、监督检查贯穿于生态保护修复全过程。

根据生态保护修复的规模范围、实施期限、自然生态特征、修复条件及难易程度等,可将4个阶段合并或简化。[2]

### 29. 山水林田湖草生态保护修复工程的保护与修复原则

(1)生态优先,绿色发展;(2)自然恢复为主,人工修复为辅;(3)统筹规划,综合治理;(4)问题导向,科学修复;(5)经济合理,效益综合。[2]

## 六、国土空间生态修复规划

### 30. 国土空间生态修复规划

国土空间生态修复规划定位于对国土空间生态修复活动的统筹谋划和总体设计,是在一定时间周期、一定国土空间范围内开展生态保护修复活动的指导性、纲领性文件。其核心是通过研究编制规划,统筹设计国土空间生态修复活动的实施范围、预期目标、工程内容、技术要求、投资计划和实施路径,以有效保障和综合提升国土空间生态修复活动的生态效益、社会效益、经济效益。[10]

### 31. 国土空间生态修复规划的内容

国土空间生态修复规划主要分为6个部分:

(1)基础调查与评估。主要分析规划区自然生态状况、经济社会概况、重大工程实施情况等生态修复基础,明确生态环境、生态空间、生态安全等方面存在的突出问题,以及未来开展国土空间生态保护修复所面临的形势与挑战。

(2)规划总体思路。阐述编制实施规划的政策要求、规划定位、实施范围、规划期限等,明确规划指导思想、基本原则、主要目标、具体指标、总体战略等。

(3)重点修复空间识别。通过开展国土空间综合评价,识别拟开展生态修复的重要空间、敏感脆弱空间、受损破坏空间等范围、面积与分布,并制定生态修复分区导引。

(4)规划任务与措施。针对突出问题和既定目标,提出生态修复相关任务、具体措施与实施时序要求。

(5)重大工程与投资需求。综合考虑突出问题、规划目标、技术经济可行性,设计生态修复重大工程,提出项目清单,测算投资需求,并分析工程项目实施的生态效益、经济效益和社会效益。

（6）组织实施机制。主要包括为保障规划有效实施而制定的配套政策措施、组织保障、绩效评价等。[10]

### 32. 国土空间生态修复规划编制

国土空间生态修复规划编制主要包括4个步骤：

①调查评估。在收集整理相关资料文献的基础上，分析规划区自然资源、人口社会、经济状况、开发格局、规划区划、人居环境、耕地质量、生态状况、矿山问题和实施基础等国土空间生态修复领域的现状、问题，预测未来发展趋势。

②目标分析。根据调查评估分析明确的突出问题，结合上位专项规划或区域总体规划等对于国土空间生态修复领域设定的任务性目标，重点从国土空间开发格局优化成效、生态环境质量改善效率、工程项目任务完成量等方面，综合制定生态修复评价指标体系。

③方案设计。根据规划区国土空间生态修复各领域存在的突出问题和设定目标，依据国家、相关地方政府及有关部门政策要求和技术规范，提出解决突出生态问题、完成任务目标的具体措施、工程、政策、制度等。

④成果集成。结合上述3个方面的成果，按照要求，依据相关领域规划编制技术规范，形成规划文本、说明、图集、研究报告、数据库、信息系统等成果。[10]

## 七、矿山生态修复

### 33. 矿山生态修复及其方式

矿山生态修复是指针对矿产资源开发造成的地质隐患、占用和损毁土地、生态破坏等问题，通过预防控制和综合整治措施，使矿山地质环境达到稳定、损毁的土地达到可供利用状态以及生态功能恢复的活动。[11]

按组织实施形式划分主要是4种方式，政府组织修复、矿山企业修复、社会参与修复、政府企业社会共同参与修复。按照人类干预程度划分也是4种方式，即：自修复、自然修复、人工修复、以上3种合并综合修复。[1]

### 34. 矿山修复责任主体

根据《安徽省在建与生产矿山生态修复管理暂行办法》，矿山企业是在建与生产矿山生态保护与修复的责任主体，必须落实"边开采、边修复"的责任。采矿权转让的，矿山生态保护与修复的义务随之转移。因政策性关闭的矿山，由所在地市、县人民政府明确矿山生态保护与修复责任主体与治理时限。[12]

**35. 矿山修复验收**

矿山企业保护与修复任务完成后,县级自然资源主管部门或受其委托的第三方机构,按照《安徽省矿山地质环境治理恢复工程验收标准(试行)》和《土地复垦技术标准(试行)》等,组织专家对治理修复工程进行验收,出具验收意见。

矿山闭坑时的生态保护与修复验收,由矿山所在地县级自然资源主管部门组织全面验收。

验收未通过的生态保护与修复工程,矿山企业应按整改要求,在规定的期限内完成整改,直至验收通过。[12]

**36. 市场化推进矿山生态修复的相关政策**

(1)据实核定变更矿区地类

市、县人民政府组织自然资源、发展改革、农业农村、林业等部门及矿山企业,据实调查采煤塌陷区地类、面积、塌陷深度等土地利用现状、权属,对确实无法恢复原用途的农用地,由市、县自然资源主管部门提出申请,省自然资源厅会同相关部门核实并征得土地权利人同意,报自然资源部核定后,可在年度土地变更调查或专项调查中变更为其他类型农用地或未利用地,涉及耕地的据实统筹核减,其中涉及永久基本农田的按规定进行调整补划,并纳入国土空间规划。煤矿以外其他采矿引起的地面塌陷确实无法恢复原用途的农用地,可参照执行。耕地核减不免除造成塌陷责任人的法定应尽义务。

(2)盘活利用矿山废弃土地

①历史遗留矿山废弃国有建设用地经修复后拟改为经营性建设用地的,在符合国土空间规划和其他相关专项规划以及土壤环境质量要求的前提下,可由市、县人民政府整体修复后进行土地前期开发,以公开竞争方式分宗确定土地使用权人;也可将矿山生态修复方案、土地出让方案一并通过公开竞争方式确定同一修复主体和土地使用权人,分别签订生态修复协议和土地出让合同。依据国土空间规划,利用矿山修复后的国有建设用地用于教育、科研、体育、公共文化、医疗卫生、社会福利等项目,符合《划拨用地目录》的,可按划拨方式供地,鼓励土地使用权人在自愿的前提下,以出让、租赁等有偿方式取得土地使用权。

②历史遗留矿山废弃国有建设用地经修复后拟作为国有农用地的,可由市、县人民政府或其授权部门以协议形式确定修复主体,双方签订国有农用地承包经营合同,从事种植业、林业、畜牧业或者渔业生产。

历史遗留矿山废弃建设用地修复为耕地的,经验收合格后,可纳入国家和省城乡建设用地增减挂钩及工矿废弃地项目进行管理,腾退的建设用地指标可在省域范围内流转使用。其中,矿山企业将依法取得的存量建设用地修复为耕地及园地、林地、草地和其他农用地的,经验收合格和依法批准后,腾退的建设用地指标可用于同一法人企业在省域范围内新采矿活动占用同地类的农用地。修复的耕地承包经营权可参照《农村土地承包法》确定承包期。

历史遗留矿山废弃建设用地修复为林地的,须符合造林技术规程有关技术规定和标准,林业主管部门验收合格后,在全省林地"一张图"中由非林地变更为林地,县级林业主管部门可向省级林业主管部门申请年度建设项目使用林地定额奖补,省级林业主管部门核实情况后,在分配下一年度建设项目使用林地定额时,根据修复林地的面积予以奖补一定数额林地定额,奖补定额当年有效。

③对历史遗留矿山废弃土地中的集体建设用地,集体经济组织可自行投入修复,也可以吸引社会资本参与。修复后国土空间规划确定为工业、商业等经营性用途,并经依法登记的集体经营性建设用地土地所有权人可以通过出让、出租等方式交由单位或者个人使用;在符合国土空间规划的前提下,农村集体经济组织可以依法自办或以土地使用权入股、联营等方式与其他单位和个人共同举办住宿、餐饮、停车场等旅游服务。

④历史遗留废弃矿山经修复后的土地,可在符合国土空间规划的前提下发展旅游产业。旅游项目用地中属于永久性设施建设用地的,依法按建设用地管理,用途混合且包括经营性用途的,采取招标拍卖挂牌方式履行供地手续;对建设观光台、栈道等非永久性附属设施,在不占用永久基本农田和不破坏生态环境、自然景观和不影响地质安全的前提下,可不征收(收回)、不转用,按现用途管理。

⑤在符合国土空间规划和土壤环境质量要求、不改变土地使用权人的前提下,经依法批准并按市场价补缴土地出让金后,矿山企业可将依法取得的国有建设用地修复后用于工业、商业、服务业等经营性用途。

(3)规范利用废弃矿山土石料

县人民政府组织实施的历史遗留露天开采类矿山修复,因削坡减荷、消除矿山地质灾害隐患等修复工程新产生的土石料及原地遗留的土石料,由县级自然资源主管部门按"一矿一策"原则,在科学评估论证基础上同步组织编制矿山生态修复方案和土石料利用方案,方案应明确土石料利用量、利用方式、修复期限、修复效果等,经市级自然资源主管部门会同经济和信息化、生态环境、应急、林业等有关部门审查同意后实施。

新产生的土石料及原地遗留的土石料优先无偿用于本修复工程,确有剩余的,由县人民政府纳入公共资源交易平台对外销售,销售收益全部用于本地生态修复,不得挪作他用。涉及社会投资主体承担修复工程的,应保障其合理收益。[13]

### 八、矿山地质环境

#### 37. 矿山地质环境与矿山地质环境问题

矿山地质环境指采矿活动所影响到的岩石圈、水圈、土壤圈、生物圈相互作用的客观地质体。[7]

矿山地质环境问题指受采矿活动影响而产生的地质环境破坏的现象。主要包括矿区地面塌陷、地裂缝、崩塌、滑坡、含水层破坏、地形地貌景观破坏、水土环境污染等。[8]

#### 38. 矿山地质灾害

矿山地质灾害指采矿活动引发的危害矿区人民生命和财产安全的崩塌、滑坡、泥石流、地面塌陷、地裂缝、地面沉降等灾害。[14]

#### 39. 矿山土地复垦

矿山土地复垦指对采矿活动过程中因挖损、塌陷、压占与污染等所造成破坏的土地采取整治措施,使其恢复到可供利用状态的活动。[14]

#### 40. 矿山地质环境调查与监测

矿山地质环境调查是根据不同任务,按照经济技术合理的原则,运用各种技术方法,揭示矿山地质环境基本状况和背景条件,为编制矿山地质环境保护与综合治理方案、建立矿山地质环境检测体系、进行矿山地质环境治理恢复、实施矿山地质环境监督管理提供基础资料。

矿山地质环境监测指对主要矿山地质环境要素与矿山地质环境问题进行的时空动态变化的观测。[14]

#### 41. 矿山地质环境影响评估

矿山地质环境影响评估指按照一定的指标要求和技术方法,定性或定量地评价和估算采矿活动对地质环境的影响程度。[7]

#### 42. 含水层破坏

含水层破坏指含水层结构改变、地下水位下降、水量减少或疏干、水质恶化等现象。[7]

**43. 地形地貌景观（地质遗迹、人文景观）破坏**

因矿山建设与采矿活动而改变原有的地形条件与地貌特征，造成地质遗迹、人文景观等破坏现象。[7]

**44. 矿山地质环境保护与治理恢复的范围**

矿山地质环境保护与治理恢复的范围，包括矿山开采区和受采矿活动影响产生地质环境问题或地质灾害的区域。[14]

**45. 矿山地质环境治理恢复类型**

（1）对采矿活动损毁的地质地貌景观进行修复，对遭受破坏或者废弃的土地进行整治，使之恢复到适宜植物生长、水产养殖或者其他可供利用状态。

（2）对露天采矿形成的边坡、断面进行整修，消除滑坡、崩塌、泥石流等安全隐患，并实施坡面绿化。

（3）对地下采矿形成的采空区，采取封闭、充填或者人工放顶等措施，使地下井、巷等采空区达到安全稳定状态，其对应的地表形态不再发生改变。

（4）对矿山固体废弃物堆场经综合治理或综合利用，已达稳定状态，含有毒、有害或放射性成分的固体废弃物已妥善处理。

（5）对采矿活动形成的废水进行有效处置，使之达到国家规定的排放标准，矿山开采导致的水资源、水环境问题经过治理，地表水水质得到恢复。

（6）生态环境和景观环境与周围环境相协调，基本消除了视觉污染。

（7）对具有观赏价值、研究价值的矿山遗迹，鼓励开发为地质地貌景观保护区、旅游区或矿山公园。

（8）矿山地质灾害危害与地质环境影响严重，难以治理恢复的，受威胁居（村）民已实施搬迁避让，妥善安置。[14]

**46. 矿山地质环境治理恢复基金**

矿山地质环境治理恢复基金是指矿山企业为履行矿山生态保护与修复及矿山土地复垦等义务，以满足实际需求为前提，根据其矿山地质环境保护与土地复垦方案，将矿山地质环境恢复治理费用按照企业会计准则相关规定预计弃置费用，计入相关资产的入账成本和生产成本，用于矿山地质环境治理恢复的资金。[15]

**47. 矿山地质环境治理恢复基金设立、计提、使用和监管**

（1）设立：矿山企业须在其银行账户中设立基金账户，设置基金科目，单独反映基金计提和使用情况。集团公司所属的矿山企业,可由集团公司统一设立基金账户,并单独反映每个矿山企业的基金管理情况。

矿业权转让,基金及其利息须连同矿山生态保护与修复的义务一并转让给受让人。

(2)计提:矿山企业依据《矿山地质环境保护与土地复垦方案》中矿山地质环境保护和土地复垦的预算,按矿山服务年限,采用年度平均分摊方式计提基金。基金计提不足的,需及时补充计提。

矿山企业因基建、技改、整合、安全和环境整改等停产累计超过6个月,可凭县级(含)以上经信、自然资源、应急管理、生态环境等部门的意见或批复,暂停计提基金;待复产时恢复计提。暂停计提,需向县级自然资源主管部门报备。

(3)使用:矿山企业依据年度矿山生态保护与修复计划安排,自主使用基金开展矿山生态环境保护、治理修复、土地复垦等工作。基金优先用于重点生态保护区域、急需整改的矿山生态保护与修复或列入重大土地复垦区的项目。

集团公司统一管理的基金,在满足本矿山当年生态保护与修复需要的前提下,可统筹使用。

基金的使用额度,依据年度矿山生态保护与修复计划、矿山生态保护与修复工程竣工决算报告、第三方审计报告和验收意见确定。

矿山企业依法落实矿山生态保护与修复责任的、按规定实施闭坑并完成修复任务的、按政策要求关闭并明确不需要承担生态保护与修复责任的,其基金余额可自行支取使用。

(4)监管:矿山企业按要求完成当年基金计提工作;每年12月底前将基金计提、使用情况及矿山生态保护与修复年度报告,报送县级自然资源、财政和生态环境主管部门备案。

按照属地管理原则,县级自然资源主管部门会同同级财政和生态环境主管部门负责指导和督促在建与生产矿山落实基金的计提和使用等管理工作,并加强对基金计提和使用的监督管理。省、市自然资源主管部门会同同级财政和生态环境部门采取"双随机一公开"的方式,实施基金监管。[15]

## 九、矿山地质环境保护规划

### 48.矿山地质环境保护规划的编制

矿山地质环境保护规划与治理方案是实施保护、监测和恢复治理矿山地质环境的技术依据之一,编制该方案要坚持"预防为主,防治结合""在保护中开发,在开发中保护""依靠科技进步,发展循环经济,建设绿色矿业""因地制宜,边开采边治理"等原则。方案应该在矿山地质环境现状调查和矿产资源开发利用方案或矿山开采设计的基础上进行编制,区域范围应包括开采区及采矿活动的影响区,方案的编制应当根据开采规模、开采范围、开采方式等进行适当调整。[7]

### 49. 矿山地质环境保护规划的编制主体及批准权限

自然资源部依据全国矿山地质环境调查评价结果,编制全国矿山地质环境保护规划。

省、自治区、直辖市自然资源主管部门依据全国矿山地质环境保护规划,结合本行政区域的矿山地质环境调查评价结果,编制省、自治区、直辖市的矿山地质环境保护规划,报省、自治区、直辖市人民政府批准实施。

市、县级矿山地质环境保护规划的编制和审批,由省、自治区、直辖市自然资源主管部门规定。[16]

## 十、矿山地质环境保护与土地复垦方案(二合一方案)

### 50. 矿山地质环境保护与土地复垦方案

根据《土地复垦条例》和《矿山地质环境保护规定》,矿山企业必须开展矿山地质环境保护与土地复垦工作,为了切实减少管理环节,提高工作效率,减轻矿山企业负担,2016年原国土资源部将由矿山企业分别编制的《土地复垦方案》和《矿山地质环境保护与治理恢复方案》合并为《矿山地质环境保护与土地复垦方案》编制。为指导编制方案,特制定《矿山地质环境保护与土地复垦方案编制指南》。[7]

### 51. 矿山地质环境保护与土地复垦方案的编制

方案是实施矿山地质环境保护、治理和监测及土地复垦的技术依据之一。方案的编制要坚持"预防为主,防治结合""在保护中开发,在开发中保护""科学规划、因地制宜、综合治理、经济可行、合理利用"的原则,编制应在矿山地质环境、矿区土地复垦调查、矿产资源开发利用或矿山开采设计等基础上进行编制,区域范围应包括开采区及采矿活动的影响区,方案的编制应当根据开采规模、开采范围、开采方式等进行适当调整。

编制方案的具体程序主要有以下步骤:

(1)区域环境资料收集及现场踏勘;

(2)矿山地质环境及土地资源等调查;

(3)确定矿山地质环境评估范围和复垦区域;

(4)矿山地质环境影响评估和土地复垦适应性评价;

(5)矿山地质环境保护与土地复垦分区;

(6)矿山地质环境保护与土地方案复垦报告的编写及图件编绘。[7]

**52. 矿山复垦中复垦区和复垦责任范围的确定**

在划定矿区的复垦区和复垦责任范围时,严格依据《矿山地质环境保护与土地复垦方案编制指南》中关于复垦区和复垦责任范围的界定要求,结合矿山范围内损毁实际状况确定,包括占用、挖损、塌陷、沉降等采矿活动影响范围区域,其他未破坏区域可不纳入复垦范围。[7]

**53. 矿山地质环境保护与土地复垦方案的审查**

采矿权申请人或采矿权人编制的矿山地质环境保护与土地复垦方案,应按采矿权发证权限,报具有相应审批权的自然资源主管部门组织审查。审查费用列入部门预算,不得向矿山企业和编制单位收取费用。

组织审查的自然资源主管部门应建立完善方案评审专家库,委托具有一定技术力量的事业单位或行业组织承担具体评审工作,并向社会公告。评审单位应按相关法律法规、技术规范和相关文件要求,在评审时限内,公平、公开、公正地组织评审工作。[8]重点评审复垦方案中矿山地质环境调查是否充分,分析矿山存在的生态问题是否科学颗粒,提出的工程技术措施是否具有针对性和适用性,工程预算是否符合规定,相关保障措施是否可行。

有关自然资源主管部门应将评审结果向社会公示,公示期7个工作日。在公示期满无异议后,及时向社会公告审查结果。公示期内存在异议的,有关自然资源主管部门应当组织核实并提出处理意见。

矿山企业和编制单位应对方案所引用相关数据的真实性负责,并按国家相关保密规定对社会公示文本进行相应处理。[7]

## 参考资料:

[1]《自然资源管理知识手册》编写组:《自然资源管理知识手册》,中国大地出版社,2020年。

[2]《山水林田湖草生态保护修复工程指南(试行)》(自然资办发〔2020〕38号)

[3] 吴次芳,肖武,曹宇等:《国土空间生态修复》,地质出版社,2019年。

[4]《自然资源管理基础》编写组:《自然资源管理基础》,宁夏人民出版社,2020年。

[5]《自然资源部关于开展全域土地综合整治试点工作的通知》(自然资发〔2019〕194号)

[6]《土地复垦条例》(中华人民共和国国务院令第592号)

[7]《矿山地质环境保护与土复垦方案编制指南》(国土资规〔2016〕21号)

[8]《土地复垦条例实施办法》(国土资源部第56号令)

[9]《中华人民共和国土壤污染防治法》

[10] 王夏晖,张箫:《科学编制国土空间生态修复规划》,中国环境报,2019年4月1日。

[11]《自然资源部办公厅关于印发〈省级国土空间规划编制指南〉(试行)的通知》(自然资办发〔2020〕5号)

[12]《安徽省自然资源厅关于印发〈安徽省在建与生产矿山生态修复管理暂行办法〉的通知》(皖自然资规〔2020〕4号)

[13]《安徽省自然资源厅关于印发探索利用市场化方式推进废弃矿山生态修复实施意见的通知》(皖自然资规〔2021〕2号)

[14]《安徽省矿山地质环境治理恢复工程验收标准(试行)》

[15]《安徽省自然资源厅安徽省财政厅安徽省生态环境厅关于印发〈安徽省矿山地质环境治理恢复基金管理实施细则(试行)〉的通知》(皖自然资规〔2020〕8号)

[16]《矿山地质环境保护规定》(新版,自然资源部2019年8月14日发布)

[17]《国务院办公厅关于鼓励和支持社会资本参与生态保护修复的意见》(国办发〔2021〕40号)

# 第九篇　地质勘查管理与灾害防治篇

安徽省位于我国东部,横跨柴木—华北和羌塘—扬子—华南两大板块,扬子陆块及其汇聚碰撞形成的秦岭—大别造山带3个次级单元,著名的郯庐断裂带斜贯全省。境内成矿地质条件优越,分布有长江中下游铁、铜、金、硫成矿带、武当—桐柏—大别成矿带、江南(隆起)成矿带和华北陆块及其南缘成矿区,皖北又是国内重要含煤区。境内地质条件复杂,地貌类型多样,皖南和大别山地区地质环境脆弱,加之持续的矿业开发和重大工程建设,以及强降雨、台风等气候因素的影响,导致地表塌陷、滑坡、崩塌、泥石流等地质灾害频发。在实施矿产资源开发,增强能源资源国内生产保障能力的同时,保护好生态环境也是地质工作者新的重大命题。

机构改革后,安徽省自然资源厅负责管理全省地质勘查行业和地质工作;编制地质勘查规划并监督检查执行情况;管理省级地质勘查项目,组织实施省级重大地质矿产勘查专项;负责地质灾害预防和治理,监督管理地下水过量开采及引发的地面沉降等地质问题。

本篇分为地质勘查综合管理、地质勘查行业管理、地质勘查监督管理、安徽省地质勘查基金项目管理、公益性地质工作项目、地质灾害的预防和治理6个部分,介绍了基本概念、管理制度以及一些具体工作的处理方式。

## 一、地质勘查综合管理

### 1. 地质勘查

地质勘查是地质工作的简称,广义上说,是根据经济建设、国防建设和科学技术发展的需要,对一定地区内的岩石、地层构造、矿产、地下水、地貌等地质情况进行重点有所不同的调查研究工作。按不同的目的,有不同的地质勘查工作。例如,以寻找和评价矿产为主要目的的矿产地质勘查,以寻找和开发地下水为主要目的的水文地质勘查,以查明铁路、桥梁、水库、坝址等工程地区地质条件为目的的工程地质勘查等。地质勘查还包括各种比例尺的区域地质调查、海洋地质调查、地热调查与地热田勘探、地震地质调查和环境地质调查等。狭义地说,在中国实际地质工作中,还把地质勘查工作划分为5个阶段,即区域地质调查、普查、详查、勘探和生产勘探。[1]

### 2. 地质勘查服务范围

地质勘查服务于经济社会的各个方面,是经济社会发展的基础性、公益性、先行性工作。通过地质勘查,提高矿产资源的可采储量,可以为经济社会发展提供资源保障,同时可以为城乡规划和国土整治提供地质依据。加强地质勘查工作,是缓解资源瓶颈制约、提高资源保障能力的重要举措,是推进城乡建设、开展国土整治的重要基础,是防治地质灾害、改善人居环境的重要手段。[2]

### 3. 地质工作分类

按照市场经济的客观要求和自身特点,地质工作分为两类:一类是公益性地质工作,包括基础性地质调查、公益社会服务和战略性矿产资源的前期调查。特点是工作周期长,风险大,成果社会共享。特别是战略性矿产资源的前期调查涉及国家长远发展和经济安全,因而需要国家出资来完成。另一类是商业性地质工作,包括矿产资源勘查、水文地质勘查、工程地质勘查以及地质工作领域扩大后的诸多工作。这类地质工作符合一般经营性活动的特点,能按照谁投资谁受益的原则来运作,按市场规律由受益主体来投资。商业性地质工作中的矿产资源勘查项目应按法律规定取得探矿权才允许开展工作。

### 4. 财政出资的矿产勘查项目

各级财政全额出资地质勘查项目不再新设置探矿权,凭项目任务书开展地质勘查工作。项目任务书包括矿产资源勘查项目名称、工作区范围拐点坐标、面积、工作阶段、目的任务及主要工作量、工作周期、预期成果、投资计划、项目承担单位等。项目信息要纳入矿业权管理信息系统实施动态管理,并作为勘查成果储量评审备案和压覆矿产资源处置的基本依据。[3]

### 5. 地质勘查主要技术方法和手段

地质勘查包括矿产勘查、各种比例尺的区域地质调查、海洋地质调查、地热调查与地热田勘探、地震地质调查和环境地质调查等。地质勘查必须以地质观察研究为基础,根据任务要求,本着以较短的时间和较少的工作量获得较多、较好地质成果的原则,选用必要的技术方法或手段,如地形测绘、地质填图、地球物理勘探、地球化学探矿、钻探、坑探、井探、槽探、采样测试、地质遥感等。这些方法或手段的使用或施工过程,也属于地质勘查的范围。

**6. 矿产勘查各阶段的目的和任务**

固体矿产勘查工作分为普查、详查和勘探3个阶段,一般分阶段循序进行,并根据需要提交相应阶段的勘查报告(或阶段工作总结),结合地质条件和相关管理规定,也可合并阶段开展勘查工作。

普查:矿产资源勘查的初级阶段,通过有效勘查手段和稀疏取样工程,发现并初步查明矿体或矿床地质特征以及矿石加工选冶性能,初步了解开采技术条件;开展概略研究,估算推断资源量,提出可供详查的范围;对项目进行初步评价,作出是否具有经济开发远景的评价。

详查:矿产资源勘查的中级阶段,通过有效勘查手段、系统取样工程控制和试验研究,基本查明矿床地质特征、矿石加工选冶性能以及开采技术条件;开展概略研究,估算推断资源量和控制资源量,提出可供勘探的范围;也可开展预可行性研究或可行性研究,估算储量,作出是否具有经济价值的评价。

勘探:矿产资源勘查的高级阶段,通过有效勘查手段、加密取样工程和深入试验研究,详细查明矿床地质特征、矿石加工选冶性能以及开采技术条件;开展概略研究,估算资源量,为矿山建设设计提供依据;也可开展预可行性研究或可行性研究,估算储量,详细评价项目的经济意义,作出矿产资源开发是否可行的评价。[4]

**7. 绿色勘查**

绿色勘查是以绿色发展理念为引领,以科学管理和先进技术为手段,通过运用先进的勘查手段、方法、设备和工艺,实施勘查全过程环境影响最小化控制,最大限度地减少对生态环境的扰动,并对受扰动生态环境进行修复的勘查方式。[7]国家地质矿产行业标准各矿种的地质勘查规范中,均提出绿色勘查要求。地质勘查中采用的槽探、井探、坑探等山地工程和钻探等勘查手段,对生态环境扰动较大,是绿色勘查关注的重点。

## 二、地质勘查行业管理

**8. 地质勘查在国民经济行业分类中的位置**

地质勘查行业是指从事地质勘查工作经济活动的所有单位的集合。在国家标准《国民经济行业分类》中,将地质勘查行业纳入"科学研究和技术服务"门类、"专业技术服务业"大类、"地质勘查"中类中,专指对矿产资源、工程地质、科学研究进行的地质勘查、测试、监测、评估活动。包括有：能源矿产地质勘查，固体矿产地质勘查，水、二氧化碳等矿产地质勘查，基础地质勘查，地质勘查技术服务等5个小类。此外还包括"工程技术与服务"中类中的"工程勘查活动"小类，专指对建筑工程施工前的工程测量、工程地质勘察和咨询活动。[5]

## 9.地质勘查行业管理的任务

地质勘查行业管理的主要任务是：制定地质勘查行业的长期规划与中长期计划以及有关规程规范，并监督检查其执行情况；管理全省地质工作和地质勘查行业，管理政府出资的地质勘查项目，组织实施全省重大地质矿产勘查专项；承担地质灾害的预防和组织治理工作，监督管理地下水过量开采及引发的地面沉降等地质问题；对地质资料进行认定和管理，做好有关信息的统计与服务工作；组织地质勘查行业各部门对地质科技、地质工作质量、经营及管理和改革等方面的经验、信息进行交流。[6]

地质勘查单位主管部门的主要任务是：依据国家对地质勘查项目制定的相关法律规定以及国家标准、行业标准等，对地质勘查单位的工作制度、技术成果、勘查项目及单位的财务等进行全面的管理。

## 10.地质勘查行业管理体制改革的历史演进

地质勘查行业关系着社会发展的能源资源基础，伴随着新中国的成长历程。1952年地质部成立，领导和管理矿产资源普查、勘探，部署并组织实施国家建设中的基础地质调查和找矿任务；1982年，地质部更名为地质矿产部，加强基础地质调查和重要成矿区带地质勘查和油气勘查，并且加强对矿产资源管理。为适应矿产开发需要，煤炭、有色、冶金、化工、建材、石油、核工业等7个部门也在不同时期建立了地质勘查队伍。

党的十一届三中全会以前，地质工作以地质找矿为主，实行计划经济，地质勘查经费由国家财政无偿提供，地质成果无偿交给国家。我国实行社会主义市场经济体制后，国家投资体制发生重大变化。为了弥补地质勘查经费不足，地质勘查行业实行队伍专业化改组、多种经营，提出并摸索"地勘单位企业化，地质成果商品化，地质工作社会化"的改革目标。党中央、国务院一直十分关心地质勘查行业的改革发展。1998年原国土资源部成立，次年出台《地质勘查队伍管理体制改革方案》，探索公益性与商业性地质工作分开，推进地质勘查队伍属地化、企业化。随后，原煤炭、有色、冶金、化工、建材、石油、核工业等7个部门管理的地质勘查队伍主体转为中央管理的企业。

2006年，《国务院关于加强地质工作的决定》出台，要求"做好地质勘查行业管理工作"。为落实有关要求，2006年印发的《国土资源部关于加强地质勘查行业管理的通知》,明确行业管理总体要求和重点任务;2010年印发的《国土资源部关于进一步加强地质勘查行业服务与管理的若干意见》《国土资源部关于促进国有地勘单位改革发展的指导意见》,为事业单位分类改革的顺利推进打下良好基础。2011年3月印发的《中共中央 国务院关于分类推进事业单位改革的指导意见》,2011年7月24日印发的《国务院办公厅关于印发分类推进事业单位改革配套文件的通知》及9个配套文件,明确事业单位的类别、划分原则及时间表,地质勘查单位改革纳入全国事业单位分类改革统筹推进。

2021年5月10日,《自然资源部关于促进地质勘查行业高质量发展的指导意见》(下称《指导意见》),旨在贯彻落实党中央国务院关于事业单位改革最新精神,坚持目标导向和问题导向,按照统筹地质勘查发展与生态文明建设的总体要求,对深化地勘行业改革,指导地质勘查单位立足主业、聚焦重点任务、提升能力和加强服务监管等方面提出要求,指明方向。进一步推动各省级自然资源主管部门支持地勘单位改革,加强服务监管,推动地勘行业更好发展。

### 三、地质勘查监督管理

**11. 地质勘查活动监督管理格局**

监督管理坚持职责法定、信用约束、协同监管、社会共治的原则,通过加强监督管理构建地质勘查单位自治、行业自律、社会监督、政府监管的社会共治格局。

自然资源部负责组织开展全国地质勘查活动的监督管理工作,统一建设"全国地质勘查行业监管服务平台"(以下简称监管平台),组织制定、修订地质勘查国家及行业标准和技术规范,统筹地质勘查单位情况统计工作,指导推动全国地质勘查技术鉴定与服务工作。

省级自然资源主管部门负责本行政区内地质勘查活动"双随机,一公开"监督检查,组织地质勘查单位的信息填报及公示,管理地质勘查单位异常名录和严重失信主体名单,调查处理地质勘查活动有关投诉举报事项,组织制定、修订地质勘查地方标准和技术规范,组织开展相关统计工作,指导推动本行政区地质勘查技术鉴定与服务工作,指导市县自然资源主管部门开展日常监督管理工作。

地质勘查单位应当遵纪守法、诚实守信,按照国家标准规范开展地质勘查活动。按规定填报公示信息,及时报送地质勘查成果及单位情况,配合自然资源主管部门监督检查。

地质勘查行业的学会、协会依照章程对会员单位进行自律管理,建立行业信用体系,开展信用评价,健全信用档案,惩戒失信会员。

公民、法人或者其他社会组织对地质勘查单位的违法违规及严重失信行为,有权向县级以上自然资源主管部门举报;对提供基本事实线索,县级以上自然资源主管部门核实后,由省级以上自然资源主管部门予以处理,并为举报人保密。[8]

**12. 地质勘查行业监管服务平台**

省级以上自然资源主管部门在门户网站设立"监管平台"专栏,依法归集共享地质勘查单位基本信息、地质勘查活动信息以及政府监管信息,接受社会监督。地质勘查单位应按本办法规定,在监管平台上填报公示本单位有关信息,做好信息维护,公示信息每年更新不少于1次。公示内容不得涉及公共安全、国家秘密、商业秘密和个人隐私。地质勘查单位在监管平台填报公示信息主要包括:

(1)单位名称、法定代表人、从业范围等基本信息;

(2)地质勘查从业人数、地质勘查设备等情况;

(3)承担的地质勘查项目情况;

(4)其他反映单位勘查能力的相关信息。

省级自然资源主管部门应当建立监督检查对象名录库和监督检查人员名录库。监督检查对象名录库由监管平台公示的地质勘查单位组成。监督检查人员名录库包括相关的行政管理人员、具有行政执法资格的工作人员和从事日常监管工作的人员。

省级自然资源主管部门按照"双随机,一公开"的方式,开展监督检查。每年抽查比例不低于检查对象名录库总数的5%。自抽查结束之日起20个工作日内,将抽查结果在监管平台公示。检查人员与被检查对象或者检查事项有直接利害关系的,应当回避。检查人员要按照有关要求如实记录、归集监督抽查全过程情况。[8]

**13. 地质勘查活动监督检查内容**

省级自然资源主管部门对地质勘查单位以下内容开展监督检查:

(1)遵守有关地质勘查法律法规、标准规范情况;

(2)质量和安全内部管理制度建设及落实情况;

(3)地质勘查活动诚实守信情况;

(4)信息公示情况;

(5)地质勘查活动投诉举报等其他事项。

省级自然资源主管部门对地质勘查活动存在的突出问题,开展有针对性的专项检查。针对投诉举报、转办交办、数据异常等情况,要及时核查和处理。要探索建立地质勘查活动监管与市场监管等相关部门联合抽查机制,提升监管效能,减少对地质勘查单位正常生产经营活动的干预。[8]

**14. 地质勘查活动异常情形的处置**

县级以上自然资源主管部门通过监督检查和投诉举报发现,地质勘查单位存在下列情形之一的,应当在核实后,由省级以上自然资源主管部门在 20 个工作日内作出将其列入异常名录的决定,通过监管平台公示,并责令其限期整改,履行相关义务:

(1)假工程、假报告、假材料等弄虚作假行为的;

(2)安全生产管理制度不健全、落实不到位的;

(3)拒绝和阻碍自然资源主管部门监督检查的。

对从事地质勘查活动但未在监管平台填报公示信息的,县级以上自然资源主管部门应提醒其限期改正。[8]

**15. 被列入异常名录地质勘查单位处理**

地质勘查单位被列入异常名录之日起三年内,按要求整改到位或已履行相关义务的,可向作出决定的自然资源主管部门提出核实申请。经自然资源主管部门核实后,作出是否将其移出异常名录的决定,并在监管平台公示。

地质勘查单位被列入异常名录满三年仍未按规定整改或履行相关义务的,自然资源主管部门应当在核实后将其列入严重失信主体名单,并通过监管平台公示。

省级以上自然资源主管部门在作出将地质勘查单位列入异常名录或严重失信主体名单的决定前,应告知其拟被列入异常名录或严重失信主体名单的事由、依据和当事人依法享有的权利。

地质勘查单位被列入严重失信主体名单后已按规定整改或履行相关义务且未再发生第十五条规定情形的,可向作出处理的自然资源主管部门提出核实申请。自然资源主管部门经核实后,作出是否将其移出严重失信主体名单的决定,并在监管平台公示。

地质勘查单位对被列入异常名录或严重失信主体名单有异议的,可以自公示之日起 20 日内通过监管平台向作出决定的自然资源主管部门提出申诉。自然资源主管部门及时将核实结果书面告知申请人,经核实存在错误的,应当及时予以纠正。

省级自然资源主管部门对被列入异常名录和严重失信主体名单期间的地质勘查单位,每年实地检查至少 1 次。

县级以上自然资源主管部门在财政出资项目安排、授予荣誉奖励等工作中，应通过监管平台查询地质勘查单位信用信息，对被列入异常名录的地质勘查单位应依法予以限制；对被列入严重失信主体名单的地质勘查单位应依法予以禁入。

省级以上自然资源主管部门应发挥门户网站、行业报刊及新媒体的作用，加大对严重失信主体名单的曝光力度。加强与国家企业信用信息公示系统、"信用中国"网站、国家"互联网+监管"等系统的信息共享，及时推送列入严重失信主体名单的地质勘查单位信息。

地质勘查单位在地质勘查活动中存在违法行为的，县级以上自然资源主管部门应及时立案查处。构成犯罪的，应当将案件移送有关机关，依法追究责任。[8]

### 16. 地质勘查活动技术鉴定与市场服务机制

省级自然资源主管部门依托行业协会或公益性地质勘查单位，整合专家资源，指导构建本行政区内地质勘查活动技术鉴定与市场服务机制，并加强业务指导，相关鉴定结果可纳入监管平台进行管理。地质勘查技术鉴定与服务工作应当公平公正、廉洁高效，不得违法违规操作，影响鉴定的质效。地质勘查技术鉴定与服务工作具体范围包括：

（1）受行政管理机关委托，就监督检查或处理投诉举报等事项中的技术问题进行鉴定；

（2）受人民法院委托，就有关案件中的地质勘查专业问题进行鉴定；

（3）受地质勘查市场当事人委托，就地质勘查项目中的质量纠纷等进行技术鉴定。[8]

## 四、安徽省地质勘查基金项目管理

### 17. 地质勘查基金及主要作用

地质勘查基金（以下简称地勘基金）是指中央或者省级财政在预算内安排的着重用于全国或者本省确定的重点矿种和重要成矿区带勘查的专项资金。地勘基金原则上用于矿产勘查，经过省自然资源厅、省财政厅研究确定，也可用于地勘基金项目的资源整合、国家矿产资源储备。经省政府批准同意，在保值增值的前提下，可用于其他项目投资。

地勘基金投资应着力发挥政策调控和分担勘查风险作用，优先支持国家和省级确定的重点矿种、重要成矿区带的地质找矿工作，引导和拉动社会资金投入矿产资源勘查。地勘基金支持的矿产资源勘查工作程度原则上控制到普查,煤炭资源、低风险矿产及经过省自然资源厅、省财政厅批准的重要矿种勘查工作程度可以控制到必要的详查。

按照合理分工、有效衔接、投向互补的原则,建立省级地勘基金与中央地勘基金协调联动机制。鼓励社会各类资金按"风险共担、利益共享"的原则申请与地勘基金合作开展矿产勘查。[9]

**18. 地质勘查基金项目及经费管理责任分工**

(1)省自然资源厅主要负责编报地勘基金年度预算,会同省财政厅组织专家审查论证新立和续作项目,下达项目任务和投资计划;监督检查地勘基金项目和预算执行情况,组织专家对项目地质勘查报告和经费结(清)算报告进行审查。

(2)省公益性地质调查管理中心协助省自然资源厅负责地勘基金项目日常管理,组织地勘基金项目中间检查和野外验收,对项目实施情况进行监管,做好项目绩效评价,监督项目承担单位开展绿色勘查。

(3)省地质勘查基金管理中心协助省财政厅、省自然资源厅负责地勘基金和项目经费日常管理,监督检查地勘基金项目预算执行情况,组织项目经费结(清)算,编制地勘基金年度财务决算。

(4)项目承担单位负责编制项目设计,组织项目实施。提交项目地质勘查报告、储量评审报告和经费结(清)算报告(包括具有资质的中介机构出具的专项审计报告),按时汇交地质资料,开展绩效评价单位自评,对项目进度、质量和安全生产负总责。项目负责人按各类勘查技术规范、规程和标准组织项目实施,落实项目任务计划。[17]

**19. 地勘基金项目要求**

(1)省地勘基金优先支持自然资源部、省级自然资源主管部门负责出让登记矿种的勘查。

(2)地勘基金项目合作投资要严格按照《国务院关于印发矿产资源权益金制度改革方案的通知》和《财政部 国土资源部关于印发〈矿业权出让收益征收管理暂行办法〉的通知》规定执行,如有新规定从其规定。

(3)除放射性矿产勘查项目可指定勘查单位承担外,其他勘查项目的承担单位要采取公开竞争方式确定。

(4)金属矿产、放射性矿产(铀、钍)、非金属矿产(晶质石墨、硫、金刚石、萤石、石棉、磷等)勘查项目以普查为主,煤炭矿产勘查项目原则上做到详查,煤层气、页岩气矿产勘查可控制到评价。

（5）新立地勘基金项目及市县级财政出资项目不得与已设矿业权、正在实施的勘查项目和已取得的地质勘查成果重叠，同时要符合矿产资源规划、国土空间规划并满足生态保护红线管控要求。[17]

**20. 地勘基金项目立项与运作管理**

（1）省自然资源厅根据矿产资源规划下达年度地勘基金项目立项指南，征集立项建议，组织专家对立项建议进行论证，优选拟实施项目并在厅门户网站公告。符合承担地勘基金项目资格的单位依据公告编报项目设计。省自然资源厅会同省财政厅组织专家对项目设计进行综合评审，采取打分方式优选拟实施项目的承担单位，经审查和公示无异议后下达项目任务和投资计划。省公益性地质调查管理中心及时将项目相关信息提交省自然资源信息中心，纳入省自然资源综合业务应用平台管理。

（2）项目承担单位将修改完善的项目设计分别提交省公益性地质调查管理中心（以下简称"省地调中心"）、省地质勘查基金管理中心（以下简称"省基金中心"）备案，作为项目和经费管理的重要依据。

（3）省自然资源厅与地勘基金项目承担单位签订勘查施工合同。省地调中心按项目实施进度向省自然资源厅提出项目经费拨付申请，由省自然资源厅审查后提交省财政厅审批，省基金中心按照省财政厅的批复拨付项目经费。

（4）经批准的地勘基金项目设计原则上不作调整，确需调整的由省地调中心组织专家论证。工作量调减的项目同比调减项目经费，工作量调增的项目不调增项目经费。

（5）地勘基金项目承担单位提交中间检查、野外验收申请后，省地调中心、省基金中心在20个工作日内组织专家对项目进行中间检查、野外验收，形成检查、验收意见。省地调中心检查项目执行情况，省基金中心检查项目预算执行情况。省自然资源厅对重点项目的中间检查、野外验收进行跟踪督导。

（6）地勘基金项目中间检查可与钻探工程部署论证、项目野外验收可与项目续作论证同步进行。对前期勘查取得重大进展、有望获得突破的项目，可以续作，但续作不得超过2次。

（7）野外验收合格的项目由承担单位向省自然资源厅提出结题申请。省自然资源厅在20个工作日内组织专家对项目地质勘查报告进行评审，对项目经费结（清）算报告进行审查，形成项目成果评审意见书和经费结（清）算审查意见书。

(8)经评审的地质勘查报告矿产资源储量达到小型规模的,由省地调中心向储量评审机构提交储量评审。省自然资源厅依据储量评审备案证明及时在省自然资源综合业务应用平台更新勘查成果信息。[17]

**21. 地勘基金项目的经费管理**

(1)省地质勘查基金管理中心负责编制年度地勘基金财务决算,由省自然资源厅审查后报省财政厅。

(2)项目经费结(清)算报告由编制说明(项目概况,项目任务,工作量完成情况及增减原因,预算执行情况,采用的预算标准和计算依据,其他需要说明的事项;项目中有外协业务费的,应当重点说明)和结(清)算表组成。

(3)中介机构专项审计应包括以下内容:项目经费是否实行分账核算、专款专用,财务核算是否合规,各项支出是否严格按有关规定执行,审批程序是否完备,是否存在挤占、截留和挪用项目经费的问题,项目结(清)算报告是否真实准确反映项目经费管理情况,其他应当审计的事项。审计报告应包括项目结(清)算审计表。[17]

### 五、公益性地质工作项目

**22. 投资公益性地质工作项目范围**

公益性地质工作项目重点开展基础性、公益性和战略性地质调查,主要包括:基础地质调查,矿产资源调查评价,能源资源调查评价,水工环地质调查评价,矿产勘查技术方法试验、测试实验、地质科学技术应用研究等。项目任务围绕全省经济社会发展和自然资源管理中心工作,全面贯彻五大发展理念和绿色勘查要求,坚持"需求导向、公益先行、生态优先、科学部署、运行高效"的原则,突出加强区域性基础地质调查、能源和重要矿产资源调查评价工作,优先安排国家及省级急需资源调查、国家重点配套和贫困地区等项目。安徽省公益性地质工作项目管理,分为立项与计划、项目实施、中期检查、野外验收、结题验收等5个环节落实。[10]

**23. 公益性地质工作项目立项与任务计划**

省自然资源厅依据省矿产资源总体规划、全省经济社会发展重大需求和自然资源管理中心工作,发布立项指南。符合承担省公益性地质工作项目条件的单位根据年度立项指南,组织编写立项申请书(包含项目设计方案、经费预算、绩效评价),报送省地调中心进行初审,并将项目初审结果报送省自然资源厅。省自然资源厅采取公开竞争方式择优确定立项项目。省自然资源厅对初审合格项目采取网络评审、会议评审等形式进行审查，必要时组织现场答辩或考察，按照专家打分排序优选项目，采取公开竞争方式择优确定拟立项项目和承担单位，并形成专家审查意见。拟立项项目和承担单位按照专家审查意见对项目设计方案、经费预算、绩效评价等内容进行修改完善，报经省地调中心审查合格后进入项目库。省自然资源厅根据专家评审结果，将年度拟立项项目、经费预算及承担单位等情况，提交厅长办公会议审定通过后向社会公示。经公示无异议的项目，省自然资源厅会同省财政厅联合下达年度项目任务及资金计划、设计审查意见及绩效考核目标。项目承担单位应在项目任务通知下达10个工作日内与省自然资源厅签订项目合同任务书，并按照合同要求组织实施。超过规定时间未签订合同任务书的视为自动放弃。[10]

### 24. 省公益性地质工作项目实施

项目承担单位按照国家规范、标准、政策，合同任务书和实施方案组织项目实施，在项目实施前应向省地调中心和项目所在地县（市、区）自然资源主管部门提交开工报告。[10]

### 25. 省公益性地质工作项目中期检查

实施周期不满一年（含一年）的项目一般不进行中期检查；实施周期为一年以上的项目，由省地调中心组织中期检查。项目承担单位在项目实施周期过半时，向地调中心提交中期报告（含资金使用情况），地调中心按省自然资源厅要求组织专家对项目中期实施进展情况进行综合评估，并形成项目中期检查意见。中期检查意见经省自然资源厅同意后，由省地调中心向项目承担单位下达。项目承担单位按照意见书的要求及时整改到位。[10]

### 26. 省公益性地质工作项目野外验收

有野外实物工作量的项目，应在野外工程完成后，进行野外验收。无野外实物工作量的项目进行室内资料验收。野外验收意见作为项目结题验收的重要依据。项目承担单位向省地调中心以书面形式提交野外验收申请，省地调中心组织开展野外验收，省地质资料馆参与野外验收，并对需要汇交的实物地质资料进行鉴定。野外验收合格并经省自然资源厅审核同意后，由省地调中心及时向项目承担单位下达野外验收意见，项目承担单位按要求进行修改完善，审查合格后备案。野外实物工作量验收不合格的项目，承担单位按照野外验收意见书要求，在规定时间内组织力量进行补充完善。满足验收要求后，编写补充工作报告，自专家出具验收意见之日起30个工作日内再次提出申请，重新进行野外验收。[10]

## 27. 省公益性地质工作项目结题验收

项目承担单位按照有关规定、技术标准和要求,组织编写技术成果报告,并进行内审和绩效自评,形成内审意见;组织具有资质的第三方机构开展项目资金专项审计,形成审计报告,并编写决算报告;将野外验收总结报告、技术成果报告、审计报告、决算报告、绩效评价报告及相关资料提交省地调中心申请结题验收。省自然资源厅会同省财政厅组织专家组进行项目结题验收,专家组一般为5—9人,其中财务专家1—2人,设组长一名,必要时可设副组长一名。专家原则上应覆盖项目所涉及的主要专业领域。结题验收专家组根据相关技术标准、规范、规程以及项目任务、设计、资金等内容进行综合评定,形成专家审查意见,评定等级分为:优秀、良好、合格、不合格。项目承担单位根据专家审查意见在30个工作日内对结题报告进行修改完善,报经地调中心审查合格后,报省自然资源厅。结题验收通过的项目,由省自然资源厅会同省财政厅向项目承担单位下达项目结题验收意见书,项目承担单位应在结题验收意见书下达20个工作日内完成资料归档。对验收不合格的项目,项目承担单位应在30个工作日内重新提交验收材料,申请二次验收,所形成的费用由项目承担单位自行承担。二次验收不通过项目视为不合格项目。项目承担单位应在项目结题验收意见书下达后,按照《地质资料管理条例》及其实施办法,向省地质资料馆汇交实物地质资料、成果地质资料和原始地质资料,省地质资料馆出具汇交凭证。[10]

## 六、地质灾害的预防和治理

### 28. 地质灾害及等级

地质灾害是指因自然因素或者人为活动引发的危害人民生命和财产安全的山体崩塌、滑坡、泥石流、地面塌陷、地裂缝、地面沉降等与地质作用有关的灾害。

地质灾害按照人员伤亡、经济损失的大小,分为4个等级:

特大型:因灾死亡30人以上或者直接经济损失1000万元以上的;

大型:因灾死亡10人以上30人以下或者直接经济损失500万元以上1000万元以下的;

中型:因灾死亡3人以上10人以下或者直接经济损失100万元以上500万元以下的;

小型:因灾死亡3人以下或者直接经济损失100万元以下的。[11]

### 29. 常见的地质灾害的类型及特征

常见的地质灾害类型主要有山体崩塌、滑坡、泥石流、地面塌陷、地裂缝、地面沉降等6种。

滑坡是指斜坡岩土体在重力作用或其他因素参与影响下,沿地质软弱面或软弱带整体向下滑动的现象。

崩塌是指陡坡上的岩土体在重力作用或其他外力参与下,突然脱离母体,发生以竖向为主的运动,并堆积在坡脚的动力地质现象。

泥石流是指由于降水(暴雨、冰川、积雪融化水等)诱发,在沟谷或山坡上形成的一种挟带大量泥沙、块石和巨砾等固体物质的特殊洪流。

地裂缝是指地表岩层、土体在自然因素或人为因素作用下产生开裂,并在地面形成具有一定长度和宽度裂缝的地表破坏现象。

地面沉降是指因自然或人为因素,在一定区域内产生的具有一定规模和分布规律的地表标高降低的地质现象。

地面塌陷是指地表岩土体在自然或人为因素作用下向下陷落,并在地面形成凹陷、坑洞的动力地质现象。[12]

### 30. 地质灾害防治原则和经费来源

地质灾害防治工作以保护人民群众生命财产安全为根本,以建立健全地质灾害调查评价体系、监测预警体系、综合治理体系、技术支撑体系为核心,强化全社会地质灾害防范意识和能力,科学规划、突出重点、整体推进,全面提高我省地质灾害防治水平。地质灾害防治工作,应当坚持预防为主、避让与治理相结合和全面规划、突出重点的原则。因自然因素造成的地质灾害的防治经费,在划分中央和地方事权和财权的基础上,分别列入中央和地方有关人民政府的财政预算;因工程建设等人为活动引发的地质灾害的治理费用,按照谁引发、谁治理的原则由责任单位承担。[11]

### 31. 地质灾害防治主要任务

(1)调查评价。加强地质灾害详细调查,全面开展地质灾害"三查",深化重点地区地质灾害调查与风险评价。

(2)监测预警。健全完善全国地质灾害气象预警预报体系,构建群专结合的地质灾害监测预警网络,完善地面沉降、地裂缝监测网络。

(3)综合治理。继续实施地质灾害搬迁避让,加大地质灾害工程治理力度,严格控制地下水开采。

(4)应急防治。健全应急机构与队伍,加强应急值守与处置。

(5)基层防灾能力建设。全面提升基层地质灾害防御能力,强化重点地区地质灾害防治,加强地质灾害防治信息化工作,强化地质灾害防治宣传、培训和演练,强化科学研究,创新技术水平。[13]

**32. 安徽省主要地质灾害隐患点分布概况**

根据全省 2020 年地质灾害汛后核查结果,截至 2020 年 12 月底,全省共有地质灾害隐患点 6085 个,威胁 13886 户 48154 人、财产 239646.3 万元。

(1)按照危险等级分:特大型 2 处,中型 3 处,小型 6080 处。

(2)按照灾害类型分:滑坡 1628 处,崩塌 4235 处,泥石流 144 处,地面塌陷 76 处,地面沉降 2 处。

(3)按照所在区域分:皖南山区有地质灾害隐患点 3637 个,威胁 26485 人、财产 119804.6 万元;大别山区有地质灾害隐患点 2070 个,威胁 14806 人、财产 63722.5 万元;沿江丘陵平原有地质灾害隐患点 123 个,威胁 2914 人、财产 19870 万元;江淮波状平原有地质灾害隐患点 212 个,威胁 1302 人、财产 8526.2 万元;淮北平原有地质灾害隐患点 43 个,威胁 2647 人、财产 27723 万元。[14]

**33. 安徽省地质灾害重点防范期**

全省地质灾害重点防范期为每年的 5 月至 9 月,主要防范因降雨、台风等因素引发的地质灾害;其次是 1 月至 2 月,主要防范因融雪雨水下渗引发的地质灾害。全年应加强防范人为工程活动引发的山体崩塌、滑坡、泥石流、地面塌陷、地面沉降等地质灾害。[14]

**34. 地质灾害防治的三项原则**

(1)"预防为主,避让与治理相结合,全面规划、突出重点"的原则。

(2)自然因素造成的地质灾害,由各级人民政府负责治理;人为因素引发的地质灾害,"谁引发,谁治理"的原则。

(3)地质灾害防治的"统一管理,分工协作"的原则;省自然资源主管部门负责全省地质灾害防治的组织、协调、指导和监管工作。省政府其他有关部门按照各自的职责负责有关的地质灾害防治工作。[11]

**35. 地质灾害防治执行的制度**

(1)地质灾害调查制度。由国务院自然资源主管部门会同国务院建设、水利、铁路、交通等部门结合地质环境状况组织开展全国的地质灾害调查。县级以上地方人民政府自然资源主管部门会同同级建设、水利、铁路、交通等部门结合地质环境状况组织开展本主管区域的地质灾害调查,在调查的基础上编制相应的地质灾害防治规划。

（2）地质灾害预报制度。预报内容主要包括地质灾害可能发生的时间、地点、成灾范围和影响程度等。地质灾害预报由县级以上人民政府自然资源主管部门会同气象主管机构发布。任何单位和个人不得擅自向社会发布地质灾害预报。

（3）地质灾害易发区工程建设地质灾害危险性评估制度。在地质灾害易发区内进行工程建设应当在建设项目可行性研究阶段进行地质灾害危险性评估,并将评估结果作为可行性研究报告的组成部分;可行性研究报告未包含地质灾害危险性评估结果的,不得批准其可行性研究报告。

（4）对从事地质灾害危险性评估、治理工程勘查、设计、施工和监理单位实行资质管理制度。从事地质灾害危险性评估、治理工程勘查、设计、施工和监理的单位,必须经省级以上人民政府自然资源主管部门对其资质条件进行审查合格,并取得相应等级的资质证书后,方可在资质等级许可的范围内从事地质灾害危险性评估、治理工程勘查、设计、施工和监理业务。

（5）与建设工程配套实施的地质灾害治理工程的"三同时"制度。即经评估认为可能引发地质灾害或者可能遭受地质灾害危害的建设工程,应当配套建设地质灾害治理工程。地质灾害治理工程的设计、施工和验收应当与主体工程的设计、施工、验收同时进行。配套的地质灾害治理工程未经验收或者经验收不合格的,主体工程不得投入生产或者使用。[11]

**36. 地质灾害防治规划的编制部门、主要任务及内容**

地质灾害防治规划是根据目前地质灾害的现状和面临的形势提供未来一段时期内对地质灾害防灾减灾工作部署及保障措施。分为国家、省（自治区、直辖市）、地（市）、县（市）四级和部门规划。国务院自然资源行政主管部门会同国务院建设、水利、铁路、交通等部门,依据全国地质灾害调查结果,编制全国地质灾害防治规划,经专家论证后报国务院批准公布。县级以上地方人民政府自然资源行政主管部门会同同级建设、水利、交通等部门,依据本行政区域的地质灾害调查结果和上一级地质灾害防治规划,编制本行政区域的地质灾害防治规划,经专家论证后报本级人民政府批准公布,并报上一级人民政府自然资源主管部门备案。

编制地质灾害防治规划的主要任务是明确地质灾害防治的目标,各时期的工作重点,各地、各部门的职责,应该采取的主要措施和方法,一定时期内需重点发展的防灾技术手段等。

地质灾害防治规划应包括下列内容:地质灾害现状和发展趋势预测;地质灾害的

防治原则和目标;地质灾害易发区、重点防治区;地质灾害防治项目;地质灾害防治措施等。[11]

**37. 地质灾害的调查**

地质灾害调查是指在收集区域内地形地貌、地层岩层、地质构造、水文、气象、地震等资料基础上,通过遥感、地面调查或者勘探等手段,按照一定的路线对区域内地质环境、地质灾害隐患点逐一开展调查,查明区内地质环境,查清区内地质灾害隐患点分布发育特征及威胁对象,判定其稳定状态和发展趋势,划分地质灾害易发区,提出防治措施建议,为地方政府及主管部门开展地质灾害防治提供技术依据。

**38. 地质灾害的巡查**

地质灾害巡查是指辖区内地方政府及地质灾害防治主管部门对重要地质灾害隐患点或地质灾害易发地带进行重点检查、监测,落实相关避险防范措施,从而减少和避免因地质灾害造成的人员伤亡及财产损失。一般在多雨时段或者人为工程活动强烈区进行。巡查内容主要包括:地质灾害隐患点、房前屋后高陡边坡是否变形开裂、掉土块或岩土体剥落;村庄、民房后山斜坡上的引水渠、蓄水池、水塘等水利设施是否渗漏;房屋等建筑物墙、地面是否有开裂、下错或变形加剧;沟谷河(溪)水浑浊度(泥沙含量)、颜色变化;降雨量是否大于常年同期水平;民房后山斜坡上泉水浑浊度(泥沙含量)颜色、水量变化。

**39. 地质灾害的排查与核查**

地质灾害排查是指对已知地质灾害点进行逐一核查和对可能发生地质灾害的地区进行地面调查评估的工作。一般在汛前进行全面排查,包括汛前调查、汛中检查、汛后核查。地质灾害汛后核查是指对在册隐患点和汛期新增隐患点进行全面核查,掌握地质灾害隐患点动态变化情况,为下一年度地质灾害防治工作提供基础数据。

**40. 地质灾害监测与预警**

地质灾害监测是指运用各种技术和方法监视地质灾害活动以及各种诱发因素动态变化的工作,包括专业技术监测和简易监测。

地质灾害气象风险预警是指在一定地质环境和人为活动背景条件下,受气象因素的影响,某一地域、地段或地点在某一时间段内发生地质灾害的可能性大小。目的是提醒被预警区的干部和群众防范滑坡、崩塌和泥石流灾害。地质灾害气象风险预警分为一级(风险很高,红色预警)、二级(风险高,橙色预警)、三级(风险较高,黄色预警)、四级(风险低,蓝色预警)共4个等级,一般四级不发布相关信息。

## 41. 地质灾害预防体系

建立地质灾害监测网络和预警信息系统。县级以上人民政府自然资源主管部门应当与气象、水利等部门会商开展趋势分析研判,制定和发布预警信息。因工程建设可能引发地质灾害的,建设单位应当加强地质灾害监测。

地质灾害易发区的县、乡、村应当加强地质灾害的群测群防工作。在地质灾害重点防范期内,乡镇人民政府、基层群众自治组织应当加强地质灾害险情的巡回检查,发现险情及时处理和报告。国家鼓励单位和个人提供地质灾害前兆信息。国家保护地质灾害监测设施。任何单位和个人不得侵占、损毁、损坏地质灾害监测设施。

实行地质灾害预报制度。预报内容主要包括地质灾害可能发生的时间、地点、成灾范围和影响程度等。地质灾害预报由县级以上人民政府自然资源主管部门会同气象主管机构发布。任何单位和个人不得擅自向社会发布地质灾害预报。[11]

## 42. 年度地质灾害防治方案及危险区的处置

县级以上人民政府自然资源主管部门会同本级建设、水利、交通等部门依据地质灾害防治规划,拟订年度地质灾害防治方案,报本级人民政府批准后公布。

年度地质灾害防治方案包括下列内容:

(1)主要灾害点的分布;

(2)地质灾害的威胁对象、范围;

(3)重点防范期;

(4)地质灾害防治措施;

(5)地质灾害的监测、预防责任人。

对出现地质灾害前兆、可能造成人员伤亡或者重大财产损失的区域和地段,县级人民政府应当及时划定为地质灾害危险区,予以公告,并在地质灾害危险区的边界设置明显警示标志。在地质灾害危险区内,禁止爆破、削坡、进行工程建设以及从事其他可能引发地质灾害的活动。县级以上人民政府应当组织有关部门及时采取工程治理或者搬迁避让措施,保证地质灾害危险区内居民的生命和财产安全。地质灾害险情已经消除或者得到有效控制的,县级人民政府应当及时撤销原划定的地质灾害危险区,并予以公告。[11]

## 43. 地质灾害隐患点防灾预案

地质灾害隐患点防灾预案包括:

(1)灾害隐患点基本情况。重点介绍地质灾害隐患点位置、规模及变形特征、危险区范围、诱发因素及潜在威胁对象等。

（2）监测预报。重点明确防灾责任单位、防灾责任人、监测员、监测的主要迹象并做好监测记录。发生临灾前兆时，必须尽快查看，作出综合判定，迅速疏散人员，并报告当地政府部门。

（3）应急避险撤离措施。包括指定避灾地点、预定疏散路线、预定报警信号、报警人。

（4）防治建议。

**44. 地质灾害应急预案及应急处置**

省应急管理厅组织编制省总体应急预案和安全生产类、自然灾害类专项预案，综合协调应急预案衔接工作，组织开展预案演练，推动应急避难设施建设。突发性地质灾害应急预案包括下列内容：

（1）应急机构和有关部门的职责分工；

（2）抢险救援人员的组织和应急、救助装备、资金、物资的准备；

（3）地质灾害的等级与影响分析准备；

（4）地质灾害调查、报告和处理程序；

（5）发生地质灾害时的预警信号、应急通信保障；

（6）人员财产撤离、转移路线、医疗救治、疾病控制等应急行动方案。

发生特大型或者大型地质灾害时，有关省、自治区、直辖市人民政府应当成立地质灾害抢险救灾指挥机构。必要时，国务院可以成立地质灾害抢险救灾指挥机构。发生其他地质灾害或者出现地质灾害险情时，有关市、县人民政府可以根据地质灾害抢险救灾工作的需要，成立地质灾害抢险救灾指挥机构。地质灾害抢险救灾指挥机构由政府领导负责、有关部门组成，在本级人民政府的领导下，统一指挥和组织地质灾害的抢险救灾工作。

发现地质灾害险情或者灾情的单位和个人，应当立即向当地人民政府或者自然资源主管部门报告。其他部门或者基层群众自治组织接到报告的，应当立即转报当地人民政府。当地人民政府或者县级人民政府自然资源主管部门接到报告后，应当立即派人赶赴现场，进行现场调查，采取有效措施，防止灾害发生或者灾情扩大，并按照国务院自然资源主管部门关于地质灾害灾情分级报告的规定，向上级人民政府和自然资源主管部门报告。

接到地质灾害险情报告的当地人民政府、基层群众自治组织应当根据实际情况，及时动员受到地质灾害威胁的居民以及其他人员转移到安全地带;情况紧急时可以强行组织避灾疏散。

地质灾害发生后,县级以上人民政府应当启动并组织实施相应的突发性地质灾害应急预案。有关地方人民政府应当及时将灾情及其发展趋势等信息报告上级人民政府。禁止隐瞒、谎报或者授意他人隐瞒、谎报地质灾害灾情。[11]

### 45. 地质灾害应急分工

县级以上人民政府有关部门应当按照突发性地质灾害应急预案的分工,做好相应的应急工作。应急主管部门应当会同同级自然资源、建设、水利、交通等部门尽快查明地质灾害发生原因、影响范围等情况,提出应急治理措施,减轻和控制地质灾害灾情。民政、卫生、食品药品监督管理、商务、公安部门应当及时设置避难场所和救济物资供应点,妥善安排灾民生活,做好医疗救护、卫生防疫、药品供应、社会治安工作;气象主管机构应当做好气象服务保障工作;通信、航空、铁路、交通部门应当保证地质灾害应急的通信畅通和救灾物资、设备、药物、食品的运送。

根据地质灾害应急处理的需要,县级以上人民政府应当紧急调集人员,调用物资、交通工具和相关的设施、设备;必要时,可以根据需要在抢险救灾区域范围内采取交通管制等措施。因救灾需要,临时调用单位和个人的物资、设施、设备或者占用其房屋、土地的,事后应当及时归还;无法归还或者造成损失的,应当给予相应的补偿。

县级以上地方人民政府应当根据地质灾害灾情和地质灾害防治需要,统筹规划、安排受灾地区的重建工作。[11]

### 46. 地质灾害治理职责划分

因自然因素造成的特大型地质灾害,确需治理的,由国务院自然资源主管部门会同灾害发生地的省、自治区、直辖市人民政府组织治理。因自然因素造成的其他地质灾害,确需治理的,在县级以上地方人民政府的领导下,由本级人民政府自然资源主管部门组织治理。因自然因素造成的跨行政区域的地质灾害,确需治理的,由所跨行政区域的地方人民政府自然资源主管部门共同组织治理。

因工程建设等人为活动引发的地质灾害,由责任单位承担治理责任。责任单位由地质灾害发生地的县级以上人民政府自然资源主管部门负责组织专家对地质灾害的成因进行分析论证后认定。对地质灾害的治理责任认定结果有异议的,可以依法申请行政复议或者提起行政诉讼。[11]

### 47. 地质灾害治理对单位资质的要求

地质灾害治理工程的确定,应当与地质灾害形成的原因、规模以及对人民生命和财产安全的危害程度相适应。地质灾害危险性评估、治理工程设计、施工和监理工作应当符合国家有关标准和技术规范。

承担专项地质灾害治理工程勘查、设计、施工和监理的单位,应当具备下列条件,经省级以上人民政府自然资源主管部门资质审查合格,取得自然资源主管部门颁发的相应等级的资质证书后,方可在资质等级许可的范围内从事地质灾害治理工程的勘查、设计、施工和监理活动,并承担相应的责任:

(1)有独立的法人资格;

(2)有一定数量的水文地质、环境地质、工程地质等相应专业的技术人员;

(3)有相应的技术装备;

(4)有完善的工程质量管理制度。

禁止地质灾害治理工程勘查、设计、施工和监理的单位超越其资质等级许可的范围或者其他以地质灾害治理工程勘查、设计、施工和监理的单位的名义承揽地质灾害治理工程勘查、设计、施工和监理业务。禁止地质灾害治理工程勘查、设计、施工和监理的单位允许其他单位以本单位的名义承揽地质灾害治理工程勘查、设计、施工和监理业务。禁止任何单位和个人伪造、变造、买卖地质灾害治理工程勘查、设计、施工和监理资质证书。[11]

### 48.地质灾害治理工程竣工后的验收和管理维护

政府投资的地质灾害治理工程竣工后,由县级以上人民政府自然资源主管部门组织竣工验收。其他地质灾害治理工程竣工后,由责任单位组织竣工验收;竣工验收时,应当有自然资源主管部门参加。

政府投资的地质灾害治理工程经竣工验收合格后,由县级以上人民政府自然资源主管部门指定的单位负责管理和维护;其他地质灾害治理工程经竣工验收合格后,由负责治理的责任单位负责管理和维护。任何单位和个人不得侵占、损毁、损坏地质灾害治理工程设施。[11]

### 49.地质灾害报告制度

为及时掌握地质灾害灾情险情及发展趋势,进一步提升应急反应能力,满足信息畅通、反应快速、决策科学、指挥快捷的应急管理工作要求,切实做好地质灾害防治工作,根据《地质灾害防治条例》《国家地质灾害应急预案》的有关规定,自然资源部建立了地质灾害速报制度和月报制度。

发生特大型、大型、中型地质灾害灾情和险情,以及避免10人及10人以上死亡的成功预报实例,均要按照不同时限要求上报自然资源部。速报时限是对于特大型、大型地质灾害灾情和险情,灾害发生地的省级自然资源主管部门要在接到报告后1小时内速报自然资源部。对于6人及6人以上死亡和失踪的中型地质灾害灾情和避免10人及10人以上死亡的成功预报实例,省级自然资源主管部门要在接到报告后6小时内速报自然资源部。对于6人以下死亡和失踪的中型地质灾害灾情,省级自然资源主管部门应在接到报告后1日内上报自然资源部。速报内容:应尽可能详细说明地质灾害灾情或险情发生的时间、地点、地质灾害类型、灾害体的规模、可能的引发因素和发展趋势等,同时提出主管部门采取的对策和措施。对地质灾害灾情的速报,还应包括死亡、失踪和受伤的人数以及造成的直接经济损失。发现地质灾害灾情或险情有新的变化时,还应随时进行续报。

省级自然资源主管部门在每个月的月底以前将本行政区内上月发生的所有地质灾害灾情和地质灾害成功预报实例,按照统一要求报自然资源部,同时对次月和下季度地质灾害趋势作出简明扼要的预测说明。[15]

**50. 地质灾害防治单位资质条件和审批管理权限**

地质灾害危险性评估单位应当具备下列条件,经省级以上人民政府自然资源主管部门资质审查合格,取得自然资源主管部门颁发的相应等级的资质证书后方可在资质等级许可的范围内从事地质灾害危险性评估业务:

(1)有独立的法人资格;

(2)有一定数量的工程地质、环境地质和岩土工程等相应专业的技术人员;

(3)有相应的技术装备。[11]

国家对从事地质灾害危险性评估、治理工程设计、施工和监理的单位实行资质管理制度。自然资源部负责甲级地质灾害危险性评估单位资质、甲级地质灾害治理工程勘查、设计、施工和监理单位的审批和管理;省级自然资源管理部门负责乙级地质灾害危险性评估单位资质、乙级地质灾害治理工程勘查、设计、施工和监理单位的审批和管理。[16]

## 参考资料:

[1]《中国矿业》2009年 第9期 115页

[2]《中国高新技术企业》2008年 017期 193页

[3]《安徽省自然资源厅关于贯彻落实矿产资源管理改革若干事项的实施意见》

（皖自然资规〔2020〕5号）

［4］《固体矿产资源储量分类》（GB/T 17766-2020）

［5］《国民经济行业分类》（GB/T 4754-2017）

［6］《国务院办公厅关于印发地质矿产部职能配置、内设机构和人员编制方案的通知》（国办发〔1994〕48号）

［7］《绿色勘查指南》（T/CMAS 0001-2018）

［8］《自然资源部办公厅关于印发〈地质勘查活动监督管理办法〉（试行）的通知》（自然资办发〔2021〕42号）

［9］《安徽省财政厅 安徽省国土资源厅关于印发〈安徽省地质勘查基金管理办法〉的通知》（财建〔2015〕26号）

［10］《关于印发安徽省公益性地质工作项目及资金管理办法的通知》（皖自然资规〔2020〕7号）

［11］《地质灾害防治条例》（国务院令第394号）

［12］《自然资源管理知识手册》编写组：《自然资源管理知识手册》，中国大地出版社，2020年。

［13］《国土资源部关于印发〈全国地质灾害防治"十三五"规划〉的通知》（国土资发〔2016〕155号）

［14］《安徽省自然资源厅关于印发安徽省2021年度地质灾害防治方案的通知》（皖自然资〔2021〕89号）

［15］《国土资源部关于进一步完善地质灾害速报制度和月报制度的通知》（国土资发〔2006〕175号）

［16］《地质灾害危险性评估单位资质管理办法》（国土资源部令第29号）

［17］《安徽省自然资源厅 安徽省财政厅〈关于加强安徽省地质勘查基金项目及资金管理的通知〉》（皖自然资勘函〔2020〕66号）

# 第十篇　矿业权管理篇

1986年10月颁布实施的《中华人民共和国矿产资源法》（以下简称《矿产资源法》）首次建立了探矿权、采矿权登记审批制度。1987年颁布的《矿产资源勘查登记管理暂行办法》《全民所有制矿山企业采矿登记管理暂行办法》，明确了探矿权、采矿权的申请主体、登记审批程序等具体规定。1997年1月1日修正施行的《矿产资源法》，首次建立探矿权、采矿权有偿取得制度。1998年2月，《矿产资源勘查区块登记管理办法》和《矿产资源开采登记管理办法》两部配套规章颁布实施，确立了矿业权出让分级管理制度，即探矿权实行中央和省级政府地质矿产主管部门两级出让，采矿权实行中央、省级、市级、县级地质矿产主管部门四级出让。2000年10月，原国土资源部印发《矿业权出让转让管理暂行规定》，增加了矿业权拍卖出让方式。2003年7月，《探矿权采矿权招标拍卖挂牌管理办法（试行）》印发，增加了矿业权挂牌出让方式，规定了矿产地必须以招标、拍卖、挂牌方式出让矿业权，标志着我国矿业权出让从单一的行政审批逐步走向市场化配置。2006年1月，原国土资源部印发《关于进一步规范矿业权出让管理的通知》，要求按照勘查风险的高低实行矿业权分类出让管理。2010年9月，《关于建立健全矿业权有形市场的通知》印发，要求建立省级矿业权交易机构并投入运行。

党的十八大以来，我国矿业权出让分级管理制度改革迎来新的发展和变革。2015年9月，中共中央、国务院印发《生态文明体制改革总体方案》，提出完善矿产资源有偿使用制度，建立符合市场经济要求和矿业规律的探矿权、采矿权出让方式。2017年，中共中央办公厅、国务院办公厅印发《矿业权出让制度改革方案》，在山西、福建、新疆等6个省（区）开展改革试点，探索全面推进矿业权竞争性出让，严格控制协议出让。2019年12月印发的《自然资源部关于推进矿产资源管理改革若干事项的意见（试行）》，要求在全国范围内全面推进矿业权竞争性出让，严格控制协议出让。2020年以来，我国矿业权出让积极推进"净矿"出让，并实行同一矿种探矿权、采矿权出让登记同级管理。截止2020年底，安徽省境内共登记发证采矿权1102宗，其中有效采矿权846宗；登记发证探矿权776宗,其中有效探矿权378宗。

2018年机构改革后,安徽省自然资源厅负责全省矿业权管理,会同有关部门承担保护性开采的特定矿种、优势矿产的调控及相关管理工作;拟定矿业权管理政策并组织实施,按规定权限管理矿业权的出让及审批登记;统计分析并指导全省矿业权审批登记,调处重大权属纠纷;承担保护性开采的特定矿种、优势矿产的开采总量控制及相关管理工作。

本篇从矿业权的相关概念和管理制度出发,介绍了矿业权交易方式及规则,矿业权发证权限及有效期,矿产资源勘查登记及探矿权管理,矿业权开采登记及采矿权管理,矿业权转让,矿山关闭审批手续及相关工作,矿业权纠纷调处及其他矿产开发关联事项。

## 一、矿业权管理相关知识

### 1. 矿产资源的所有者权益

《矿产资源法》明确规定:矿产资源属于国家所有,由国务院行使国家对矿产资源的所有权。地表或者地下的矿产资源的国家所有权,不因其所依附的土地的所有权或者使用权的不同而改变。

国家保障矿产资源的合理开发利用。禁止任何组织或者个人用任何手段侵占或者破坏矿产资源。各级人民政府必须加强矿产资源的保护工作。

勘查、开采矿产资源,必须依法分别申请、经批准取得探矿权、采矿权,并办理登记;但是,已经依法取得采矿权的矿山企业在划定的矿区范围内为本企业的生产而进行的勘查除外。国家保护探矿权和采矿权不受侵犯,保障矿区和勘查作业区的生产秩序、工作秩序不受影响和破坏。从事矿产资源勘查和开采的,必须符合规定的资质条件。[1]

### 2. 矿业权人合法权益保护

盗窃、抢夺矿业权人的矿产品和其他财物的,破坏采矿、勘查设施的,扰乱矿区和勘查作业区的生产秩序、工作秩序的,分别依照刑法有关规定追究刑事责任;情节显著轻微的,依照治安管理处罚条例有关规定予以处罚。[1]

### 3. 矿政管理人员的合法权益保护

以暴力、威胁方法阻碍从事矿产资源勘查、开采监督管理工作的国家工作人员依法执行职务的,依照《刑法》第一百五十七条的规定追究刑事责任;拒绝、阻碍从事矿产资源勘查、开采监督管理工作的国家工作人员依法执行职务未使用暴力、威胁方法的,由公安机关依照治安管理处罚条例的规定处罚。[1]

**4. 探矿权、探矿权人,采矿权、采矿权人,矿业权**

《中华人民共和国矿产资源法实施细则》明确:

(1)探矿权,是指在依法取得的勘查许可证规定的范围内,勘查矿产资源的权利。取得勘查许可证的单位或者个人称为探矿权人。

(2)采矿权,是指在依法取得的采矿许可证规定范围内,开采矿产资源和获得所开采的矿产品的权利。取得采矿许可证的单位或者个人称为采矿权人。[2]

(3)探矿权、采矿权统称为矿业权。

## 二、矿业权交易

**5. 矿业权出让与转让**

矿业权出让是指自然资源主管部门根据矿业权审批权限,以招标、拍卖、挂牌、申请在先、协议等方式依法向探矿权申请人授予探矿权和以招标、拍卖、挂牌、探矿权转采矿权、协议等方式依法向采矿权申请人授予采矿权的行为。

矿业权转让是指矿业权人将矿业权依法转移给他人的行为。[3]

**6. 矿业权交易主体**

矿业权交易主体是指依法参加矿业权交易的出让人、转让人、受让人、投标人、竞买人、中标人和竞得人。受让人、投标人、竞买人、中标人和竞得人应当符合法律、法规有关资质要求的规定。

出让人是指出让矿业权的自然资源主管部门。转让人是指转让其拥有合法矿业权的矿业权人。受让人是指符合探矿权、采矿权申请条件或者受让条件的,能独立承担民事责任的法人。

以招标方式出让的,参与投标各方为投标人;以拍卖和挂牌方式出让的,参与竞拍和竞买各方均为竞买人;出让人按公告的规则确定中标人、竞得人。[3]

**7. 矿业权交易平台**

矿业权交易平台是指依法设立的,为矿业权出让、转让提供交易服务的平台。矿业权交易平台包括已将矿业权出让纳入的地方人民政府建立的公共资源交易平台、自然资源主管部门建立的矿业权交易机构等。矿业权交易平台应当具有固定交易场所、完善的交易管理制度、相应的设备和专业技术人员。矿业权交易平台可委托具有相应资质的交易代理中介机构完成具体的招标、拍卖、挂牌程序工作。矿业权交易平台应当积极推动专家资源及专家信用信息的互联共享,应当采取随机方式确定评标专家。[3]

### 8. 矿业权出让权限

以招标、拍卖、挂牌方式出让矿业权的,应当按照审批管理权限,在同级矿业权交易平台或者自然资源主管部门委托的矿业权交易平台中进行。

自然资源部登记权限需要进行招标、拍卖、挂牌出让矿业权的,油气矿业权由自然资源部组织实施,非油气矿业权由自然资源部委托省级自然资源主管部门组织矿业权交易平台实施。[3]

### 9. 矿业权出让的相关政策

《自然资源部关于推进矿产资源管理改革若干事项的意见(试行)》明确规定:"全面推进矿业权竞争性出让,除协议出让外,对其他矿业权以招标、拍卖、挂牌方式公开竞争出让,出让前应当在自然资源部门户网站、同级自然资源主管部门门户网站(或政府门户网站)和政府公共资源交易平台(矿业权交易平台)公告不少于20个工作日。以招标方式出让的,依据招标条件,综合择优确定中标人;以拍卖方式出让的,应价最高且不低于底价的竞买人为竞得人;以挂牌方式出让的,报价最高且不低于底价者为竞得人,只有一个竞买人报价且不低于底价的,挂牌成交。"[4]

严格控制矿业权协议出让,稀土、放射性矿产勘查开采项目或国务院批准的重点建设项目,自然资源主管部门可以协议方式向特定主体出让矿业权。[4]其中"国务院批准的重点建设项目"是指国务院批准,或者列入国家发展和改革委员会批准的国家重点矿产资源勘查开采项目,或者国务院明确要求予以矿产资源定向保障的重点项目,不包括为国务院批准的重点建设项目提供配套的矿产资源勘查开采项目。[5]基于矿山安全生产和资源合理开发利用等考虑,已设采矿权深部或上部的同类矿产(《矿产资源分类细目》的类别,普通建筑用砂石土类矿产除外),需要利用原有生产系统进一步勘查开采矿产资源的,可以协议方式向同一主体出让探矿权、采矿权。协议出让矿业权,必须实行价格评估、结果公示,矿业权出让收益由自然资源主管部门根据评估价值、市场基准价确定。地方自然资源主管部门协议出让矿业权须征求同级地方人民政府意见,需自然资源部协议出让的矿业权应先征求省级人民政府意见。已设采矿权深部或上部需要协议出让的探矿权采矿权除外。[4]

积极推进"净矿"出让,开展砂石土等直接出让采矿权的"净矿"出让,积极推进其他矿种的"净矿"出让,加强矿业权出让前期准备工作,优化矿业权出让流程,提高服务效率,依据地质工作成果和市场主体需求,建立矿业权出让项目库,会同相关部门,依法依规避让生态保护红线等禁止限制勘查开采区,合理确定出让范围,并做好与用地用海用林用草等审批事项的衔接,以便矿业权出让后,矿业权人正常开展勘查开采工作。[4]

对属矿业权出让前期工作原因而导致的矿业权人无法如期正常开展勘查开采工作的,自然资源主管部门可以撤回矿业权,并按有关规定退还矿业权出让收益等已征收的费用。[4]

**10. 矿业权出让公告主要内容**

以招标、拍卖、挂牌方式出让矿业权的,矿业权交易平台依据出让人提供的相关材料发布出让公告,并应当在投标截止日、公开拍卖日或者挂牌起始日20个工作日前发布公告。矿业权出让公告主要内容:

(1)出让人和矿业权交易平台的名称、场所;

(2)出让矿业权的简要情况,包括项目名称、矿种、地理位置、拐点范围坐标、面积、资源储量(勘查工作程度)、开采标高、资源开发利用情况、拟出让年限等,以及勘查投入、矿山地质环境保护及土地复垦要求等;

(3)投标人或者竞买人的资质条件;

(4)出让方式及交易的时间、地点;

(5)获取招标、拍卖、挂牌文件的途径和申请登记的起止时间及方式;

(6)确定中标人、竞得人的标准和方法;

(7)风险提示;

(8)对交易矿业权异议的处理方式;

(9)需要公告的其他内容。[3]

**11. 以招标拍卖挂牌方式出让矿业权成交公示主要内容**

(1)中标人或者竞得人的名称、场所;

(2)成交时间、地点;

(3)中标或者竞得的勘查区块、面积、开采范围的简要情况;

(4)矿业权成交价格及缴纳时间、方式;

(5)申请办理矿业权登记的时限;

(6)对公示内容提出异议的方式及途径;

(7)应当公示的其他内容。[3]

**12. 以协议方式出让矿业权公示主要内容**

(1)受让人名称;

(2)项目名称或者矿山名称;

(3)拟协议出让矿业权的范围(含坐标、采矿权的开采标高、面积)及地理位置;

(4)勘查开采矿种、开采规模;

(5)符合协议出让规定的情形及理由;

(6)对公示内容提出异议的方式及途径;

(7)应当公开的其他内容。[3]

**13. 转让矿业权公示的主要内容**

(1)转让人名称、法定代表人、场所;

(2)项目名称或者矿山名称;

(3)受让人名称、法定代表人、场所;

(4)转让矿业权许可证号、发证机关、有效期限;

(5)转让矿业权的矿区(勘查区)地理位置、坐标、采矿权的开采标高、面积、勘查成果情况、资源储量情况;

(6)转让价格、转让方式;

(7)对公示内容提出异议的方式及途径;

(8)应当公示的其他内容。[3]

**14. 出让矿业权中标通知书或者成交确认书基本内容**

(1)出让人和中标人或者竞得人及矿业权交易平台的名称、场所;

(2)出让的矿业权名称、交易方式;

(3)成交时间、地点和成交价格,主要中标条件;

(4)出让人和竞得人对交易过程和交易结果的确认;

(5)矿业权出让合同的签订时间;

(6)需要约定的其他内容。[3]

**15. 矿业权出让合同基本内容**

(1)出让人、中标人或者竞得人和矿业权交易平台的名称、场所、法定代表人;

(2)出让矿业权的简要情况,包括项目名称、矿种、地理位置、拐点范围坐标、面积、资源储量(勘查工作程度)、资源开发利用、开采标高等,以及勘查投入、矿山环境保护及土地复垦要求等；

(3)出让矿业权的年限；

(4)成交价格、付款期限、要求或者权益实现方式等；

(5)申请办理矿业权登记手续的时限及要求；

(6)争议解决方式及违约责任；

(7)需要约定的其他内容。

以协议方式出让矿业权的，参照上述内容签订出让合同。[3]

## 三、矿业权登记权限划分及有效期限

### 16.探矿权、采矿权登记权限划分

根据中共中央办公厅国务院办公厅印发《矿业权出让制度改革方案》，其中"下放审批权限，强化监管服务"要求，在6个省(自治区)试点的基础上，《自然资源部关于推进矿产资源管理改革若干事项的意见(试行)》规定，自2020年5月1日起，为解决同一矿种探矿权采矿权不同层级管理带来的问题，实行同一矿种探矿权采矿权出让登记同级管理。探矿权采矿权登记权限如下：

自然资源部负责石油、烃类天然气、页岩气、天然气水合物、放射性矿产、钨、稀土、锡、锑、钼、钴、锂、钾盐、晶质石墨等14种重要战略性矿产的矿业权出让、登记；战略性矿产中大宗矿产通过矿产资源规划管控，由省级自然资源主管部门负责矿业权出让、登记。其他矿种由省级及以下自然资源主管部门负责。[4]

2020年7月26日，《安徽省自然资源厅关于贯彻落实矿产资源管理改革若干事项的实施意见》规定，自2020年8月1日起，省自然资源厅负责煤、煤层气、铁、铬、铜、铝、金、镍、锆、磷、萤石等11种战略性矿产和油页岩、银、铂、锰、铅、锌、硫、锶、金刚石、铌、钽、石棉等12种重要矿产的共23种矿产的矿业权出让、登记。

市自然资源主管部门负责除部、省和县(市、区，含省直管市、县)自然资源主管部门出让登记矿产以外其他矿产(120种)的矿业权出让、登记。

县(市、区)自然资源主管部门负责普通建筑用砂石土类矿产(20个亚种)的矿业权出让、登记。(详见附件6)

勘查开采多个矿种的，按主矿种确定矿业权出让登记管理权限。变更主矿种、增列后主矿种发生变化的，按照变更或增列后的主矿种的权限进行管理。

涉及的矿产资源开发利用方案、矿山地质环境保护与土地复垦方案审查由出让登

记机关负责。矿山地质环境治理恢复基金的缴存管理,由所在地县(市、区)自然资源主管部门负责。[5]

**17. 矿业权有效期限**

探矿权有效期限:《自然资源部关于推进矿产资源管理改革若干事项的意见(试行)》规定,自2020年5月1日起,探矿权首次登记及每次延续期限均为五年。[4]

采矿权有效期限:《矿产资源开采登记管理办法》规定,采矿许可证有效期按照矿山建设规模确定:大型以上的,采矿许可证有效期最长为三十年;中型的,采矿许可证有效期最长为二十年;小型的,采矿许可证有效期最长为十年。[6]

采矿许可证有效期满,需要继续采矿的,采矿权人应当在采矿许可证有效期届满的30日前,到登记管理机关办理延续登记手续。采矿权人逾期不办理延续登记手续的,采矿许可证自行废止。[6]

探矿权、采矿权转让后,勘查许可证、采矿许可证的有效期限,为原勘查许可证、采矿许可证的有效期减去已经进行勘查、采矿的年限的剩余期限。[7]

**四、矿产资源勘查登记及探矿权管理**

**18. 探矿权人的权利**

探矿权是指在依法取得的勘查许可证规定的范围内勘查矿产资源的权利。具体体现以下几个方面的权利:

(1)按照勘查许可证规定的区域、期限、工作对象进行勘查;

(2)在勘查作业区及相邻区域架设供电、供水、通讯管线,但是不得影响或者损害原有的供电、供水设施和通讯管线;

(3)在勘查作业区及相邻区域通行;

(4)根据工程需要临时使用土地;

(5)优先取得勘查作业区内新发现矿种的探矿权;

(6)优先取得勘查作业区内矿产资源的采矿权;

(7)自行销售勘查中按照批准的工程设计施工回收的矿产品,但是国务院规定由指定单位统一收购的矿产品除外。

探矿权人行使权利时,有关法律、法规规定应当经过批准或者履行其他手续的,应当遵守有关法律、法规规定。[2]

**19. 探矿权人的义务**

(1)在规定的期限内开始施工,并在勘查许可证规定的期限内完成勘查工作;

(2)向勘查登记管理机关报告开工等情况;

(3)按照探矿工程设计施工,不得擅自进行采矿活动;

(4)在查明主要矿种的同时,对共生、伴生矿产资源进行综合勘查、综合评价;

(5)编写矿产资源勘查报告,提交有关部门审批;

(6)按照国务院有关规定汇交矿产资源勘查成果档案资料;

(7)遵守有关法律、法规关于劳动安全、土地复垦和环境保护的规定;

(8)勘查作业完毕,及时封、填探矿作业遗留的井、硐或者采取其他措施,消除安全隐患。[2]

**20.矿产资源勘查区块登记管理**

矿产资源勘查区块登记管理,也可专指探矿权管理,是按照国家统一规定的区块确定勘查工作区范围并据此申请登记的管理制度。国家规定:矿产资源勘查工作区范围以经纬度 1′×1′划分的区块为基本单位区块。[8]

每个矿产资源勘查项目允许登记的最大区块范围为:矿泉水为 10 个基本单位区块;金属矿产、非金属矿产、放射性矿产为 40 个基本单位区块;地热、煤、水气矿产为 200 个基本单位区块;石油、天然气矿产为 2500 个基本单位区块。[8]

**21.矿产资源勘查准入条件**

(1)设立探矿权必须符合生态环境保护、矿产资源规划及国家产业政策等政策要求。

(2)非油气探矿权人原则上为营利法人或者非营利法人中的事业单位法人。油气(包含石油、天然气、页岩气、煤层气、天然气水合物)探矿权人原则上应当是营利法人。

(3)探矿权申请人的资金能力必须与申请的勘查矿种、勘查面积和勘查工作阶段相适应,以提供的银行资金证明(国有大型石油企业年度项目计划)为依据,不得低于申请项目勘查实施方案安排的第一勘查年度资金投入额。中央或者地方财政全额出资勘查项目提交项目任务书及预算批复。

(4)申请探矿权新立、延续、变更勘查矿种(含增列,下同),以及探矿权合并、分立变更勘查范围,需编制勘查实施方案。[9]

**22.矿产资源勘查实施方案的审查**

申请探矿权新立、延续、变更勘查矿种(含增列)以及探矿权合并、分立变更勘查范围,需编制勘查实施方案。勘查实施方案应当符合地质勘查规程、规范和标准,计划勘查资金投入不得低于法定最低勘查投入要求。探矿权申请人可按要求自行编制或者委托有关机构编制勘查实施方案,登记管理机关不得指定特定中介机构提供服务。[9]矿产资源勘查实施方案审查和管理工作按探矿权登记发证权限,由探矿权登记机关或委托单位组织对勘查实施方案进行审查,并监督矿业权人按照矿产资源勘查实施方案进行勘查。

**23.矿产资源勘查实施方案的编制要求**

矿产资源勘查实施方案的编制,应按照《矿产资源勘查实施方案编制大纲》的格式和要求编制,具体内容应根据《固体矿产地质勘查规范总则》及相应矿种的勘查规范和技术标准编制。水气矿产及地热矿产可参考本大纲进行编制。矿产资源勘查实施方案编制大纲如下:

(1)绪言。①基本情况。叙述探矿权申请人基本情况;勘查项目基本情况:包括申请探矿权类型(新立、延续、变更)、区块位置(图幅号、拐点坐标)、面积、矿种、勘查年度(期限)、矿权历次转让情况;勘查单位及资质情况等。②勘查目的和任务。③勘查区地理位置、交通及社会经济状况。

(2)勘查区以往地质工作程度。叙述勘查区以往地质工作情况、工作程度、地质工作成果、矿产开采情况、存在的主要问题等。申请延续、变更的项目,须简要介绍自首次登记(受让)探矿权以来地质工作概况,重点反映探矿权人前一勘查期内的工作情况,包括完成的主要工作量、地质勘查投入、成果及存在的主要问题等。

(3)勘查区地质情况。①区域地质成矿背景。叙述区域地层、构造、岩浆岩、变质岩、矿产等概况,以及区域物探、化探等地质工作成果。②勘查区地质特征与成矿条件。叙述勘查区内与成矿有关(特别是与勘查主矿种有关)的地层、构造、岩浆岩、变质作用、围岩蚀变、矿化特征、矿体特征、矿床开采技术条件、矿石加工选冶性能等情况,以及地球物理、地球化学特征。

(4)勘查工作部署。①总体工作部署。叙述工作部署基本原则和技术路线,以及矿床勘查类型、工程布置原则和依据。涉及多矿种的,要进行综合勘查。②年度工作安排。依据总体部署,提出分年度目标任务、工作量及年度经费预算,第一年度的工作安排应详细表述。

(5)主要工作方法手段及技术要求。根据工作目的任务要求,分别说明所采用各项工作方法手段(测量、地质测量、槽探、井探、坑探、钻探、物化探、采样和样品测试、矿石加工技术性能试验、矿床开采技术条件研究和综合评价等)的基本任务及工作量。具体的技术质量要求参照相应的勘查规范和技术标准。

(6)经费预算。经费预算的依据、标准、计算方法。参照地质大调查预算标准和编制方法,结合市场及项目所在地区具体情况进行编制,明确各年度经费,附相应表格。

(7)预期成果。据实反映预期勘查成果(矿产地、资源量、储量)及相应的勘查报告、图件、附表等。

(8)保障措施。①组织管理及人员组成分工;②经费保障措施;③质量保障措施;④安全保障措施。

(9)其他。①附图与附表要求。附图(或插图):勘查区交通位置图、区域地质图、物化探异常图、勘查区地形地质图及工程布置图、主要勘探线剖面图(或设计勘探线剖面图)等。附表(或插表):工作量一览表、经费预算表等。②报送要求。实施方案要求同时报送纸质和电子文档。电子文档采用 Word 格式,A4 幅面,附表采用 Excel 格式,附图用 MapGis 或 ArcGis 格式,图片用 Tif 或 Jpg 格式。[10]

**24. 申请新立探矿权的报件材料**

非油气探矿权申请人应向有权登记发证机关提交以下新立探矿权的报件材料:

(1)探矿权申请登记书或申请书;

(2)申请人的企业营业执照副本或事业单位法人证书;

(3)勘查工作计划、勘查合同或者委托勘查的证明文件;

(4)勘查实施方案和评审意见书;

(5)探矿权出让合同及缴纳探矿权权益金交款证明。[11]

**25. 探矿权新立登记管理**

新立探矿权的申请勘查范围不得与已设矿业权垂直投影范围重叠,下列情形除外:

(1)申请范围与已设矿业权范围重叠,申请人与已设矿业权人为同一主体的。

(2)油气与非油气之间,申请范围与已设探矿权(煤层气与媒体探矿权除外)范围重叠,申请人向登记管理机关提交不影响已设探矿权人权益承诺的;申请范围与以设采矿权(小型露采砂石土类采矿权除外)范围重叠,申请人与采矿权人签订了互不影响和权益保护协议的。

已设油气探矿权增列煤层气申请范围与已设煤炭矿业权重叠,申请人与已设煤炭矿业权人签订了互不影响和权益保护协议的。

新立油气探矿权申请范围与已设小型露采砂石土类采矿权重叠,申请人向登记管理机关提交不影响已设采矿权人权益承诺的。

(3)可地浸砂岩型铀矿申请范围与已设煤炭矿业权范围重叠,申请人与已设煤炭矿业权人签订了互不影响和权益保护协议的。

互不影响和权益保护协议不得损害国家利益和第三方合法权益。采取承诺方式的,非油气探矿权申请人应当承诺不影响已设矿业权勘查开采活动,确保安全生产、保护对方合法权益等;油气探矿权申请人应当承诺合理避让已设非油气矿业权,且不影响已设非油气矿业权勘查开采活动,无法避让的要主动退出,确保安全生产、保护对方合法权益等。[9]

**26. 探矿权延续登记管理**

根据矿产勘查工作技术规律,以出让方式设立的探矿权首次登记期限延长至五年,每次延续时间为五年。探矿权申请延续登记时应扣减首设勘查许可证载明面积(非油气已提交资源量的范围/油气已提交探明地质储量的范围除外,已设采矿权矿区范围垂直投影的上部或深部勘查除外)的25%,其中油气探矿权可扣减同一盆地的该探矿权人其他区块同等面积。

《自然资源部关于推进矿产资源管理改革若干事项的意见(试行)》下发前已有的探矿权到期延续时,应当签订出让合同,证载面积视为首设面积,按上述规定执行。探矿权出让合同已有约定的,按合同执行。[4]

合并、分立或者扩大过勘查范围的探矿权,以其登记后的范围作为延续时缩减的首设面积。

因生态保护、规划调整、公益性重点工程建设等原因,已设探矿权的部分勘查范围无法继续勘查或者转为采矿权的,可凭政府相关部门证明文件,抵扣按规定需缩减的面积。

探矿权人申请探矿权延续,应当在规定期限内提出申请。因不可抗力或者政府及其有关部门原因,未在规定期限内提出延续申请,或者需要继续延长保留期的,探矿权人应当提交能够说明原因的相关证明材料。

探矿权延续登记,有效期起始日原则上为原勘查许可证有效期截止日。[9]

《安徽省自然资源厅关于贯彻落实矿产资源管理改革若干事项的实施意见》规定:"2020年5月1日前已有探矿权到期延续时,应当签订出让合同,证载面积视为首设面积;探矿权出让合同已有约定的,按合同执行。"

**27. 探矿权保留登记管理**

探矿权人首次申请探矿权保留,应当依据经资源储量评审备案的地质报告。资源储量规模达到大中型的煤和大型非煤探矿权申请保留,应当达到勘探程度;其他探矿权申请保留,应当达到详查及以上程度。已设采矿权垂直投影范围内的探矿权首次申请保留,应当达到详查及以上程度。[9]《安徽省自然资源厅关于贯彻落实矿产资源管理改革若干事项的实施意见》规定,探矿权保留的范围为提交资源储量的范围。首次保留及每次延长保留期限均为五年。[5]

探矿权人申请探矿权保留,应当在规定期限内提出申请。因不可抗力或者政府及其有关部门原因,未在规定期限内提出延续申请,或者需要继续延长保留期的,探矿权人应当提交能够说明原因的相关证明材料。[9]

**28. 探矿权变更登记管理**

(1)以申请在先、招标、拍卖、挂牌方式取得的非油气探矿权申请变更主体,应当持有探矿权满两年,或者持有探矿权满一年且提交经资源储量评审备案的普查及以上地质报告。

以协议方式取得的非油气探矿权申请变更主体,应当持有探矿权满十年;未满十年的,按协议出让探矿权的要件要求及程序办理。

(2)申请变更探矿权主体的,转让人和受让人应当一并向登记管理机关提交变更申请。勘查许可证剩余有效期不足6个月的,申请人(受让人)可以同时申请办理延续。

(3)符合规定设置的探矿权申请变更主体,受让人应当按规定,提交互不影响和权益保护协议或者不影响已设矿业权人权益承诺。属同一主体的已设采矿权与其上部或者深部勘查探矿权,不得单独转让。

(4)以招标、拍卖、挂牌或者协议方式取得的非油气探矿权,申请变更勘查矿种的,出让时对能否变更勘查矿种有约定的,从其约定。

以申请在先方式取得,以及以招标、拍卖、挂牌或者协议方式取得但出让时对能否变更勘查矿种未有约定的非油气探矿权中,勘查主矿种为金属类矿产的探矿权可申请勘查矿种变更为其他金属类矿产,依据经资源储量评审备案的普查及以上地质报告提出申请。

铀矿探矿权人原则上不得申请变更勘查矿种。勘查过程中发现其他矿种的,应当进行综合勘查,并向登记管理机关提交相应的勘查报告,其探矿权按照国家有关规定处置。

涉及变更为国家限制或者禁止勘查开采矿种的,依照相关规定管理。

（5）非油气探矿权人因自身转采矿权需要，可依据经资源储量评审备案的详查及以上地质报告申请分立。探矿权分立后，不得单独变更主体。

（6）人民法院将探矿权拍卖或者裁定给他人的，登记管理机关根据受让人提交的探矿权变更申请及人民法院出具的协助执行通知书，办理变更登记。受让人应当具备规定的探矿权申请人条件。[9]

**29. 探矿权转采矿权对地质勘查程度的要求**

申请划定矿区范围和新立采矿权，其地质勘查报告估算的矿产资源储量应当经评审备案。资源储量规模为大型的非煤矿山、大中型煤矿依据的矿产资源储量勘查程度应当达到勘探程度，其他矿山应当达到详查及以上程度；普通建筑用砂石土矿（即第三类矿产）勘查程度应达到普查及以上程度。[5]

### 五、矿产资源开采登记管理及采矿权管理

**30. 采矿权人的权利**

（1）按照采矿许可证规定的开采范围和期限从事开采活动；

（2）自行销售矿产品，但是国家规定由指定的单位统一收购的矿产品除外；

（3）在矿区范围内建设采矿所需的生产和生活设施；

（4）根据生产建设的需要依法取得土地使用权；

（5）法律、法规规定的其他权利。

采矿权人行使上述所列权利时，法律、法规规定应当经过批准或者履行其他手续的，依照法律、法规的规定办理。[2]

**31. 采矿权人的义务**

（1）在批准的期限内进行矿山建设或者开采；

（2）有效保护、合理开采、综合利用矿产资源；

（3）依法缴纳规定的税、费和矿产资源权益金；

（4）遵守国家有关劳动安全、水土保持、土地复垦和环境保护的法律、法规；

（5）接受自然资源主管部门和有关主管部门的监督管理，按照规定填报矿产储量表和矿产资源开发利用情况统计报告。[2]

**32. 申请划定矿区范围报件材料**

（1）划定矿区范围申请书；

（2）申请人的企业营业执照副本（复印件）；

(3)矿业权出让收益(价款)缴纳或有偿处置证明材料(复印件);

(4)经评审备案的矿产资源储量评审意见书(复印件);

(5)地质资料汇交凭证或无需汇交地质资料意见表(复印件);

(6)三叠图:探矿权范围(或招拍挂出让范围、申请协议出让范围)、申请划定的矿区范围与资源储量估算范围的坐标及三者叠合图;

(7)勘查许可证;

(8)协议出让申请材料。[11]

### 33.申请新立采矿权报件材料

探矿权转采矿权期间应保持探矿权在有效期内;申请采矿权时应同时申请办理探矿权注销登记手续;划定矿区范围批准文件预留期到该矿采矿登记申请批准并领取采矿许可证之日。申请新立采矿权报件材料需附电子报盘。

(1)采矿权申请登记书或申请书;

(2)申请人的企业营业执照副本(复印件);

(3)矿业权出让收益(价款)缴纳或有偿处置证明材料(复印件);

(4)经评审备案的矿产资源储量评审意见书(复印件);

(5)外商投资企业批准证书(复印件);

(6)有关主管部门的项目核准文件(复印件);

(7)矿山地质环境保护与土地复垦方案评审意见公告结果(复印件);

(8)地质资料汇交凭证或无需汇交地质资料意见表(复印件);

(9)三叠图:申请采矿权范围、资源储量估算范围与划定矿区的坐标及三者叠合图;

(10)矿产资源开发利用方案和专家评审意见;

(11)环境影响评价报告及环保部门批复文件(复印件);

(12)划定矿区范围的批复(原件、复印件);

(13)勘查许可证;

(14)以地质地形图为底图的矿区范围图;

(15)国务院批准设立石油公司或者同意的批准文件;

(16)对外合作合同副本等有关批准文件;

(17)煤炭矿业权许可证、煤层气与煤炭范围关系图;[11]

(18)签订的采矿权出让合同。

**34. 矿产资源开发利用方案**

根据国务院《矿产资源开采登记管理办法》规定,矿产资源开发利用方案是采矿权申请人申请办理采矿权必须提交的申请报件材料之一。矿产资源开发利用方案是资源主管部门加强矿产资源事前、事中及全程管理的重要抓手,既是矿山依法开采矿产资源的主要技术基础资料,同时是编制《矿山地质环境保护与土地复垦方案》的主要技术依据,也是评估采矿权权益金的主要技术基础资料之一。行业主管部门将矿产资源开发利用方案作为新建矿山项目核准报件材料之一。

《国土资源部关于加强矿产资源开发利用方案审查的通知》印发了矿产资源开发利用方案编写内容要求和审查大纲,规定采矿权申请人必须按编写内容的要求编报开发利用方案,采矿登记管理机关必须按照审查大纲的要求对开发利用方案进行审查,并将其作为采矿权授予中必经的、重要的程序,纳入采矿权审批的内部管理责任制中。开发利用方案的审查是一项业务性、政策性很强的工作,审查工作可以委托给有一定技术力量的机构或有设计资格的单位代为组织,由其聘请熟悉地矿行政管理、地矿法律法规和政策、有经验的地质、采矿、选矿等方面的专家承担具体的审查论证工作。[12]《中共安徽省自然资源厅党组关于交办相关技术支撑类事项的通知》第五条规定:将省级发证的矿产资源开发利用方案技术审查交办安徽省矿产资源储量评审中心。按国务院现行规定,编制矿产资源开发利用方案取消资质要求,采矿权申请人可以自行编制,也可以委托其他单位代为编制。

按矿业权登记发证权限,由矿业权登记机关或委托单位组织对矿产资源开发利用方案进行审查。审查专家从专家库中抽取,按照"放管服"的要求,自 2018 年 8 月 1 日起,对矿业权人委托编制的开发利用方案及专家审查意见,在矿业权登记机关门户网站上发布公告,接受社会公开监督,不再单独发函。

**35. 矿山地质环境保护与土地复垦方案**

为贯彻落实党中央、国务院关于深化行政审批制度改革的有关要求,减少管理环节,提高工作效率,减轻矿山企业负担,按照《土地复垦条例》《矿山地质环境保护规定》的有关规定和《国土资源部办公厅关于做好矿山地质环境保护与土地复垦方案编报有关工作的通知》要求,自 2017 年 1 月 3 日起,施行矿山企业矿山地质环境保护与治理恢复方案和土地复垦方案合并编制制度。合并后的方案以采矿权为单位进行编制,即一个采矿权编制一个方案。除采矿项目外的其他生产建设项目土地复垦方案编报审查,依照土地复垦法律法规及相关规定执行。文件规定下列情形需要编制或修订方案:

(1)采矿权申请人在申请办理采矿许可证前,应当自行编制或委托有关机构编制矿山地质环境保护与土地复垦方案。

(2)在办理采矿权变更时,涉及扩大开采规模、扩大矿区范围、变更开采方式的,应当重新编制或修订矿山地质环境保护与土地复垦方案。

(3)在办理采矿权延续时,矿山地质环境保护与土地复垦方案超过适用期或方案剩余服务期少于采矿权延续时间的,应当重新编制或修订。矿山企业原矿山地质环境保护与治理恢复方案和土地复垦方案其中一个超过适用期的或方案剩余服务期少于采矿权延续时间的,应重新编制矿山地质环境保护与土地复垦方案。

(4)矿山地质环境保护与土地复垦方案的编制按照《矿山地质环境保护与土地复垦方案编制指南》执行。矿山企业在编制矿山地质环境保护与土地复垦方案过程中,应当充分听取相关权利人意见。

按照采矿权发证权限,采矿权申请人将矿山地质环境保护与土地复垦方案报具有相应审批权的自然资源主管部门组织审查。组织审查的自然资源主管部门应建立完善方案评审专家库,委托具有一定技术力量的事业单位或行业组织承担具体评审工作,并向社会公告。[13]

《中共安徽省自然资源厅党组关于交办相关技术支撑类事项的通知》第四条规定:将省级发证的矿山地质环境保护与土地复垦方案技术审查交安徽省公益性地质调查管理中心办理。经评审通过的矿山地质环境保护与土地复垦方案,是矿山企业开展矿山地质环境保护与土地复垦工作的依据。

### 36. 采矿权实地勘测定界

采矿权实地勘测定界是指各级自然资源主管部门,根据法律授权,为确保拟设采矿权划定矿区范围准确无误,指定具有矿产地质和地质测绘相应资质的专业技术队伍,按照国家相关技术规范,到矿产地现场实地勘测拟设采矿权矿区范围、拐点坐标、海拔高程,掌握拟设采矿权矿区范围及周边环境实际情况,对照地形地质图及资源储量估算范围底图及现场调查情况,提交采矿权实地勘测定界报告的专业技术工作。采矿权实地勘测定界报告,为拟设采矿权划定矿区范围提供科学依据,具有较强的技术性、政策性和连续性。[14]

《中共安徽省自然资源厅党组关于交办相关技术支撑类事项的通知》第七条规定,将采矿权实地勘测定界和超层越界开采动态监测技术服务事项,交办省化工地质勘查总院。

### 37. 矿山超层越界开采动态监测

矿山超层越界开采动态监测是指对所有采矿权进行实地核查测量,核实是否存在超层越界开采、以采代探行为,重点对露天开采矿山是否存在越界开采,井下开采矿山是否存在超越矿区范围、超层越界开采矿产资源的违法行为进行核查测量,同时对部分探矿权是否存在以采代探进行实地核查测量。[14]

对矿山超层越界开采动态监测,是安徽省自然资源厅贯彻落实《国务院关于加强和规范事中事后监管的指导意见》《自然资源部办公厅关于完善早发现早制止严查处工作机制的意见》的一项重要举措。矿山超层越界开采动态监测具有较强的专业性、技术性、政策性和连续性。《中共安徽省自然资源厅党组关于交办相关技术支撑类事项的通知》第七条规定,将采矿权超层越界开采动态监测技术服务事项,交办省化工地质勘查总院。

### 38. 市级自然资源主管部门出具省级出让登记矿业权核查意见的范围、方式和时限

核查范围:省级出让、登记矿业权的登记申请事项,除探矿权注销事项外,其余均需由矿业权所在地的市级自然资源主管部门出具核查意见(省直管市、县由其直接向省自然资源厅出具,下同)。

核查方式:厅政务服务窗口在接收矿业权申请登记事项的同时,通过我省自然资源业务专网和自然资源综合业务应用平台同步启动矿业权核查。市级自然资源主管部门收到核查任务后,按照核查内容逐项核查,并形成核查意见表,按时限要求通过自然资源综合业务应用平台报送至省自然资源厅。

办理及审查登记时限:市自然资源主管部门上报核查意见办理时限为自省自然资源厅政务服务窗口启动核查后的20个工作日内。

市自然资源主管部门核查意见办理时间不计入相关矿业权申请事项的办理时限内,并告知矿业权申请人。[15]

### 39. 市级自然资源主管部门出具省级出让登记矿业权核查的主要内容

(1)是否符合矿产资源规划;

(2)申请范围是否与已设他人矿业权、已设财政出资地质勘查项目、规划禁止开采区、自然保护地、生态保护红线等禁止勘查开采行为的区域重叠;

(3)是否与永久基本农田重叠;

(4)是否与《矿产资源法》第二十条规定的不得开采矿产资源地区重叠;

(5)权属是否存在争议;

(6)是否存在非法勘查、非法开采行为;

(7)是否依法公示矿业权人勘查开采信息、是否被列入异常名录;

(8)是否按规定履行矿山地质环境保护与土地复垦义务(含治理基金计提);

(9)是否涉及市、县自然资源主管部门正在立案查处、挂牌督办的矿产违法事项等;

(10)是否涉及市、县自然资源主管部门正在办理信访事项、行政复议、行政诉讼案件。[15]

**40. 市级自然资源主管部门出具省级出让登记矿业权核查意见的有关要求**

(1)县级自然资源主管部门协助市级自然资源主管部门做好矿业权核查工作,切实按照《市(地)县(市)级国土资源主管部门矿产资源监督管理暂行办法》等有关规定,履行好属地监督管理主体责任,及时将日常巡查检查以及矿业权人义务履行等实际情况反馈给市级自然资源主管部门。

(2)市级自然资源主管部门要结合当地实际,将核查工作同年度勘查开采信息公示、矿山储量动态管理、实地勘测定界和超层越界开采动态监测等工作结合,必要时进行实地核查,全面掌握属地矿产资源勘查开采实际情况,核查内容准确无遗漏。

(3)市级自然资源主管部门核查有关情况时,可根据需要征询矿业权人,如发现矿业权人提供虚假信息,依法依规实施失信惩戒。

(4)各地自然资源主管部门应主动向当地政府其他相关部门了解有关情况,切实加强部门联动和数据共享,共同维护好属地矿产资源勘查开采秩序。

(5)市级自然资源主管部门应按规定时限出具矿业权核查意见。对日常监管发现的问题,及时报告省自然资源厅;经核查,市级自然资源主管部门出具不同意省自然资源厅办理矿业权登记申请核查意见的,需依法依规说明理由并提出矿业权下步处置的初步建议等材料一并报省自然资源厅。省自然资源信息中心做好技术保障,及时统计出具矿业权核查意见的办理情况。为充分发挥效能考核导向作用,厅效能办将不定期进行通报。

市、县级自然资源主管部门出让登记的矿业权核查工作可参照上述规定执行。[15]

**41. 矿业权登记审批的主要程序**

各地规定的情形不一,以安徽省自然资源厅为例,矿业权登记审批主要程序为接件、预审、受理、审核、会审、审批、发证、公告等环节:

（1）接件。属于省级登记发证权限的矿业权登记事项，申请人根据要求备齐资料后直接报送厅政务中心窗口。厅政务中心窗口工作人员核对确认资料齐全，且电子报件与纸质报件一致后（需要验原件的，验原件后在复印件上加盖"原件验讫"章），向申请人出具材料预审接件单，将报件资料录入厅政务管理信息系统，并转矿业权管理处和有关会签处室承办人。

（2）预审。各审批处室承办人根据各自职责进行预审。矿业权管理处承办人汇总各会签处室承办人的意见后，提出预审意见，反馈厅政务中心窗口。

（3）受理。厅政务中心窗口根据预审意见分别出具受理单、补齐补正单或不予受理单。出具受理单的，厅政务中心窗口于当日将受理通知书快递给申请人，次日将纸质申请资料转送矿业权管理处。出具不予受理单的，将报件退还申请人。

（4）审核。各会签处室承办人接厅政务中心窗口出具的受理单后，对报件提出意见并转所在处室领导复核。矿业权管理处承办人审查并根据各会签处室意见，提出审查意见并转所在处室分管领导复核。

（5）会审。参加会审的所有人员均应签名到会。会审会设专门记录人员。记录人员应准确记录会审主要意见和会审决定等内容，并长期完整保存。参加会审的人员也应作好记录并妥善保存。

（6）审批。矿业权管理处承办人根据厅会审会记录，整理形成厅会审会意见。对经厅会审会通过的项目，转分管处领导和处长复核后，报分管厅领导签发。

（7）发证。厅领导签发后，矿业权管理处拟出颁发勘查许可证通知书或颁发采矿许可证通知书，交由厅政务中心窗口颁发给矿业权申请人。

申请人应当自接到通知之日起30日内缴纳探矿权占用费、采矿权占用费、探矿权登记费、采矿权登记费、矿业权出让收益。申请人缴清费用后，厅政务中心窗口通知矿业权管理处给许可证配号。配号成功后，矿业权管理处将勘查许可证或开采许可证，交由厅政务中心窗口颁发给矿业权申请人。未按照规定缴纳相关费用的，原审批许可事项作废，厅政务中心通知矿业权管理处，经分管厅领导批准，颁发不予批准勘查登记通知书或不予批准采矿登记通知书。

涉及矿业权有偿处置需评缴矿业权出让收益的，厅会审会研究决定后，矿业权管理处按程序颁发勘查许可证或采矿许可证，矿产资源储量保护监督处负责评估确认矿业权出让收益；矿业权管理处负责通知矿业权申请人，办理出让手续；厅财务处负责按照出让合同的约定条款收取和催缴价款。

(8)公告。厅政务中心窗口、厅信息中心应于颁发勘查许可证或采矿许可证起2日内,按照信息公示公开规定的要求,分别在安徽省政务中心窗口服务网站、厅门户网站公告矿业权登记审批情况。厅主办处室应于颁发勘查许可证或采矿许可证30日后,在自然资源部公示公开信息系统公告。

按照现行法规规定,矿业权审批时限为40天(28个工作日),自政务中心窗口受理之日起至发放颁发勘查许可证通知书或颁发采矿许可证通知书之日止,为进一步提高效能,压缩至22个工作日。[16]

### 42. 采矿许可证延续

《矿产资源开采登记管理办法》第七条对采矿权延续登记进行了原则性规定:"采矿许可证有效期满,需要继续采矿的,采矿权人应当在采矿许可证有效期届满的30日前,到登记管理机关办理延续登记手续。采矿权人逾期不办理延续登记手续的,采矿许可证自行废止。"[6]

下列情形不予办理采矿权延续登记手续:

(1)不符合生态环境要求的;

(2)生产规模达不到行业主管部门对现有矿山要求的;

(3)采矿权出让合同对出让时间有约定的;

(4)矿山所在地县级人民政府决定关闭的;(5)不符合法律法规和政策文件规定情形的。

### 43. 采矿权变更

(1)有以下情形之一的,采矿权人应当在采矿许可证有效期内,向登记管理机关申请变更登记:①变更矿区范围的;②变更主要开采矿种的;③变更开采方式的;④变更矿山企业名称的;⑤经依法批准转让采矿权的。[6]

(2)采矿权不得办理转让变更登记情形:①矿业权部分转让变更的;②同一矿业权人存在重叠的矿业权单独转让变更的;③矿业权处于抵押备案状态且未经抵押权人同意的;④未按要求缴纳出让收益等费用,未完成矿山地质环境恢复治理义务的;⑤矿业权被自然资源主管部门立案查处,或法院、公安、监察等机关通知不得转让变更的。

除母公司与全资子公司之间的采矿权转让变更外,以协议出让方式取得的采矿权未满十年不得转让变更,确需转让变更的,按协议出让采矿权要件要求及程序办理。[17]

### 44. 采矿权注销

登记管理机关应及时清理过期采矿权,对采矿许可证有效期届满前未按要求申请延续登记的,由登记管理机关纳入已自行废止矿业权名单向社会公告。

采矿权在有效期内因生态保护、安全生产、公共利益、产业政策等被县级及以上人民政府决定关闭并公告的,由同级国土资源主管部门函告原登记管理机关。采矿权人在采矿许可证有效期内或者有效期届满,停办、关闭矿山的,应当自决定停办或者关闭矿山之日起30日内,向原登记管理机关申请办理采矿许可证注销登记手续。采矿权人不办理采矿许可证注销登记手续的,由登记管理机关责令限期改正;逾期不改正的,由原登记管理机关吊销采矿许可证,并根据《中华人民共和国行政许可法》第七十条规定办理采矿许可证注销手续。[3][17]

### 45. 采矿权的抵押申请材料

根据《安徽省国土资源厅关于采矿权抵押备案有关事项的补充公告》规定,对于省国土资源厅发证采矿权的抵押,需报送以下资料,供备案审查。

(1)抵押备案申请(原件);

(2)采矿许可证(验原件、留复印件);

(3)抵押合同(原件);

(4)与抵押相关的债权债务合同(原件);

(5)由担保公司提供担保的,应提供担保合同(原件);

(6)抵押人提供企业法人营业执照(验原件、留复印件);

(7)抵押权人为债权人的,提供债权人企业法人营业执照及国家批准其经营相关业务的证照(复印件);

(8)抵押权人为担保公司的,分别提供债权人及抵押权人企业法人营业执照(复印件)及国家批准债权人经营相关业务、抵押权人经营担保业务范围的相关证照(复印件);

(9)采矿权有偿取得(处置)凭证及相关价款缴纳票据(复印件);

(10)矿权人为国有、集体矿山企业的,应提供上级主管部门的批准文件(原件);

(11)已经办理过抵押备案手续的抵押人需提供抵押双方签署的抵押备案解除申请书(原件,抵押权人出具,抵押双方盖章)及原备案文件(一式两份全部交回)或多次抵押的抵押权人之间就受偿关系达成的正式协议(原件);

(12)采矿权人为他人债务提供担保的采矿权抵押备案,抵押备案申请书需抵押人、抵押权人及债务人三方分别签字盖章。[18]

## 六、矿业权转让

### 46.矿业权转让方式

省、市、县发证的矿业权,可采用协议、招标、拍卖、挂牌等方式依法转让,并按照勘查许可证、采矿许可证的登记权限,由县以上自然资源主管部门负责组织实施。

国有地勘单位、省属国有大中型企业及国有控股企业以持有的探矿权和采矿权进行转让或合资合作勘查开发的,应经主管部门同意,并依规定委托有评估资质的评估机构进行价格评估后,通过招标、拍卖、挂牌等市场方式公开确定受让主体或合资合作主体。[19]

### 47.矿业权转让条件

(1)转让探矿权,应当具备下列条件:①自颁发勘查许可证之日起满两年,或者在勘查作业区内发现可供进一步勘查或者开采的矿产资源;②完成规定的最低勘查投入;③探矿权属无争议;④按照国家有关规定已经缴纳探矿权占用费(使用费)、探矿权出让收益(价款)(下同);⑤国家规定的其他条件。

(2)转让采矿权,应当具备下列条件:①矿山企业投入采矿生产满一年;②采矿权属无争议;③按照国家有关规定已经缴纳采矿权占用费、采矿权出让收益、资源税;④国家规定的其他条件。

(3)以协议出让方式取得的矿业权,除母公司与全资子公司之间的矿业权转让变更外,未满十年不得转让变更,确需转让变更的,按协议出让矿业权要件要求及程序办理。[19]

### 48.矿业权转让交易平台

矿业权转让交易平台是指依法设立的,为矿业权转让提供交易服务的机构。矿业权交易平台包括已将矿业权转让纳入的地方人民政府建立的公共资源交易平台、自然资源主管部门建立的矿业权交易机构等。矿业权交易平台应当具有固定交易场所、完善的交易管理制度、相应的设备和专业技术人员。矿业权交易平台可委托具有相应资质的交易代理中介机构完成具体的招标、拍卖、挂牌转让程序工作。[19]

### 49.矿业权转让程序

(1)协议转让

协议转让矿业权的,自然资源主管部门在受理矿业权申请材料后,应当同时将转让基本信息进行公示,应当公示的主要内容按照《矿业权交易规则》第三十三条规定执行。公示无异议,转让双方签订转让合同,然后向登记管理机关申请办理矿业权转让登记手续。

(2) 招拍挂转让

①招标、拍卖、挂牌转让矿业权的,自然资源主管部门在受理矿业权申请材料后,出具转让信息核查意见书,由转让人委托矿业权交易平台,并签订委托合同。委托合同内容按照《矿业权交易规则》第八条规定执行。

②招标、拍卖、挂牌转让矿业权的,应当在投标截止日、公开拍卖日或者挂牌起始日20个工作日前发布公告,公告内容包括:矿业权交易平台的名称和地址;拟招标拍卖挂牌的勘查区块、开采矿区的简要情况;申请探矿权采矿权的资质条件以及取得投标人、竞买人资格的要求;获取招标拍卖挂牌文件的办法;招标拍卖挂牌的时间、地点;投标或者竞价方式;确定中标人或者竞得人的标准和方法;对公示内容提出异议的方式及途径;其他需要公告的事项。

③招标、拍卖、挂牌方式转让矿业权的,招标标底、拍卖和挂牌底价、起始价由转让人按国家有关规定确定。招标标底、拍卖和挂牌底价在交易活动结束前须保密且不得变更。

④招标、拍卖、挂牌方式转让矿业权成交的,矿业权交易平台应当在发出中标通知书或者签订成交确认书后5个工作日内进行公示,应当公示的主要内容按照《矿业权交易规则》第三十三条规定执行。

矿业权成交信息公示无异议后,转让人与中标人或者竞得人3个工作日内签订矿业权转让合同。中标人或者竞得人履行相关手续后,持中标通知书或者成交确认书、矿业权转让合同等相关材料,向登记管理机关申请办理矿业权转让登记手续。[19]

**50. 矿业权转让公示**

公示期有异议。按照《矿业权交易规则》第二十七条和第二十八条规定的情形执行。

公示公告信息应当在下列平台同时发布:自然资源部门户网站、同级自然资源主管部门门户网站、矿业权交易平台交易大厅(协议转让除外),依法应当采取的其他方式。

公示期限。协议转让公示期限和招标、拍卖、挂牌方式转让成交信息公示期限,均不少于10个工作日。[19]

**51. 矿业权转让监管**

(1) 上级自然资源主管部门负责监督和指导下级自然资源主管部门的矿业权交易

活动。

（2）各级自然资源主管部门应当指导同级矿业权交易平台，按照公共资源交易领域失信联合惩戒相关要求，做好矿业权协议招标拍卖挂牌转让活动中失信主体信息的记录、管理等工作。[19]

## 七、矿山关闭

### 52.矿山企业关闭矿山审批手续

企业关闭矿山，应当按照下列程序办理审批手续：

（1）开采活动结束的前一年，向原批准开办矿山的主管部门提出关闭矿山申请，并提交闭坑地质报告；

（2）闭坑地质报告经原批准开办矿山的主管部门审核同意后，报采矿登记管理机关批准；

（3）闭坑地质报告批准后，采矿权人应当编写关闭矿山报告，报请原批准开办矿山的主管部门会同采矿登记管理机关和有关主管部门依照有关规定批准。[2]

### 53.关闭矿山报告批准后矿山企业应完成工作

（1）按照国家有关规定，将地质、测量、采矿资料整理归档，并汇交闭坑地质报告、关闭矿山报告及其他有关资料；

（2）按照批准的关闭矿山报告，完成有关劳动安全、水土保持、环境保护、土地复垦和矿山地质环境恢复治理工作，或者交清环境保护、土地复垦和矿山地质环境恢复治理的有关费用；

（3）矿山企业凭关闭矿山报告批准文件和有关部门对完成上述工作的提供的证明，到原颁发采矿许可证的机关办理采矿许可证注销手续。[2]

## 八、矿业权纠纷调处

### 54.矿业权纠纷及调处原则和依据

矿业权纠纷系指投资人取得矿业权后，在矿产资源勘查、开采全过程的矿业活动中，不同主体双方或多方对矿业权享有的权利和义务所产生的争议。

矿业权纠纷调处的原则是，应当依法保护矿业权流转，维护市场秩序和交易安全，保障矿产资源合理开发利用，促进资源节约与环境保护。矿业权作为矿政管理的核心内容，涉及矿产资源管理的各个方面，矿业权纠纷案通常既涉及矿产资源的市场化配置和资源合理开发利用,也涉及相关主体的权益保护,同时还与安全生产、环境保护以及社会公共利益密切相关;矿业权存续期间的相关权利交易流转频繁,各类涉矿纠纷诉讼案件也明显增多,但由于缺乏规范明确、可操作的法律法规依据,诸多矿业纠纷难以研判裁处,不仅给行政管理机关,而且给法院裁判工作带来诸多难题和压力。矿业权纠纷双方向自然资源主管部门申请调处时,矿业权登记发证机关应予以受理并及时调处;调处不成的,矿业权纠纷双方通过司法程序解决。

矿业权纠纷调处的依据:2017年6月24日,最高人民法院发布了《关于审理诉讼矿业权纠纷案件适用法律若干问题的解释》(以下简称《高法解释》),成为目前矿业权纠纷调处的法律准绳。《高法解释》实施以来,在协调解决矿业权纠纷,平息涉矿民事争讼,促进矿业权依法有序流转等方面发挥了积极有效的作用,同时强化了矿业行政法与民法调整功能之间的有机衔接,增进了司法机关与行政管理机关之间的沟通协调,增强了矿政管理行为的规范性,凸显了矿业权的物权性质及其在矿产资源管理制度体系和法律关系中的核心地位和作用,在很大程度上弥补了现行法规政策明显滞后所产生的制度性弊端,有助于推动矿产资源法律法规的修改完善进程。行政机关调处矿业权纠纷,可以依据《高法解释》进行矿业权纠纷调处;不听从调处的,由矿业权纠纷当事人通过诉讼解决。[20]

**55. 矿业权出让纠纷及调处**

矿业权出让系指县级以上人民政府自然资源主管部门出让矿业权的行为。出现以下纠纷的调处:

(1)县级以上人民政府自然资源主管部门作为出让人与受让人签订的矿业权出让合同,除法律、行政法规另有规定的情形外,当事人请求确认自依法成立之日起生效的,人民法院应予支持。

(2)矿业权出让合同生效后、矿产资源勘查许可证或者采矿许可证颁发前,第三人越界或者以其他方式非法勘查开采,经出让人同意已实际占有勘查作业区或者矿区的受让人,请求第三人承担停止侵害、排除妨碍、赔偿损失等侵权责任的,人民法院应予支持。

(3)出让人未按照出让合同的约定移交勘查作业区或者矿区、颁发矿产资源勘查许可证或者采矿许可证,受让人请求解除出让合同的,人民法院应予支持。

(4)受让人勘查开采矿产资源未达到自然资源主管部门批准的矿山地质环境保护与治理恢复方案要求,在自然资源主管部门规定的期限内拒不改正,或者因违反法律法规被吊销矿产资源勘查许可证、采矿许可证,或者未按照出让合同的约定支付矿业权出让价款,出让人请求解除出让合同的,人民法院应予支持。

(5)受让人未取得矿产资源勘查许可证、采矿许可证,签订合同将矿产资源交由他人勘查开采的,人民法院应依法认定合同无效。

(6)受让人请求自矿产资源勘查许可证、采矿许可证载明的有效期起始日确认其探矿权、采矿权的,人民法院应予支持。[20]

### 56. 矿业权转让纠纷及调处

(1)矿业权转让合同自依法成立之日起具有法律约束力。矿业权转让申请未经自然资源主管部门批准,受让人请求转让人办理矿业权变更登记手续的,人民法院不予支持。

(2)当事人仅以矿业权转让申请未经自然资源主管部门批准为由请求确认转让合同无效的,人民法院不予支持。

(3)矿业权转让合同依法成立后,在不具有法定无效情形下,受让人请求转让人履行报批义务或者转让人请求受让人履行协助报批义务的,人民法院应予支持,但法律上或者事实上不具备履行条件的除外。

(4)人民法院可以依据案件事实和受让人的请求,要求受让人代为办理报批手续,转让人应当履行协助义务,并承担由此产生的费用。

(5)矿业权转让合同依法成立后,转让人无正当理由拒不履行报批义务,受让人请求解除合同、返还已付转让款及利息,并由转让人承担违约责任的,人民法院应予支持。

(6)矿业权转让合同约定受让人支付全部或者部分转让款后办理报批手续,转让人在办理报批手续前请求受让人先履行付款义务的,人民法院应予支持,但受让人有确切证据证明存在转让人将同一矿业权转让给第三人、矿业权人将被兼并重组等符合《中华人民共和国合同法》第六十八条规定情形的除外。

(7)自然资源主管部门不予批准矿业权转让申请致使矿业权转让合同被解除,受让人请求返还已付转让款及利息,采矿权人请求受让人返还获得的矿产品及收益,或者探矿权人请求受让人返还勘查资料和勘查中回收的矿产品及收益的,人民法院应予支持,但受让人可请求扣除相关的成本费用。

当事人一方对矿业权转让申请未获批准有过错的,应赔偿对方因此受到的损失;双方均有过错的,应当各自承担相应的责任。

(8)矿业权转让合同依法签订后、自然资源主管部门批准前,矿业权人又将矿业权转让给第三人并经自然资源主管部门批准、登记,受让人请求解除转让合同、返还已付转让款及利息,并由矿业权人承担违约责任的,人民法院应予支持。[20]

### 57. 矿业权租赁与承包纠纷及调处

(1)当事人请求确认矿业权租赁、承包合同自依法成立之日起生效的,人民法院应予支持。

(2)矿业权人与他人合作进行矿产资源勘查开采所签订的合同,当事人请求确认自依法成立之日起生效的,人民法院应予支持。合同中有关矿业权转让的条款适用《高法解释》关于矿业权转让合同的规定。

(3)矿业权租赁、承包合同约定矿业权人仅收取租金、承包费,放弃矿山管理,不履行安全生产、生态环境修复等法定义务,不承担相应法律责任的,人民法院应依法认定合同无效。[20]

### 58. 矿业权抵押登记纠纷及调处

(1)矿业权人为担保自己或者他人债务的履行,将矿业权抵押给债权人的,抵押合同自依法成立之日起生效,但法律、行政法规规定不得抵押的除外。当事人仅以未经主管部门批准或者登记、备案为由请求确认抵押合同无效的,人民法院不予支持。

(2)当事人请求确认矿业权之抵押权自依法登记时设立的,人民法院应予支持。

颁发矿产资源勘查许可证或者采矿许可证的自然资源主管部门根据相关规定办理的矿业权抵押备案手续,视为前款规定的登记。

(3)矿业权抵押期间因抵押人被兼并重组或者矿床被压覆等原因导致矿业权全部或者部分灭失,抵押权人请求就抵押人因此获得的保险金、赔偿金或者补偿金等款项优先受偿或者将该款项予以提存的,人民法院应予支持。[20]

### 59. 矿业权越界开采纠纷及调处

(1)因越界勘查开采矿产资源引发的侵权责任纠纷,涉及自然资源主管部门批准的勘查开采范围重复或者界限不清的,人民法院应告知当事人先向自然资源主管部门申请解决。

(2)因他人越界勘查开采矿产资源,矿业权人请求侵权人承担停止侵害、排除妨碍、返还财产、赔偿损失等侵权责任的,人民法院应予支持,但探矿权人请求侵权人返还越界开采的矿产品及收益的除外。

(3)勘查开采矿产资源造成环境污染,或者导致地质灾害、植被毁损等生态破坏,法律规定的机关和有关组织提起环境公益诉讼的,由人民法院依法予以受理。

法律规定的机关和有关组织提起环境公益诉讼的,不影响因同一勘查开采行为受到人身、财产损害的自然人、法人和其他组织依据《中华人民共和国民事诉讼法》第一百一十九条的规定提起诉讼。[20]

### 60. 调处矿业权纠纷发现违法案件的处理

人民法院在审理案件中,发现无证勘查开采,勘查资质、地质资料造假,或者勘查开采未履行生态环境修复义务等违法情形的,可以向有关行政主管部门提出司法建议,由其依法处理;涉嫌犯罪的,依法移送侦查机关处理。[20]

## 九、矿产开发关联事项

### 61. 采矿权需占用永久基本农田的办理

《自然资源部 农业农村部关于加强和改进永久基本农田保护工作的通知》规定,全国矿产资源规划确定的战略性矿产,需区分油气和非油气矿产、探矿和采矿阶段、露天和井下开采等情况,在保护永久基本农田的同时,做好矿产资源勘查开发利用。采矿权申请人申请战略性矿产采矿权涉及永久基本农田的,根据露天、井下开采方式实行差别化管理。对于露天方式开采,开采项目应符合占用永久基本农田重大建设项目用地要求;对于井下方式开采,矿产资源开发利用与生态保护修复方案应落实保护性开发措施。井下开采方式所配套建设的地面工业广场等设施,要符合占用永久基本农田重大建设项目用地要求。一般建设项目不得占用永久基本农田。已设矿业权与永久基本农田空间重叠的,各级地方自然资源主管部门要加强永久基本农田保护、土地复垦等日常监管,允许在原矿业权范围内办理延续变更等登记手续。[21]

### 62. 抽取地下水与办理采矿许可证

根据《水法》(2016年7月修订)第四十八条第一款:"直接从江河、湖泊或者地下取用水资源的单位和个人,应当按照国家取水许可制度和水资源有偿使用制度的规定,向水行政主管部门或者流域管理机构申请领取取水许可证,并缴纳水资源费,取得取水权。但是,家庭生活和零星散养、圈养畜禽饮用等少量取水的除外。"[22]实施取水许可制度和征收管理水资源费的具体办法,由国务院规定。若取用的地下水经鉴定达到《饮用天然矿泉水》国家标准(地下深处自然涌出的或经人工揭露的、未受污染的地下矿水;含有一定量的矿物盐、微量元素或二氧化碳气体;在通常情况下,其化学成分、流量、水温等动态在天然波动范围内的相对稳定)或地下热水利用标准(水温≥25℃),

则根据《国务院法制局关于勘查、开采矿泉水、地下热水行政管理适用法律有关问题的复函》第二条规定:"矿泉水和地下热水的勘查、开发、利用、保护和管理,适用《矿产资源法》《矿产资源法实施细则》。"因此取用的地下水经鉴定属于"矿泉水"或"地下热水"应按规定依法办理采矿许可证后方可开采。

**63. 新建矿山项目核准条件**

根据《安徽省非煤矿山管理条例》,新建、扩建、改建非煤矿山项目实行核准或者备案制度。列入国务院《政府核准的投资项目目录》的项目,应当由项目核准机关核准,其他项目实行备案管理。对不符合法律法规以及未按照规定权限和程序核准或者备案的项目,有关部门不得办理相关手续。

非煤矿山项目建设,应当具备下列条件:

(1)符合非煤矿山发展规划和行业准入条件;

(2)符合国家和省相关宏观调控政策;

(3)取得矿产资源管理、规划选址、项目用地、环境影响评价、安全评价等方面的批复;

(4)对项目所在地的公众利益不产生重大不利影响;

(5)法律法规规定的其他条件。[23]

**64. 新建矿山项目核准报件材料**

申请非煤矿山项目核准,建设单位应当向项目核准机关提交下列材料:

(1)企业法人营业执照;

(2)项目申请报告;

(3)矿产资源管理、规划选址、项目用地预审、环境影响评价、安全生产预评价等方面的批复文件;

(4)法律、法规规定应当提交的其他材料。[23]

**65. 项目申请报告需附具的有关文件**

安徽省经济和信息化委员厅、发展改革委员会、公安厅、自然资源厅、生态环境厅、水利厅、应急厅、林业局印发的《安徽省非煤矿山建设项目管理办法》规定,项目建设单位办理项目核准手续,应当按照相关要求编制项目申请报告,取得下列依法应当附具的有关文件后,通过项目所在市相应主管部门转送项目核准机关。项目申请报告可以由项目单位自行编写,也可以由项目单位委托具有相关经验和能力的中介机构编写。中介服务机构接受委托编制的有关文件,应当做到依法、独立、客观、公正,对其编制的文件负责。项目申请报告应当按照项目申请报告通用文本和行业示范文本的要求编写。应当包括以下内容：

（1）项目单位基本情况；

（2）项目情况，包括项目名称、建设地点、建设规模、矿产资源情况、矿山周边环境及开采现状、建设内容等；

（3）项目资源利用情况分析，安全可靠性分析以及对生态环境的影响分析；

（4）项目对经济和社会的影响分析。

项目单位在报送项目申请报告时，应当根据法律法规的规定附具以下材料：

（1）城乡规划部门的选址意见书（仅指以划拨方式提供国有土地使用权的项目）；自然资源部门用地预审意见（需新征用土地的项目，自然资源部门明确可以不进行用地预审的情形除外）；

（2）法律、法规规定的其他相关手续。[24]

## 66. 非煤矿山建设工程项目管理

非煤矿山建设项目包括新建、改建和扩建的非煤矿山开采，及其配套的矿石加工、选矿、尾矿设施等建设项目。非煤矿山建设项目的管理包括非煤矿山建设项目的核准或备案、初步设计审查、基建工期管理、竣工验收监督检查。

非煤矿山建设项目实行核准或者备案制度。列入国务院《政府核准的投资项目目录》的非煤矿山建设项目，应当由项目核准机关核准，其他项目实行备案管理。除涉及国家秘密的项目外，项目核准、备案通过投资项目在线审批监管平台（以下简称在线平台）办理。项目核准、备案机关以及其他有关部门统一使用在线平台生成的项目代码办理相关手续。

非煤矿山建设项目未依法履行项目核准或备案、设计审查和其他法定手续的，不得开工建设。

非煤矿山建设项目投产前，项目单位负责组织项目竣工验收；验收合格后，方可投入生产。[24]

## 67. 非煤矿山生产能力

非煤矿山生产能力分为设计生产能力和核定生产能力。

设计生产能力是指由依法批准的具有本行业资质的设计单位确定，经省、市非煤矿山管理部门核定备案，由具备相应资质的施工单位进行施工，并通过省、市非煤矿山管理部门竣工验收，最终审查批准的生产能力。

核定生产能力是指依法取得采矿许可证和安全生产许可证等有关合法证件的非煤矿山,因地质和生产技术条件发生变化,致使实际的生产能力与采矿许可证登记的生产能力不符,按照规定经省市非煤矿山管理部门重新核定备案,最终审查批准的生产能力。经审查批准的生产能力是矿山年度矿石产量的最大值。严禁超能力生产。[25]

### 68. 矿山企业超产能生产管理

《安徽省非煤矿山管理条例》第十八条第二款规定,非煤矿山企业应当按照审查通过的设计文件确定的生产能力、生产强度和生产定员组织生产。因生产条件发生重大变化的,应当委托具备相应资质的单位重新核定生产能力,报原项目核准或者备案机关确认。第四十条规定,违反本条例第十八条规定,非煤矿山企业超出设计文件确定的生产能力、生产强度和生产定员组织生产的,由县级以上人民政府非煤矿山行业主管部门责令停产整顿,没收违法所得,并处以违法所得50%以下罚款。[23]

根据《安徽省国土资源厅关于采矿权人申请变更证载生产规模事项的复函》回复,采矿许可证正、副本上载明的生产规模为采矿权人申请采矿权初始登记时,登记机关依据当时有关部门核准或备案的设计开采规模登记的。根据国务院《矿产资源开采审批登记管理办法》和《国土资源部关于完善矿产资源开采审批登记管理有关事项的通知》规定,"生产规模"变更不作为行政许可事项。[26]

### 69. 矿山生产中矿量的"三量"

生产矿山矿量按照其采矿准备程度,采用地下开采方式的分为开拓矿量、采准矿量和备采矿量三级;采用露天开采方式的分为开拓矿量和采准矿量两级(露天矿的采准矿量与备采矿量是一致的)。三级矿量又叫生产矿量,指的是在矿床开采过程中按巷道掘进的程度及采矿准备程度,分别圈定的可采储量。

开拓矿量属设计可采工业矿量的一部分。是指已全部或部分完成开拓工程量和达到一定勘探程度的开拓水平以上的工业储量。开拓矿量分为地下矿山的开拓矿量和露天矿山的开拓矿量。

采准矿量是开拓矿量的一部分。在已开拓的矿体范围内,按设计规定的采矿方法所划分的采准坑道(如上下中段运输平巷、采矿场的天井等),均已开掘完毕,生产探矿已完成,采场外形业已形成,则此采矿场范围内的开拓矿量,减去开采损失及采准矿量储备期限内不能开采的矿量后,即为采准矿量。备采矿量是采准矿量的一部分。

参考资料：

[1]《中华人民共和国矿产资源法》(2009年修正)

[2]《中华人民共和国矿产资源法实施细则》(国务院令第152号)

[3]《国土资源部关于印发〈矿业权交易规则〉的通知》(国土资规〔2017〕7号)

[4]《自然资源部关于推进矿产资源管理改革若干事项的意见(试行)》(自然资规〔2019〕7号)

[5]《安徽省自然资源厅关于贯彻落实矿产资源管理改革若干事项的实施意见》(皖自然资规〔2020〕5号)

[6]《矿产资源开采登记管理办法》(2014年修订)

[7]《探矿权采矿权转让管理办法》(2014年修订)

[8]《矿产资源勘查区块登记管理办法》(2014年修订)

[9]《国土资源部关于进一步规范矿产资源勘查审批登记管理的通知》(国土资规〔2017〕14号)

[10]《国土资源部办公厅关于规范矿产资源勘查实施方案管理工作的通知》(国土资厅发〔2010〕29号)

[11]《国土资源部关于进一步规范矿业权申请资料的通知》(国土资规〔2017〕15号)

[12]《国土资源部关于加强矿产资源开发利用方案审查的通知》(国土资发〔1999〕98号)

[13]《国土资源部办公厅关于做好矿山地质环境保护与土地复垦方案编报有关工作的通知》(国土资规〔2016〕21号)

[14]《安徽省自然资源厅关于进一步规范采矿权实地勘测定界和超层越界开采动态监测有关问题的通知》(皖自然资矿权函〔2020〕20号)

[15]《安徽省自然资源厅关于市级自然资源主管部门出具省级出让登记矿业权核查意见有关事项的通知》(皖自然资矿权〔2021〕5号)

[16]《安徽省国土资源厅关于进一步规范矿业权登记审批工作的通知》(皖国土资〔2013〕211号)

[17]《国土资源部关于完善矿产资源开采审批登记管理有关事项的通知》(国土资规〔2017〕16号)

[18]《安徽省国土资源厅关于采矿权抵押备案有关事项的补充公告》(皖国土资

公告〔2018〕6号）

[19]《安徽省自然资源厅关于进一步规范矿业权转让有关事项的通知》（皖自然资规〔2021〕3号）

[20]《最高人民法院关于审理矿业权纠纷案件适用法律若干问题的解释》（法释〔2017〕12号）

[21]《自然资源部、农业农村部关于加强和改进永久基本农田保护工作的通知》（自然资规〔2019〕1号）

[22]《中华人民共和国水法》（2016年7月修订）

[23]《安徽省非煤矿山管理条例》

[24]《关于印发〈安徽省非煤矿山建设项目管理办法的通知〉》（皖经信非煤〔2020〕94号）

[25]《关于印发〈安徽省非煤矿山生产能力管理办法（暂行）〉、〈安徽省非煤矿山生产能力核定标准（暂行）〉的通知》（皖经信非煤〔2009〕198号）

[26]《安徽省国土资源厅关于采矿权人申请变更证载生产规模事项的复函》（皖国土资函〔2018〕1547号）

# 第十一篇  矿产资源保护监督篇

矿产资源是人类生活资料与生产资料的主要来源,是人类生存和社会发展的重要物质基础。目前,全球95%以上的能源、80%以上的工业原料、70%以上的农业生产资料、30%以上的工业用水,均取自于地质作用形成的矿产资源。我国矿产资源总量丰富,但人均占有量小,已探明矿产储量与生产力需求极不匹配,12种战略性矿产严重依赖进口,呈现出"对外依存度高、消费占全球比重高、储量占全球比例低"的格局。

进入新时代,以习近平同志为核心的党中央高度重视生态文明建设,坚持把生态文明建设作为统筹推进"五位一体"总体布局和协调推进"四个全面"战略布局的重要内容,坚持绿色发展。面对新的形势和新的任务要求,矿产资源管理必须按照"更加紧密地与经济和社会发展相结合,更加主动为经济和社会发展服务"的总体要求,努力破解地质找矿、矿产资源开发、地质环境保护等方面的难题,统筹处理好资源开发和环境保护的关系,坚持"绿水青山就是金山银山"理念,实现资源开发和环境保护双赢,以资源可持续利用和良好的生态环境促进经济社会可持续发展。

本篇以矿产资源储量管理为重点,对矿产资源储量相关知识点进行了介绍,对矿产资源储量评审备案政策规定进行了梳理,并针对近两年国家开展的矿产资源储量分类改革,对新老储量分类标准的不同进行了对比,以便使自然资源管理人员更好地了解新老储量分类标准。同时本篇中还对矿产资源规划管理、地质资料管理、古生物化石管理、矿业权评估出让及规费管理、国家出资探明矿产地管理等相关政策规定进行了归纳,对矿业权人勘查开采信息公示、矿产资源统计管理等制度规定和工作程序进行梳理和总结。

## 一、矿产资源储量综合管理

### 1. 矿产资源、资源量、储量

矿产资源是指经过地质作用而形成的,埋藏于地下或出露于地表,呈固态、液态或

气态的,并具有开发利用价值的矿物或有用元素的集合体。根据用途不同,矿产资源可分为:

(1)能源矿产,包括煤、石油、油页岩、天然气、铀等;

(2)金属矿产,细分为黑色金属矿产(铁、锰、铬等)、有色金属矿产(铜、锌、铝、铅、镍、钨、铋、钼等)、稀土、稀有金属矿产(锂、铍、铌、钽等)、稀散金属矿产(锗、镓、铟、硒、碲等)、贵金属矿产(金、银、铂等);

(3)非金属矿产,细分为冶金辅助用矿产(熔剂用石灰岩、白云岩、硅石等)、化工原料矿产(硫铁矿、磷、钾盐等)、特种非金属类矿产(压电水晶、冰洲石、金刚石、光学萤石等)、建材及其他非金属类矿产(饰面用花岗岩、建筑用花岗岩、建筑石料用石灰岩、砖瓦用页岩、水泥配料用黏土等);

(4)水气类矿产,包括地下水、地下热水、矿泉水、二氧化碳气等。[1]

资源量是指经矿产资源勘查查明并经概略研究,预期可经济开采的固体矿产资源,其数量、品位或质量是依据地质信息、地质认识及相关技术要求而估算的。按照地质可靠程度由低到高,资源量可分为推断资源量、控制资源量和探明资源量。(新固体矿产资源储量分类)

储量是指探明资源量和(或)控制资源量中可经济采出的部分,是经过预可行性研究、可行性研究或与之相当的技术经济评价,充分考虑了可能的矿石损失和贫化,合理使用转换因素后估算的,满足开采的技术可行性和经济合理性。考虑地质可靠程度,按照转换因素(转换因素是指资源量转换为储量时应考虑的因素,主要包括采矿、加工选冶、基础设施、经济、市场、法律、环境、社区和政策等)的确定程度由低到高,储量可分为可信储量和证实储量。[2]

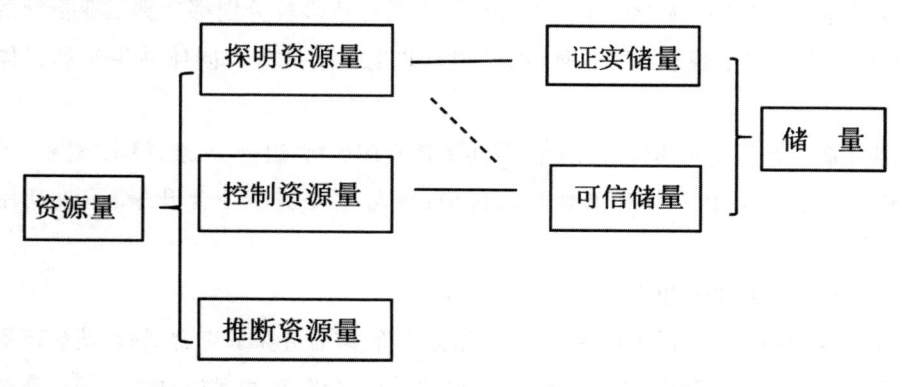

图11—1 资源量和储量类型及转换关系示意图

油气矿产分为资源量和地质储量两类,资源量不再分级,地质储量按地质可靠程度分为预测地质储量、控制地质储量和探明地质储量三级。企业可根据技术能力确定技术可采储量,根据经营决策确定经济可采储量。[3]

**2. 矿石品位**

矿石品位是指单位体积或单位重量矿石中有用组分或有用矿物的含量。一般以重量百分比表示。在矿石工业指标中,常用的有最低工业品位和边界品位,其中,最低工业品位是独立开采矿段中有益组分平均含量的最低指标。边界品位是矿床有益组分含量的最低指标,是划分矿石和废石的界限。边界品位和最低工业品位是圈定和计算矿床资源储量的主要指标。[4]

**3. 矿床工业指标**

矿床工业指标是在当前的技术经济条件下,工业部门或矿山企业对原矿矿产品质和开采条件所提出的要求,也是评定矿床工业价值、圈定矿体和估算资源储量的依据。一般固体矿产的工业指标主要包括边界品位、最低工业品位、矿区平均品位、有害组分最大允许含量、物理和化学特性要求、最小可采厚度、夹石剔除厚度以及剥采比、边坡稳定角等要求。需要强调的是,同一矿种的不同矿床或矿段,或同一矿床或矿段在不同时期的工业指标不是固定不变的,它们的工业指标会因为资源品质的差异、社会需求的差异、选矿与相关工艺的进步、市场价格的变化、环境保护政策的改变而变化。[4]

**4. "三率"指标**

矿产资源合理开发利用"三率"指标是指矿山开采回采率、选矿回收率和综合利用率,是评价矿山企业开发利用矿产资源效果的主要指标。[5]

**5. 共生、伴生矿产**

共生矿产是指同一矿区(或矿床)内,存在两种或多种分别都达到工业指标的要求,并具有小型以上规模(含小型)的矿产。共生矿产又分为同体共生矿和异体共生矿。

伴生矿产是指主矿体(层、脉)中,伴生其他有用矿物、组分、元素,但未"达标"或未"成型",技术经济上不具有单独开采价值,须与主要矿产综合开采、回收利用的矿产。[4]

**6. 矿产资源综合利用**

是指通过对矿产资源进行综合找矿、综合评价、综合开采和综合回收,使矿产资源最大限度地得到回收利用,以提高经济效益、增加社会财富和保护自然环境。通过科学的采矿方法和先进的选矿工艺,将共生、伴生的矿产资源与主要矿种同时采出,分别提取加以利用,产生多种有价值的产品。矿产资源综合利用是依法有效保护矿产资源、防止矿产资源浪费、破坏的重要措施。[1]

**7. 矿产资源储量新老分类标准转换**

2020年5月1日,由自然资源部提出的《固体矿产资源储量分类》国家标准经国家市场监督管理总局、国家标准化管理委员会批准正式实施。新标准与1999年实施的《固体矿产资源/储量分类》老标准相比作了重大调整,将老标准设置的储量、基础储量和资源量3大类、16种类型,简化为储量和资源量两大类、5种类型。新标准的实施更加有利于满足我国矿产资源管理、市场投融资、企业生产经营、国际合作等需要,同时最大化降低社会认知和信息交易成本。新老分类标准间的转换关系见表11—1、表11—2。[6]

表11—1 老分类标准资源储量分类表

| 经济意义 \ 分类类型 地质可靠程度 | 查明矿产资源 |  |  | 潜在矿产资源 |
|---|---|---|---|---|
|  | 探明的 | 控制的 | 推断的 | 预测的 |
| 经济的 | 可采储量(111) |  |  |  |
|  | 基础储量(111b) |  |  |  |
|  | 预采储量(121) | 预可采储量(122) |  |  |
|  | 基础储量(121b) | 基础储量(122b) |  |  |
| 边际经济的 | 基础储量(2M11) |  |  |  |
|  | 基础储量(2M21) | 基础储量(2M22) |  |  |
| 次边际经济的 | 资源量(2S11) |  |  |  |
|  | 资源量(2S21) | 资源量(2S22) |  |  |
| 内蕴经济的 | 资源量(331) | 资源量(332) | 资源量(333) | 资源量(334)? |

注:表中所用编码(111-334)

第1位数表示经济意义:1=经济的,2M=边际经济的,2S=次边际经济的,3=内蕴经济的,?=经济意义未定的;

第2位数表示可行性评价阶段:1=可行性研究,2=预可行性研究,3=概略研究;

第3位数表示地质可靠程度:1=探明的,2=控制的,3=推断的,4=预测的。B=未扣除设计、采矿损失的可采储量。

表 11—2　固体矿产资源储量新老分类标准转换基本对应关系

| 序号 | 新分类标准资源储量类型 | | 老分类标准资源储量类型 |
|---|---|---|---|
| 1 | 储量 | 证实储量 | 111 |
| 2 | | | 121 |
| | | 可信储量 | 122 |
| 3 | 资源量 | 探明资源量 | 111b |
| | | | 121b |
| | | | 2M11 |
| | | | 2M21 |
| | | | 2S11 |
| | | | 2S21 |
| | | | 331 |
| 4 | | 控制资源量 | 122b |
| | | | 2M22 |
| | | | 2S22 |
| | | | 332 |
| 5 | | 推断资源量 | 333 |

**8. 矿产资源储量年报**

矿产资源储量年报是国家矿产资源储量统计的依据,同时也是加强矿山储量管理,及时掌握矿山企业年度储量变化情况,促进矿产资源合理利用的有效手段。

矿山企业应严格按照有关技术规范编制矿山储量年度报告,报告中相关数据信息应与矿山资源储量台账、地质测量及取样化验、生产设计图件等逻辑自洽。

矿山企业是矿产资源储量年度报告的责任主体,对其真实性、准确性负责。矿山企业应根据矿产资源开采情况、资源消耗保有情况,于每年1月底前编制完成矿山储量年度报告。

当年未动用矿产资源储量的,矿山企业提供承诺书后不需编制矿山储量年度报告。非金属露天矿山和生产规模为小型及以下的矿山,不需编制矿山储量年度报告,但应填写《非金属露天矿山和小型及以下的矿山资源储量年度变化表》,编制采掘(剥)平面图、井下井上工程对照图和资源储量估算图。[7]

**9. 矿产资源储量核实报告**

凡因矿业权设置、变更、(出)转让或矿山企业分立、合并、改制等需对资源储量进行分割、合并,或因改变矿产工业用途、矿床工业指标、工程建设项目压覆等,致使矿区**资源储量发生变化**,需重新估算查明的资源储量或结算保有的(剩余、残留、压覆的)**资源储量**,应进行矿产资源储量核实,编制矿产资源储量核实报告。[8]

**10. 矿山储量动态更新**

矿山企业应根据生产进程及时升级资源储量类型。应结合矿床地质条件、矿石质量、技术经济条件等变化,按规定调整工业指标,修订资源储量估算参数,估算资源储量的新增及动用情况。分析变动原因,落实具体变动地段和部位,编制年度矿山动用**资源储量估算表和资源储量平衡表**,确保动用的资源储量均已估算了证实或可信储量类型。[7]

**11. 保护性开采特定矿种**

保护性开采特定矿种是指国务院根据国民经济建设和高科技发展的需要,以及资源稀缺、贵重程度确定的,由国务院有关主管部门按照国家计划实行勘查、开采的矿种。保护性开采的特定矿种的勘查、开采遵循统一规划、总量控制、合理开发、综合利用的原则。

为了合理开发利用和保护国家的宝贵资源,国务院将钨、锡、锑、离子型稀土矿产列为国家实行保护性开采的特定矿种,从开采、选治、加工到市场销售、出口等各个环节,实行有计划的统一管理。国家对全国钨、稀土矿、锑矿开采企业下达年度开采总量控制指标。[1]

**12. 矿产资源储量规模划分、安徽省小型以下矿产资源储量规模划分标准**

根据《矿产资源法》,原国土资源部组织制定了《矿产资源储量规模划分标准》,详见附件7。[9]

安徽省原国土资源厅根据省内实际情况,制定了《安徽省小型以下矿产资源储量规模划分标准》,详见附件8。[10]

**13. 矿产资源保护监督工作任务**

矿产资源保护监督工作要以满足人民日益增长的美好生活需要为出发点,以深化矿产资源供给侧结构性改革为主线,着力协调好矿产资源保护与合理利用的关系,贯彻落实"坚持总体国家安全观"的基本方略,努力提升矿产资源对经济社会发展的有效供应和支撑力度,切实守住国家矿产资源安全底线。

要切实落实矿产资源保护监督的职责,做好矿产资源保护监督工作,按照"掌控家底、保护资源、优化服务"的定位,统领矿产资源保护监督的各项任务和工作。"掌控家底"就是查清和认定全国矿产资源数量、质量和空间分布等情况,强化资源储量监管,完善动态管理机制,把好资源新增"入口关"和资源消耗"出口关"。"保护资源"就是切实履行资源保护监督职责,统筹规划好资源开发与保护的关系,科学制定资源利用的底线,加快形成保护与合理利用的指标体系、政策体系、标准体系,提高资源节约集约利用水平。"优化服务"就是持续深入推进"放管服"改革("放"即简政放权,降低准入门槛;"管"即创新监管,促进公平竞争;"服"即高效服务,营造便利环境),提升政府服务效能,创新体制机制,构建地质资料现代化数据信息平台,拓展服务领域,提高共享和社会化服务水平。

矿产资源保护监督管理工作必须坚持问题导向,立足定位,转变观念,调整思路,处理好矿产资源利用与保护的关系,开展国情调查,制定战略规划,强化保护管理,实施建设工程,构建安全体系,做到改革创新,做好新时代的矿产资源保护监督工作。[11]

## 二、矿产资源储量评审备案

### 14. 矿产资源储量评审备案

矿产资源储量评审备案是指自然资源主管部门落实矿产资源国家所有的法律要求,履行矿产资源所有者职责,依申请对申请人申报的矿产资源储量进行审查确认,纳入国家矿产资源实物账户,作为国家管理矿产资源重要依据的行政行为。[12]

自然资源主管部门依据矿业权人或压矿建设项目单位矿产资源储量评审备案申请,对矿产资源储量报告进行审查,出具评审备案文件。自然资源主管部门可委托矿产资源储量评审机构根据评审备案范围和权限组织开展评审备案工作,相关费用纳入财政预算。[3]

### 15. 矿产资源储量评审备案的范围和权限

2019年12月31日,《自然资源部关于推进矿产资源管理改革若干事项的意见(试行)》对矿产资源储量评审备案的范围进行了调整,明确缩减矿产资源储量政府直接评审备案范围,减轻矿业权人负担。探矿权转采矿权、采矿权变更矿种与范围、油气矿产在探采矿期间探明地质储量、其他矿产在采矿期间资源量发生重大变化的(变化量超过30%或达到中型规模以上的),以及建设项目压覆重要矿产,应当编制矿产资源储量报告,申请评审备案。探矿权保留、变更矿种,探矿权和采矿权延续、转让、出让,划定矿区范围,查明、占用储量登记,矿山闭坑,以及上市融资等环节不再由政府部门直接进行评审备案。[3]

自然资源部负责本级已颁发矿业权证的矿产资源储量评审备案工作,其他由省级自然资源主管部门负责。涉及建设项目压覆重要矿产的,由省级自然资源主管部门负责评审备案,石油、天然气、页岩气、天然气水合物和放射性矿产资源除外。[12]

安徽省自然资源厅规定,省、市、县自然资源主管部门分别负责组织本级出让登记矿业权的矿产资源储量评审备案工作;涉及建设项目压覆重要矿产(地热、矿泉水除外)的,由省自然资源主管部门负责组织矿产资源储量评审备案(石油、天然气、页岩气、天然气水合物和放射性矿产资源除外),压覆非重要矿产的由项目所在地市自然资源主管部门负责组织评审备案;省级财政出资的地质勘查项目,由省自然资源主管部门负责组织评审备案。[13]

积极培育矿产资源储量评审市场服务体系,满足企业生产经营和市场需要。[3]

**16. 矿产资源储量评审的申请条件**

凡申请矿产资源储量评审的矿业权人,应在勘查或采矿许可证有效期内向自然资源主管部门提交矿产资源储量评审备案申请、矿产资源储量信息表和矿产资源储量报告。凡申请压覆重要矿产资源储量评审备案的建设单位,应提交矿产资源储量评审备案申请、矿产资源储量信息表和建设项目压覆重要矿产资源评估报告。[12]

**17. 矿产资源储量评审受理及评审时限**

对于符合评审备案范围和权限、申请材料齐全、符合规定形式,或申请人按照要求提交全部补正申请材料的,自然资源主管部门应当受理,并书面告知申请人。申请材料不齐全或不符合规定形式的,自然资源主管部门应当场或者在5个工作日内一次性告知申请人需要补正的全部内容,逾期不告知的,自收到申请材料之日起即为受理。[12]

自然资源主管部门自受理之日起60个工作日内完成评审备案,并书面告知申请人评审备案结果。其中,受理及评审时间为50个工作日,备案及告知时间为10个工作日。需修改或补充相关材料的,申请人应在20个工作日内提交,否则作为退卷处理。[13]

**18. 矿产资源储量评审备案的审查重点**

矿产资源储量评审备案的审查重点是对工业指标、地质勘查及研究程度、开采技术条件、矿石加工选冶技术性能研究和综合勘查综合评价等的合规性、合理性进行审查,符合国家法律法规政策、技术标准要求的,自然资源主管部门予以评审备案。[12]

**19. 矿产资源储量评审的现场核查**

首次申请评审备案矿产资源储量达到大型规模,非油气矿产累计查明矿产资源量或油气矿产探明地质储量变化量达到大型规模,以及评审备案过程中存疑的,应当组织现场核查,形成现场核查报告,作为评审备案的依据。[14].

### 20. 矿产资源储量评审备案结果的撤销

已评审备案的,经查实申请材料不真实或存在弄虚作假的,自然资源主管部门应按照程序撤销评审备案结果,并充分保障申请人的陈述权、申辩权。[12]

### 21. 压覆矿产资源的审批管理

建设项目压覆矿产资源审批是《矿产资源法》确定的一项重要管理工作,对避免或减少压覆重要矿产资源、提高矿产资源保障能力、保障建设项目正常进行具有重要作用。建设项目压覆矿产资源审批要做到既保护矿产资源,又有利于建设项目顺利进行,维护矿业权人合法权益。凡建设项目实施后,导致其压覆区内已查明的重要矿产资源不能开发利用的,都应履行建设项目压覆矿产资源审批。未经批准,不得压覆重要矿产资源。建设项目压覆区与勘查区块范围或矿区范围重叠但不影响矿产资源正常勘查开采的,不做压覆处理。矿山企业在本矿区范围内的建设项目压覆矿产资源不需要审批。建设项目压覆重要矿产的,由省自然资源主管部门审批(石油、天然气、页岩气、天然气水合物和放射性矿产资源除外)。[12][15]

## 三、矿产资源规划管理

### 22. 矿产资源规划和规划期

矿产资源规划是指根据矿产资源禀赋条件、勘查开发利用现状、一定时期内国民经济和社会发展对矿产资源的需求,对地质勘查、矿产资源开发利用和保护等作出的总量、结构、布局和时序安排。

矿产资源总体规划的期限为五年至十年。[16]

### 23. 矿产资源规划的作用

矿产资源规划是落实国家矿产资源战略、加强和改善矿产资源宏观管理的重要手段,是依法审批和监督管理地质勘查、矿产资源开发利用和保护活动的重要依据。矿产资源规划的编制和实施,应当遵循市场经济规律和地质工作规律,体现地质勘查和矿产资源开发的区域性、差异性等特点,鼓励和引导社会资本进入风险勘查领域,推动矿产资源勘查开发。[16]

### 24. 矿产资源规划与其他相关规划的关系

矿产资源规划是国家国土空间规划体系的重要组成部分,应当依据国民经济和社会发展规划编制。涉及矿产资源开发活动的相关行业规划,应当与矿产资源规划做好衔接。[16]

**25. 矿产资源规划的种类**

矿产资源规划包括矿产资源总体规划和矿产资源专项规划。矿产资源总体规划包括国家级矿产资源总体规划、省级矿产资源总体规划、设区的市级矿产资源总体规划和县级矿产资源总体规划。矿产资源专项规划主要包括地质勘查、矿产资源开发利用和保护、矿山地质环境保护与治理恢复、矿区土地复垦等特定领域,或者重要矿种、重点区域的专门规划。[16]

**26. 各类矿产资源规划的定位**

全国规划突出国家战略意图和政策导向作用,着力解决资源安全保障的战略性、全局性问题,落实生态文明建设要求,加强战略性矿产规划管控,强化资源保护与合理利用,深化矿产资源管理改革,为各级规划落实国家战略提供遵循。省级规划突出承上启下和统筹协调作用,落实全国规划的目标任务,体现地区特色,对省域范围内各类矿产资源勘查、开发与保护作出全面部署,协调解决资源安全保障、资源配置、综合利用、矿区生态保护、管理改革等重大问题,明确布局安排和准入要求,引导资源合理配置,指导地方矿业发展。市、县规划突出精细管理和监管依据作用,具体落实上级规划部署要求,因地制宜,细化规划管控措施,对本级审批发证的矿产资源勘查、开发与保护活动进行详细布置安排。[13]

下级矿产资源总体规划应当服从上级矿产资源总体规划。

矿产资源专项规划应当对地质勘查、矿产资源开发利用和保护、矿山地质环境保护与治理恢复、矿区土地复垦等特定领域,或者重要矿种、重点区域的地质勘查、矿产资源开发利用和保护及其相关活动作出具体安排。国家规划矿区、对国民经济具有重要价值的矿区、大型规模以上矿产地和对国家或者本地区有重要价值的矿种,应当编制矿产资源专项规划。[16]

**27. 矿产资源规划的编制、审批、管理与监督**

自然资源部负责组织编制国家级矿产资源总体规划和矿产资源专项规划。省级自然资源主管部门负责组织编制本行政区域的矿产资源总体规划和矿产资源专项规划。设区的市级、县级自然资源主管部门根据省级人民政府的要求或者本行政区域内矿产资源管理需要,负责组织编制本行政区域的矿产资源总体规划和矿产资源专项规划。

编制涉及战略性矿产资源的省级矿产资源专项规划应当经自然资源部同意。编制设区的市级、县级矿产资源专项规划,应当经省级自然资源主管部门同意。

自然资源部负责国家级矿产资源专项规划、省级矿产资源总体规划和矿产资源专项规划,依照法律法规或者国务院规定,应当由自然资源部批准的其他矿产资源规划的审批工作。省级矿产资源总体规划经省级人民政府审核后,由自然资源部会同有关部门按规定程序审批。[16]

设区的市级、县级矿产资源规划经同级人民政府审核同意报上级自然资源主管部门审批,由同级人民政府发布实施。[17]

自然资源部负责全国的矿产资源规划管理和监督工作。地方各级自然资源主管部门负责本行政区域内的矿产资源规划管理和监督工作。[16]

### 28.矿产资源规划的效用

矿产资源规划一经批准,必须严格执行。地质勘查、矿产资源开发利用和保护、矿山地质环境保护与治理恢复、矿区土地复垦等活动,应当符合矿产资源规划。

有关自然资源主管部门应当依据矿产资源规划鼓励和引导探矿权投放,在审批登记探矿权时对下列内容进行审查:

(1)是否符合矿产资源规划确定的矿种调控方向;

(2)是否符合矿产资源规划分区要求,有利于促进整装勘查、综合勘查、综合评价。

有关自然资源主管部门在审批登记采矿权时,应当依据矿产资源规划对下列内容进行审查:

(1)是否符合矿产资源规划确定的矿种调控方向;

(2)是否符合矿产资源规划分区要求,有利于开采布局的优化调整;

(3)是否符合矿产资源规划确定的开采总量调控、最低开采规模、节约与综合利用、资源保护、环境保护等条件和要求。

不符合矿产资源规划要求的,有关自然资源主管部门不得审批、颁发勘查许可证和采矿许可证,不得办理用地手续。

没有法定依据,下级自然资源主管部门不得以不符合本级矿产资源规划为由干扰上级自然资源主管部门审批发证工作。[16]

### 29.矿产资源规划的调整与调整后的审批

有下列情形之一的,可以对矿产资源规划进行调整:

(1)地质勘查有重大发现的;

(2)因市场条件、技术条件等发生重大变化,需要对矿产资源勘查、开发利用结构和布局等规划内容进行局部调整的;

(3)新立矿产资源勘查、开发重大专项和工程的;

(4)自然资源部和省级自然资源主管部门规定的其他情形。

矿产资源规划调整涉及其他主管部门的,应当征求其他主管部门的意见。

调整矿产资源规划,应当由原编制机关向原批准机关提交下列材料,经原批准机关同意后进行:

(1)调整矿产资源规划的理由及论证材料;

(2)调整矿产资源规划的方案、内容说明和相关图件;

(3)自然资源部和省级自然资源主管部门规定应当提交的其他材料。

上级矿产资源规划调整后,涉及调整下级矿产资源规划的,由上级自然资源主管部门通知下级自然资源主管部门作出相应调整,并逐级报原批准机关备案。

矿产资源总体规划调整后,涉及调整矿产资源专项规划的,有关自然资源主管部门应当及时作出相应调整。[16]

**30. 矿产资源总体规划年度实施制度**

矿产资源总体规划批准后,有关自然资源主管部门应当建立矿产资源总体规划的年度实施制度,对下列事项作出年度实施安排:

(1)对实行总量控制的矿种,提出年度调控要求和计划安排;

(2)对优化矿产资源开发利用布局和结构,提出调整措施和年度指标;

(3)引导探矿权合理设置,对重要矿种的采矿权投放作出年度安排;

(4)对本级财政出资安排的地质勘查、矿产资源开发利用和保护、矿山地质环境保护与治理恢复、矿区土地复垦等工作,提出支持重点和年度指标。

有关自然资源主管部门在实施矿产资源总体规划过程中,可以根据形势变化和管理需要,对前款第(2)项、第(3)项、第(4)项的有关安排作出动态调整。

省级自然资源主管部门应当在每年1月31日前将上一年度矿产资源总体规划实施情况及本年度实施安排报送自然资源部。设区的市级、县级自然资源主管部门应当根据省级自然资源主管部门的规定,报送上一年度矿产资源总体规划实施情况及本年度实施安排。[16]

**31. 矿产资源总体规划的法律责任**

各级自然资源主管部门应当加强对矿产资源规划实施情况的监督检查,发现地质勘查、矿产资源开发利用和保护、矿山地质环境保护与治理恢复、矿区土地复垦等活动不符合矿产资源规划的，应当及时予以纠正。

应当编制矿产资源规划而未编制的，上级自然资源主管部门应当责令有关自然资源主管部门限期编制。

未按规定程序编制、审批、调整矿产资源规划的，或者规划内容违反国家法律法规、标准规程和上级规划要求的，上级自然资源主管部门应当责令有关自然资源主管部门限期改正。

有关自然资源主管部门违反规定擅自修编、调整矿产资源规划的，上级自然资源主管部门应当及时予以纠正，并追究有关人员的责任。

违反矿产资源规划颁发勘查许可证、采矿许可证的，颁发勘查许可证、采矿许可证的自然资源主管部门或者上级自然资源主管部门应当及时予以纠正，并追究有关人员的责任；给当事人的合法权益造成损害的，当事人有权依法申请赔偿。[16]

### 四、地质资料管理

#### 32.地质资料管理的法律依据

《矿产资源法》第十四条规定，矿产资源勘查成果档案资料，实行统一的管理制度，按照国务院规定汇交；第二十八条规定，矿床勘探报告及其他有价值的勘查资料，按照国务院规定实行有偿使用。据此，国务院发布了《地质资料管理条例》，原国土资源部发布了《地质资料管理条例实施办法》。

#### 33.地质资料

地质资料是指在地质工作中形成的文字、图表、声像、电磁介质等形式的原始地质资料、成果地质资料和岩矿芯、各类标本、光薄片、样品等实物地质资料。地质资料包括原始地质资料、成果地质资料和实物地质资料3种。

（1）原始地质资料：是指在进行地质工作时直接形成或采集的，以各种载体类型存在的原始记录、数据及中间性解译资料等。主要包括野外各种记录、编录、手图，各种化验测试分析数据及汇总资料、各类中间性解译资料等。原始地质资料经系统整理立卷归档后就转化成了原本地质档案。

（2）成果地质资料：是指对在地质工作中直接形成或采集的各类记录资料、实物以及通过各种渠道收集来的相关资料进行分析整理综合研究，并按一定的规范和格式编制形成的以文字、图表、声像等形式存在的最终地质工作成果。主要形式有各类地质调查报告、各类勘查(察)地质报告、矿山生产(开发)地质报告、矿山闭坑地质报告、各类地质科研报告、地质图及说明书、地质工作总结、地质汇编、地质年鉴、地质志(史)、储量表、数据库及通报等。

(3)实物地质资料:是指在进行地质工作时直接采集的,反映地质现象、岩矿石结构构造和元素组成的自然物质以及经加工形成的实物材料,包括岩矿心、岩屑、岩矿标本、古生物化石标本、化验测试样品、光薄片等。[18]

**34.地质资料管理部门与保管运行**

国务院自然资源主管部门负责全国地质资料汇交、保管、利用的监督管理。

省、自治区、直辖市人民政府自然资源主管部门负责本行政区域内地质资料汇交、保管、利用的监督管理。

国务院自然资源主管部门和省、自治区、直辖市人民政府自然资源主管部门的地质资料馆以及受国务院自然资源主管部门委托的地质资料保管单位承担地质资料的保管和提供利用工作。[18]

**35.地质资料汇交人**

《地质资料管理条例》规定,在中华人民共和国领域及管辖的其他海域从事矿产资源勘查开发的探矿权人或采矿权人,为地质资料汇交人。探矿权人或采矿权人在转让探矿权、采矿权后,其汇交义务同时转移,探矿权、采矿权的受让人是地质资料的汇交人。

《地质资料管理条例》规定,在中华人民共和国领域及管辖的其他海域从事前款规定以外地质工作项目的,其出资人为地质资料汇交人,但是,由国家出资的,承担有关地质工作项目的单位为地质资料汇交人。依据《地质资料管理条例实施办法》第七条规定地质工作是由两个或者两个以上的出资人共同出资开展的,出资各方对地质资料汇交义务负有连带责任。中外合作开展地质工作的,参与合作项目的中方为地质资料汇交人,外方承担汇交地质资料的连带责任。[本条中所指的地质工作,包括地质研究、地质考察、地质调查、矿产资源评价、水文地质或者工程地质勘查(察)、环境地质调查、地质灾害勘查等][19]

**36.地质资料汇交制度与汇交范围**

国家对地质资料实行统一汇交制度。地质资料汇交人应当按照《地质资料管理条例》附件规定的范围汇交地质资料。除成果地质资料、国家规定需要汇交的原始地质资料和实物地质资料外,其他的原始地质资料和实物地质资料只需汇交目录。国家规定需要汇交的原始地质资料和实物地质资料细目,由国务院自然资源主管部门制定。[18]

**37. 地质资料的分级汇交**

《地质资料管理条例》附件规定的下列地质资料,由地质资料汇交人向国务院自然资源主管部门汇交:

(1)石油、天然气、煤层气和放射性矿产的地质资料;

(2)海洋地质资料;

(3)国务院自然资源主管部门规定应当向其汇交的其他地质资料。

前款规定以外的地质资料,由地质资料汇交人向地质工作项目所在地的省、自治区、直辖市人民政府自然资源主管部门汇交。[18]

工作区跨两个或者两个以上省、自治区、直辖市的地质项目,汇交人可以向项目所在地的任何一个省、自治区、直辖市自然资源行政主管部门汇交地质资料。由收到地质资料的自然资源行政主管部门负责将成果地质资料转送有关的省、自治区、直辖市自然资源行政主管部门。[19]

**38. 地质资料汇交的期限**

地质资料汇交人应当按照下列规定的期限汇交地质资料:

(1)探矿权人应当在勘查许可证有效期届满的30日前汇交。

(2)除下列情形外,采矿权人应当在采矿许可证有效期届满的90日前汇交:

①属于阶段性关闭矿井的,自关闭之日起180日内汇交;②采矿权人开发矿产资源时,发现新矿体、新矿种或者矿产资源储量发生重大变化的,自开发勘探工作结束之日起180日内汇交。

(3)因违反探矿权、采矿权管理规定,被吊销勘查许可证或者采矿许可证的,自处罚决定生效之日起15日内汇交。

(4)工程建设项目地质资料,自该项目竣工验收之日起180日内汇交。

(5)其他的地质资料,自地质工作项目结束之日起180日内汇交。[18]

有下列情形之一的,应当按照下列规定的期限汇交地质资料:

(1)探矿权人缩小勘查区块范围的,应当在勘查许可证变更前汇交被放弃区块的地质资料;

(2)探矿权人由勘查转为采矿的,应当在办理采矿许可证前汇交该矿区的地质资料;

(3)探矿权人、采矿权人在勘查许可证或者采矿许可证有效期内提前终止勘查或者采矿活动的,应当在办理勘查许可证或者采矿许可证注销登记手续前汇交地质资料;

(4)工程建设项目分期、分阶段进行竣工验收的,自竣工验收之日起180日内汇交地质资料;

(5)其他地质工作项目形成的地质资料,自该地质项目评审验收之日起180日内汇交,无需评审验收的,自野外地质工作结束之日起180内汇交。[19]

因不可抗力,地质资料汇交人不能按照《地质资料管理条例》第十条规定的期限汇交地质资料的,应当将造成延期汇交地质资料的不可抗力事实书面告知负责接收地质资料的自然资源主管部门。[18]

### 39. 地质资料汇交的接收与转送

负责接收地质资料的自然资源行政主管部门应当自收到汇交的地质资料之日起10日内,依照《地质资料管理条例》等有关规定,对汇交人汇交的地质资料进行验收。验收合格的,由负责接收地质资料的自然资源行政主管部门出具地质资料汇交凭证;验收不合格的,退回汇交人补充修改,并限期重新汇交。自然资源行政主管部门可以委托地质资料馆藏机构承担地质资料的接收、验收工作。

省、自治区、直辖市自然资源行政主管部门应当在验收合格后90日内,将汇交人汇交的成果地质资料(纸质资料和电子文档各一份)转送自然资源部。但下列地质资料不转送:

(1)普通建筑用砂、石、粘土矿产地质资料;

(2)《矿产资源勘查区块登记管理办法》附录以外且资源规模为小型的矿产地质资料;

(3)矿山开发勘探及关闭矿井地质资料;

(4)小型建设项目水文地质、工程地质、环境地质及小型灾害地质资料;

(5)省级成果登记的各类地质、矿产科研成果资料。[19]

### 40. 成果地质资料汇交要求

汇交的成果地质资料应当符合下列要求:

(1)按照国家有关报告编制标准、要求编写;

(2)地质资料完整、齐全;

(3)印制清晰,着墨牢固;规格、格式符合有关标准、要求;

(4)电子文档的资料内容与相应的纸质资料内容相一致。

除符合前款规定要求外,探矿权人、采矿权人汇交的地质资料,还应当附有勘查许可证、采矿许可证的复印件;经过评审、鉴定、验收的地质资料,还应当附有评审、鉴定、验收的正式文件或者复印件。[19]

任何单位和个人不得伪造地质资料,不得在地质资料汇交中弄虚作假。

### 41. 地质资料的公开与保护

探矿权人、采矿权人汇交的地质资料,自勘查许可证、采矿许可证有效期届满之日起 30 日内,由地质资料馆或者地质资料保管单位予以公开;勘查许可证、采矿许可证获准延期的,自延续期届满之日起 30 日内,由地质资料馆或者地质资料保管单位予以公开。上述规定以外的地质资料,自汇交之日起 90 日内,由地质资料馆或者地质资料保管单位予以公开。需要保护的,由接收地质资料的单位按照国务院自然资源主管部门的规定予以保护。涉及国家秘密或者著作权的地质资料的保护、公开和利用,按照《中华人民共和国保守国家秘密法》《中华人民共和国著作权法》的有关规定执行。

保护期内的地质资料,只公开资料目录。但是汇交人书面同意提前公开其汇交的地质资料的,自其同意之日起,由地质资料馆或者地质资料保管单位予以公开。

国家出资开展地质工作形成的具有公益性质的地质资料,自汇交之日起 90 日内向社会公开,无偿提供全社会利用。具有公益性质的地质资料的范围,由自然资源部公告。[19]

### 42. 地质资料的查阅使用

单位和个人可以持单位证明、身份证等有效证件,查阅、复制、摘录已公开的地质资料。复制地质资料的,地质资料馆藏机构可以收取工本费。

单位和个人需要查阅利用保护期内地质资料的,应当出具汇交人同意的书面证明文件。[19]

## 五、古生物化石管理

### 43. 古生物化石

古生物化石是指地质历史时期形成并赋存于地层中的动物和植物的实体化石及其遗迹化石。古猿、古人类化石以及与人类活动有关的第四纪古脊椎动物化石保护依照国家文物保护的有关规定执行。[20]

### 44. 古生物化石的所有权

中华人民共和国领域和中华人民共和国管辖的其他海域遗存的古生物化石属于

国家所有。

国有的博物馆、科学研究单位、高等院校和其他收藏单位收藏的古生物化石,以及单位和个人捐赠给国家的古生物化石属于国家所有,不因其收藏单位的终止或者变更而改变其所有权。[20]

**45. 古生物化石的管理部门**

国务院自然资源主管部门主管全国古生物化石保护工作。县级以上地方人民政府自然资源主管部门主管本行政区域古生物化石保护工作。

县级以上人民政府公安、市场监督管理等部门按照各自的职责负责古生物化石保护的有关工作。[20]

**46. 古生物化石保护区的建立**

按照在生物进化以及生物分类上的重要程度,将古生物化石划分为重点保护古生物化石和一般保护古生物化石。

重点保护古生物化石集中的区域,应当建立国家级古生物化石自然保护区;一般古生物化石集中的区域,同时该区域已经发现重点保护古生物化石的,应当建立地方级古生物化石自然保护区。[20]

**47. 古生物化石的发掘与审批**

古生物化石发掘是指有一定工作面,使用机械或者其他动力工具挖掘古生物化石的活动。

在国家级古生物化石自然保护区内发掘古生物化石,或者在其他区域发掘重点保护古生物化石的,应当向国务院自然资源主管部门提出申请并取得批准;在国家级古生物化石自然保护区外发掘一般保护古生物化石的,应当向古生物化石所在地省、自治区、直辖市人民政府自然资源主管部门提出申请并取得批准。

外国人、外国组织因中外合作进行科学研究需要,方可在中华人民共和国领域和中华人民共和国管辖的其他海域发掘古生物化石。发掘古生物化石的,应当经国务院自然资源主管部门批准。[20]

**48. 古生物化石的收藏、转让与买卖**

任何单位和个人不得收藏违法获得或者不能证明合法来源的古生物化石。[21]

国家鼓励单位和个人将其收藏的重点保护古生物化石捐赠给符合条件的收藏单位收藏。

除收藏单位之间转让、交换、赠与其收藏的重点保护古生物化石外,其他任何单位和个人不得买卖重点保护古生物化石。买卖一般保护古生物化石的,应当在县级以上地方人民政府指定的场所进行。

国有收藏单位不得将其收藏的重点保护古生物化石转让、交换、赠与给非国有收藏单位或者个人。任何单位和个人不得将其收藏的重点保护古生物化石转让、交换、赠与、质押给外国人或者外国组织。

收藏单位之间转让、交换、赠与其收藏的重点保护古生物化石的,应当在事后向国务院自然资源主管部门备案。[20]

### 49. 古生物化石的出境与审批

未命名的古生物化石不得出境。重点保护古生物化石符合下列条件之一,经国务院自然资源主管部门批准,方可出境:

(1)因科学研究需要与国外有关研究机构进行合作的;

(2)因科学、文化交流需要在境外进行展览的。

一般保护古生物化石经所在地省、自治区、直辖市人民政府自然资源主管部门批准,方可出境。[20]

## 六、矿业权评估出让及规费管理

### 50. 矿产资源权益金制度改革

《国务院关于印发矿产资源权益金制度改革方案的通知》规定,一是将探矿权采矿权价款调整为矿业权出让收益。将现行只对国家出资探明矿产地收取、反映国家投资收益的探矿权采矿权价款,调整为使用所有国家出让的矿业权、体现国家所有者权益的矿业权出让收益。以招标拍卖挂牌方式出让的,竞得人报价金额为矿业权出让收益;以协议方式出让的,矿业权出让收益按照评估价值、类似条件的市场基准价就高确定。矿业权出让收益出让时一次性确定,可以分期缴纳。具体征收办法由财政部会同国土资源部另行制定。二是将探矿权采矿权使用费整合为矿业权占用费,并根据矿产品价格变动情况和经济发展需要实行动态调整。三是对大部分矿产品目实行从价计征资源税,将矿产资源补偿费并入资源税,取缔违规设立的各项收费基金。四是将矿山地质环境恢复保证金调整为矿山地质环境治理恢复基金,由矿山企业单设会计科目,按照销售收入的一定比例计提,计入企业成本,由企业统筹用于开展矿山环境保护和综合治理。[22]

### 51. 矿业权出让收益

矿业权出让收益是国家基于自然资源所有权,将探矿权、采矿权(简称矿业权)出让给探矿权人、采矿权人（简称矿业权人）而依法收取的国有资源有偿使用收入。矿业权出让收益包括探矿权出让收益和采矿权出让收益。[23]

**52. 矿业权出让收益的征收**

竞争出让矿业权，以出让金额为标的的，矿业权出让收益底价不得低于矿业权市场基准价，以出让收益率为标的的，出让收益底价由矿业权出让收益基准率确定。

以出让金额形式征收的矿业权出让收益，低于规定额度的，可一次性征收；高于规定额度的，可按以下原则分期缴纳：

（1）探矿权人在取得勘查许可证前，首次缴纳比例不得低于探矿权出让收益的20%；剩余部分在转为采矿权后，在采矿权有效期内按年度缴纳。

（2）采矿权人在取得采矿许可证前，首次缴纳比例不得低于采矿权出让收益的20%；剩余部分在采矿权有效期内分年度缴纳。

一次性缴纳标准、首次缴纳比例和分期缴纳年限，由省级财政部门、矿产资源主管部门制定。

以出让收益率确定的矿业权出让收益，在矿山开采时按年度征收，计算公式为：年度矿业权出让收益=矿业权出让收益率×矿产品年度销售收入。

经自然资源主管部门批准，按规定分期缴纳探矿权、采矿权价款的矿业权人，在批准的分期缴款时间内，按矿业权出让合同或分期缴款批复缴纳剩余部分。[23]

2017年4月13日，《国务院关于印发矿产资源权益金制度改革方案的通知》下发后，取消国有地勘单位探矿权、采矿权价款转增国家资本金政策。[22]原经财政部门和自然资源主管部门批准，已将探矿权、采矿权价款部分或全部转增国家资本金（国家基金），或以折股形式缴纳的，不再补缴探矿权、采矿权价款。[23]

**53. 矿业权出让收益的征收对象、缴纳人及实施时间**

在矿业权出让环节，将探矿权、采矿权价款调整为矿业权出让收益。将现行只对国家出资探明矿产地收取、反映国家投资收益的探矿权、采矿权价款，调整为适用于所有国家出让矿业权、体现国家所有者权益的矿业权出让收益。[22]

在中华人民共和国领域及管辖海域勘查、开采矿产资源的矿业权人，应依法缴纳矿业权出让收益。自2017年7月1日起，出让新设矿业权的，矿业权人应按《矿业权出让收益征收管理暂行办法》缴纳矿业权出让收益，之前形成尚未缴纳的探矿权、采矿权价款缴入矿业权出让收益科目并统一按规定比例分成。[23]

**54. 矿业权出让收益征管部门与征管权限的调整**

自2021年7月1日起，将河北、内蒙古、上海、浙江、安徽、青岛、云南等试点省、直辖市原由自然资源部门负责征收的国有土地使用权出让收入、矿产资源专项收入(包括矿业权占用费、矿业权出让收益)、海域使用金、无居民海岛使用金四项政府非税收入(以下简称四项政府非税收入),全部划转给税务部门负责征收。自然资源部(本级)按照规定负责征收的矿产资源专项收入、海域使用金、无居民海岛使用金,同步划转税务部门征收。2022年1月1日起全面实施征管划转工作。

税务部门按照属地原则征收四项政府非税收入。具体征收机关由国家税务总局有关省(自治区、直辖市、计划单列市)税务局按照"便民、高效"原则确定。原由自然资源部(本级)负责征收的矿产资源专项收入、海域使用金、无居民海岛使用金等非税收入,征管职责划转后的具体工作由国家税务总局北京市税务局承担。[24]

### 55. 矿业权出让收益划转给税务部门征收后遗留问题的处置

(1)规费处置:2021年7月1日起,矿业权出让收益划转给税务部门征收后,以前年度和今后形成的应缴未缴收入以及按规定分期缴纳的收入,由税务部门负责征缴入库,有关部门应当配合做好相关信息传递和材料交接工作。税务部门应当按照国库集中收缴制度等规定,依法依规开展收入征管工作,确保非税收入及时足额缴入国库。已缴入财政非税专户,但尚未划缴国库的有关资金,由财政部门按非税收入收缴管理制度规定缴入国库。

(2)票据使用:税务部门征收矿业权出让收益应当使用财政部统一监(印)制的非税收入票据,按照税务部门全国统一信息化方式规范管理。[24]

### 56. 矿业权出让收益划转给税务部门征收后政策的变化

(1)政策方面:除财综〔2021〕19号文件的规定外,矿业权出让收益的征收范围、对象、标准、减免、分成、使用、管理等政策,继续按照现行规定执行。

(2)部门协作:自然资源部门与使用权人签订出让、划拨等合同后,应当及时向税务部门和财政部门传递相关信息,确保征管信息实时共享。税务部门应会同财政、自然资源、人民银行等部门做好业务衔接和信息互联互通工作,并将计征、缴款等明细信息通过互联互通系统传递给财政、自然资源、人民银行等相关部门,确保征管信息实时共享,账目清晰无误。同时,向财政部门报送征收情况,并附文字说明材料。[24]

### 57. 矿业权出让方式与收益价值确定

通过招标、拍卖、挂牌等竞争方式出让矿业权的,矿业权出让收益按招标、拍卖、挂牌的结果确定。通过协议方式出让矿业权的,矿业权出让收益按照评估价值、市场基准价就高确定。[23]

### 58. 矿业权出让收益的分配

矿业权出让收益为中央和地方共享收入，由中央和地方按照4：6的比例分成。地方分成的矿业权出让收益在省（自治区、直辖市）、市、县级之间的分配比例，由省级人民政府确定。[23]

根据《安徽省财政厅 安徽省自然资源厅关于做好矿产资源专项收入征收管理有关事项的通知》规定，矿产资源专项收入除中央分成外，省与市、县分成比例按照省委省政府规定标准执行（见表11—3）。各级出让登记的矿业权，其矿产资源专项收入一律按照规定的分成比例，全部就地、及时足额缴入国库。跨市、县（市、区）行政区域的矿产资源专项收入，市、县（市、区）分成部分探矿权按面积、采矿权按储量进行分配。[25]

表11—3 矿产资源专项收入（矿业权出让收益、矿业权价款）省以下分成比例分类表

| 皖北六市及其他四县 | 淮北市、亳州市、宿州市、阜阳市、淮南市、蚌埠市、凤阳县、霍邱县、明光市、定远县 | 矿业权出让收益地方留成部分，执行省级40%、市县60%（矿产或勘查区块所在市市级分成5%、所在县市区分成55%）分成比例 |
| --- | --- | --- |
| 大别山革命老区 | 金寨县、霍山县、舒城县、潜山市、太湖县、岳西县、宿松县、金安区、裕安区、叶集区 | |
| 比照大别山革命老区政策执行的省重点生态功能区 | 歙县、黟县、祁门县、休宁县、黄山区、青阳县、泾县、旌德县、绩溪县、宁国市、石台县、东至县 | |
| 上述以外的地区 | | 矿业权出让收益地方留成部分，执行省级55%、市县45%（矿产或勘查区块所在市市级分成5%、所在县市区分成40%）分成比例 |

### 59. 矿业权出让收益率、矿业权出让收益基准率和市场基准价

矿业权出让收益率是指矿业权出让收益占矿产品销售收入的比率。以出让收益率确定的矿业权出让收益，企业可在矿山开采时按矿山当期销售收入的一定比例缴纳。

矿业权出让收益基准率,由省级自然资源主管部门、财政部门确定,并根据矿产品价格变化和经济发展需要,进行适时调整,报经省级人民政府同意后公布执行。[23]

矿业权评估市场基准价是由地方自然资源主管部门参照类似市场条件定期制定,经省级人民政府同意后公布执行。

### 60. 安徽省矿业权出让收益市场基准价适用范围及条件

安徽省矿业权出让收益市场基准价适用于省内各级矿产资源主管部门征收矿业权出让收益时使用。具体包括:

（1）新设矿业权有偿出让的;

（2）已设矿业权需进行有偿化处置的;

（3）有偿化处置后,经储量核实矿业权内有新增矿产资源储量需要征收出让收益的;

（4）矿业权延续、变更（含扩界）、整合,按规定需征收出让收益的;

（5）经批准增列、增加矿种需要征收出让收益的。

适用条件包括:（1）通过招标、拍卖、挂牌等竞争性方式出让矿业权的,矿业权出让收益按招标、拍卖、挂牌的结果确定,其底价不得低于基准价。（2）通过协议方式出让矿业权的,矿业权出让收益按照矿业权出让收益评估价值和市场基准总价就高确定。[26]

为贯彻落实党中央、国务院矿业权出让制度和矿产资源权益金制度改革精神,切实维护国家矿产资源所有者权益,安徽省自然资源厅制定了我省煤矿等41个主要矿种的矿业权出让收益市场基准价(详见附件9)。[27]

### 61. 矿业权转让以及探转采出让收益的缴纳

探矿权人转让探矿权,未缴纳的探矿权出让收益由受让人承担缴纳义务。采矿权人转让采矿权并分期缴纳出让收益,采矿权人需缴清已到期的部分,剩余采矿权出让收益由受让人继续缴纳。

探矿权转为采矿权的,不再另行缴纳采矿权出让收益。探矿权未转为采矿权的,剩余探矿权出让收益不再缴纳。[23]

### 62. 采矿权关闭时出让收益的处置

采矿权人开采完毕注销采矿许可证前,应当缴清采矿权出让收益。因国家政策调整、重大自然灾害和破产清算等原因注销采矿许可证的,采矿权出让收益按照采矿权实际动用的资源储量进行核定,实行多退少补。[23]

## 63. 已上缴出让收益的退库

已上缴中央和地方财政的矿业权出让收益,因多缴、政策性关闭等原因需要办理退库的,分别按照财政部和省级财政部门的规定执行。[23]

因缴费人误缴、税务部门误收需要退库的,由缴费人向税务部门申请办理,税务部门经严格审核并交有关财政、自然资源部门复核同意后,按规定办理退付手续;其他情形需要退库的,由缴费人向财政部门和自然资源部门申请办理。人民银行国库管理部门按规定办理退付手续。[24]

## 64. 矿业权人未依法缴纳出让收益的处罚

矿业权人未按时足额缴纳矿业权出让收益的,县级以上矿产资源主管部门按照征收管理权限责令改正,从滞纳之日起每日加收2‰的滞纳金,并将相关信息纳入企业诚信系统。加收的滞纳金应当不超过欠缴金额本金。

矿业权人存在前款行为的,县级以上财政部门应当依照《财政违法行为处罚处分条例》予以处理处罚。

欠缴探矿权、采矿权价款的,依据《矿产资源勘查区块登记管理办法》和《矿产资源开采登记管理办法》规定的标准缴纳滞纳金,最高不超过欠缴金额本金。[23]

## 65. 以申请在先方式取得探矿权出让收益的征缴

申请在先方式取得探矿权后已转为采矿权的,如完成有偿处置的,不再征收采矿权出让收益;如未完成有偿处置的,应按剩余资源储量以协议出让方式征收采矿权出让收益。尚未转为采矿权的,应在采矿权新立时以协议出让方式征收采矿权出让收益。[23]

## 66. 无偿占有属于国家出资探明矿产地的矿业权出让收益的征缴

对于无偿占有属于国家出资探明矿产地的探矿权和无偿取得的采矿权,应缴纳价款但尚未缴纳的,按协议出让方式征收矿业权出让收益。其中,探矿权出让收益在采矿权新立时征收;采矿权出让收益以2006年9月30日为剩余资源储量估算基准日征收(剩余资源储量估算的基准日,地方已有规定的从其规定)。[23]

## 67. 增列矿种增加资源储量的处置方式

探矿权增列矿种以及采矿权增列矿种、增加资源储量的,增列、增加的部分比照协议出让方式,在采矿权阶段征收采矿权出让收益。对国家鼓励实行综合开发利用的矿产资源,国家另有规定的,从其规定。

已缴清价款的探矿权,如勘查区范围内增列矿种,应在采矿权新立时,比照协议出让方式,在采矿权阶段征收新增矿种采矿权出让收益。已缴清价款的采矿权,如矿区范围内新增资源储量和新增开采矿种,应比照协议出让方式征收新增资源储量、新增开采矿种的采矿权出让收益。其中,仅涉及新增资源储量的,可在已缴纳价款对应的资源储量耗竭后征收。[23]

### 68. 矿业权占用费

在矿业权占有环节,将探矿权、采矿权使用费整合为矿业权占用费。将现行主要依据占地面积、单位面积按年定额征收的探矿权、采矿权使用费,整合为根据矿产品价格变动情况和经济发展需要实行动态调整的矿业权占用费,有效防范矿业权市场中的"跑马圈地""圈而不探"行为,提高矿产资源利用效率。

矿业权占用费中央与地方分享比例确定为2∶8,不再实行探矿权采矿权使用费按照登记机关分级征收的办法。具体办法由财政部会同自然资源部(原国土资源部)制定。[22]

自2021年7月1日起,将河北、内蒙古、上海、浙江、安徽、青岛、云南等试点省、直辖市原由自然资源部门负责征收的矿产资源专项收入(包括矿业权占用费、矿业权出让收益),划转给税务部门负责征收。[24]

### 69. 矿产资源税

在矿产开采环节,组织实施资源税改革。对绝大部分矿产资源品目实行从价计征,使资源税与反映市场供求关系的资源价格挂钩,建立税收自动调节机制,增强税收弹性。同时,按照清费立税原则,将矿产资源补偿费并入资源税,取缔违规设立的各项收费基金,改变税费重复、功能交叉状况,规范税费关系。[22]

### 70. 矿山环境治理恢复基金

在矿山环境治理恢复环节,将矿山环境治理恢复保证金调整为矿山环境治理恢复基金。按照"放管服"改革的要求,将现行管理方式不一、审批动用程序复杂的矿山环境治理恢复保证金,调整为管理规范、责权统一、使用便利的矿山环境治理恢复基金,由矿山企业单设会计科目,按照销售收入的一定比例计提,计入企业成本,由企业统筹用于开展矿山环境保护和综合治理。[22]

## 七、国家出资探明矿产地管理

### 71. 国家出资探明矿产地

国家出资探明矿产地是指中央和地方财政出资开展矿产资源勘查所发现的矿产

地(以往其他经济类型的勘查投入且目前矿业权已经灭失的,也视同国家出资处理)。[28]

### 72. 国家出资探明矿产地的所有权

国家出资探明矿产地的权益属国家所有,各项目承担单位隐瞒不报或擅自向社会泄漏信息的,自发现之日起五年内取消承担国家出资的各类勘查、调查项目资格。涉嫌犯罪的,移送司法机关处理。[28]

### 73. 国家出资探明矿产地的成果处置

自然资源管理部门根据矿产资源规划、国家产业政策、矿产品供需和矿业权市场配置情况,对国家出资探明矿产地进行配置。除符合国家规定以协议方式出让外,其他项目一律以竞争方式出让探矿权。

取得探矿权的矿业权人应按照有关规定,缴纳矿业权价款。对以资金方式一次性缴纳矿业权价款确有困难的,经审批登记管理机关批准,可按现行规定分期缴纳。[28]

### 74. 对以往无偿取得国家出资探明矿产地的处置

对产业权人以无偿方式取得国家出资探明矿产地的探矿权后又自行投入勘查的,在登记机关委托评估时,应明确要求评估机构在评估结果中区分出属于国家出资形成的矿业权价款部分。登记管理机关按经评估备案的矿业权价款额,通知矿业权人缴款。对无偿占有国家出资探明矿产地的探矿权和无偿取得的采矿权进行有偿处置。对属于企业自行出资勘查探明矿产地的,不得收取矿业权价款。[28]

### 75. 资源整合中矿业权价款的处置

在矿产资源开发整合中,对矿业权人之间相互整合的,已缴纳的矿业权价款不再退还。对矿业权未被整合而直接注销的,已缴纳矿业权价款的矿业权人可向登记审批管理机关提出矿业权价款退还申请。矿业权登记管理机关按原缴纳矿业权价款额和剩余储量占原批准储量的比例,确定应退还的矿业权价款,并会同同级财政部门,报省级财政、自然资源管理部门,省级财政、自然资源部门核实并汇总应退还的矿业权价款后,向财政部、自然资源部提出退还矿业权价款的申请。财政部、自然资源部批准后,由原矿业权价款征收机关分级返还矿业权人。[28]

(2017年4月13日《国务院关于印发矿产资源权益金制度改革方案的通知》,将矿业权价款改为矿业权出让收益。由于本节内容是根据目前尚在执行的由财政部、国土资源部印发的《关于加强对国家出资勘查探明矿产地及权益管理有关事项的通知》进行编辑的,为与原文保持一致,故仍采用"价款"一词)

## 八、矿业权人勘查开采信息公示

### 76. 矿业权人勘查开采信息

矿业权人勘查开采信息是指矿业权人从事矿产资源勘查开采活动过程中形成的年度信息和自然资源主管部门在履行职责过程中产生的能够反映矿业权人状况的信息。主要包括：矿业权基本信息、矿业权人履行法定义务信息和勘查开采活动信息；自然资源主管部门履职产生的对矿业权人日常监管信息、异常名录和严重违法名单等管理信息。[29]

### 77. 勘查开采信息公示主体

自然资源主管部门在履行职责过程中作出的对矿业权人的行政处罚信息和异常名录、严重违法名单管理信息等，由作出决定的自然资源主管部门登录省级以上自然资源主管部门门户网站进行填写和公示。

凡持有矿产勘查许可证、采矿许可证的矿业权人，应当按照本办法要求填报矿产资源勘查开采年度信息并按要求公示。上一年度新设立矿业权至当年年底不满6个月的，参加下一年度信息填报和公示。

矿业权人和自然资源主管部门分别对其公示信息的真实性、及时性负责。[29]

### 78. 矿业权人勘查开采信息公示相关时间节点

矿业权人应当于每年1月1日至3月31日，通过信息公示系统填报上年度矿产资源勘查开采年度信息，并向社会公示。在年度信息填报期间，矿业权人发现其填报和公示的信息存在不准确、错误、遗漏的，可以进行更正，更正前后信息同时公示。

自然资源主管部门应当于每年4月1日至9月30日，对矿业权人公示信息进行抽查。抽查勘查项目和矿山名单工作应当在4月底之前完成，并通过信息公示系统公示。9月底之前完成全部抽查工作，并将结果通过信息公示系统公示。

自然资源主管部门自核查结束之日起20个工作日内，将核查结果记录在该矿业权人公示信息中，并通过信息公示系统公示。[29]

### 79. 矿业权人异常名录和严重违法名单主管部门

自然资源主管部门负责其登记的矿业权人异常名录和严重违法名单管理工作。

自然资源部颁发勘查许可证和采矿许可证的，矿业权人异常名录和严重违法名单的列入、移出管理，由勘查项目或矿山所在地的省级自然资源主管部门负责。油气矿产矿业权人异常名录和严重违法名单的管理，自然资源部可授权有条件的省级自然资源主管部门负责。[29]

### 80. 列入异常名录和严重违法名单的条件与申述

矿业权人有下列情形之一的，自然资源主管部门应当在20个工作日内作出将其列入异常名录的决定，并通过信息公示系统向社会公示：

(1)截至年度信息填报结束之日，矿业权人未依照本办法规定公示年度信息的。

(2)自然资源主管部门发现并查实矿业权人年度信息隐瞒真实情况、弄虚作假的。

(3)自然资源主管部门发现并查实矿业权人未履行法定义务或履行法定义务不到位的。

矿业权人被列入异常名录满三年仍未依照本办法公示信息的，自然资源主管部门应当将其列入严重违法名单，并通过信息公示系统向社会公示。

矿业权人对被列入异常名录或严重违法名单有异议的，可以自公示之日起20日内向作出决定的自然资源主管部门提出书面申请并提交相关证明材料。自然资源主管部门应当在核实情况后的20个工作日内，将核实结果书面告知申请人。自然资源主管部门发现将矿业权人列入异常名录或严重违法名单存在错误的，应当自查实之日起20个工作日予以更正。

矿业权人认为自然资源主管部门在信息公示工作中的具体行政行为侵犯其合法权益的，可以依法申请行政复议或者提起行政诉讼。[29]

### 81. 异常名录和严重违法名单的移出条件

矿业权人被列入异常名录之日起三年内，符合下列情形的，由作出列入决定的自然资源主管部门将其移出异常名录：

(1)因"矿业权人未依照本办法规定公示年度信息"被列入异常名录，已补报未报年份的年度信息并公示。

(2)因"矿业权人年度信息隐瞒真实情况、弄虚作假"被列入异常名录，已更正并公示。

(3)因"矿业权人未履行法定义务或履行法定义务不到位"被列入异常名录，已按规定履行义务并公示。

矿业权人自被列入严重违法名单之日起满五年未再发生第二十三条规定(前条5中列入名单的条件)情形的，由作出列入严重违法名单决定的自然资源主管部门将其移出严重违法名单。

自然资源主管部门将被列入异常名录或严重违法名单的矿业权人移出的，应当自查实之日起20个工作日内，作出移出异常名录的决定，并在信息公示系统公示。[29]

### 82. 异常名录和严重违法名单的管理与运用

自然资源主管部门要加大对列入异常名录和严重违法名单的矿业权人勘查开采活动的监督管理。对列入异常名录的,每年实地核查至少1次;对列入严重违法名单的,每年实地核查至少2次。

自然资源主管部门要在自然资源专项资金审批、自然资源领域工程招投标、国有土地出让、矿业权申请审批、授予荣誉称号等工作中,将矿业权人勘查开采信息公示结果作为重要考量因素,对矿业权人被列入异常名录的应依法予以限制,对矿业权人被列入严重违法名单的应依法予以禁入。

矿业权人被列入异常名录或严重违法名单的,自然资源主管部门应当依法对其违法违规行为进行处罚。[29]

### 九、矿产资源统计管理

### 83. 矿产资源统计

矿产资源统计是指县级以上人民政府自然资源主管部门对矿产资源储量变化及开发利用情况进行统计的活动。[30]

### 84. 矿产资源统计涵盖范围

在中华人民共和国领域及管辖的其他海域从事矿产资源勘查、开采或者工程建设压覆重要矿产资源的,应当依照本办法的规定进行矿产资源统计。[30]

### 85. 矿产资源统计管理部门

自然资源部负责全国矿产资源统计的管理工作。县级以上地方人民政府自然资源主管部门负责本行政区域内矿产资源统计的管理工作,但石油、天然气、页岩气、天然气水合物、放射性矿产除外。[30]

### 86. 矿产资源统计基础表的内容

矿产资源统计,应当使用由自然资源部统一制订并经国务院统计行政主管部门批准的矿产资源统计基础表及其填报说明。

矿产资源统计基础表,包括采矿权人和矿山(油气田)基本情况、生产能力和实际产量、采选技术指标、矿产组分和质量指标、矿产资源储量变化情况、共伴生矿产综合利用情况等内容。

未列入矿产资源统计基础表的查明矿产资源、压覆矿产资源储量、残留矿产资源储量及其变化情况等的统计另行规定。[30]

**87. 矿产资源统计的统计周期与统计单元**

开采矿产资源，以年度为统计周期，以采矿许可证划定的矿区范围为基本统计单元。但油气矿产以油田、气田为基本统计单元。[30]

**88. 县级自然资源主管部门的统计职责**

县级自然资源主管部门履行下列统计职责：

（1）本行政区域内采矿权人的矿产资源统计基础表的组织填报、数据审查、录入、现场抽查；

（2）本行政区域内采矿权人矿产资源储量变化情况的统计；

（3）本行政区域内采矿权人的开发利用情况的统计；

（4）向上一级自然资源主管部门报送本条第（2）项、第（3）项统计资料。

填报矿产资源统计基础表，应当如实、准确、全面、及时，并符合统计核查、检测和计算等方面的规定，不得虚报、瞒报、迟报、拒报。[30]

**89. 矿产资源统计的时间节点**

采矿权人应当于每年 1 月底前，完成矿产资源统计基础表的填报工作，并将矿产资源统计基础表一式三份，报送矿区所在地的县级自然资源主管部门。

统计单元跨行政区域的，报共同的上级自然资源主管部门指定的县级自然资源主管部门。

开采石油、天然气、页岩气、天然气水合物和放射性矿产的，采矿权人应当于每年 3 月底前完成矿产资源统计基础表的填报工作，并将矿产资源统计基础表一式两份报送自然资源部。

省级自然资源主管部门应当于每年 3 月底前将审查确定的统计资料上报自然资源部。[30]

## 十、绿色矿山

**90. 绿色矿山**

绿色矿山是指在矿产资源开发全过程中，实施科学有序开采，将对矿区及周边生态环境的扰动控制在可控范围内，实现矿区环境生态化、开采方式科学化、资源利用高效化、管理信息数字化和矿区社区和谐化的矿山。

绿色矿山是以保护生态环境、降低资源消耗、追求可循环经济为目标，将绿色生态的理念与实践贯穿于矿产资源开发利用的全过程（矿山勘探、规划与设计、矿山开发、闭坑设计),体现了对自然原生态的尊重、对矿产资源的珍惜、对景观生态的保护与重建。[31]

### 91. 绿色矿山的建设要求

绿色矿山建设是一项复杂的系统工程。它代表了一个地区矿产资源开发利用总体水平和向持续发展潜力,它着力于科学、低耗和高效合理开发利用矿产资源,并尽量减少资源储量的消耗,降低开采成本,实现资源效能的最佳化。

绿色矿山建设必须根据《中华人民共和国环境影响评价法》和《矿产资源法》,进行环境影响评价和安全现状综合评价,具有可靠的水土保持措施(方案),依法取得采矿权、矿山安全生产许可证、林木采伐许可证、爆炸物品使用许可证等相关证照,依法建立各项管理制度,依法管理和组织生产,依法交纳各项税金和治理准备金,确保安全生产。

### 92. 绿色矿山创建标准

主要内容包括合法采矿(矿山开采合法化)、高效利用(资源利用高效化)、科学开采(开采方式现代化)、清洁生产(采矿作业清洁化)、规范管理(矿山管理规范化)、安全生产(生产安全标准化)、内外和谐(内外关系和谐化)、生态重建(矿区环境生态化)。

安徽省针对绿色矿山创建出台了《井采煤矿绿色矿山建设要求》《露天开采非金属矿绿色矿山建设要求》《露天开采金属矿绿色矿山建设要求》《地下开采金属矿绿色矿山建设要求》等四项地方标准。

### 93. 绿色矿山建设规划

绿色矿山建设规划是在矿山现有建设结果基础上制定的长远规划,是指导矿山开展绿色矿山建设行动纲领,是政府监督绿色矿山建设抓手和依据。在编制绿色矿山建设规划过程中,应遵照真实、正确和可操作性标准,结合矿山实际,实事求是,不能偏离矿山企业主体发展方向。

## 参考资料:

[1]《自然资源管理知识手册》编写组:《自然资源管理知识手册》,中国大地出版社,2020年。

[2]《固体矿产资源储量分类》(GB/T 17766-2020)

[3]《自然资源部关于推进矿产资源管理改革若干事项的意见(试行)》(自然资规

〔2019〕7号)

[4]《矿产资源工业要求手册》编委会:《矿产资源工业要求手册》,地质出版社,2010年。

[5]《国土资源部关于推进矿产资源全面节约和高效利用的意见》(国土资发〔2016〕187号)

[6]《自然资源部办公厅关于做好矿产资源储量新老分类标准数据转换工作的通知》(自然资办函〔2020〕1370号)

[7]《自然资源部办公厅关于规范矿山储量年度报告管理的通知》(自然资办发〔2020〕54号)

[8]《关于印发〈固体矿产资源储量核实报告编写规定〉的通知》(国土资发〔2007〕26号)

[9]《国土资源部关于印发〈矿产资源储量规模划分标准〉的通知》(国土资发〔2000〕133号)

[10]《安徽省国土资源厅关于印发〈安徽省小型以下矿产资源储量规模划分标准〉的通知》(皖国土资〔2003〕135号)

[11]《矿产资源保护监督司司长鞠建华:全面开创矿产资源保护监督新局面》,中国自然资源报,2018年11月9日。

[12]《自然资源部办公厅关于矿产资源储量评审备案管理若干事项的通知》(自然资办发〔2020〕26号)

[13]《安徽省自然资源厅关于规范矿产资源储量评审备案管理工作的通知》(皖自然资矿保函〔2020〕177号)

[14]《自然资源部办公厅关于进一步规范矿产资源储量评审备案工作的通知》(自然资办函〔2020〕966号)

[15]《国土资源部关于进一步做好建设项目压覆重要矿产资源审批管理工作的通知》(国土资发〔2010〕137号)

[16]《矿产资源规划编制实施办法》(国土资源部令第55号发布,2019年修正)

[17]《自然资源部关于全面开展矿产资源规划(2021—2025年)编制工作的通知》(自然资发〔2020〕43号)

[18]《地质资料管理条例》(国务院令第349号)

[19]《地质资料管理条例实施办法》(国土资源部令第16号发布,2016年修正)

[20]《古生物化石保护条例》(国务院令第 580 号)

[21]《古生物化石保护条例实施办法》(国土资源部令第 57 号发布,2019 年修正)

[22]《国务院关于印发矿产资源权益金制度改革方案的通知》(国发〔2017〕29 号)

[23]《财政部 国土资源部关于印发〈矿业权出让收益征收管理暂行办法〉的通知》(财综〔2017〕35 号)

[24]《关于将国有土地使用权出让收入、矿产资源专项收入、海域使用金、无居民海岛使用金四项政府非税收入划转税务部门征收有关问题的通知》(财综〔2021〕19 号)

[25]《安徽省财政厅 安徽省自然资源厅关于做好矿产资源专项收入征收管理有关事项的通知》(皖财资环〔2021〕574 号)

[26]《安徽省自然资源厅关于实施安徽省主要矿种矿业权出让收益市场基准价的通知》(皖自然资规〔2019〕2 号)

[27]《安徽省自然资源厅关于印发安徽省矿业权出让收益市场基准价(主要矿种)的通知》(皖自然资规〔2018〕1 号)

[28]《财政部 国土资源部关于加强对国家出资勘查探明矿产地及权益管理有关事项的通知》(财建〔2010〕1018 号)

[29]《国土资源部关于印发〈矿业权人勘查开采信息公示办法(试行)〉的通知》(国土资规〔2015〕6 号)

[30]《矿产资源统计管理办法》(国土资源部令第 23 号发布,2020 年 4 月 29 日修正)

[31]《非金属行业绿色矿山建设规范》(DZ/T 0312-2018)

# 第十二篇 测绘地理信息管理篇

地理信息是国家基础性、战略性的信息资源,测绘事业是经济社会发展和国防建设的基础性行业。2018年机构改革,测绘工作融入自然资源工作大局。按照支撑经济社会发展、支撑生态文明建设、支撑自然资源配置的定位,测绘地理信息配置工作坚持守正与创新并重、发展与安全兼顾,强化卫星导航定位基准站管理、地理信息安全保密监管;深化"放管服"改革,推进工程建设项目"多测合一"及测绘资质、地理信息安全保密、地图管理等领域改革;全力推进实景三维中国建设,提供展示自然地理现状的空间基底;健全新型基础测绘体系,持续推进智慧城市时空大数据平台建设,为构建智慧中国奠定坚实根基。

本篇依据测绘地理信息法律、行政法规、部门规章、政府规章、重要规范性文件等,按照安徽省自然资源厅发布的测绘地理信息管理工作的主要职责以及在测绘管理中需要了解的常用知识点,围绕当前测绘地理信息管理的主要任务,重点围绕《测绘法》内容编写。本篇共分为9个部分,知识点主要涵盖基础测绘和行业测绘管理、测绘资质资格与信用管理、监督管理国家地理信息安全和市场秩序、地理信息公共服务管理、测量标志保护和应急测绘保障等内容。

## 一、测绘地理信息管理综合知识

### 1. 我国测绘现行法律法规

1992年12月,七届全国人大常委会第二十九次会议审议通过《中华人民共和国测绘法》(以下简称《测绘法》),并于1993年1月1日实施,这成为我国测绘专业法制化建设的重要里程碑。2007年9月,国务院印发《国务院关于加强测绘工作的意见》,这是指引测绘行业发展的纲领性文件。2008年12月1日,《安徽省测绘条例》正式实施。后续陆续出台了《外国的组织或者个人来华测绘管理暂行办法》《地图审核管理规定》《房产测绘管理办法》《测绘地理信息管理工作国家秘密范围的规定》《测绘资质管理办法》等规章。由此,测绘法规政策逐步建立健全,基本形成了以《测绘法》为核心,4部行政法规、6部部门规章、35部地方性法规、近百部地方政府规章为主体的测绘法律法规体系。2017年《测绘法》进行了第二次修订,测绘行业在法治道路上行稳致远。

**2. 当前测绘地理信息管理的主要任务**

（1）构建高效法治管理体系。加强地理信息安全、事业转型升级、市场监管机制、成果应用推广、地理信息产业发展等方面制度建设,完善新时代测绘地理信息法律体系。加快制定国家基础测绘和重大测绘项目管理办法。将拆迁永久性测量标志审批层级下放至省级测绘地理信息主管部门。下放部分地图审核行政许可权限。最大限度地简化测绘资质审批程序、压缩审批时间。加强测绘资质单位信用体系建设,强化对信用和质量监督结果的运用,遏制不正当竞争行为。

（2）加强地理信息安全监管与地图管理。开展地理信息安全保密政策和安全防控技术体系研究,完善与网信、安全、保密等相关部门的协作机制,强化安全保密宣传教育。整治"问题地图",完善互联网地图监管系统,提升在线监控能力,优化标准地图服务。引导互联网地图服务企业加强自律。打造国家版图宣教平台,开展国家版图意识教育"进学校、进社区、进媒体"活动。

（3）加快新型基础测绘建设。加强现代测绘基准体系建设,建设我国陆海一体、高精度的新型测绘基准体系,建立完善国家测绘基准数据库,为社会提供高精度、实时动态的导航定位服务。从新型基础测绘产品体系设计与建设入手,带动新型基础测绘技术、生产组织和政策标准体系的构建。推进国家基础测绘"十四五"规划的落实工作,探索"统一规划、分级实施、协同更新"的新型基础测绘生产模式,实现"一个地理实体只测一次"的目标。

（4）丰富国家基础地理信息资源。提升国家基础测绘生产的效率和质量,完善数据联动更新机制,拓展基础地理信息内容,加快我国基础地理信息资源库建设和更新。建立健全航空航天遥感数据统筹协调和共享机制,提高航空航天遥感测绘能力。开展智慧城市时空信息云平台试点示范,建立结构完整、功能完备的数字中国地理空间框架。

（5）强化测绘地理信息成果管理与应用。亟须加强技术创新和管理创新,推进成果社会化应用。健全成果汇交管理、提供使用和目录发布等制度以及测绘地理信息成果发布利用机制,完善目录服务系统。建立健全测绘地理信息业务档案管理标准规范体系。加强地理信息资源开发利用统筹管理。摸清测量标志使用和保护基本情况,分类推进保护管理。

（6）全面提升协调融合发展。统筹整合自然资源系统的卫星导航定位基准站网，加强联合执法，落实《测绘法》规定的基准站网建设备案制度。及时调整和完善基础地理信息要素分类方式，实现与自然资源管理相关标准的统一；从目前的"4D"产品向一体化时空数据库转变，实现"一库多能、按需组装"的个性化服务。在国家对自然资源的管理体制下，研究推进"一测多用"机制，推动管理职能向市、县下放和转移，统筹各级基础测绘工作。

（7）开辟测绘地理信息保障服务新境界。全面提升公共服务有效供给，从提供单一的地理信息数据向提供综合的地理信息服务转型，从发挥基础先行作用向服务决策管理全过程升级。全面提高"天地图"公益性服务能力，实现各级节点数据在线融合与联动更新，加快涉密版平台建设，做好平台公众版、政务版运行维护。构建国家应急测绘保障体系，组织实施好国家应急测绘保障能力建设项目。建立平战结合、协调联动的工作流程和协作机制，做好自然灾害和突发事件应急处置的测绘地理信息保障工作。[48]

### 3. 我省推进工程建设项目"多测合一"改革的工作任务

"多测合一"改革工作的任务：[26]

（1）整合测绘事项。将工程建设项目的用地规划许可、工程建设许可、施工许可、竣工验收4个阶段的全部测绘业务整合为一个测绘事项。可将各测绘事项分阶段委托一家测绘单位，也可将全流程一个测绘事项委托一家测绘单位。属行政监管行为的测绘事项可不纳入"多测合一"范围。各地可根据实际，进一步整合测绘事项，减少测绘项目委托次数。但测绘项目委托方式必须执行国家和省有关法律法规的规定。

（2）搭建服务平台。市、县（市、区）自然资源主管部门应设立工程建设项目"多测合一"服务窗口，并搭建"互联网+"服务系统和"多测合一"共享平台，提供"多测合一"线上线下多渠道服务。服务系统和共享平台应与当地工程建设项目审批平台衔接，与规划、不动产登记等系统互联互通。

（3）规范测绘市场。测绘单位应当依法取得自然资源主管部门颁发的测绘资质证书，按照《测绘资质分类分级标准》规定的资质等级和作业限额承揽"多测合一"业务。各地应按照"非禁即入"的市场准入原则，及时清理、取消测绘市场的限制性措施。杜绝测绘单位违法分包或转包、测绘单位垄断经营、不合理收费等行为。

（4）严格技术要求。"多测合一"测绘基准应当采用2000国家大地坐标系、1985

国家高程基准。"多测合一"各项技术指标按照国家相关标准规范执行。市、县（市、区）自然资源主管部门会同相关部门制定"多测合一"成果报告样本；严格要求测绘单位按技术规定提交测绘成果，确保成果数据共享应用。可结合实际研究制定本地"多测合一"技术规定，以国标不动产单元代码作为标的物的唯一标识，贯穿工程建设项目审批、监督和不动产登记全流程。

（5）实施信息共享。建立"多测合一"测绘成果共享机制，优化成果资料提交、利用与共享流程。"多测合一"成果不得要求行政相对人重复提交；不得采用未提交至"多测合一"共享平台的成果。加强基础地理信息与"多测合一"成果的共享交换、更新利用工作。

（6）强化质量监管。"多测合一"测绘单位对其提交的测绘成果质量终生负责。加大对"多测合一"成果质量的监管力度，按照"双随机、一公开"的要求，扩大检查比例和覆盖面。建立"多测合一"测绘单位信用评价、守信激励与失信惩戒机制，对信用不良的加大监督检查力度，将失信情况录入信用管理平台予以公布。

**4. 我省测绘地理信息事业发展新格局**

按照面向国家与经济社会信息化对测绘地理信息的重大需求，贯彻信息化测绘体系建设的指导思想，以"加强基础测绘，监测地理国情，强化公共服务，壮大地信产业，维护国家安全，建设测绘强国"为战略方向，加强测绘科技创新与能力建设，到2020年，建成完整的信息化测绘技术体系。[29]更好地服务支撑新阶段现代化美好安徽建设。

"十三五"期间，我省加强测绘管理，促进事业发展，形成了法制和体制更加健全、保障和服务更加有力、经济和社会效益更加显著的测绘地理信息事业发展新格局。[27]

（1）测绘地理信息发展环境持续优化。政策法规体系日益完善；行政管理体制完成转变；产业发展环境持续优化；科技水平逐步增强。

（2）测绘地理信息服务保障成效显著。公益性服务保障职能充分履行；地理信息公共服务平台建设取得突破；智慧城市时空大数据平台持续推进；公益性地图产品服务继续拓展；测绘应急服务保障水平显著提升。

（3）测绘地理信息资源成果不断丰富。现代测绘基准体系持续优化，航空航天遥感影像获取日益丰富，基础地理信息数据更新稳步推进，地理国情监测稳步推进，水下与地下空间测绘成果不断累积。

初步建立以数据获取实时化、数据处理自动化、数据管理智能化、信息服务网络化、信息应用社会化为特征的信息化测绘技术体系。[48]

**5. 标准化的概念及标准化管理规定**

从事测绘活动,应当使用国家规定的测绘基准和测绘系统,执行国家规定的测绘技术规范和标准。[1]

标准分为国家标准、行业标准、地方标准、团体标准、企业标准等5类。国家标准分为强制性标准和推荐性标准,行业标准、地方标准是推荐性标准。强制性标准是由法律规定必须遵照执行的标准。国家鼓励采用推荐性标准。[33]

修订后的《中华人民共和国标准化法》明确了团体标准的法律地位,取消了强制性行业标准和地方标准,并作出了强制性标准文本免费公开,团体标准、企业标准自我声明公开和监督制度等一系列规定,为加强标准化管理提供了有力的法律支撑。[33]

强制性标准以外的标准是推荐性标准,也叫非强制性标准。强制性国家标准的代号为"GB",如《国家基本比例尺地图测绘基本技术规定》(GB 35650-2017)、《基础地理信息标准数据基本规定》(GB 21139-2007);推荐性国家标准的代号为"GB/T",如《国家基本比例尺地形图更新规范》(GB/T 14268-2008)。行业标准是在行业标准代号后加个"T"字,如"CH/T"即测绘行业标准,如《1:5000 1:10000 基础地理信息数字产品更新规范》(CH/T 9006-2010)。

为进一步满足测绘地理信息事业发展对标准化的需求,做好测绘标准的制修订工作,提高测绘标准的科学性、协调性和适用性,国家颁布实施了《测绘标准体系(2017修订版)》,明确了当前测绘领域国家、行业标准的内容构成,可为信息化测绘生产、管理与服务提供全面的标准支撑,是测绘这一基础性、公益性事业新时期标准化工作的纲领性技术设计。[47]

**6. 基于摄影测量与遥感的主要测绘产品**

(1)基于摄影测量与遥感技术的测绘数字化产品[50]

数字摄影测量与遥感的产品主要包括3大类:

①影像类产品。主要包括:原始影像镶嵌图、纠正影像及其镶嵌图、数字正射影像及其镶嵌图、正射影像立体匹配片、真正射影像及其镶嵌图等。

②点和矢量类产品。主要包括:影像定向参数及加密点坐标、数字高程模型(包括断面图、立体透视图等)、数字表面模型、数字线划地图(包括平面图、等高线图、地形图和各种专题图等)、三维目标模型(矢量形式)等。

以上所称数字线划地图、数字高程模型、数字正射影像,加上数字栅格地图,即"4D"产品。

数字线划地图(DLG)是以点、线、面形式或地图特定图形符号形式表达地形要素的地理信息矢量数据集。

数字高程模型(DEM)是在一定范围内通过规则格网点描述地面高程信息的数据集,用于反映区域地貌形态的空间分布。

数字正射影像图(DOM)是将地表航空航天影像经垂直投影而生成的影像数据集,并参照地形图要求对正射影像数据按图幅范围进行裁切,配以图廓整饰而成。它具有像片的影像特征和地图的几何精度。

数字栅格地图(DRG)是将现有纸质地形图经扫描处理生成,或将 DLG 矢量数据经符号化后转换的栅格数据文件。

③影像和矢量相结合的产品。主要包括:影像地形图(将等高线套合到正射影像上)、立体景观图、带纹理贴面的三维目标模型等。

另外,还有各种可视化的立体模型,各种工程设计所需要的三维信息,各种信息系统、数据库所需的空间信息等都属于数字摄影测量系统的产品范畴。

(2)基础地理信息三维模型[50]

基础地理信息三维模型是地形地貌、地上地下人工建(构)筑物等基础地理信息的三维表达,反映被表达对象的三维空间位置、几何形态、纹理及属性等信息。

(3)遥感调查工作底图和专题遥感数据成果内容[50]

遥感调查工作底图和专题遥感数据成果主要包括:正射影像图数据、遥感调查工作底图数据、专题遥感数据等。

①数据内容:由正射影像图和图廓整饰信息、行政界线、地名以及其他专题信息组成。

②数据格式:遥感正射影像数据一般采用非压缩的 TIFF 格式存储;元数据文件可采用 MDB 格式或文本格式存储;调查底图制图数据根据所使用的制图软件来确定;专题遥感数据格式一般包括矢量数据格式和栅格数据格式。

③分辨率:根据项目要求确定影像时间分辨率、地面分辨率和波谱分辨率。

### 7. 卫星遥感技术为自然资源业务运行提供支撑

安徽省卫星应用技术中心以卫星遥感技术支撑我省国土、地矿、测绘、林业等自然资源主责主业为目标,为自然资源调查、监测、监管(执法)、评价、规划等业务相关的重点项目和重大任务的卫星应用提供支撑。[28]

自然资源领域应用卫星遥感技术主要涉及业务事项:

国土方面：土地利用变更调查监测与核查、国土空间规划、用途管制、国土"一张图"数据更新、卫片执法监督、永久基本农田保护、生态修复、开发利用城市开发边界全天候遥感监测等。

地矿方面：地质遥感调查、地质灾害调查监测、矿产资源调查、矿山环境恢复治理监管等。

测绘方面：基础测绘产品生产更新、地理信息公共服务平台建设、基础地理信息数据库更新、公益性地图编制、数字城市地理空间框架建设等。

林业方面：林业资源调查监测评价、湿地调查保护、林业勘察规划、自然保护区管理、智慧林业等。

每年第三季度以书面形式向全省各级自然资源部门征求下一年度的卫星影像应用需求，利用遥感影像共享服务系统中数据需求填报功能，向自然资源应用单位征集月度需求和应急需求，实时掌握各部门和社会的数据需求。并结合其他相关行业、部门的影像需求，汇总形成影像月度、季度获取需求和应急采购需求。[28]

**8. 自然资源省级卫星应用技术中心的建设目标**

充分发挥国产卫星资源优势，利用省级自然资源主管部门已有卫星应用基础，依托具备卫星遥感应用能力的单位，以"一省一中心""资源共享、务实管用"为目标，集聚省级自然资源系统卫星遥感应用力量，建设集数据管理、产品生产、主业应用和应用服务为一体的省级卫星应用技术中心。贯通部、省、市、县（乡）的自然资源卫星应用技术体系，积极推进卫星应用融入自然资源调查、监测、监管、评估、决策等主责主业，着力提高国产卫星服务地方政府自然资源等经济社会发展管理的应用水平，向社会公众提供更加优质的卫星遥感应用产品服务。[23]

**9. 自然资源安徽省卫星遥感应用技术体系的主要建设内容**

紧紧围绕"五大发展，美好安徽"建设目标，立足自然资源管理主责主业，服务"长三角区域一体化发展""水清岸绿产业优"生态文明保护"两山一湖"大旅游经济等重大战略，构建省、市、县（乡）卫星遥感应用技术体系，实现"横向到边、纵向到底"的"资源共享务实管用"的建设目标。主要建设内容为：①卫星影像管理能力建设；②卫星遥感应用数据库建设；③卫星数据资源统筹机制建设；④卫星数据产品生产体系建设；⑤卫星数据共享服务能力建设；⑥市、县（乡）级节点建设；⑦遥感影像人才队伍建设；⑧卫星应用技术创新能力建设。[28]

**10. 智慧城市时空大数据平台在智慧城市建设中的任务**

"智慧城市是运用物联网、云计算、大数据、地理信息集成等新一代信息技术，促进城市规划、建设、管理和服务智慧化的新理念和新模式。建设智慧城市,对加快工业化、信息化、城镇化、农业现代化融合,提升城市可持续发展能力具有重要意义。"[37] 2016年,《中共中央 国务院关于进一步加强城市规划建设管理工作的若干意见》要求,推进城市智慧管理,到2020年,建成一批特色鲜明的智慧城市。[42]

根据新型智慧城市建设部际协调工作组确定的任务分工,自然资源部重要任务之一就是指导各地区自然资源主管部门开展智慧城市时空大数据平台建设及应用,内容涵盖:智慧城市时空大数据平台建设试点,指导开展时空大数据平台构建;鼓励其在国土空间规划、市政建设与管理、自然资源开发利用、生态文明建设以及公众服务中的智能化应用,促进城市科学、高效、可持续发展;研究制定相关行业标准和技术规范,完善评价指标体系,参与部际协调工作组开展的年度评价工作。[24]

智慧城市时空大数据平台内容在智慧城市总体架构中的位置分别是:时空大数据蕴含在公共数据库层,其中基础时空数据是政务、民务、运营和感知等其他城市大数据时空化的基础;云平台是公共信息平台层的重要组成,是其他专题应用平台的基础性支撑平台。平台运行服务依赖的云计算环境是计算存储设施层的核心,相关的政策机制、标准规范等软环境包含在制度安全保障体系和政策标准保障体系中。[24]

智慧城市时空大数据平台作为智慧城市的重要组成,既是智慧城市不可或缺的、基础性的信息资源,又是其他信息交换共享与协同应用的载体,为其他信息在三维空间和时间交织构成的四维环境中提供时空基础,实现基于统一时空基础下的规划、布局、分析和决策。[24]

### 11. 人工智能与测绘

人工智能(Artificial Intelligence),英文缩写为AI。是研究、开发用于模拟、延伸和扩展人的智能的理论、方法、技术及应用系统的一门新的技术科学。该领域的研究包括机器人、语言识别、图像识别、自然语言处理和专家系统等。人工智能可以对人的意识、思维的信息过程进行模拟。人工智能不是人的智能,但能像人那样思考,也可能超过人的智能。

人工智能的应用——机器人,模拟人感知环境、推理认知、付诸行为。研究方向包括:机器视觉、机器听觉、机器学习、机器推理以及机器人仿生。测绘也是感知地球环境、推理认知地理,获取测绘成果的过程。因此,测绘与人工智能有着很密切的关系,如:测绘应用的各类传感器,从卫星到无人机、无人车、无人船、测绘机器人,到可穿戴设备等等。测绘是关于地理信息获取、处理、分析、挖掘、应用的活动,可以作为人工智能的典型应用。总之,测绘与人工智能息息相关,针对大数据的分析处理能力与人工智能的智商提高,对定位精度、空间信息准确性,以及对地理信息认知度起到至关重要的作用,测绘地理信息技术不断地依赖于人工智能。

**12. 北斗卫星导航系统和无人机技术的应用**

我国北斗卫星导航系统实现全球组网,促使新一代测绘基准体系持续优化完善。我省已实现在安徽省域全面提供兼容北斗卫星导航系统的导航定位服务,提供支持北斗的实时定位服务和数据处理服务。"十四五"期间,我省将建成以北斗卫星导航系统为主体的安徽省卫星导航定位基准服务系统,推进测绘基准现代化改造升级和北斗导航与位置服务的社会化应用。建成全面支持"北斗三号"的安徽省卫星导航定位基准服务系统,构建位置服务云平台。[27]

近年来飞速发展起来的低空遥感技术,是一项通过在无人机即无人驾驶飞行器(Unmanned Aerial Vehicle,UAV)平台上,搭载航空数码相机来进行航空摄影的测绘地理信息数据快速获取技术。自动导航功能运用 IMU/GNSS(惯性测量单元/卫星导航系统)技术,在 1000 米以下低空作业。该技术具有灵活机动、反应迅速、准确度高和可在云下进行摄影等特点。无人机技术主要应用于社会经济发展、应急救灾、数字城市建设、处置突发事件、地质灾害监测、环境变化监测、矿山监测以及工程设计等,特别在自然资源三大调查(土地调查、地质调查、地理国情监测)、测绘航空摄影测量领域,更是大显身手,成为不可或缺的重要技术手段。

## 二、基础测绘管理

**13. 基础测绘概念以及地方基础测绘的管理**

基础测绘是公益性事业。国家对基础测绘实行分级管理。基础测绘是指建立全国统一的测绘基准和测绘系统,进行基础航空摄影,获取基础地理信息的遥感资料,测制和更新国家基本比例尺地图、影像图和数字化产品,建立、更新基础地理信息系统。基础测绘是一项公益性事业,即不以营利为目的,直接或者间接满足社会公共需求的测绘活动,旨在向社会各类用户提供权威的基础地理信息服务,其经费主要由政府财政支持。[1]

省级测绘地理信息主管部门负责组织实施下列项目:建立本行政区域内与国家测绘系统相统一的大地控制网和高程控制网;建立和更新地方基础地理信息系统;组织实施地方基础航空摄影;获取地方基础地理信息遥感资料;测制和更新本行政区域 1：

10000 至 1∶5000 国家基本比例尺地图、影像图和数字化产品。[2]

设区的市、县级人民政府依法组织实施 1∶2000 至 1∶500 比例尺地图、影像图和数字化产品的测制和更新以及地方性法规、地方政府规章确定由其组织实施的基础测绘项目。[2]

**14. 地方政府及有关部门在基础测绘实施方面的职责**

县级以上人民政府及有关部门有保证基础测绘实施的职责,主要包括以下两方面[48]:

(1)经费方面。基础测绘是公益性事业,需要大量资金投入,不能依靠市场机制自发调节。县级以上人民政府应当将基础测绘纳入本级国民经济和社会发展年度计划,将基础测绘工作所需经费列入本级政府预算。[1]这样既可以保证基础测绘所需资金,又可以在政府层面对基础测绘进行整体规划,避免部门间重复测绘导致资金浪费。

(2)计划方面。县级以上人民政府有关部门有编制本地区基础测绘年度计划的义务。基础测绘规划提出的目标需要年度计划分阶段实施。县级以上地方人民政府发展改革部门会同本级人民政府测绘地理信息主管部门,根据本行政区域的基础测绘规划编制本行政区域的基础测绘年度计划,并分别报上一级部门备案。[1]

**15. 我国对基础测绘成果的更新要求**

(1)国家实行基础测绘成果定期更新制度[2]

基础测绘成果的更新周期应当根据不同地区国民经济和社会发展的需要、测绘科学技术水平和测绘生产能力、基础地理信息变化情况等因素确定。其中,1∶100 万至 1∶5000 国家基本比例尺地图、影像图和数字化产品至少五年更新一次;自然灾害多发地区以及国民经济、国防建设和社会发展急需的基础测绘成果应当及时更新。

基础测绘成果更新周期确定的具体办法,由国务院测绘行政主管部门会同军队测绘主管部门和国务院其他有关部门制定。

(2)县级以上人民政府测绘行政主管部门应当及时收集有关行政区域界线、地名、水系、交通、居民点、植被等地理信息的变化情况,定期更新基础测绘成果。[2]

县级以上人民政府其他有关部门和单位应当对测绘行政主管部门的信息收集工作予以支持和配合。[2]

**16. 卫星导航定位基准站建设规定**

卫星导航定位基准站,是指对卫星导航信号进行长期连续观测,并通过通信设施将观测数据实时或者定时传送至数据中心的地面固定观测站。卫星导航定位基准站的建设和运行维护应当符合国家标准和要求,不得危害国家安全。卫星导航定位基准站的建设和运行维护单位应当建立数据安全保障制度,并遵守保密法律、行政法规的规定。[1]

建设卫星导航定位基准站的,建设单位应当按照国家有关规定报国务院测绘地理信息主管部门或者省、自治区、直辖市人民政府测绘地理信息主管部门备案。国务院测绘地理信息主管部门和省、自治区、直辖市人民政府测绘地理信息主管部门应当会同本级人民政府其他有关部门,按照统筹建设、资源共享的原则,建立统一的卫星导航定位基准服务系统,提供导航定位基准信息公共服务。[1]

县级以上人民政府测绘地理信息主管部门应当会同本级人民政府其他有关部门,加强对卫星导航定位基准站建设和运行维护的规范和指导。[1]

**17. 现代测绘基准体系建设内容**

测绘基准是指一个国家整个测绘的起算依据和各种测绘系统的基础。我国测绘基准主要包括:国家设立和采用全国统一的大地基准、高程基准、深度基准和重力基准。[1]

《全国基础测绘中长期规划纲要(2015—2030年)》明确提出了我国基础测绘发展的主要任务——加强测绘基准基础设施建设,形成覆盖我国全部陆海国土的大地、高程和重力控制网三网结合的高精度现代测绘基准体系。[8]

新一代国家测绘基准体系构建与服务(2021—2025)建设内容:

(1)更新并发布CGCS2000坐标框架与历元;

(2)确定并发布新一代国家重力基准;

(3)确定并发布我国新一代国家似大地水准面模型;

(4)确定并发布高程/深度基准转换模型;

(5)构建基于全国北斗系统的国家坐标基准服务平台和基于全球坐标框架、开放共享的全球化坐标基准服务平台。[43]

**18. 似大地水准面概念与作用**

似大地水准面概念与作用[50]:

(1)大地水准面:设想一个与静止的平均海水面重合并延伸到大陆内部的包围整个地球的封闭的重力位水准面。大地水准面也称为重力等位面,它既是一个几何面,又是一个物理面。

(2)正高:地面一点沿该点的重力线到大地水准面的距离。大地水准面是正高的起算面。

(3)似大地水准面:从地面一点沿正常重力线按正常高相反方向量取高至正常高所得端点所构成的曲面。似大地水准面是正常高的起算面。

(4)正常高:地面一点沿正常重力线到似大地水准面的距离称为正常高。以似大地水准面定义的高程系统称为正常高系统。我国目前采用的法定高程系统就是正常高系统。

(5)大地高:从地面点沿法线到所采用的参考椭球面的距离。它的起算面是所采用的参考椭球面。

(6)大地水准面差距:参考椭球面与大地水准面之差的距离称为大地水准面差距,记为N。

(7)高程异常:似大地水准面至地球椭球面的垂直距离称为高程异常,记为ζ。

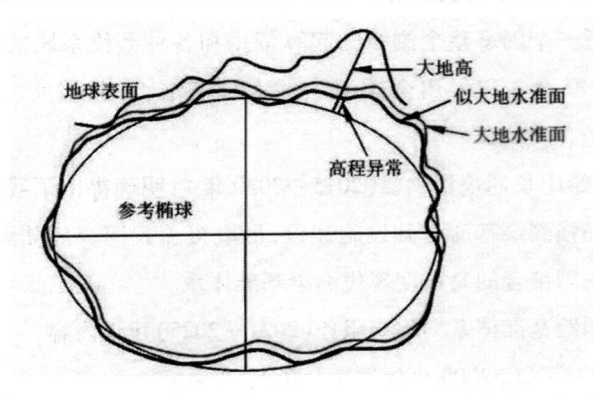

图12—1 参考椭球面与大地水准面、似大地水准面

如果设地面某一点的大地高为$H_{大地}$,它的正高为$h_{正高}$,正常高为$h_{正常高}$,大地水准面差距为N,高程异常为ζ,则有:

$$H_{大地} = h_{正高} + N = h_{正常高} + \zeta$$

从图12—1关系中可以看出,精确求定大地水准面差距N,则是对大地水准面的精化,精确求定高程异常ζ,则是对似大地水准面的精化。我国采用的是正常高系统,正常高的起算面是似大地水准面。因此,我国主要是对似大地水准面的精化,也就是按一定的分辨率精确求定高程异常ζ。

**19. 测绘基准与大地基准、高程基准等基准的设立、审核和批准**

测绘基准包括所选用的各种大地测量参数、统一的起算面、起算基准点、起算方位以及有关的地点、设施和名称等。

国家设立和采用全国统一的大地基准、高程基准、深度基准和重力基准,其数据由国务院测绘地理信息主管部门审核,并与国务院其他有关部门、军队测绘部门会商后,报国务院批准。[1]

大地基准:大地基准是建立大地坐标系统和测量空间点位的大地坐标的基本依据。[49]我国目前采用的大地基准是2000国家大地坐标系,2000国家大地坐标系属全球地心坐标系。

高程基准:高程基准是建立高程系统和测量空间点高程的基本依据。我国目前采用的高程基准为1985国家高程基准。[49]

重力基准:重力基准是建立重力测量系统和测量空间点的重力值的基本依据。我国目前采用的重力基准为2000国家重力基准。[49]

深度基准:深度基准是海洋深度测量和海图上图载水深的基本依据,是计算水体深度的起算面,深度基准与国家高程基准之间通过验潮站水准联测建立联系。我国目前采用的深度基准因海区不同而有所不同。中国海区从1956年采用理论最低潮面(即理论深度基准面)作为深度基准。内河、湖泊采用最低水位、平均低水位或设计水位作为深度基准。[49]

**20. 我国现采用的大地坐标系和高程基准**

我国先后建立的大地坐标系有1954年北京坐标系、1980西安坐标系和2000国家大地坐标系;高程基准有1956年黄海高程系和1985国家高程基准。我国现采用的大地坐标系是2000国家大地坐标系(CGCS2000),高程基准是1985国家高程基准。

2000国家大地坐标系是由2000国家GPS大地控制网、2000国家重力基本网及用常规大地测量技术建立的国家天文大地网联合平差获得的三维地心坐标系统。相较于以前所使用的二维参心坐标系在精度上有很大的优势。我国自2008年7月1日起正式启用2000国家大地坐标系[34];1987年5月16日《国务院关于启用"1985国家高程基准"的批复》批准启用1985国家高程基准。

**21. 相对独立的平面坐标系统及建立规定**

相对独立的平面坐标系统是指:为了满足在局部地区大比例尺测图和工程测量的需要,以任意点和方向起算建立的平面坐标系统或者在全国统一的坐标系统基础上,进行中央子午线投影变换以及平移、旋转等而建立的平面坐标系统。相对独立的平面坐标系统是一种非国家统一的,但与国家统一坐标系统相联系的平面坐标系统。这种独立的平面坐标系统通过与国家坐标系统之间的联测,确定两种坐标系统之间的数学转换关系,即称之为相对独立的平面坐标系统与国家坐标系统相联系。[44]

因建设、城市规划和科学研究的需要,国家重大工程项目和国务院确定的大城市确需建立相对独立的平面坐标系统的,由国务院测绘地理信息主管部门批准;其他确需建立相对独立的平面坐标系统的,由省、自治区、直辖市人民政府测绘地理信息主管部门批准。建立相对独立的平面坐标系统,应当与国家坐标系统相联系。[1]

原国家测绘局2006年4月12日颁布的《建立相对独立的平面坐标系统管理办法》[44],对建立相对独立的平面坐标系统的审批权限进行了详细规定。

**22. 新型基础测绘体系建设**

加快推进新型基础测绘体系建设,不断提升基础测绘保障服务能力和水平。[8]经过5—10年的共同努力,建成以地理实体为核心、"一库多能、按需组装"的国家基础地理实体数据库(N-FGD),经数据提取、适配组装、融合表达,构建实景三维中国(N-3DRS)。到2030年,全面建成新型基础测绘体系,为经济社会发展提供多层次、全方位基础测绘服务。[25]

(1) 新型基础测绘概念[25]

新型基础测绘是以"地理实体"为视角和对象,按"实体粒度和空间精度"开展测绘、构建"基础地理实体数据库"为目标,按需组装"4E标准化产品"(组合聚合实体集、无级化地图表达、地形级实景三维、城市级实景三维)的基础性、公益性测绘行为。与以"地理要素"为视角和对象,按"比例尺"开展测绘、构建"基础地理信息数据库"为目标、"4D产品"为典型代表的传统基础测绘相比,产品模式实现了转型升级,同时也将带动技术体系、生产组织体系、政策标准体系的创新,推动基础测绘服务能力和水平的大幅跃升。所以,这一转型升级是从产品模式,到技术、生产,再到管理的跨越性、革命性转变。

(2) 实景三维定义[32]

实景三维(3D Real Scene)是对人类生产、生活和生态空间进行真实、立体、时序化反映和表达的数字虚拟空间,是新型基础测绘标准化产品,是国家新型基础设施建设的重要组成部分,为经济社会发展和各部门信息化提供统一的空间基底。实景三维通过在三维地理场景上承载结构化、语义化、支持人机兼容理解和物联实时感知的地理实体进行构建。按照表达内容通常分为地形级、城市级和部件级。

(3) 新型基础测绘地理信息产品的主要特征[25]

随着人工智能(AI)时代的到来,对地理信息产品提出了新要求:

实体化:以独立地物和地理单元为对象,取消(模糊)比例尺概念,突破地图分幅和投影的限制。

三维化:线划数据三维化,三维数据单体。

语义化:能够挂接各类大数据,尽量保持现实世界信息丰富度和原始状态。

结构化:空间数据结构化,属性数据非结构化。

全空间:由陆地向海洋、地下、水下延伸。

人机兼容:人眼可读、机器能懂。

因此,基础测绘亟待转型升级、创新发展,建立起新型的基础测绘体系,以适应新时代要求,全面提升其保障服务能力和水平。

(4)新型基础测绘试点建设原则[25]

基础性原则。在新型基础测绘体系的构建中,其施测内容、属性等要与专业测绘、商业测绘泾渭分明,应符合《测绘法》和《基础测绘条例》对基础测绘的基础性、公益性要求。

公共性原则。新型基础测绘体系数据内容、粒度及精度等技术指标,应体现各应用部门的共性需求,是自然资源、生态环境、水利、住建、农业农村、公安等测绘应用的"最大公约数"。

共享性原则。新型基础测绘体系的构建应遵照《测绘法》规定的国家、省区、市县分级管理体制,以地理实体分级测绘模式代替按尺度分级测绘,实现"一个地理实体只测一次",并确保各级数据之间能够共享融合,避免重复建设。

按需性原则。新型基础测绘产品,一方面要与自然资源、生态环境、水利、住建、农业农村、公安等部门在分类与编码上进行对接,建立空间语义关联知识图谱(SRKM);另一方面,以地理实体为视角和对象,描述表达现实世界,形成基础地理实体数据库,实现"一库多能、按需组装"。

创新性原则。充分考虑原有成果利用,鼓励采用人工智能、众智感知、边缘计算、国产密码等新技术、新手段,在地理实体数据生产与集成、众源数据一体化处理、智能化提取、共享发布、质量控制与评定等方面,开展理论方法研究与技术创新。

**23.《安徽省"十四五"测绘地理信息规划》的主要任务和重大工程**

《安徽省"十四五"测绘地理信息规划》明确安徽省测绘地理信息发展的八大主要任务,并部署八项重大工程。

主要任务为：

(1)提升测绘地理信息支撑能力；

(2)加强基础地理信息资源获取；

(3)探索新型基础测绘模式；

(4)深化地理国情监测应用；

(5)强化地理信息公共服务；

(6)促进产业高质量发展；

(7)服务区域协调发展战略；

(8)加强测绘科技创新。[27]

重大工程是：

(1)现代测绘基准体系完善与维护工程(安徽省卫星定位综合服务系统改造与维护、现代测绘基准建设、构建新一代似大地水准面模型)；

(2)航空航天遥感数据统筹获取工程(常态化遥感影像获取、其他遥感数据获取与应用)；

(3)基础地理信息资源更新工程(1∶10000基础地理信息数据更新；1∶500、1∶1000、1∶2000基础地理信息数据更新；像片控制点数据库建设与更新)；

(4)新型基础测绘体系建设工程(开展新型基础测绘体系建设试点、实景三维数据生产)；

(5)地理国情监测持续推进工程(推进地理国情监测、加强地理国情监测应用)；

(6)测绘地理信息公共服务工程(地理信息公共服务平台建设与维护、公共地图产品服务保障、智慧城市时空大数据平台建设、应急测绘保障体系建设、地理信息安全与自主可控体系建设)；

(7)服务长三角一体化建设工程(构建长三角区域卫星定位综合服务系统、长三角地理信息公共服务平台一体化建设)；

(8)科技创新体系建设工程(自主化测绘地理信息技术装备建设、测绘地理信息科技创新能力建设)。[27]

### 三、测绘行业管理

**24. 保护测绘人员合法测绘权利**

"测绘人员进行测绘活动时，应当持有测绘作业证件。任何单位和个人不得阻碍测绘人员依法进行测绘活动。"[1]持证合法进行测绘作业受法律保护,是法律赋予测绘人员依法从事测绘活动的权利,也赋予了测绘活动涉及的单位和个人查验作业证的权利,并明确测绘活动涉及的单位和个人的义务,以避免损害本单位合法权益问题的发生。

这项法规的特点是:

(1)赋予测绘人员依法从事测绘活动的权利,对于持有测绘作业证件,从事合法测绘活动的测绘人员,不应受到任何妨碍和阻扰。

(2)赋予测绘活动涉及的单位和个人查验测绘作业证件的权利,测绘人员在要求有关单位和个人为其测绘活动提供便利时,有关单位和个人有权查验其测绘作业证件,测绘人员必须予以配合,出示测绘作业证件。

(3)明确测绘活动涉及的单位和个人的义务。经过查验测绘作业证件,确认测绘人员从事测绘活动的合法性后,测绘活动涉及的单位和个人应当为其测绘活动提供便利,不得妨碍、阻扰测绘人员依法进行测绘活动。

测绘作业证件的持有者必须是测绘人员,更确切地说应当是从事野外作业的测绘人员。测绘人员依法进行测绘活动,出示作业证是法定义务,也是法律赋予的权利,是防止非法测绘的有效途径。合法持有测绘作业证件的测绘人员,才可依法使用永久性测量标志。

### 25. 测绘项目发包承包规定

测绘单位不得超越资质等级许可的范围从事测绘活动,不得以其他测绘单位的名义从事测绘活动,不得允许其他单位以本单位的名义从事测绘活动。[1]

测绘项目实行招投标的,测绘项目的招标单位应当依法在招标公告或者投标邀请书中对测绘单位资质等级作出要求,不得让不具有相应测绘资质等级的单位中标,不得让测绘单位低于测绘成本中标。中标的测绘单位不得向他人转让测绘项目。[1]

违反规定,测绘项目的招标单位让不具有相应资质等级的测绘单位中标,或者让测绘单位低于测绘成本中标的,责令改正,可以处测绘约定报酬两倍以下的罚款。招标单位的工作人员利用职务上的便利,索取他人财物,或者非法收受他人财物为他人谋取利益的,依法给予处分;构成犯罪的,依法追究刑事责任。[1]

### 26. 地籍测绘的主要内容

(1)地籍测绘的概念[50]

地籍测绘是获取和表达地籍信息所进行的测绘工作,是指对地块权属界线的界址点坐标进行测定,并把地块及其附着物的位置、面积、权属关系和利用状况等要素准确地绘制在图纸上和记录在专门的表册中的测绘工作,是不动产测绘的重要内容。地籍测绘的目的是获取和表述不动产的权属、位置、形状、数量等有关信息,为不动产产权管理、税收、规划、环境保护、统计等多种用途提供基础资料。

(2)地籍测绘的内容[50]

地籍测绘的主要内容包括平面控制测量、界址测量、其他地籍要素调查与测量、地籍图测绘以及面积量算等。地籍测绘的主要成果包括数据集(控制点、界址点坐标等)、地籍图和地籍簿册。地籍测绘是不动产管理的重要内容,是国家测绘地理信息工作的重要组成部分,具体内容如下:

①地籍控制测量。测量地籍基本控制点和地籍图根控制点。

②界线测量。测定行政区域界线和土地权属界线的界址点坐标。

③地籍图测绘。测绘分幅地籍图、土地利用现状图、房产图和宗地图等。

④面积测算。测算地块和宗地面积,进行面积的平差和统计。

⑤土地信息的动态监测、地籍变更测量。包括地籍图的修测、重测和地籍簿册的修编,以保证地籍成果资料的现势性和正确性。

**27. 国界线、行政区划界线测绘的国家规定**

中华人民共和国国界线的测绘,按照中华人民共和国与相邻国家缔结的边界条约或者协定执行,由外交部组织实施。中华人民共和国地图的国界线标准样图,由外交部和国务院测绘地理信息主管部门拟定,报国务院批准后公布。行政区域界线的测绘,按照国务院有关规定执行。省、自治区、直辖市和自治州、县、自治县、市行政区域界线的标准画法图,由国务院民政部门和国务院测绘地理信息主管部门拟定,报国务院批准后公布。[1]

对于地图上使用的行政区域界线的绘制方法,国家规定的"行政区域界线的标准画法图"是指根据国务院及各省、自治区、直辖市人民政府批准的行政区域界线协议书、附图及勘界有关成果,按照一定的编绘方式编制的反映各级行政区域界线画法的地图。国家民政部门和国家测绘地理信息主管部门分别负责行政区域界线的管理工作和测绘工作,因此,行政区域界线的标准画法图由民政部门和国家测绘地理信息主管部门拟定,报国务院批准后予以公布,凡未经国务院批准的行政区域界线的画法图都不具法定效力。2004年,民政部和国家测绘局联合组织编制完成了《1:100万中华人民共和国省级行政区域界线标准画法图集》和《1:400万中华人民共和国省级行政区域界线标准画法图》,报国务院批准后发布,成为我国各种地图上省级行政区域界线画法的标准。各种公开出版、发行、展示的地图中凡涉及我国行政区域界线的,都要依据上述行政区域界线标准画法图绘制。[48]

### 28. 权属界址线测绘及界线测绘的分类和管理办法

界线测绘可分为中华人民共和国国界线的测绘、行政区域界线的测绘、权属界线的测绘。

所谓权属,即权利的归属。与权属界址线测绘相关的权属主要指土地、建筑物、构筑物以及地面上其他附着物的权属。明确土地、建筑物、构筑物以及地面上其他附着物的权属,首先要对权属界址线进行测绘,这是确权的基础。[48]

"测量土地、建筑物、构筑物和地面其他附着物的权属界址线,应当按照县级以上人民政府确定的权属界线的界址点、界址线或者提供的有关登记资料和附图进行。权属界址线发生变化的,有关当事人应当及时进行变更测绘。"[1]这里的"界址点"是权属界址线走向的转折点,它是标定宗地权属界线的重要标志;"界址线"是两个相邻界址点之间的连线,将各界址点依次连接起来,就形成了权属界址线。在进行权属界址线测绘时,一般是先确认界址点,然后连接各界址点,形成闭合的界址线。[48]

根据我国《森林法》《草原法》《渔业法》《土地管理法》《城市房地产管理法》《海域使用管理法》《不动产登记暂行条例》等法律法规的规定,土地、房屋等的确权工作由县级以上地方人民政府负责,因此,权属界址线的测量也应由县级以上地方人民政府进行。[48]

### 29. 工程测量和房产等不动产测绘规定

工程测量是指直接为各项建设项目的勘测设计、施工、安装、竣工、监测及营运等一系列工程工序服务的测绘活动。按照所服务的对象不同,工程测量可分为水利工程测量、矿山工程测量、铁路工程测量、公路工程测量、电力工程测量等不同类型;按照各阶段主要任务的不同,工程测量可分为勘测设计阶段的测量、施工阶段的测量和运营管理阶段的测量。"水利、能源、交通、通信、资源开发和其他领域的工程测量活动,应当执行国家有关的工程技术规范。"[1]水利、能源、交通、通信、资源开发等领域的工程测量活动,是该领域各项工程建设的基础,其工程测量质量直接影响到后续工程建设和运行。国家标准化及有关行业主管部门先后制定了数十项工程测量方面的技术规范,基本形成了工程测量技术规范体系。[48]

不动产测绘主要指为获取与房屋产权、产籍相关的房屋面积和用地信息而进行的测绘活动,包括房产平面控制测量、房产调查、房产要素测量、房产图绘制、房产面积测算和变更测量等内容,可以为房屋产权、产籍管理,房地产开发利用、交易、征收税费以及城乡规划建设提供数据和资料。《房产测绘管理办法》,明确了从事房产测绘活动时必须执行国家有关的技术规范,我国第一个房产测绘国家标准为《房产测量规范》。"城乡建设领域的工程测量活动,与房屋产权、产籍相关的房屋面积的测量,应当执行由国务院住房和城乡建设主管部门、国务院测绘地理信息主管部门负责组织编制的测量技术规范。"[1]此外,"县级以上人民政府测绘地理信息主管部门应当会同本级人民政府不动产登记主管部门,加强对不动产测绘的管理。"[1]我国实行不动产统一登记制度,不动产登记中涉及的不动产界址、空间界线、面积等信息需要通过测绘技术和手段来获取。规范不动产测绘活动,确保不动产测绘成果的权威性和准确性,不仅为不动产登记制度改革提供有力的测绘地理信息保障,也方便不动产登记主管部门在受理不动产登记申请后,对不动产界址、面积等材料与申请登记的不动产状况是否致一致进行查验。测绘地理信息主管部门应当与不动产登记主管部门共同做好不动产测绘的管理工作。[48]

**30. 测绘安全生产管理**

(1)总体要求[49]

①按照《中华人民共和国安全生产法》(以下简称《安全生产法》),依据《测绘作业人员安全规范》,根据测绘地理信息项目的作业现场环境,进行人员和仪器设备的安全风险评估。

②根据测绘地理信息项目的类型和性质,进行测绘地理信息成果的安全风险评估,确定必要的数据备份、异地存放等措施。

③对于涉密的测绘地理信息成果,按照有关规定实施相应的保密管理。

④制定安全生产实施方案和应急预案,确定必要的防护措施。

(2)测绘生产安全管理要求[21]

①测绘生产单位的职责

测绘生产单位应坚持安全第一、预防为主、综合治理的方针,遵守《安全生产法》等有关安全生产的法律、法规,建立、健全安全生产管理机构、安全生产责任制度和安全保障及应急救援预案,配备相应的安全管理人员,完善安全生产条件,强化安全生产教育培训,加强安全生产管理,确保安全生产。应根据本部门、各工种和作业区域的实际特点,制定安全生产操作细则,指导和规范职工安全生产作业。

②作业人员的职责

作业人员（组）应遵守本单位的安全生产管理制度和操作细则，爱护和正确使用仪器、设备、工具及安全防护装备，服从安全管理，了解其作业场所、工作岗位存在的危险因素及防范措施；外业人员还应掌握必要的野外生存、避险和相关应急技能。

（3）测绘生产突发事故应急处理[49]

测绘单位应建立测绘生产突发事故应急处理预案，预案应包括组织体系（应急领导机构、应急执行机构、机构内部的隶属关系）、突发事故应急处理、责任等。应急处理包括：事故报告、预案启动、事故救援、事故善后等。

**31. 避免重复测绘的国家规定**

根据《测绘法》《测绘成果管理条例》，使用财政资金的测绘项目和使用财政资金的建设工程测绘项目，有关部门在批准立项前应当书面征求本级人民政府测绘行政主管部门的意见。测绘行政主管部门应当自收到征求意见材料之日起 10 日内，向征求意见的部门反馈意见。有适宜测绘成果的，应当充分利用已有的测绘成果，避免重复测绘。[1][4]

### 四、测绘资质管理

**32. 测绘资质审查、发放测绘资质证书的部门**

国务院测绘地理信息主管部门和省、自治区、直辖市人民政府测绘地理信息主管部门按照各自的职责负责测绘资质审查、发放测绘资质证书。具体办法由国务院测绘地理信息主管部门商国务院其他有关部门规定。军队测绘部门负责军事测绘单位的测绘资质审查。[1]

测绘资质证书有效期为五年。测绘资质证书包括纸质证书和电子证书，纸质证书和电子证书具有同等法律效力。测绘资质证书样式由自然资源部统一规定。[12]

测绘资质分为甲、乙两个等级。测绘资质的专业类别分为大地测量、测绘航空摄影、摄影测量与遥感、工程测量、海洋测绘、界线与不动产测绘、地理信息系统工程、地图编制、导航电子地图制作、互联网地图服务。[12]

导航电子地图制作甲级测绘资质的审批和管理，由自然资源部负责。[12]

前款规定以外的测绘资质的审批和管理，由省、自治区、直辖市人民政府自然资源主管部门负责。[12]

审批机关应当将申请测绘资质的方式、依据、条件、程序、期限、材料目录、审批结果等向社会公开。[12]

### 33. 申请测绘资质的单位应当符合的条件

国家对从事测绘活动的单位实行测绘资质管理制度。[1] 从事测绘活动的单位，应当依照《测绘资质管理办法》的规定取得测绘资质证书，并在测绘资质等级许可的专业类别和作业限制范围内从事测绘活动。[12]

申请测绘资质的单位应当符合下列条件：[12]

（1）有法人资格；

（2）有与从事的测绘活动相适应的测绘专业技术人员和测绘相关专业技术人员；

（3）有与从事的测绘活动相适应的技术装备和设施；

（4）有健全的技术和质量保证体系、安全保障措施、信息安全保密管理制度以及测绘成果和资料档案管理制度。

测绘资质等级专业类别的申请条件和申请材料的具体要求，由《测绘资质分类分级标准》规定。省、自治区、直辖市人民政府自然资源主管部门可以根据本地实际，适当提高测绘资质分类分级标准中的专业技术人员、技术装备的数量要求，并于发布之日起30日内报送自然资源部备案。[12]

### 34. 测绘成果质量监督抽查的依据和内容

测绘成果质量监督抽查管理办法规定，国家测绘行政主管部门负责组织实施全国质量监督抽查工作。县级以上地方人民政府测绘行政主管部门负责组织实施本行政区域内质量监督抽查工作。国家测绘行政主管部门按年度制定全国质量监督抽查计划，重点组织实施重大测绘项目、重点工程测绘项目以及与人民群众生活密切相关、影响面广的其他测绘项目成果的质量监督抽查。县级以上地方人民政府测绘行政主管部门结合上级质量监督抽查计划制定本级质量监督抽查计划，并报上一级测绘行政主管部门备案，重点组织实施本行政区域内测绘项目成果的质量监督抽查。测绘行政主管部门不应对同一测绘项目或者同一批次测绘成果重复抽查。[17]

质量监督抽查的质量判定依据是国家法律法规、国家标准、行业标准、地方标准，以及测绘单位明示的企业标准、项目设计文件和合同约定的各项内容。当企业标准、项目设计文件和合同约定的质量指标低于国家法律法规、强制性标准或者推荐性标准的强制性条款时，以国家法律法规、强制性标准或者推荐性标准的强制性条款作为质量判定依据。[17]

监督抽查的主要内容是：

(1) 项目技术文件的完整性和符合性；

(2) 项目中使用的仪器、设备等的检定情况及其精度指标与项目设计文件的符合性；

(3) 引用起始成果、资料的合法性、正确性和可靠性；

(4) 相应测绘成果各项质量指标的符合性；

(5) 成果资料的完整性和规范性；

(6) 法律、法规及有关标准规定的其他内容。[17]

**35. 测绘单位和测绘地理信息主管部门对测绘成果质量的责任**

测绘单位应当对完成的测绘成果质量负责。县级以上人民政府测绘地理信息主管部门应当加强对测绘成果质量的监督管理。[1]

国家测绘地理信息主管部门负责全国测绘地理信息质量的统一监督管理。县级以上地方人民政府测绘地理信息行政主管部门负责本行政区域内测绘地理信息质量监督管理。测绘地理信息活动及其成果应符合法律法规、强制性国家标准的要求。[15]

测绘单位的责任：从事测绘地理信息活动的单位应建立健全质量管理体系，完善质量责任制度，依法取得测绘资质，依法对成果质量承担相应责任。测绘单位对其完成的测绘地理信息成果质量负责，所交付的成果，必须保证是合格品。[15]

**36. 测绘质检机构的主要职责**

测绘质检机构的质量责任与义务[15]：

(1) 测绘质检机构应具备从事测绘地理信息质量检验工作所必需的基本条件和技术能力，按照国家有关规定取得相应资质。

(2) 测绘质检机构取得注册测绘师资格的人员经登记后，以注册测绘师名义开展工作。登记工作参照《注册测绘师执业管理办法（试行）》规定的注册程序进行。

(3) 测绘质检机构可根据需要设立质检分支机构，并对其建设和业务工作负责。

(4) 测绘质检机构的主要职责是：

①按照测绘地理信息主管部门下达的测绘地理信息成果质量监督检查计划，承担质量监督检验工作；

②受委托对测绘地理信息项目成果进行质量检验、检测和评价；

③受委托对有关科研项目和新技术手段测制的测绘地理信息成果进行质量检验、检测、鉴定；

④受委托承担测绘地理信息质量争议的仲裁检验；

⑤向主管的测绘地理信息主管部门定期报送测绘地理信息成果质量分析报告。

（5）测绘质检机构应依照法律法规、技术标准及设计文件实施检验，客观、公正地作出检验结论，对检验结论负责。

（6）监督检验应制订技术方案，技术方案经组织实施监督检验工作的部门批准后实施检验工作。

（7）技术方案及检验报告由本单位注册测绘师签字后方可生效。

（8）任何单位和个人不得干预测绘质检机构对质量检验结论的独立判定。

（9）测绘地理信息成果质量检验结果是测绘地理信息项目验收、测绘资质监督管理、测绘资质晋升和评优奖励的重要依据。

**五、测绘信用管理**

**37. 测绘信用管理职责**

县级以上人民政府测绘地理信息主管部门应当对测绘单位实行信用管理，并依法将其信用信息予以公示[1]。各级测绘地理信息主管部门的信用管理职责[9]：

（1）国家测绘地理信息主管部门

①负责指导全国测绘地理信息行业信用体系建设；

②负责建立全国统一的测绘地理信息行业信用管理平台；

③负责甲级测绘单位信用信息的发布和管理工作；

④建立健全信用信息共享机制，推进测绘地理信息主管部门与相关部门之间的信用信息互联互通、共享共治；

⑤公民、法人或者其他组织对测绘单位信用信息存在异议的处理。

（2）省级测绘地理信息主管部门

①负责本行政区域内乙级以下测绘单位信用信息的发布和管理工作；

②建立健全信用信息共享机制，推进测绘地理信息主管部门与相关部门之间的信用信息互联互通与共建共享；

③负责测绘单位信用信息的审核；

④公民、法人或者其他组织对测绘单位信用信息存在异议的处理。

（3）市、县级测绘地理信息主管部门

①负责本行政区域内测绘单位信用信息的征集工作；

②按照国家社会信用信息平台建设总体要求,逐步健全信用信息共享机制,推进测绘地理信息主管部门与相关部门之间的信用信息互联互通。

### 38. 测绘信用管理公示与监督

县级以上人民政府测绘地理信息主管部门应当对测绘单位实行信用管理,并依法将其信用信息予以公示。[1]

《测绘法》规定,县级以上人民政府测绘地理信息主管部门应当建立健全随机抽查机制,依法履行监督检查职责,发现涉嫌违反本法规定行为的,可以依法采取下列措施[1]:

(1)查阅、复制有关合同、票据、账簿、登记台账以及其他有关文件、资料;

(2)查封、扣押与涉嫌违法测绘行为直接相关的设备、工具、原材料、测绘成果资料等。

被检查的单位和个人应当配合,如实提供有关文件、资料,不得隐瞒、拒绝和阻碍。

任何单位和个人对违反《测绘法》规定的行为,有权向县级以上人民政府测绘地理信息主管部门举报。接到举报的测绘地理信息主管部门应当及时依法处理。[1]

申请测绘资质的单位违反《测绘资质管理办法》规定,隐瞒有关情况或者提供虚假材料申请测绘资质的,审批机关应当依照《中华人民共和国行政许可法》第七十八条的规定作出不予受理的决定或者不予批准的决定,并给予警告,纳入测绘单位信用记录予以公示。该单位在一年内再次申请测绘资质的,审批机关不予受理。[12]

### 39. 测绘地理信息市场信用信息管理

《国务院关于加强测绘工作的意见》对加快建立测绘市场信用体系提出了明确要求。2016年,国务院测绘地理信息主管部门组织开展了全国测绘地理信息行业信用信息征集工作,建立了全国统一的测绘地理信息行业信用管理平台,并向社会发布全国甲级测绘资质单位信用信息。这些都为相关法律规定的实施打下了良好的基础。

县级以上人民政府测绘地理信息主管部门应当转变"重审批,轻监管"的传统管理方式,加快推进测绘地理信息市场信用管理制度建设,加强对测绘单位的信用管理,及时将测绘单位的信用信息依法予以公示,引导测绘资质单位诚信自律经营,推动测绘地理信息行业行风建设,促进全行业逐步形成"守信激励,失信惩戒"的机制,提高全行业的服务水平,营造公平有序的市场环境,保障地理信息产业健康发展。[48]

测绘地理信息市场信用信息管理暂行办法规定[14]:

(1)测绘地理信息行政主管部门对无不良信用信息或者信用等级较高的测绘资质

单位,可以采取下列激励措施:①给予测绘资质管理的适度优惠政策;②给予测绘项目招投标等市场活动的优先政策;③授予信用相关的荣誉称号;④鼓励诚信经营的其他激励措施。

(2)测绘地理信息行政主管部门对有不良信用信息或者信用等级较低的测绘资质单位,应当加强日常监管,必要时可以实施下列措施:①对失信行为以适当方式予以曝光;②依法向招标单位、招标代理机构、有关项目组织实施单位告知该单位信用情况;③依法予以降低测绘资质等级、削减测绘业务范围或者吊销测绘资质证书;④法律、法规规定的其他制约措施。

**40. 测绘主管部门应建立健全随机抽查机制**

县级以上人民政府自然资源主管部门应当建立健全随机抽查机制,依法对测绘单位的安全保障措施、信息安全保密管理制度、测绘成果和资料档案管理制度、技术和质量保证体系、专业技术人员、技术装备等测绘资质情况进行检查,并将抽查结果向社会公布。[12]

县级以上人民政府自然资源主管部门应当合理确定随机抽查比例;对于投诉举报多、有相关不良信用记录的测绘单位,可以加大抽查比例和频次。[12]

县级以上人民政府自然资源主管部门应当加强测绘单位信用体系建设,及时将随机抽查结果纳入测绘单位信用记录,依法将测绘单位信用信息予以公示。测绘单位在测绘行业信用惩戒期内不得申请晋升测绘资质等级和增加专业类别。[12]

测绘单位依法取得测绘资质后,出现不符合其测绘资质等级或者专业类别条件的,由县级以上人民政府自然资源主管部门责令限期改正;逾期未改正至符合条件的,纳入测绘单位信用记录予以公示,并停止相应测绘资质所涉及的测绘活动。测绘单位以欺骗、贿赂等不正当手段取得测绘资质证书的,该单位在三年内再次申请测绘资质,审批机关不予受理。[12]

## 六、监督管理国家地理信息安全

**41. 测绘成果的定密与保密应用**

《测绘地理信息管理工作国家秘密范围的规定》规定了测绘地理信息管理工作国家秘密事项和国家秘密目录,划分了密级范围,明确了定密规定:"测绘地理信息管理工作国家秘密事项由从事测绘地理信息活动的测绘资质单位、军队测绘部门(单位)产生。上述单位应当严格根据本目录规定对有关测绘地理信息成果进行标密并采取相应保密管理措施,不再申请定密授权。""本规定第12项、第26项中'其他测绘地理信息成果'的定密标准和管理范围,由自然资源部会同国家保密局,商军委联合参谋部共同确定。""测绘地理信息管理工作中涉及其他部门或者行业的国家秘密,应当按照相关国家秘密范围的规定定密。"[19]

县级以上人民政府测绘地理信息主管部门应当积极推进公众版测绘成果的加工和编制工作,通过提供公众版测绘成果、保密技术处理等方式,促进测绘成果的社会化应用。测绘成果保管单位应当采取措施保障测绘成果的完整和安全,并按照国家有关规定向社会公开和提供利用。[1]属于保密的测绘成果,应当依照保密法律、行政法规的规定,按照保障国家秘密安全、促进地理信息共享和应用的原则,正确做好保密与应用工作。

### 42. 属于国家秘密的地理信息在生产、保管、利用等方面的规定

涉密地理信息成果直接关系国家主权、安全和发展利益,一旦泄露,其危害重大而深远。随着地理信息技术的快速发展和地理信息成果的广泛应用,地理信息载体种类和表现形式更加丰富,传播途径更为多样,给涉密地理信息成果安全管理带来严峻挑战。[48]

为保障涉密地理信息的安全,"地理信息生产、保管、利用单位应当对属于国家秘密的地理信息的获取、持有、提供、利用情况进行登记并长期保存,实行可追溯管理"。[1]对涉密地理信息登记保存制度的这一规定,是加强对涉密地理信息事中事后监督管理的具体措施,有利于实施全过程无死角监管。

《测绘法》规定:"从事测绘活动涉及获取、持有、提供、利用属于国家秘密的地理信息,应当遵守保密法律行政法规和国家有关规定。"[1]这里的"保密法律、行政法规和国家有关规定"包括《中华人民共和国保守国家秘密法》及其实施条例、《测绘成果管理条例》《地图管理条例》和《测绘地理信息管理工作国家秘密范围的规定》等法律法规。如《测绘地理信息管理工作国家秘密范围的规定》规定了测绘地理信息管理工作国家秘密目录,划分了密级范围,明确了定密规定;《中华人民共和国保守国家秘密法实施条例》第三章"保密制度"对国家秘密载体的生产、保管、使用等提出了明确要求。近年来,为加强地理信息安全监管,切实维护国家安全和利益,围绕"强监管、保安全、促应用"主线,基本建立了测绘地理信息定密、涉密成果使用审批、安全保密监管、公开使用等管理制度。从事测绘地理信息活动涉及获取、持有、提供、利用属于国家秘密的地理

信息的,都应当遵守这些制度规定。[48]

**43. 大于1∶5千和1∶10万、1∶25万、1∶50万的国家基本比例尺地形图保密规定**

《测绘地理信息管理工作国家秘密目录》中规定,"军事禁区以外1∶1万、1∶5千国家基本比例尺地形图(模拟产品)及其全要素数字化成果;军事禁区以外连续覆盖范围超过25平方千米的大于1∶5千的国家基本比例尺地形图(模拟产品)及其全要素数字化成果"属于国家秘密,"密级:秘密,保密期限:长期,知悉范围:县级以上自然资源主管部门批准的测绘成果保管单位及用户;战区、军兵种以上军队测绘部门批准的军事测绘成果保管单位及用户"。

《测绘地理信息管理工作国家秘密范围的规定》发布前生产的1∶10万、1∶25万、1∶50万国家基本比例尺地形图解密、销毁或者公开前,应当履行相关审批程序。[19]

**44. 测绘地理信息成果保密管理规定**

测绘法律、法规对测绘地理信息成果保密管理的规定:

(1)地理信息生产、保管、利用单位应当对属于国家秘密的地理信息的获取、持有、提供、利用情况进行登记并长期保存,实行可追溯管理。从事测绘活动涉及获取、持有、提供、利用属于国家秘密的地理信息,应当遵守保密法律、行政法规和国家有关规定。[1]

(2)测绘成果保管单位应当采取措施保障测绘成果的完整和安全,并按照国家有关规定向社会公开和提供利用。测绘成果属于国家秘密的,适用国家保密法律、行政法规的规定;需要对外提供的,按照国务院和中央军事委员会规定的审批程序执行。测绘成果的秘密范围和秘密等级,应当依照保密、行政法规的规定,按照保障国家秘密安全、促进地理信息共享和应用的原则确定并及时调整、公布。[1]

(3)测绘成果保管单位应当建立健全测绘成果资料的保管制度,配备必要的设施,确保测绘成果资料的安全,并对基础测绘成果资料实行异地备份存放制度。测绘成果资料的存放设施与条件,应当符合国家保密、消防及档案管理的有关规定和要求。[4]

(4)测绘成果保管单位应按照规定保管测绘成果资料,不得损毁、散失、转让。测绘项目的出资人或者承担测绘项目的单位,应当采取必要的措施,确保其获取的测绘成果安全。[4]

(5)对外提供属于国家秘密的测绘成果,应当按照国务院和中央军事委员会规定的审批程序,报国务院测绘行政主管部门或者省、自治区、直辖市人民政府测绘行政主管部门审批;测绘行政主管部门在审批前,应当征求军队有关部门的意见。[4]

(6)法人或者其他组织需要利用属于国家秘密的基础测绘成果的,应当提出明确的利用目的和范围,报测绘成果所在地的测绘主管部门审批。测绘主管部门在依法履行审批手续时,要以书面形式告知测绘成果的秘密等级、保密要求以及相关著作权保护要求。[4]

### 45. 地方人民政府及主管部门对外国的组织或者个人来华测绘的监督管理

外国的组织或者个人在中华人民共和国领域和中华人民共和国管辖的其他海域从事测绘活动,应当经国务院测绘地理信息主管部门会同军队测绘部门批准,并遵守中华人民共和国有关法律、行政法规的规定。外国的组织或者个人在中华人民共和国领域从事测绘活动,应当与中华人民共和国有关部门或者单位合作进行,并不得涉及国家秘密和危害国家安全。[1]

来华测绘应当遵循的原则:

(1)必须遵守中华人民共和国的法律、法规和国家有关规定;

(2)不得涉及中华人民共和国的国家秘密;

(3)不得危害中华人民共和国的国家安全。

县级以上各级人民政府自然资源主管部门依照法律、行政法规和规章的规定,对来华测绘履行监督管理职责。应当加强对本行政区域内来华测绘的监督管理,定期对下列内容进行检查:

(1)是否涉及国家安全和秘密;

(2)是否在《测绘资质证书》载明的业务范围内进行;

(3)是否按照国务院自然资源主管部门批准的内容进行;

(4)是否按照《测绘成果管理条例》的有关规定汇交测绘成果副本或者目录;

(5)是否保证了中方测绘人员全程参与具体测绘活动。

来华测绘成果的管理依照有关测绘成果管理法律法规的规定执行。

来华测绘成果归中方部门或者单位所有的,未经依法批准,不得以任何形式将测绘成果携带或者传输出境。[11]

### 46. 有关部门在地理信息安全监督管理方面的义务

县级以上人民政府测绘地理信息主管部门应当会同本级人民政府其他有关部门建立地理信息安全管理制度和技术防控体系,并加强对地理信息安全的监督管理。[1]这里的"其他有关部门"包括国家安全、工业和信息化、新闻出版、保密等部门和有关军事机关。[48]

在安全管理制度方面,国务院测绘地理信息主管部门与多个部门建立联合工作机制,充分发挥各部门的职能优势,共同加强地理信息安全监管。各级测绘地理信息主管部门与有关部门建立健全协作工作机制,完善相关监管制度,共同加强地理信息安全监管,形成地理信息安全监管合力。[48]

在技术防控体系方面,为防止涉密数据的失泄密,各级测绘地理信息主管部门和其他有关部门必须加强测绘地理信息安全保密基础理论研究,着力进行测绘地理信息成果安全保密技术标准攻关,积极稳妥地推进身份认证、数字水印、非线性处理等保密技术应用。引进和创新各种安全技术,完善涉密地理信息采集、处理、提供、使用、登载的安全监管技术支撑手段,制定涉密敏感地理信息生产管理规范,开发覆盖涉密测绘地理信息成果生产、更新、管理与分发全过程的一体化、网络化安全监控系统,建立覆盖全国、多级互动、快速响应的地理信息安全监控平台,提高涉密地理信息的网络化和社会化监督水平。对地理信息相关管理人员、技术人员定期开展安全和技术培训,全面提升相关人员的地理信息安全意识。制定地理信息成果安全等级规范,解决测绘地理信息数据的保密问题,提高数据的安全性。同时,地理信息安全技术设备也是技术防控确保地理信息数据安全的基本应对措施,包括硬件设备、软件系统、网络安全和数据安全。其中,硬件设备要符合国家计算机机房建设标准,经权威部门检测,安全可靠,谨防窃密;软件系统的配置要使用经国家认定的正版应用软件,及时修补系统漏洞,防止病毒感染和黑客攻击;网络安全要防止攻击者冒充合法用户非法接入网络并访问非授权资源;数据要避免存储故障导致丢失、病毒破坏造成数据不再可用、被恶意修改而无法追踪记录、被非法复制造成泄密等。[48]

### 47. 测绘地理信息档案管理职责

测绘地理信息档案是指测绘地理信息系统各单位在履行管理职能和开展各项业务活动中直接形成的,对国家、社会和本单位具有保存价值的各种文字、图表、音像、电子数据等形式和载体的历史记录。测绘地理信息档案是测绘地理信息事业的重要信息资源,是各单位履行职责、开展业务的信息支持和保障,是国家档案资源建设的组成部分。测绘地理信息档案属于测绘成果的,同时按照国家有关测绘成果管理的法律法规执行。[18]

测绘地理信息档案工作是测绘地理信息工作的组成部分。测绘地理信息档案工作实行统一领导、分级管理的原则。国家对国家测绘地理信息主管部门及其他有关单位、单位所属部门以及档案管理机构的职责进行了规定。国家测绘地理信息主管部门对全国测绘地理信息档案工作实行监督和指导,在业务上接受国家档案行政管理部门的监督和指导。地方各级测绘地理信息主管部门对本行政区域内测绘地理信息档案工作实行监督和指导,在业务上接受同级档案行政管理部门和上级测绘地理信息行政主管部门的监督和指导。[18]

各级测绘地理信息主管部门及其所属单位(以下统称各单位)应当依法开展档案工作,把档案工作列入本单位发展规划和工作计划,建立、健全档案管理制度,统筹安排档案工作所需经费,依法维护档案的完整与安全,为档案的科学管理和档案信息的开发利用提供保障。各单位应当加强档案法规和档案知识宣传教育,提高档案管理水平和服务意识。[18]

### 48. 重要地理信息数据的内容和公布规定

地理信息是国家重要的战略性资源,是集成整合其他各类信息的公共基底。重要地理信息数据涉及国家主权、领土完整和国家尊严,对于国家安全和现代化建设具有非常重要的意义。根据《测绘法》,重要地理信息数据由国务院测绘地理信息主管部门审核。国家对重要地理信息数据实行统一审核与公布制度,任何单位和个人不得擅自公布重要地理信息数据。[4]重要地理信息数据包括:

(1)国界、国家海岸线长度;

(2)领土、领海、毗连区、专属经济区面积;

(3)国家海岸滩涂面积、岛礁数量和面积;

(4)国家版图的重要特征点,地势、地貌分区位置;

(5)国务院测绘行政主管部门商国务院其他有关部门确定的其他重要自然和人文地理实体的位置、高程、深度、面积、长度等地理信息数据。[4]

"中华人民共和国领域和中华人民共和国管辖的其他海域的位置、高程、深度、面积、长度等重要地理信息数据,由国务院测绘地理信息主管部门审核,并与国务院其他有关部门、军队测绘部门会商后,报国务院批准,由国务院或者国务院授权的部门公布。"[1]《测绘成果管理条例》对重要地理信息公布制度做了进一步明确规定,提出公布重要地理信息数据建议的单位或者个人,应当向国务院测绘行政主管部门或者省、自治区、直辖市人民政府测绘行政主管部门报送建议材料;对需要公布的重要地理信息数据,国务院测绘行政主管部门应当提出审核意见,并与国务院其他有关部门、军队测绘主管部门会商后,报国务院批准;国务院批准公布的重要地理信息数据,由国务院或者国务院授权的部门以公告形式公布；在行政管理、新闻传播、对外交流、教学等对社会公众有影响的活动中，需要使用重要地理信息数据的，应当使用依法公布的重要地理信息数据。[4]

2007年4月27日，经国务院批准授权，国家测绘局和建设部公告了泰山等第一批19座著名山峰高程新数据，安徽的黄山莲花峰高程数据：1864.8米，九华山十王峰高程数据：1344.4米。2008年9月28日，经国务院批准授权，国家测绘局和住房和城乡建设部公布了盘山等第二批31座著名山峰高程新数据，安徽的天柱山天柱峰高程数据：1489.8米，琅琊山南天门高程数据：248.3米，齐云山独耸峰高程数据：566.7米。并规定以上公布的重要地理信息数据，自公布之日起可在行政管理、新闻传播、对外交流、教学等对社会公众有影响的活动中使用。根据《地图审核管理规定》，测绘地理信息主管部门受理地图审核申请后，应当对其重要地理信息数据内容进行审查，审核地图上所表示的高程数据是否与以上依法公布的数据一致，没有依法公布的数据是否违规表示了，在地图上的表示是否符合国家有关规定。[10]

《自然资源部关于规范重要地理信息数据审核公布管理工作的通知》进一步规范重要地理信息数据审核公布管理工作，通知规定，提出公布重要地理信息数据建议的单位或者个人，应当向自然资源部或者省级自然资源主管部门报送建议材料。省级自然资源主管部门收到建议材料的，应当提出意见并转报自然资源部。[31]

## 七、地理信息公共服务管理

### 49. 公开使用遥感影像的规定

遥感影像包括卫星遥感影像和航空遥感影像，以及采用测绘遥感技术方法加工处理形成的遥感影像图。为维护国家安全和利益，加强对遥感影像公开使用的管理，促进遥感影像资源有序开发利用，遥感影像公开使用应遵循以下管理规定[16]：

公开使用的遥感影像空间位置精度不得高于50米；影像地面分辨率（以下简称分辨率）不得优于0.5米；不标注涉密信息、不处理建筑物、构筑物等固定设施。[16]

在公开使用的遥感影像上标注地名、地址或者其他属性信息，应当符合下列要求：

（1）符合《基础地理信息公开表示内容的规定（试行）》；

（2）符合《公开地图内容表示若干规定》；

（3）符合《公开地图内容表示补充规定（试行）》；

（4）符合国家其他法规制度要求，不得标注、显示禁止公开的信息。[16]

属于国家秘密且确需公开使用的遥感影像,公开使用前应当依法送省级以上测绘地理信息行政主管部门会同有关部门组织审查并进行保密技术处理。分辨率优于0.5米的遥感影像,公开使用前应当报送国家测绘地理信息行政主管部门组织审查并进行保密技术处理。[16]

向社会公开出版、传播、登载和展示遥感影像的,还应当报送省级以上测绘地理信息行政主管部门进行地图审核,并取得审图号。[16]

从事遥感影像采集、加工处理、地名地物属性标注等活动,应当按规定取得相应的测绘资质。

国家测绘地理信息主管部门负责监督管理全国遥感影像公开使用工作,县级以上测绘地理信息行政主管部门负责监督管理辖区内遥感影像公开使用工作。

从事提供或销售分辨率高于10米的卫星遥感影像活动的机构,应当建立客户登记制度,包括客户名称与性质、提供的影像覆盖范围和分辨率、用途、联系方式等内容。每半年向所在地省级以上测绘地理信息行政主管部门报送备案1次。

为应对重大突发事件应急抢险救灾急需,各级人民政府及其有关部门和军队,可以无偿使用遥感影像,各遥感影像保管单位、销售与提供机构应当无偿提供相关数据和资料。[16]

**50. 国家基本比例尺地图的系列**

地图是依照一定的比例关系和制图规则,科学表达自然地理要素或者地表人工设施的形状、大小、空间位置及其属性信息的重要载体。目前,世界上多数国家都根据经济社会发展需要,由国家确定一些比例尺地图作为国家基本比例尺地图,从而为各项工程建设和经济社会发展提供基础保障,并纳入公益性范围。[50]

国家基本比例尺地图的系列,是指按照国家规定的测图技术标准(规范)、编图技术标准、图式和比例尺系统,测量和编制的若干特定规格和比例尺的,并根据保密等级限定发行和使用范围的地图系列。我国目前确定的国家基本比例尺地图的系列包括:1∶500、1∶1000、1∶2000、1∶5000、1∶1万、1∶2.5万、1∶5万、1∶10万、1∶25万、1∶50万、1∶100万共11种比例尺地图。它们的基本精度包括了测图精度和编制精度。[50]

国家基本比例尺地图系列是国家各项经济建设、国防建设、社会发展和生态保护的基础图,具有使用频率高、内容表示详细、分类齐全、精度高等特点,是我国最具权威性的基础地图。[50]

**51. 有地图审核权的测绘地理信息主管部门及权限**

我国目前具有地图审核权限的测绘地理信息主管部门分三级：一是国务院测绘地理信息主管部门；二是省级测绘地理信息主管部门；三是设区市测绘地理信息主管部门。

省、自治区、直辖市人民政府测绘地理信息主管部门负责审核主要表现地在本行政区域范围内的地图。其中，主要表现地在设区的市行政区域范围内不涉及国界线的地图，由设区的市级人民政府测绘地理信息主管部门负责审核。[3]

全国性中小学教学地图，由国务院教育行政部门会同国务院测绘地理信息行政主管部门、外交部组织审定；地方性中小学教学地图，由省、自治区、直辖市人民政府教育行政部门会同省、自治区、直辖市人民政府测绘地理信息行政主管部门组织审定。[3]

**52. 自然资源主管部门收到地图审核申请后的处理和审查内容**

自然资源主管部门对申请人提出的地图审核申请，应当根据下列情况分别作出处理：

（1）申请材料齐全并符合法定形式的，应当决定受理并发放受理通知书。

（2）申请材料不齐全或者不符合法定形式的，应当当场或者在5个工作日内一次告知申请人需要补正的全部内容，逾期不告知的，自收到申请材料之日起即为受理；经补正材料后申请材料仍不齐全或者不符合法定形式的，应当作出不予受理的决定。

（3）申请事项依法不需要进行地图审核的，应当即时告知申请人不予受理；申请事项依法不属于本自然资源主管部门职责范围的，应当即时作出不予受理的决定，并告知申请人向有关自然资源主管部门申请。

自然资源主管部门受理地图审核申请后，应当对下列内容进行审查：

（1）地图表示内容中是否含有《地图管理条例》第八条规定的不得表示的内容；

（2）中华人民共和国国界、行政区域界线或者范围以及世界各国间边界、历史疆界在地图上的表示是否符合国家有关规定；

（3）重要地理信息数据、地名等在地图上的表示是否符合国家有关规定；

（4）主要表现地包含中华人民共和国疆域的地图，中华人民共和国疆域是否完整表示；

（5）地图内容表示是否符合地图使用目的和国家地图编制有关标准；

（6）法律、法规规定需要审查的其他内容。[10]

送审地图符合规定的，由有审核权的测绘地理信息行政主管部门核发地图审核批准文件,并注明审图号。[3]

**53. 国家版图意识宣传教育的法律规定**

国家版图是指一个国家行使主权的疆域,主要以地图的形式来表现。完整的国家版图是国家主权和领土完整的象征。国家版图应当准确地绘制一个国家国界线的走向,国界线的表示有严格的法定性。国家版图意识主要指公民对国家疆域的认可、认知和自觉维护的意识。推进国家版图意识宣传教育,既是加强爱国主义教育的需要,也是维护国家版图尊严和完整的需要,对于增强全民维护国家安全、主权和利益的意识,维护国家版图完整有着重要意义。[48]

针对一些公民、单位国家版图意识不强,导致不少公开展示登载、生产、销售、出口的有国家版图的地图和地图产品错绘我国国界线,漏绘属于我国领土的台湾岛、南海诸岛、钓鱼岛、赤尾屿等重要岛屿或南海范围线,引起外交纠纷等情况。《测绘法》明确了各级人民政府及其有关部门、新闻媒体在国家版图宣传教育方面的职责,通过加强宣传教育,增强全体公民的国家版图意识,从源头和根本上杜绝有错误的地图和地图产品。[48]

各级人民政府和有关部门应当加强对国家版图意识的宣传教育,增强公民的国家版图意识。新闻媒体应当开展国家版图意识的宣传。教育行政部门、学校应当将国家版图意识教育纳入中小学教学内容,加强爱国主义教育。[1]

"将国家版图意识教育纳入爱国主义教育和中小学教学内容,提高全社会的国家版图意识。"[6]是推进国家版图意识宣传教育、普及国家版图知识的重要途径。培养国家版图意识从中小学抓起,将相关内容融入中小学课堂教学,从小培养爱国意识、版图意识,使公民都能自觉维护国家版图的尊严与国家主权和领土完整。[48]

**54. 送审载有地图图形的书籍等产品时应当提交的材料**

出版的地图,由出版单位送审;展示或者登载不属于出版物的地图的,由展示者或者登载者送审;进口不属于出版物的地图或者附着地图图形的产品,由进口者送审;进口属于出版物的地图,依照《出版管理条例》的有关规定执行;出口不属于出版物的地图或者附着地图图形的产品,由出口者送审;生产附着地图图形的产品,由生产者送审。[3]

申请地图审核,应当提交下列材料:

(1)地图审核申请表。

(2)需要审核的地图最终样图或者样品。用于互联网服务等方面的地图产品,还应当提供地图内容审核软硬件条件。

（3）地图编制单位的测绘资质证书。

有下列情形之一的，可以不提供前款第三项规定的测绘资质证书：

（1）进口不属于出版物的地图和附着地图图形的产品；

（2）直接引用古地图；

（3）使用示意性世界地图、中国地图和地方地图；

（4）利用自然资源主管部门具有审图号的公益性地图且未对国界、行政区域界线或者范围、重要地理信息数据等进行编辑调整。

利用涉及国家秘密的测绘成果编制的地图，应当提供省级以上自然资源主管部门进行保密技术处理的证明文件。[10]

### 55. 关于地图的编制、出版、展示、登载及更新和互联网地图服务的法律规定

地图是地理信息的载体，涉及国家主权、安全和利益。地图的编制、出版、展示、登载及更新应当遵守国家有关地图编制标准、地图内容表示、地图审核的规定。互联网地图服务提供者应当使用经依法审核批准的地图，建立地图数据安全管理制度，采取安全保障措施，加强对互联网地图新增内容的核校，提高服务质量。县级以上人民政府和测绘地理信息主管部门、网信部门等有关部门应当加强对地图编制、出版、展示、登载及更新和互联网地图服务的监督管理，保证地图质量，维护国家主权、安全和利益。地图管理的具体办法由国务院规定。[1]

国家鼓励和支持互联网地图服务单位开展地理信息开发利用和增值服务。县级以上人民政府应当加强对互联网地图服务行业的政策扶持和监督管理。互联网地图服务单位向公众提供地理位置定位、地理信息上传标注和地图数据库开发等服务的，应当依法取得相应的测绘资质证书。互联网地图服务单位从事互联网地图出版活动的，应当经国务院出版行政主管部门依法审核批准。[3]

互联网地图服务单位应当将存放地图数据的服务器设在中华人民共和国境内，并制定互联网地图数据安全管理制度和保障措施。县级以上人民政府测绘地理信息行政主管部门应当会同有关部门加强对互联网地图数据安全的监督管理。[3]

互联网地图服务单位收集、使用用户个人信息的，应当明示收集、使用信息的目的、方式和范围，并经用户同意。互联网地图服务单位需要收集、使用用户个人信息的，应当公开收集、使用规则，不得泄露、篡改、出售或者非法向他人提供用户的个人信息。互联网地图服务单位应当采取技术措施和其他必要措施，防止用户的个人信息泄

露、丢失。[3]

互联网地图服务单位用于提供服务的地图数据库及其他数据库不得存储、记录含有按照国家有关规定在地图上不得表示的内容。互联网地图服务单位发现其网站传输的地图信息含有不得表示的内容的,应当立即停止传输,保存有关记录,并向县级以上人民政府测绘地理信息行政主管部门、出版行政主管部门、网络安全和信息化主管部门等有关部门报告。[3]

任何单位和个人不得通过互联网上传标注含有按照国家有关规定在地图上不得表示的内容。互联网地图服务单位应当使用经依法审核批准的地图,加强对互联网地图新增内容的核查校对,并按照国家有关规定向国务院测绘地理信息行政主管部门或者省、自治区、直辖市测绘地理信息行政主管部门备案。互联网地图服务单位对在工作中获取的涉及国家秘密、商业秘密的信息,应当保密。互联网地图服务单位应当加强行业自律,推进行业信用体系建设,提高服务水平。[3]

### 56. 地图的编制和出版管理

（1）地图编制管理[3]

从事地图编制活动的单位应当依法取得相应的测绘资质证书,并在资质等级许可的范围内开展地图编制工作。

编制地图,应当执行国家有关地图编制标准,遵守国家有关地图内容表示的规定。

地图上不得表示下列内容:

①危害国家统一、主权和领土完整的;

②危害国家安全、损害国家荣誉和利益的;

③属于国家秘密的;

④影响民族团结、侵害民族风俗习惯的;

⑤法律、法规规定不得表示的其他内容。

编制地图、应当选用最新的地图资料并及时补充或者更新,正确反映各要素的地理位置、形态、名称及相互关系,且内容符合地图使用目的。编制涉及中华人民共和国国界的世界地图、全国地图,应当完整表示中华人民共和国疆域。

在地图上绘制中华人民共和国国界、中国历史疆界、世界各国间边界、世界各国间历史疆界,应当遵守下列规定:

①中华人民共和国国界,按照中国国界线画法标准样图绘制;

②中国历史疆界,依据有关历史资料,按照实际历史疆界绘制;

③世界各国间边界,按照世界各国国界线画法参考样图绘制;

④世界各国间历史疆界,依据有关历史资料,按照实际历史疆界绘制。

中国国界线画法标准样图、世界各国国界线画法参考样图,由外交部和国务院测绘地理信息行政主管部门拟定,报国务院批准后公布。

在地图上绘制我国县级以上行政区域界线或者范围,应当符合行政区域界线标准画法图、国务院批准公布的特别行政区行政区域图和国家其他有关规定。行政区域界线标准画法图由国务院民政部门和国务院测绘地理信息行政主管部门拟定,报国务院批准后公布。

在地图上表示重要地理信息数据,应当使用依法公布的重要地理信息数据。

利用涉及国家秘密的测绘成果编制地图的,应当依法使用经国务院测绘地理信息行政主管部门或者省、自治区、直辖市人民政府测绘地理信息行政主管部门进行保密技术处理的测绘成果。

县级以上人民政府测绘地理信息行政主管部门应当向社会公布公益性地图,供无偿使用。县级以上人民政府测绘地理信息行政主管部门应当及时组织收集与地图内容相关的行政区划、地名、交通、水系、植被、公共设施、居民点等的变更情况,用于定期更新公益性地图。有关部门和单位应当及时提供相关更新资料。

(2)地图出版管理[3]

县级以上人民政府出版行政主管部门应当加强对地图出版活动的监督管理,依法对地图出版违法行为进行查处。

出版单位从事地图出版活动的,应当具有国务院出版行政主管部门审核批准的地图出版业务范围,并依照《出版管理条例》的有关规定办理审批手续。

出版单位根据需要,可以在出版物中插附经审核批准的地图。

任何出版单位不得出版未经审定的中小学教学地图。

出版单位出版地图,应当按照国家有关规定向国家图书馆、中国版本图书馆和国务院出版行政主管部门免费送交样本。

### 57. 加强对地图市场的监管

进一步加强对地图市场的监管。各地区、各有关部门要进一步加强对地图市场的监管,大力开展地图市场的专项整治,依法查处在地图编制、出版、经营、进出口中的违法问题;强化日常监管工作,杜绝"问题地图"的产生。[7]

(1)加强对新闻媒体刊载地图的监管力度。有关部门要强化对新闻媒体刊载地图的监管,确保新闻媒体刊载的地图内容符合法律法规的规定。报刊、电视、互联网等媒体要加强自律,自觉抵制"问题地图",公开刊载地图,必须经测绘行政主管部门审核,并按照有关规定使用。

(2)严把地图产品市场准入关。各级工商行政管理部门在受理地图编制单位登记注册时,要查验测绘行政主管部门核发的地图编制资质证件;在对广告和市场监管中,涉及中国地图的,应查验测绘行政主管部门核发的地图审核批准书或标注在地图版权页上的审图号。

(3)严把地图产品加工贸易和进出口关。各级商务部门要进一步加强地图产品加工贸易的审批管理,严禁开展任何违法、违规加工地图产品的贸易活动。各级海关对在监管中发现的带有政治性问题的地图产品一律扣留,并移送当地测绘行政主管部门处理。

(4)严把地图编制、出版审批关。各级测绘行政主管部门要加强对公开出版地图的编制、审核管理。国家测绘行政主管部门要会同外交部门组织编制各种比例尺的标准样图,满足社会需求。新闻出版行政管理部门要加强对地图出版单位资质的审核和地图出版范围、选题的审批,严格执行图书出版重大选题备案制度。教育行政管理部门要会同测绘行政主管部门和外交部门加强对中小学教学用地图的审定。

**58. 测绘成果的表现形式**

测绘成果是国家重要的基础性、战略性资源,是指通过测绘形成的数据、信息、图件以及相关的技术资料[4],是各类测绘活动形成的记录和描述自然地理要素或者地表人工设施的形状、大小、空间位置及其属性的地理信息、数据、资料、图件和档案。[49]

测绘成果分为基础测绘成果和非基础测绘成果。[4]基础测绘成果包括全国性基础测绘成果和地区性基础测绘成果。测绘成果服务于经济建设、国防建设、社会发展和生态保护的各个领域,测绘成果的表现形式涉及数据、信息、图件以及相关的技术资料等,主要包括:

(1)天文测量、大地测量、卫星大地测量、重力测量的数据和图件;

(2)航空航天摄影和遥感的底片、磁带及数据、影像资料;

(3)各种地图(包括地形图、普通地图、地籍图、海图和其他有关的专用地图等)、影像图及其数字化成果;

(4)各类基础地理信息以及在基础地理信息基础上挖掘、分析形成的信息;

(5)工程测量数据和图件;

(6)地理信息系统中的地理信息数据及其运行软件;

(7)其他有关的地理信息系统的数据、信息等;

(8)与测绘成果直接有关的技术资料和档案等。[49]

## 59. 地图的特性与分类以及电子地图

(1)地图的特性[50]

①可量测性。可以在地图上精确量测点的坐标和高程、线的长度和方位、区域的面积、物体的体积和地面坡度等。

②直观性。利用地图可以直观、准确地获得地理空间信息。

③一览性。地图需要通过制图综合的方法,使地面上任意大小的区域缩小制图,按照制图目的,将读者需要的内容一览无遗地呈现出来。

(2)地图的分类[50]

①按内容分类

普通地图:普通地图是反映地表基本要素一般特征的地图。它以相对均衡的详细程度表示制图区域各种自然地理要素和社会经济要素的基本特征、分布规律及其相互联系。普通地图全面反映水系、地貌、土质、植被、居民地、交通线、境界及其他标志,而不是突出表示其中某一种要素。它们在地图上表示的详细程度、精度、完备性、概括性和表示方法,在很大程度上取决于地图的比例尺。

专题地图:专题地图是根据需要着重反映自然或社会现象中的某一种或几种专业要素的地图,它集中表现某种主题内容。

②按比例尺分类

在普通地图中,按比例尺可分为:

大比例尺地图:比例尺大于等于1∶10万的地图;

中比例尺地图:比例尺在1∶10万—1∶100万的地图;

小比例尺地图:比例尺小于等于1∶100万的地图。

在建筑和工程部门,地图按比例尺划分为:

大比例尺地图:1∶500、1∶1000、1∶2000、1∶5000、1∶1万的地图;

中比例尺地图:1∶2.5万、1∶5万、1∶10万的地图;

小比例尺地图:1∶25万、1∶50万、1∶100万的地图。

③按制图区域范围分类

按自然区域划分可分为:世界地图、大陆地图、洲地图等。

按行政区域划分可分为:国家地图、省(区)地图、市地图、县地图等。

④按使用方式分类

按使用方式可分为:桌面用图(如地形图、地图集等)、挂图(如教学挂图等)、随身携带的地图(如小图册、折叠地图等)、专用地图(如盲文地图、航空地图、航海地图等)等。

⑤按介质表达形式分类

按介质表达形式可分为:纸质地图、丝绸地图、塑料地图,以及以磁盘、光盘为介质的电子地图、数字地图等。

⑥特种地图

特种地图是利用特殊介质制成或以特殊形式显示的地图,如绸质地图、夜光地图、塑料拼图、立体地图、盲文地图等。它是为适应一些特殊环境需要而制作的,在内容上与常规地图差别不大,主要是在地图基质材料和生产工艺上有特殊要求,它的种类随着特种用途和现代科学技术的发展而不断扩大。

(3)数字地图与电子地图概念[50]

①数字地图的概念

数字地图是一种以数字形式存储的抽象地图。数字地图是电子地图的基础,是一种存储方式,它用属性、坐标与关系来描述对象,是面向地形地物的,没有规定用什么符号系统来具体表示,只有将数字地图中的几何数据和属性说明转换成各种地图符号,才能完成由数据向图形的转换(即可视化)。它把地形物体的信息存储与它们在图形介质上的符号表示相分离,提高了数据检索与图形表示的灵活性,随时可以形成满足特殊需要的分层地图,可为不同部门导出其所需要的信息子集,并可根据该部门所选定的符号系统生成专用的地图。

②电子地图的概念

电子地图是以数字地图为基础,以多种媒体显示的地图数据的可视化产品,是数字地图的可视化。电子地图可以存放在数字存储介质上,可以显示在计算机屏幕上,也可以随时打印输出到纸张上。电子地图均带有操作界面,一般与数据库连接,能进行查询、统计等。

## 60. 导航与导航电子地图

导航原理及导航系统的构成[50]

(1) 导航原理

现代导航是通过实时测定运动客体的当前位置及速度、方向等运动参数,以获取的数据为基础,通过一系列的分析和计算,确定若干条符合某些条件要求(如距离、速度、时间、方向)的路线和行驶方案,然后利用系统进行引导和控制客体沿着已确定的路线行驶,并能够在行驶过程中提供必要的纠偏和修正。

(2) 导航系统的构成

导航系统一般采用 GNSS 与航位推算法(传感器+电子陀螺仪)组合方式实现定位,通过触摸显示屏或者遥控器进行交互操作,能够实现实时定位、目的地检索、路线规划、画面和语音引导等功能,帮助驾驶者准确、快捷地到达目的地。导航系统一般由定位系统、硬件系统、软件系统和导航电子地图 4 个部分构成。

导航电子地图及其内容[50]

导航电子地图是在电子地图的基础上增加了很多与车辆、行人相关的信息,如立交桥形状、交通限制、过街天桥、道路相关属性及出入口信息等,结合这些信息,通过特定的理论算法,能够用于计算出起点与目的地间路径并提供实时引导的数字化地图。

数据信息丰富、信息内容准确、数据现势性高是高质量电子地图数据的 3 个关键因素。导航电子地图是导航的核心组成部分,是否有高质量的导航电子地图直接影响到整个导航的应用。

导航电子地图具有的特点:①能够查询目的地信息;②存有大量能够用于引导的交通信息;③需要不断进行实地信息更新和扩大采集。

导航电子地图的内容:导航电子地图数据,主要是在基础地理数据的基础上经过加工处理生成的面向导航应用的基础地理数据集,主要包括道路数据、兴趣点(POI)数据、背景数据、行政境界数据、图形文件、语音文件等。

导航电子地图必须经过地图坐标脱密处理[50],必须按照《公开地图内容表示若干规定》《导航电子地图安全处理技术基本要求》等有关规定与标准,对相关内容进行过滤并删除,并送自然资源部指定的机构进行空间位置的保密技术处理。[30]

61. 互联网地理信息服务

(1) 网络地理信息服务内容[50]

电子地图:电子地图是针对网络地理信息应用需求,对各类地理空间数据(如矢量数据、影像数据、高程数据等)进行内容选取组合、符号化表达后形成的重点突出、色彩协调、图面美观的屏幕显示地图。从形式上,可分为二维电子地图、三维电子地图、实拍街景图等。从内容上,可分为公共地理底图以及基于公共地理底图形成的专题地图(如旅游地图、设施分布地图、历史事件地图等)。

地理空间信息数据:包括基础地理数据、遥感影像数据、各种与空间位置相关的专题信息数据(如:人口、民族、地区经济、自然灾害、生态、环境、教育等)。

专题地理信息产品:一种是以地理空间数据为基础,集成各种与位置相关的专题信息,利用相应的软硬件进行包装后形成的直接面向用户的消费性商品。另一种是通过网络可供用户下载打印的不同幅面、不同主题的专题地图(如:行政区划图、交通旅游图、服务设施分布图等)。

地球科学的科普知识:向社会提供多种形式的地理信息科学知识,为学校提供多种精心组织的教学素材等。

(2)网络地理信息服务相关政策[50]

我国网络地理信息服务政策主要涉及地理信息共享、保密、互联网地图服务资质,以及网络安全等几方面。

地理信息共享政策:主要包括《测绘法》《基础测绘条例》《测绘成果管理条例》《国务院关于加强测绘工作的意见》《国务院办公厅关于促进我国国家空间信息基础设施建设和应用若干意见》《中办国办关于加强信息资源开发利用工作的若干意见》。

地理信息保密政策:主要包括《基础地理信息公开表示内容的规定(试行)》《公开地图内容表示若干规定》《公开地图内容表示补充规定(试行)》。

互联网地图服务资质:主要包括《关于进一步加强互联网地图服务资质管理工作的通知》《关于加强互联网地图和地理信息服务网站监管的意见》。

网络安全:主要包括《关于加强信息安全保障工作的意见》《中华人民共和国计算机信息系统安全保护条例》《计算机信息网络国际联网安全保护管理办法》等。

**62. 地理信息系统基本概念**

地理信息系统的定义[50]

地理信息系统的定义:从技术的角度看,地理信息系统(GIS)是在计算机软硬件及网络支持下,对有关地理空间数据进行输入、存储、检索、更新、显示、制图、综合分析和应用的技术系统。

从学科的角度看,GIS将地学空间数据与计算机技术相结合,以空间数据库为基础,采用地理模型分析方法,对地理信息进行采集、存储、检索、分析、显示与更新,适时提供多种时间和空间的地理信息,以多种形式输出数据或图形产品,为地理研究和地理决策服务。

地理信息系统的构成

(1)计算机硬件、软件系统

硬件系统:一般包括以下5个部分:①计算机主机;②数据输入设备;③数据存储设备;④数据输出设备;⑤网络设备。

软件系统:通常由以下3个部分组成:①操作系统;②GIS平台或应用系统;③数据库管理系统。

(2)地理信息数据库系统

地理信息数据库系统是一个包含了用于表达通用GIS数据模型(要素、栅格、拓扑、网络等)的空间数据集的数据库。地理数据是地理信息系统操作的对象,它具体描述地理实体的空间特征、属性特征和时间特征。根据地理实体的图形表示形式,可将地理数据抽象为点、线、面3类元素,它们的数据表达可以采用矢量和栅格两种组织形式。

(3)系统开发、管理与应用人员

一个周密规划的地理信息系统项目应包括负责系统设计和执行的项目经理、信息管理技术人员、系统开发人员以及系统应用人员。对于合格的系统设计、运行和使用来说,地理信息系统开发与管理人员是地理信息系统应用的关键,应用人员是系统运行的保障。

基础地理数据的内容与特点[50]

基础地理数据是描述地表形态及其所附属的自然以及人文特征和属性的总称。按照国家标准《基础地理信息标准数据基本规定》,基础地理信息数据反映和描述地球表面测量控制点、水系数据、居民点及设施、交通、管线、境界与政区、地貌、植被与土质、地名、数字正射影像、地籍等有关自然和社会要素的位置、形态和属性信息。它是统一的空间定位框架和空间分析的基础。

基础地理数据特点:①基础性;②权威性;③现势性与动态性;④抽象性;⑤多尺度、多分辨率性;⑥多样性;⑦复杂性。

### 63. 互联网地图与互联网地图审核

互联网地图是地理信息的重要载体,也是国家版图的重要表现形式,事关国家主权、安全和利益。[36]互联网地图是指登载在互联网上或者通过互联网发送的基于服务器地理信息数据库形成的具有实时生成、交互控制、数据搜索、属性标注等特性的电子地图。包括二维地图以及影像地图、三维虚拟现实地图、实景（街景）地图等。[49]

各级测绘地理信息行政主管部门和网信办要加强沟通协作,明确职责分工,对互联网服务网站中登载的地图开展日常监管,积极提供地图公共服务。[20]互联网地图服务单位要加强自律,地图在公开登载、使用前要依法送测绘地理信息行政主管部门审核。[36]

互联网地图服务审图号有效期为两年。审图号到期,应当重新送审。审核通过的互联网地图服务,申请人应当每6个月将新标注内容及核查校对情况向作出审核批准的自然资源主管部门备案。互联网地图服务单位应当配备符合相关要求的地图安全审校人员,并强化内部安全审校核查工作。[10]

互联网地图服务单位的地图安全审校人员应不断增强国家版图意识和地理信息安全保密意识,认真对用户上传标注的兴趣点和其他新增兴趣点进行审查,确保所有信息符合国家公开地图内容表示等有关规定。[10]

互联网地图服务单位应当依法取得相应的互联网地图服务测绘资质,并在资质许可的范围内提供互联网地图服务。地图安全审校人员须经省级以上测绘行政主管部门培训考核合格,持证上岗。[38]继续组织开展互联网地图安全审校人员和测绘成果核心涉密人员培训,提升互联网地图服务单位国家版图意识和地理信息安全保密意识。[36]

### 64. 建立地理信息系统对信息数据的要求

地理信息是国家重要的基础性、战略性信息资源,关系国家主权、安全和利益。建立地理信息系统,应当采用符合国家标准的基础地理信息数据。[1]建立以地理信息数据为基础的信息系统,应当利用符合国家标准的基础地理信息数据。[4]

基础地理信息数据具有权威性、现势性。在基础地理信息数据生产与基础地理信息系统建设和应用中,都遵循一系列技术标准。基础地理信息标准体系包括:标准、数据获取、生产、管理、应用和质量控制等内容。基础地理信息系统标准为数据生产、数据库建立、产品开发、系统建设和应用等提供规范化依据,是工程得以标准化实施的保证。[50]

生产符合国家标准的基础地理信息数据,执行的是《基础地理信息标准数据基本规定》强制性国家标准,强制的主要内容:数学基础(统一的空间参照系和地图投影系统,即统一的坐标、高程系统,国家统一测绘基准的体现)、数据内容(统一的分类体系、类型组合、元数据标准、数据分层分类、位置精度、属性及点之记、数据字典等)、生产过程(设计书内容、数据源、技术方法、生产质量控制、质检与验收、仪器设备要求等)、数据认定(是指省级以上测绘地理信息行政主管部门委托的认定机构证明基础地理信息数据符合相关技术标准的强制性要求的评定活动,对资质、设计、人员、设备、质量等整个生产过程进行认定,对标准数据的数据质量认定,分国家级、省级两级认定)、其他数据(重要地理信息数据、国务院授权公布的著名风景名胜山峰高程数据、依法组织实施的其他数据等),符合国家标准的基础地理信息数据具有标准的、统一的、权威的、唯一的特性。

### 65. 发展地理信息产业、促进地理信息应用及数据共享的规定

地理信息产业是指以现代测绘和地理信息系统、遥感、卫星导航定位等技术为基础,以地理信息开发利用为核心,从事地理信息获取、处理、应用的高技术服务业。地理信息产业涉及测绘装备制造和地理信息相关软件开发、地理信息工程服务、卫星遥感及航空摄影、位置及导航服务、互联网地图服务等内容。地理信息产业综合效益好、产业关联度大、国际化程度高,是与国家安全紧密相关的特殊产业,具有高新技术产业和战略性新兴产业特征。[49]

为了促进地理信息产业发展,《测绘法》多条款,都涉及关于地理信息产业的规定。此外,《地图管理条例》对促进地理信息产业发展也有相关规定。《国务院关于加强测绘工作的意见》提出,地理信息产业是战略性新兴产业,要统筹规划地理信息产业优先发展领域,促进地理信息产业发展。[6]

综上可得地理信息产业的特征:

(1)地理信息产业是战略性新兴产业;

(2)地理信息产业是高渗透型产业;

(3)地理信息产业是知识型、高新技术密集型产业;

(4)地理信息产业是需要大量劳动和资金高投入型产业;

(5)地理信息产业是与国家安全高度关联的产业。[49]

国家鼓励发展地理信息产业,推动地理信息产业结构调整和优化升级,支持开发各类地理信息产品,提高产品质量,推广使用安全可信的地理信息技术和设备。县级以上人民政府应当建立健全政府部门间地理信息资源共建共享机制,引导和支持企业提供地理信息社会化服务,促进地理信息广泛应用。县级以上人民政府测绘地理信息主管部门应当及时获取、处理、更新基础地理信息数据,通过地理信息公共服务平台向

社会提供地理信息公共服务,实现地理信息数据开放共享。[1]

**66. 测绘地理信息成果的汇交**

国家实行测绘成果汇交制度。国家依法保护测绘成果的知识产权。[1]测绘成果分为基础测绘成果和非基础测绘成果。测绘地理信息成果汇交是指根据测绘地理信息成果不同的性质,向测绘地理信息主管部门分别汇交副本或者目录。通过测绘成果汇交,有利于各级测绘地理信息主管部门及时掌握本行政区域的最新基础地理信息,有利于实现测绘地理信息公共信息的资源共享,避免重复测绘。[48]

测绘项目完成后,测绘项目出资人或者承担国家投资的测绘项目的单位,应当向国务院测绘地理信息主管部门或省、自治区、直辖市人民政府测绘地理信息主管部门汇交测绘成果资料。[1]测绘成果属于基础测绘项目的,应当汇交测绘成果副本;属于非基础测绘项目的,应当汇交测绘成果目录。测绘成果的副本和目录实行无偿汇交。[4]负责接收测绘成果副本和目录的测绘地理信息主管部门应当出具测绘成果汇交凭证,并及时将测绘成果副本和目录移交给保管单位。[1]这里所说的"国家投资",是指由各级财政投入的资金。"承担国家投资的测绘项目的单位"一般是指测绘项目的具体实施单位。"属于基础测绘项目"的测绘地理信息成果,主要是指:

(1)为建立全国统一的测绘基准和测绘系统进行的天文测量、三角测量、水准测量、卫星大地测量、重力测量所获取的数据、图件;

(2)基础航空摄影所获取的数据、影像资料;

(3)遥感卫星和其他航天飞行器对地观测所获取的基础地理信息遥感资料;

(4)国家基本比例尺地图、影像图及其数字化产品;

(5)基础地理信息系统的数据、信息等。

测绘地理信息成果"保管单位"是指各级政府测绘地理信息主管部门授权或者指定的测绘地理信息成果档案管理机构。[48]

测绘项目完成后,需汇交的测绘地理信息成果种类较多,汇交方式不一、汇交的义务主体和接收主体不同。《测绘成果管理条例》对测绘地理信息成果汇交作出了具体规定。中央财政投资完成的测绘项目,由承担测绘项目的单位向国务院测绘行政主管部门汇交测绘成果资料;地方财政投资完成的测绘项目,由承担测绘项目的单位向测绘项目所在地的省、自治区、直辖市人民政府测绘行政主管部门汇交测绘成果资料;使用其他资金完成的测绘项目,由测绘项目出资人向测绘项目所在地的省、自治区、直辖市人民政府测绘行政主管部门汇交测绘成果资料。汇交的期限是自测绘项目验收完成之日起3个月内,向测绘地理信息主管部门完成汇交。国务院测绘地理信息主管部门或者省、自治区、直辖市人民政府测绘地理信息主管部门负责接收测绘地理信息成果副本和目录,出具成果汇交凭证,及时将测绘地理信息成果副本和目录移交给保管单位;测绘地理信息主管部门自收到汇交的成果副本或者目录之日起10个工作日内,应当将其移交给测绘地理信息成果保管单位。[4]

国务院测绘地理信息主管部门和省、自治区、直辖市人民政府测绘地理信息主管部门应当及时编制测绘成果目录,并向社会公布。[1]

### 67. 测绘地理信息成果的使用规定

根据测绘地理信息成果的性质和用途的不同,《测绘法》对测绘地理信息成果的无偿提供和有偿使用作了规定。"基础测绘成果和国家投资完成的其他测绘成果,用于政府决策、国防建设和公共服务的,应当无偿提供。除前款规定情形外,测绘成果依法实行有偿使用制度。但是,各级人民政府及有关部门和军队因防灾减灾、应对突发事件、维护国家安全等公共利益的需要,可以无偿使用。测绘成果使用的具体办法由国务院规定。"[1]可见,测绘地理信息成果使用以有偿为原则,以无偿为例外。

测绘地理信息成果有偿使用是指以下情形:

(1)政府决策、国防建设和公共服务需要使用非基础测绘成果或者不是国家投资完成的其他测绘地理信息成果的;

(2)不属于政府决策、国防建设和公共服务,需要使用基础测绘成果或者国家投资完成的其他测绘地理信息成果的;

(3)任何单位和个人需要使用社会投资形成的测绘地理信息成果、非基础测绘成果或者不是国家投资完成的其他测绘地理信息成果的。

但是,为了保护公共利益,各级人民政府及有关部门和军队因防灾减灾、应对突发事件、维护国家安全等公共利益的需要,可以无偿使用测绘地理信息成果。[48]

使用测绘地理信息成果的具体办法由国务院规定。《测绘成果管理条例》对测绘地理信息成果的使用利用作出了细化规定,国务院测绘地理信息主管部门颁布的《基础测绘成果提供使用管理暂行办法》《基础测绘成果应急提供办法》《关于进一步加强测绘地理信息成果安全保密管理的意见》等一系列测绘地理信息成果使用的规范性文件,规范了测绘地理信息成果提供使用行为。

### 68. 测绘地理信息科技创新和人才强测的政策

国家鼓励测绘科学技术的创新和进步,采用先进的技术和设备,提高测绘水平,推动军民融合,促进测绘成果的应用。国家加强测绘科学技术的国际交流与合作。对在测绘科学技术的创新和进步中作出重要贡献的单位和个人,按照国家有关规定给予奖励。[1]

国家鼓励编制和出版符合标准和规定的各类地图产品,支持地理信息科学技术创新和产业发展,加快地理信息产业结构调整和优化升级,促进地理信息深层次应用。[3]

《国家测绘地理信息局科技领军人才管理办法》和《国家测绘地理信息局青年学术和技术带头人管理办法》,为深入实施人才强测战略,培养造就测绘地理信息高层次科技人才和加强青年学术和技术带头人队伍建设提供了遵循。[39]

《关于加强测绘地理信息科技创新的意见》规定,到2020年,在测绘地理信息科技体制改革的关键环节取得突破性成果,基本形成适应创新驱动发展要求的制度环境和体制机制,自主创新能力显著增强,技术创新的市场导向机制更加健全,人才、资本、技术、知识自由流动,企业、科研院所、高校协同创新,军民融合深度发展,科技创新资源配置更加优化,创新效率显著提升,率先建成符合创新型国家要求的测绘地理信息科技创新体系。到2030年,测绘地理信息科技创新整体实力进入世界前列。并提出:

(1)创新科技体制机制:①加强科技创新资源的统筹协调;②改革科技创新管理机制;③完善科技创新多元投入机制;④健全科技创新评价机制。

(2)明确科技创新重点:①大力支持科技原始创新;②加强核心关键技术攻关;③加强国产自主高端装备研发。

(3)强化科技创新平台建设:①优化创新平台总体布局;②强化产学研用协同创新;③促进国际科技交流合作;④加强测绘地理信息智库建设。

(4)发挥企业技术创新主体作用:①扩大企业在科技创新决策咨询中的话语权;②鼓励企业研发关键共性技术和装备;③支持企业建立成果中试转化平台。

(5)促进科技成果转化:①健全促进科技成果转化的有关机制;②推进科技成果使用、处置和收益管理改革;③提高科研人员成果转化收益比例;④加强知识产权保护和技术标准制定。

(6)加强科技人才队伍建设:①促进科技人才知识更新;②打造高水平的科技创新团队;③完善科技创新人才流动机制。[13]

### 69.国家地理信息公共服务平台

"国家地理信息公共服务平台"是"数字中国"的重要组成部分,是由国家测绘地理信息主管部门牵头组织建设的国家网络地理信息服务体系,是实现全国地理信息网络服务所需的信息数据、服务功能及其运行支撑环境的总称。[22]

平台建设目标是:建成由多级节点构成的一体化地理信息网络服务体系,实现全国地理信息资源的纵横联通和有效集成;建成分布式的地理信息服务系统,形成多级互动的地理信息综合服务能力,提供"一站式"地理信息综合服务;建成网络地理信息服务管理系统,形成有效的运行服务机制,为政府宏观决策、国家应急管理、社会公益服务提供网络地理信息服务,全面提升信息化条件下国家地理信息公共服务能力和水平。[22]

根据运行网络环境的不同,国家地理信息公共服务平台分为公众版(运行于互联网环境)、政务版(运行于国家电子政务外网环境)、涉密版(运行于国家电子政务内网环境)。其中公众版——"天地图"已于2010年10月21日开通,向全社会提供网络地理信息服务。

国家地理信息公共服务平台由分布在全国各地的国家级主节点、省级分节点和市级信息基地组成,分别依托国家、省、自治区、直辖市、市(县)地理信息服务机构和信息资源进行建设和运行,通过网络实现服务聚合,向用户提供协同服务。

目前,我省公众版地理信息公共服务平台建设取得长足进步,服务水平显著提升。1个省级节点、16个市级节点全部上线,实现国家、省、市三级数据融合全覆盖。上线"天地图·安徽"微信公众号,省市节点各类地理信息公共服务应用总数累计逾150项,全省服务调用日均次数逾390万次。"天地图·安徽"荣获国家综合技术评估五星级,得分连续三年位居全国首位。[27]

### 70. 地理信息公共服务平台的定位及建设内容

地理信息公共服务平台作为自然资源主管部门政府信息公开渠道之一,负责专门集中向社会公开基础地理信息、自然资源领域可进行空间可视化表达的专题地理信息。自然资源主管部门门户网站应当设置本级节点入口链接,便于公民、法人和其他组织获取地理信息及其服务。鼓励各地建立健全自然资源领域以外的专题地理信息数据资源共享协调机制,依托地理信息公共服务平台整合或者发布在线专题地理信息服务。[22]

"天地图"是公众版地理信息公共服务平台的品牌标识,"天地图"建设内容主要有:

(1)在线服务数据集,包括地理信息资源目录数据、地理实体数据、地名地址数据、遥感影像数据、三维数据,以及与地理空间位置有关的、可向社会公开发布的其他地理信息数据；

（2）在线服务软件系统，包括门户网站系统、应用程序接口、在线服务基础系统、目录发布系统、用户管理系统等；

（3）运行支撑环境，主要包括网络接入系统、存储备份系统、服务器系统、安全防护系统、相关配套系统等。

具体建设内容和要求，自然资源部将根据形势发展、技术进步和用户需求适时调整。[22]

### 八、测量标志保护工作

#### 71. 测量标志与永久性测量标志

测量标志是国家经济建设和科学研究的基础设施。[5]是维护国家坐标系统、高程系统、重力系统及其框架的基础设施，为城乡规划、土地利用开发、地震监测以及铁路、公路水利等各项工程建设和国防建设提供空间定位。

测量标志是指建设在地上、地下或者建筑物上的各种等级的三角点，基线点，导线点，军用控制点，重力点，天文点，水准点的木质觇标、钢质觇标和标石标志；全球卫星定位控制点；用于地形测图、工程测量和形变测量的固定标志和海底大地点设施等永久性测量标志；测量中正在使用的临时性测量标志。[5]

永久性测量标志是指各等级的三角点、基线点、导线点、军用控制点、重力点、天文点、水准点和卫星定位点的觇标和标石标志，以及用于地形测图、工程测量和形变测量的固定标志和海底大地点设施。[1]

任何单位和个人不得损毁或者擅自移动永久性测量标志和正在使用中的临时性测量标志，不得侵占永久性测量标志用地，不得在永久性测量标志安全控制范围从事危害测量标志安全和使用效能的活动。[1]

#### 72. 各级人民政府及有关部门对测量标志的保护

测量标志是获取各种测绘数据的起算点，属国家所有，是经济建设和国防建设的重要基础设施。"国务院测绘行政主管部门主管全国的测量标志保护工作。国务院其他有关部门按照国务院规定的职责分工，负责管理本部门专用的测量标志保护工作。县级以上地方人民政府管理测绘工作的部门负责本行政区域内的测量标志保护工作。军队测绘主管部门负责管理军事部门测量标志保护工作，并按照国务院、中央军事委员会规定的职责分工负责管理海洋基础测量标志保护工作。"[5]对各部门应承担的测量标志保护工作职责范围作出了明确规定。

长期以来,我国的测量标志损坏情况一直比较严重,除了自然损毁外,有相当一部分是由于群众不认识测量标志、不知其重要性而造成的。"永久性测量标志的建设单位应当对永久性测量标志设立明显标记,并委托当地有关单位指派专人负责保管。"[1]"县级以上人民政府应当采取有效措施加强测量标志的保护工作。县级以上人民政府测绘地理信息主管部门应当按照规定检查、维护永久性测量标志。乡级人民政府应当做好本行政区域内的测量标志保护工作。"[1]可见,县级以上人民政府应高度重视测量标志保护工作,加强对测量标志保护工作的领导和宣传教育,提高全民的测量标志保护意识。

县级以上人民政府测绘地理信息主管部门应做好对测量标志的检查、维护工作,具体包括:定期对测量标志进行普查,建立档案,对测量标志的完好状况做到心中有数;对测量标志进行维护,保证测量标志处于完好状态;对损坏的测量标志进行维修,恢复测量标志的使用效能;组织对测量标志保护的宣传,指导测量标志保管人做好测量标志保管工作,采取措施加强测量标志保护,查处测量标志违法案件等。乡级人民政府的测量标志保护工作主要应从以下方面入手:做好宣传工作,使辖区的人民群众了解测量标志的有关知识和保护意义;对测量标志委托保管书进行备案,协助落实保管责任;发现测量标志被损毁的情况,及时报告县级以上人民政府测绘地理信息主管部门或者当地公安机关进行查处,并协助查处案件,制止损害测量标志的行为;对建设测量标志提供便利等。[48]

### 73. 测量标志的保护与使用规定

国家对测量标志实行义务保管制度。设置永久性测量标志的部门应当将永久性测量标志委托测量标志设置地的有关单位或者人员负责保管,签订测量标志委托保管书,明确委托方和被委托方的权利和义务,并由委托方将委托保管书抄送乡级人民政府和县级以上地方人民政府管理测绘工作的部门备案。负责保管测量标志的单位和人员,应当对其所保管的测量标志经常进行检查;发现测量标志有被移动或者损毁的情况时,应当及时报告当地乡级人民政府,并由乡级人民政府报告县级以上地方人民政府管理测绘工作的部门。负责保管测量标志的单位和人员有权制止、检举和控告移动、损毁、盗窃测量标志的行为,任何单位或者个人不得阻止和打击报复。[5]

国家对测量标志实行有偿使用,但是,使用测量标志从事军事测绘任务的除外。测量标志有偿使用的收入应当用于测量标志的维护、维修,不得挪作他用。具体办法由国务院测绘行政主管部门会同国务院物价行政主管部门规定。测绘人员使用永久性测量标志,应当持有测绘工作证件,并接受县级以上人民政府管理测绘工作的部门的监督和负责保管测量标志的单位和人员的查询,确保测量标志完好。[5]

测量标志保护工作应当执行维修规划和计划。全国测量标志维修规划,由国务院测绘行政主管部门会同国务院其他有关部门制定。省、自治区、直辖市人民政府管理测绘工作的部门应当组织同级有关部门,根据全国测量标志维修规划,制定本行政区域内的测量标志维修计划,并组织协调有关部门和单位统一实施。设置永久性测量标志的部门应当按照国家有关的测量标志维修规程,对永久性测量标志定期组织维修,保证测量标志正常使用。[5]

测量标志受国家保护,禁止下列有损测量标志安全和使测量标志失去使用效能的行为:

(1)损毁或者擅自移动地下或者地上的永久性测量标志以及使用中的临时性测量标志的;

(2)在测量标志占地范围内烧荒、耕作、取土、挖沙或者侵占永久性测量标志用地的;

(3)在距永久性测量标志50米范围内采石、爆破、射击、架设高压电线的;

(4)在测量标志的占地范围内,建设影响测量标志使用效能的建筑物的;

(5)在测量标志上架设通信设施、设置观望台、搭帐篷、拴牲畜或者设置其他有可能损毁测量标志的附着物的;

(6)擅自拆除设有测量标志的建筑物或者拆除建筑物上的测量标志的;

(7)其他有损测量标志安全和使用效能的。[5]

**74. 永久性测量标志拆迁审批**

"进行工程建设,应当避开永久性测量标志;确实无法避开,需要拆迁永久性测量标志或者使永久性测量标志失去使用效能的,应当经省、自治区、直辖市人民政府测绘地理信息主管部门批准;涉及军用控制点的,应当征得军队测绘部门的同意。所需迁建费用由工程建设单位承担。"[1]从而确定了我国永久性测量标志拆迁许可制度。

拆迁部门专用的永久性测量标志或者使部门专用的永久性测量标志失去使用效能的,应当经设置测量标志的部门同意,并经省、自治区、直辖市人民政府管理测绘工作的部门批准。拆迁永久性测量标志,还应当通知负责保管测量标志的有关单位和人员。经批准拆迁基础性测量标志或者使基础性测量标志失去使用效能的,工程建设单位应当按照国家有关规定向省、自治区、直辖市人民政府管理测绘工作的部门支付迁建费用。[5]

经批准拆迁部门专用的测量标志或者使部门专用的测量标志失去使用效能的,工程建设单位应当按照国家有关规定,向设置测量标志的部门支付迁建费用;设置部门专用的测量标志的部门查找不到的,工程建设单位应当按照国家有关规定,向省、自治区、直辖市人民政府管理测绘工作的部门支付迁建费用。永久性测量标志的重建工作,由收取测量标志迁建费用的部门组织实施。[5]

### 九、应急测绘保障

#### 75. 应急测绘保障的规定

突发事件:是指突然发生,造成或者可能造成严重社会危害,需要采取应急处置措施予以应对的自然灾害、事故灾难、公共卫生事件和社会安全事件。[45]

测绘应急保障:指各级测绘行政主管部门为国家应对突发事件提供的测绘保障活动。[41]

县级以上人民政府测绘地理信息主管部门应当根据突发事件应对工作需要,及时提供地图、基础地理信息数据等测绘成果,做好遥感监测、导航定位等应急测绘保障工作。各级人民政府及有关部门和军队因防灾减灾、应对突发事件、维护国家安全等公共利益的需要,可以无偿使用测绘成果。[1]

县级以上人民政府测绘行政主管部门应当加强基础航空摄影和用于测绘的高分辨率卫星影像获取与分发的统筹协调,做好基础测绘应急保障工作,配备相应的装备和器材,组织开展培训和演练,不断提高基础测绘应急保障服务能力。自然灾害等突发事件发生后,县级以上人民政府测绘行政主管部门应当立即启动基础测绘应急保障预案,采取有效措施,开展基础地理信息数据的应急测制和更新工作。[2]

《国家自然灾害救助应急预案》要求:"测绘地信部门根据需要及时提供地理信息数据。"在自然灾害救助工作中要求:"国家测绘地信局准备灾区地理信息数据,组织灾区现场影像获取等应急测绘,开展灾情监测和空间分析,提供应急测绘保障服务。"[46]

县级以上测绘地理信息主管部门负责本行政区域应急测绘保障工作,在本级人民政府的领导下,统筹、组织本行政区域突发事件应急测绘保障工作,制订应急测绘工作预案,建立应急专家库和应急快速反应测绘队伍,做好应急保障测绘地理信息成果的储备工作,建设应急地理信息服务平台,完善应急测绘保障基础设施,加快应急测绘高技术应用和储备,确保应急测绘通信畅通。在突发事件发生后,调集整理现有成果,采集处理现势数据,加工制作专题地图,做好遥感监测、导航定位及灾情空间分析等工作,及时为政府和应急有关部门提供应急测绘保障服务。[48]

**76. 应急测绘保障的主要内容**

应急测绘保障服务是贯穿突发事件的预防、应对、处置和恢复全过程中的重要基础工作,是国家突发事件应急体系的重要内容,是新时期公益性测绘地理信息工作的重要业务。[35]

测绘应急保障的核心任务是为国家应对突发自然灾害、事故灾难、公共卫生事件、社会安全事件等突发公共事件高效有序地提供地图、基础地理信息数据、公共地理信息服务平台等测绘成果,根据需要开展遥感监测、导航定位、地图制作等技术服务。[41]

(1)提供地图、基础地理信息数据等测绘成果[49]

"县级以上人民政府测绘地理信息主管部门应当根据突发事件应对工作需要,及时提供地图、基础地理信息数据等测绘成果"[1],确保应急测绘保障工作需要。

这里所说的地图,既包括可能使用到的国家基本比例尺地图,也包括根据实际救灾工作需要紧急制作的各类专题地图。基础地理信息数据包括国家基本比例尺地图数据、基础地理信息系统数据以及航空航天遥感影像资料等。

(2)遥感监测[49]

遥感监测是利用航空航天遥感技术对地面覆盖、大气、海洋和近地表状况等进行监测的技术方法,遥感监测技术是通过航空或卫星等收集环境的电磁波信息,对远离的环境目标进行监测、识别环境质量状况的技术。它是一种先进的环境信息获取技术,在获取大面积同步和动态环境信息方面,"快"并且"全",是其他监测手段无法比拟和完成的,被普遍应用于应急突发事件监测领域,是及时了解灾情、掌握应急事件态势、进行灾情险情评估的重要手段。

县级以上测绘地理信息主管部门应当"做好遥感监测"[1],就是要充分发挥测绘地理信息主管部门的技术优势和地理信息资源优势,及时协助有关部门做好灾情险情监测和灾情评估等应急保障工作。

(3)导航定位[49]

导航定位是指运用全球卫星导航定位技术,及时获取突发事件发生地的空间位置、空间分布以及区域范围等数据,为应急救援与处置等提供数据支持。要充分依靠建立的卫星导航定位基准站服务系统,县级以上测绘地理信息主管部门及时"做好导航定位"[1]提供空间定位基准应急服务,保障应急工作需要。

### 77. 基础测绘应急保障预案的内容

县级以上人民政府测绘行政主管部门应当根据应对自然灾害等突发事件的需要,制定相应的基础测绘应急保障预案。内容应当包括:应急保障组织体系、应急装备和器材配备、应急响应、基础地理信息数据的应急测制和更新等应急保障措施。[2]

(1)应急保障组织体系。即基础测绘应急保障工作的领导机构、工作机构和职责等。建立有效的组织体系是落实应急管理工作的基础。各级测绘地理信息主管部门都应当建立健全基础测绘应急保障工作的组织体系。[49]

(2)应急装备和器材配备。主要包括航空摄影、地面快速数据采集和处理等各种装备和器材配备。应急装备和器材配备是快速获取突发事件事发地区基础地理信息数据的关键。[49]

(3)应急响应。根据国家测绘地理信息主管部门制定的国家测绘地理信息应急保障预案,除国家突发事件有重大特殊要求外,根据突发事件救援与处置工作对测绘地理信息保障的紧急需求,将测绘应急响应分为两个等级:①Ⅰ级响应。需要进行大范围联合作业;涉及大量的数据采集、处理和加工;成果提供工作量大的测绘地理信息应急响应。②Ⅱ级响应。以提供现有测绘成果为主,具有少量的实地监测、数据加工及专题地图制作需求的测绘应急响应。[41]

(4)基础地理信息数据的应急测制和更新。基础测绘应急保障预案包括基础地理信息数据的应急测制、更新的程序,确保突发事件发生后,能够及时、高效、快速地获取基础地理信息,为决策、救援、恢复和重建等工作提供有力的保障。[49]

## 参考资料:

[1]《中华人民共和国测绘法》(2017年4月27日修订)

[2]《基础测绘条例》(国务院令第556号)

[3]《地图管理条例》(国务院令第664号)

[4]《中华人民共和国测绘成果管理条例》(国务院令第469号)

[5]《中华人民共和国测量标志保护条例》(国务院令第203号发布,2011年1月8日修订)

[6]《国务院关于加强测绘工作的意见》(国发〔2007〕30号)

[7]《国务院办公厅转发测绘局等部门关于加强国家版图意识宣传教育和地图市

场监管意见的通知》(国办发〔2005〕5号)

　　[8]《全国基础测绘中长期规划纲要(2015—2030年)》(国函〔2015〕92号)

　　[9]《测绘地理信息行业信用管理办法》(国测管发〔2015〕57号)

　　[10]《地图审核管理规定》(国土资源部令第77号发布,自然资源部令第5号修改)

　　[11]《外国的组织或者个人来华测绘管理暂行办法》(国土资源部令第38号发布,自然资源部令第5号修改)

　　[12]《自然资源部办公厅关于印发测绘资质管理办法和测绘资质分类分级标准的通知》(自然资办发〔2021〕43号)

　　[13]《国家测绘地理信息局关于加强测绘地理信息科技创新的意见》(国测科发〔2015〕4号)

　　[14]《测绘地理信息市场信用信息管理暂行办法》(国测管发〔2012〕8号)

　　[15]《国家测绘地理信息局关于印发〈测绘地理信息质量管理办法〉的通知》(国测国发〔2015〕17号)

　　[16]《关于印发〈遥感影像公开使用管理规定(试行)〉的通知》(国测成发〔2011〕9号)

　　[17]《关于印发〈测绘成果质量监督抽查管理办法〉的通知》(国测国发〔2010〕9号)

　　[18]《关于印发〈测绘地理信息档案管理规定〉的通知》(国测发〔2017〕6号)

　　[19]《自然资源部 国家保密局关于印发〈测绘地理信息管理工作国家秘密范围的规定〉的通知》(自然资发〔2020〕95号)

　　[20]《国家测绘地理信息局、中央网络安全和信息化领导小组办公室关于规范互联网服务单位使用地图的通知》(国测图发〔2016〕2号)

　　[21]《关于印发〈测绘安全生产管理暂行规定〉的通知》(国测人字〔1997〕8号)

　　[22]《自然资源部办公厅关于印发〈地理信息公共服务平台管理办法〉的通知》(自然资办发〔2020〕77号)

　　[23]《自然资源部办公厅关于推进省级卫星应用技术中心建设工作的通知》(自然资办函〔2019〕874号)

　　[24]《自然资源部办公厅关于印发〈智慧城市时空大数据平台建设技术大纲(2019版)〉的通知》(自然资办函〔2019〕125号)

[25]《新型基础测绘体系建设试点技术大纲》(自然资源部2021年3月发布)

[26]《安徽省自然资源厅关于推进工程建设项目"多测合一"改革的指导意见》(皖自然资规〔2020〕9号)

[27]《安徽省自然资源厅安徽省发展和改革委员会关于印发〈安徽省"十四五"测绘地理信息规划〉的通知》(皖自然资〔2021〕114号)

[28]《自然资源安徽省卫星应用技术中心建设调整方案》(安徽省测绘总院2020年8月发布)

[29]《信息化测绘体系建设技术大纲(试行)》(国测科发〔2015〕5号)

[30]《关于导航电子地图管理有关规定的通知》(国测图字〔2007〕7号)

[31]《自然资源部关于规范重要地理信息数据审核公布管理工作的通知》(自然资规〔2020〕2号)

[32]《自然资源部办公厅关于印发〈实景三维中国建设技术大纲(2021版)〉的通知》(自然资办发〔2021〕56号)

[33]《中华人民共和国标准化法》(2017年11月4日修订)

[34]《国家测绘局关于启用2000国家大地坐标系的公告》(国家测绘局公告2008年第2号)

[35]《关于进一步加强应急测绘保障服务能力建设的意见》(国测成发〔2016〕7号)

[36]《关于进一步加强互联网地图监管工作的意见》(国测图发〔2015〕3号)

[37]《关于促进智慧城市健康发展的指导意见》(发改高技〔2014〕1770号)

[38]《关于印发〈地理国情监测内容指南〉的通知》(国地普办〔2012〕15号)

[39]《关于印发〈国家测绘地理信息局科技领军人才管理办法〉和〈国家测绘地理信息局青年学术和技术带头人管理办法〉的通知》(国测办发〔2017〕221号)

[40]《关于全面开展地理国情监测的指导意见》(国测国发〔2017〕8号)

[41]《关于印发国家测绘应急保障预案的通知》(国测成字〔2009〕4号)

[42]《中共中央 国务院关于进一步加强城市规划建设管理工作的若干意见》(2016年2月6日)

[43]《自然资源部办公厅关于印发〈全国基础测绘"十四五"规划编制指南〉的函》(自然资办函〔2019〕1914号)

[44]《关于印发〈建立相对独立的平面坐标系统管理办法〉的通知》(国测法字

〔2006〕5号）

[45]《中华人民共和国突发事件应对法》（主席令第69号）

[46]《国务院办公厅关于印发国家自然灾害救助应急预案的通知》（国办函〔2016〕25号）

[47]《关于印发〈测绘标准体系〉（2017修订版）的通知》（国测办发〔2017〕143号）

[48]《自然资源管理知识手册》编写组：《自然资源管理知识手册》，中国大地出版社，2020年。

[49]国家测绘地理信息局职业技能鉴定指导中心，测绘出版社：《测绘管理与法律法规》，测绘出版社，2016年。

[50]国家测绘地理信息局职业技能鉴定指导中心，测绘出版社：《测绘综合能力》，测绘出版社，2016年。

# 第十三篇　自然资源督察执法篇

自然资源督察执法工作是学习实践习近平生态文明思想，贯彻落实党中央、国务院和省委省政府决策部署的重要保障，也是落实自然资源管理"两统一"职责的重要手段。自然资源监督执法穿于自然资源管理各个领域，工作对象涉及自然资源、国土空间规划、测绘等违法行为，管理层级分上为国家监督、地方监督。

本篇以自然资源管理相关的各部法律法规为基础，以《自然资源执法监督规定》《自然资源行政处罚办法》为重点，以各项监督检查的文件通知、工作规范和技术指南为辅助，将相关应知应会的知识点进行梳理分析，整合为5个部分进行介绍说明：第一部分为自然资源督察，第二部分为自然资源执法，这两部分介绍国家监督层面的监督职能、监督体系、监督手段和纪律要求等；第三部分为卫片执法，第四部分为自然资源行政处罚，这两部分介绍各级自然资源部门日常监督执法工作的职责、任务、程序、方法；第五部分为自然资源违法行为和法律责任，介绍自然资源违法行为的种类，构成自然资源违法犯罪的条件，以及应承担的法律责任。

## 一、自然资源督察

### 1. 新时期我国自然资源督察的职能和任务

为切实加强土地管理工作，完善土地执法监督体系，我国建立了国家土地督察制度。2006年7月13日，《国务院办公厅关于建立国家土地督察制度有关问题的通知》中批准设立国家土地总督察办公室及9个派驻地方的国家土地督察局，由原国土资源部代表国务院对各省、自治区、直辖市以及计划单列市人民政府土地利用和管理情况进行监督检查。2018年3月机构改革后，土地督察制度升级为自然资源督察制度，自然资源督察被赋予了新的职能，除了做好、做精传统的土地督察业务，还要探索对自然保护地及生态保护、矿产资源、海域海岛资源的监管及保护等情况的督察。国家自然资源督察机构根据中央授权，对地方政府落实党中央、国务院关于自然资源和国土空间规划的重大方针政策、决策部署及法律法规执行情况进行监督检查。[1]

国家自然资源督察机构根据授权对省、自治区、直辖市人民政府以及国务院确定的城市人民政府下列土地利用和土地管理情况进行督察：

(1)耕地保护情况；

(2)土地节约集约利用情况；

(3)国土空间规划编制和实施情况；

(4)国家有关土地管理重大决策落实情况；

(5)土地管理法律、行政法规执行情况；

(6)其他土地利用和土地管理情况。

国家自然资源督察机构进行督察时，有权向有关单位和个人了解督察事项有关情况，有关单位和个人应当支持、协助督察机构工作，如实反映情况，并提供有关材料。被督察的地方人民政府违反土地管理法律、行政法规，或者落实国家有关土地管理重大决策不力的，国家自然资源督察机构可以向被督察的地方人民政府下达督察意见书，地方人民政府应当认真组织整改，并及时报告整改情况；国家自然资源督察机构可以约谈被督察的地方人民政府有关负责人，并可以依法向监察机关、任免机关等有关机关提出追究相关责任人责任的建议。

**2. 国家自然资源督察机构的设置**

根据自然资源部"三定"方案，自然资源部内设国家自然资源总督察办公室，向地方派驻9个国家自然资源督察局。国家自然资源总督察办公室的职责为：完善国家自然资源督察制度，拟定自然资源督察相关政策和工作规则等；指导和监督检查派驻督察局工作，协调重大及跨督察区域的督察工作；根据授权，承担对自然资源和国土空间规划等法律法规执行情况的监督检查工作。

派驻地方的9个国家自然资源督察局的督察范围如下：

(1)国家自然资源督察北京局：北京市、天津市、河北省、山西省和内蒙古自治区；

(2)国家自然资源督察沈阳局：辽宁省、吉林省、黑龙江省和大连市；

(3)国家自然资源督察上海局：上海市、浙江省、福建省以及宁波、厦门市；

(4)国家自然资源督察南京局：江苏省、安徽省、江西省；

(5)国家自然资源督察济南局：山东省、河南省及青岛市；

(6)国家自然资源督察广州局：广东省、广西壮族自治区、海南省及深圳市；

(7)国家自然资源督察武汉局：湖北省、湖南省、贵州省；

(8)国家自然资源督察成都局:重庆市、四川省、云南省、西藏自治区;

(9)国家自然资源督察西安局:陕西省、甘肃省、青海省、宁夏回族自治区、新疆维吾尔自治区及新疆生产建设兵团。[1]

**3. 自然资源督察的具体内容**

新时期自然资源督察以原来的国家土地督察为主体,整合了矿产、海洋、森林等方面督察内容。

(1)土地督察。2006年7月13日,国家发布《国务院办公厅关于建立国家土地督察制度有关问题的通知》,开始实施国家土地督察制度。

国务院授权的机构对各省、自治区、直辖市人民政府以及国务院确定的城市人民政府土地利用和土地管理情况进行督察。国家自然资源督察机构根据授权,对省、自治区、直辖市人民政府以及国务院确定的城市人民政府土地利用和土地管理情况进行督察。

(2)矿产督察。为监督矿产资源节约和综合利用,我国自1990年开始实施矿产督察制度,矿产资源主管部门聘请专业技术人员,依法对非油气矿业权人法定义务履行情况进行监督检查。2002年,原国土资源部重组矿产督察员队伍,建立了国家和地方两级矿产督察员体制。矿产督察的重点是大中型矿山以及颁发勘查许可证、整装勘查区和重要成矿区(带)的探矿权人。矿产督察员对督察中发现的问题,向当地或上级主管部门报告,由其负责处理解决。

(3)国土空间规划督察。国土空间规划督察是由城乡规划督察员制度演变而来。2016年1月23日,中央全面深化改革委员会第六次会议审议通过了《中共中央国务院关于建立国土空间规划体系并监督实施的若干意见》,明确将主体功能区规划、土地利用规划、城乡规划等空间规划融合为统一的国土空间规划,实现"多规合一"。依托国土空间基础信息平台,建立健全国土空间规划动态监测评估预警和实施监管机制,将国土空间规划执行情况纳入自然资源执法督察内容。

(4)森林监督。2007年8月,国家林业局发布《森林资源监督工作管理办法》,依照有关规定向各地区、单位派驻森林资源监督专员办事处,对驻在地区和单位的森林资源保护、利用和管理情况实施监督检查。原国家林业局在全国设立了15个监督专员办事处,并成立了森林资源监督管理办公室,主要针对重点林区行使监督检查、行政执法、行政许可等工作,是林业行政执法的重要组成部分。

(5)海洋督察。2016年12月,国务院批准《海洋督察方案》,授权原国家海洋局负责组织实施国家海洋督察制度。原国家海洋局组织成立了全国海洋督察委员会,原国家海洋局北海分局、东海分局、南海分局作为原国家海洋局的派出机构,从内部抽调人员组建海区海洋督察队伍。海洋督察工作机制为:原国家海洋局代表国务院对沿海省级人民政府及其海洋主管部门、海洋执法机构进行监督检查,可下沉至设区的市级人民政府;重点督察地方人民政府对中央海洋资源环境重大决策部署、有关法律法规以及国家海洋资源环境计划、规划、重要政策措施的落实情况。

(6)草原督察。为遏制草原退化,改善草原生态环境,2005年,农业部印发《关于进一步加强草原监督管理工作的通知》。草原监督主要由农业部草原监理中心负责,主要职责是草原行政执法、草原资源监测、草原防灾减灾和草原建设项目指导。

(7)水资源督察。为全面落实最严格的水资源管理制度,进一步规范水资源管理各项工作,水利部分年度部署开展了全国性的水资源管理专项监督检查。以2017年度为例,专项监督检查范围包括7个流域机构和31个省(自治区、直辖市),重点检查2016年度专项监督检查发现问题的整改落实情况,以及计划用水与用水定额管理、饮用水水源地管理和保护、地下水超采治理等7个重点领域。专项监督检查采取随机抽查与现场检查相结合的方式进行。[1]

**4. 自然资源部挂牌督办的案件类型**

自然资源部挂牌督办是指自然资源部对自然资源、国土空间规划、测绘等领域的重大、典型违法违规案件的办理提出明确要求,公开督促省级自然资源主管部门限期办理,并向社会公开处理结果,接受社会监督的一种工作措施。符合下列情形的违法违规案件,可以挂牌督办:

(1)违反国土空间规划和用途管制,违法突破生态保护红线、永久基本农田、城镇开发边界三条控制线,造成严重后果的;

(2)违法违规占用耕地,特别是永久基本农田面积较大、造成种植条件严重毁坏的;

(3)违法违规批准征占土地、建设、勘查开采矿产资源,造成严重后果的;

(4)严重违反国家土地供应政策、土地市场政策,以及严重违规开发利用土地的;

(5)违法违规勘查开采矿产资源,情节严重或造成生态环境严重损害的;

(6)严重违反测绘地理信息管理法律法规的;

(7)隐瞒不报、压案不查、久查不决、屡查屡犯,造成恶劣社会影响的;

(8)需要挂牌督办的其他情形。

经自然资源部领导同意挂牌督办的,自然资源部相关司局应当在 2 个工作日内以自然资源部办公厅函的形式,向省级自然资源主管部门下达挂牌督办违法违规案件通知,并抄送相关省级人民政府办公厅和国家自然资源总督察办公室、派驻地方的国家自然资源督察局。省级自然资源主管部门收到挂牌督办违法违规案件通知后,应当及时按照挂牌督办要求会同有关部门组织调查处理,并于挂牌督办之日起 45 日内形成调查处理意见。

自然资源部相关司局应当对挂牌督办案件的调查核实、处罚或处理决定的执行、整改落实等情况进行跟踪督导,必要时可以派员现场督办。国家自然资源督察机构结合督察工作任务,对挂牌督办案件办理情况进行督察。省级自然资源主管部门对自然资源部挂牌督办案件推诿、办理不力或者弄虚作假的,自然资源部依法依规将问题线索移送纪检监察机关。[2]

## 二、自然资源执法

### 5. 自然资源执法的主要职责

自然资源执法工作是自然资源管理工作的重要组成部分,其主要任务是维护自然资源管理秩序,维护公民和法人及其他组织的合法权益,保护和合理利用自然资源。县级以上自然资源主管部门依照法律法规规定,履行以下执法监督职责:

(1)执行和遵守自然资源法律法规的情况进行检查,通过检查职权的行使,可以及时发现、制止违法行为,从而保证自然资源法律法规的顺利实施。

(2)对发现的违反自然资源法律法规的行为进行制止,责令限期改正。

(3)对涉嫌违反自然资源法律法规的行为进行调查,法律赋予了多种形式的调查措施。

(4)对违反自然资源法律法规的行为依法实施行政处罚和行政处理。

(5)对违反自然资源法律法规依法应当追究国家工作人员责任的,依照有关规定移送监察机关或者有关机关处理。

(6)对违反自然资源法律法规涉嫌犯罪的,将案件移送有关机关。

(7)法律法规规定的其他职责。[3]

### 6. 自然资源行政执法三项重要制度

自然资源主管部门在行政执法中全面实行行政执法公示制度、行政执法全过程记录制度和重大行政执法决定法制审核制度。

(1)行政执法公示制度。公示主体是县级以上自然资源主管部门,载体是行政执法公示平台,及时向社会公开五方面内容:①本部门执法查处的法律依据、管辖范围、工作流程、救济方式等相关规定;②本部门自然资源执法证件持有人姓名、编号等信息;③本部门作出的生效行政处罚决定和行政处理决定;④本部门公开挂牌督办案件处理结果;⑤本部门认为需要公开的其他执法监督事项。[6]

(2)行政执法全过程记录制度。根据执法不同情况可以采取下列记录方式,实现全过程留痕和可回溯管理:①将行政执法文书作为全过程记录的基本形式;②对现场检查、随机抽查、调查取证、听证、行政强制、送达等容易引发争议的行政执法过程,进行音像记录;③对直接涉及重大财产权益的现场执法活动和执法场所,进行音像记录;④对重大、复杂、疑难的行政执法案件,进行音像记录;⑤其他对当事人权利义务有重大影响的,进行音像记录。[6]

(3)重大行政执法决定法制审核制度。在作出重大行政执法决定前,由县级以上自然资源主管部门的法制工作机构对拟作出决定的合法性、适当性进行审核。未经法制审核或者审核未通过的,不得作出决定。法制审核原则上采取书面审核的方式,审核以下内容:①执法主体是否合法;②是否超越本机关执法权限;③违法定性是否准确;④法律适用是否正确;⑤程序是否合法;⑥行政裁量权行使是否适当;⑦行政执法文书是否完备规范;⑧违法行为是否涉嫌犯罪、需要移送司法机关等;⑨其他需要审核的内容。[4]

**7.自然资源主管部门在执法监督检查工作中对执法人员、有关单位和个人的要求**

从事自然资源执法监督的工作人员应当具有较高的政治素质,忠于职守、秉公执法、清正廉明,熟悉自然资源法律法规和相关专业知识,并取得执法资格。自然资源执法人员依法履行执法监督职责时,应当主动出示执法证件,并且不得少于2人。[3]

有关单位和个人对县级以上人民政府自然资源主管部门就违法行为进行的执法监督检查应当支持与配合,并提供工作方便,不得拒绝与阻碍自然资源执法监督检查人员依法执行职务;阻碍自然资源主管部门依法履行执法监督职责,对自然资源执法人员进行威胁、侮辱、殴打或者故意伤害,构成违反治安管理行为的,依法给予治安管理处罚;构成犯罪的,依法追究刑事责任。[1]

**8.县级以上自然资源主管部门履行执法监督职责,依法可以采取的措施**

(1)要求被检查的单位或个人提供有关文件和资料,进行查阅或者予以复制;

(2)要求被检查的单位或者个人就有关问题作出说明,询问违法案件的当事人、嫌疑人和证人；

（3）进入被检查单位或者个人违法现场进行勘测、拍照、录音和摄像等；

（4）责令当事人停止正在实施的违法行为，限期改正；

（5）对当事人拒不停止违法行为的，应当将违法事实书面报告本级人民政府和上一级自然资源主管部门，也可以提请本级人民政府协调有关部门和单位采取相关措施；

（6）对涉嫌违反自然资源法律法规的单位和个人，依法暂停办理其与该行为有关的审批或者登记发证手续；

（7）对执法监督中发现有严重违反自然资源法律法规，自然资源管理秩序混乱，未积极采取措施消除违法状态的地区，其上级自然资源主管部门可以建议本级人民政府约谈该地区人民政府主要负责人；

（8）执法监督中发现有地区存在违反自然资源法律法规的苗头性或者倾向性问题，可以向该地区的人民政府或者自然资源主管部门进行反馈，提出执法监督建议；

（9）法律法规规定的其他措施。[3]

**9. 县级以上自然资源主管部门实行错案追究机制**

县级以上自然资源主管部门实行错案责任追究制度。自然资源执法人员在查办自然资源违法案件过程中，因过错造成损害后果的，所在的自然资源主管部门应当予以纠正，并依照有关规定追究相关人员的过错责任。

县级以上自然资源主管部门及其执法人员有下列情形之一，致使公共利益或者公民、法人和其他组织的合法权益遭受重大损害的，应当依法给予处分：

（1）对发现的自然资源违法行为未依法制止的；

（2）应当依法立案查处，无正当理由，未依法立案查处的；

（3）已经立案查处，依法应当申请强制执行、移送有关机关追究责任，无正当理由，未依法申请强制执行、移送有关机关的。

县级以上自然资源主管部门及其执法人员有下列情形之一的，应当依法给予处分；构成犯罪的，依法追究刑事责任：

（1）伪造、销毁、藏匿证据，造成严重后果的；

（2）篡改案件材料，造成严重后果的；

（3）不依法履行职责，致使案件调查、审核出现重大失误的；

（4）违反保密规定，向案件当事人泄露案情，造成严重后果的；

(5)越权干预案件调查处理,造成严重后果的;

(6)有其他徇私舞弊、玩忽职守、滥用职权行为的。[3]

**10. 自然资源主管部门在监督检查工作中发现违法行为时的处理方式**

县级以上人民政府自然资源主管部门在监督检查工作中发现国家工作人员的违法行为,依法应当给予处分的,应当依法予以处分;无权处理的,应当依法移送监察机关或者有关机关处理。

县级以上人民政府自然资源主管部门在监督检查工作中发现土地违法行为构成犯罪的,应当将案件移送有关机关,依法追究刑事责任;尚不构成犯罪的,应当依法给予行政处罚。[1]

### 三、卫片执法检查

**11. 卫片执法检查的目的和任务**

"卫片"是卫星遥感图片的简称,是利用卫星遥感监测等技术手段制作的叠加监测信息及有关要素后形成的专题影像图片。利用以卫星遥感为主的现代技术手段,可以早发现、早制止、严查处自然资源违法行为,维护自然资源开发利用和保护秩序,提高执法效能。

土地卫片执法检查的内容主要包括:利用卫星遥感监测发现一个区域内自然资源利用变化情况,并通过对变化图斑的逐一核查,了解该地区土地利用总体规划实施、土地利用年度计划执行、建设用地扩张及耕地占用等情况。以及矿产资源勘查、开采的合法性,有无违法勘查、开采矿产资源等情况,及时发现、纠正、制止、查处违法违规行为,进一步加大对违法行为的处理力度,规范自然资源管理秩序。[1]

**12. 各级自然资源主管部门的工作职责**

省级自然资源主管部门工作职责:按照自然资源部的统一部署,统筹组织全省土地矿产卫片执法工作;领取国家下发的卫片图斑数据,利用信息化手段,通过国土空间基础信息平台进行数据比对,提取批地、供地等相关信息,与下发图斑数据一起分发各市核查;指导本行政区域内土地矿产卫片执法工作,组织开展省级核查,督导卫片信息系统数据修正工作,督促落实自然资源部督查、验收意见;对发现的本行政区域内重大、典型违法案件立案查处、挂牌督办;报请省级人民政府约谈违法严重地区的地方人民政府负责人;对违法严重、符合问责规定的市县主要领导人员和其他负有责任的人员,按干部管理权限,向有关纪检监察机关或任免机关提出问责建议;汇总分析上报卫片执法成果和报告;通报本行政区域土地矿产卫片执法情况;制定实施奖惩措施。

市级自然资源主管部门工作职责:按照省级自然资源主管部门部署安排,接收省下发卫片图斑数据并分解下发至所辖县(市、区),组织实施本行政区域开展土地矿产卫片执法工作;对发现的本行政区域内土地矿产的违法行为,直接或督促所辖县(市、区)立案查处;对本行政区域内重大、典型违法案件挂牌督办,并督促整改;对所辖县(市、区)卫片执法成果进行审核、验收,督导卫片信息系统数据修正工作,包括自然资源执法综合平台卫片执法模块填报数据、实地已拆除、复耕、毁闭井硐等情况,并对上报数据的真实性、准确性负责;汇总分析上报卫片执法成果和报告,报请市政府约谈本辖区土地矿产违法严重地区的地方人民政府负责人;对违法严重、符合相关问责规定的县、乡镇(街道)主要领导人员和其他负有责任的人员,按干部管理权限,向有关纪检监察机关或任免机关,提出问责建议;通报本行政区域土地矿产卫片执法情况;制定实施奖惩措施。

县级自然资源主管部门工作职责:组织实施本行政区域内土地矿产卫片执法工作;组织技术力量对下发的卫片图斑进行内业比对、外业核查,逐图斑判定合法性;对发现的本行政区域内土地矿产的违法行为,属于职责范围内的要及时制止、报告、依法依规立案查处,并牵头组织具体整改工作,涉及其他部门职责的要及时进行移交,并做好记录;按照土地矿产卫片执法数据填报要求,将图斑判定结果、查处及整改落实情况填报卫片执法信息系统,并对填报数据的真实性、准确性负责;组织相关部门对卫片执法中数据填报、查处整改情况进行自检;汇总分析上报卫片执法成果和报告,报请县政府约谈违法问题严重乡镇(街道)主要负责人;归档土地矿产卫片执法工作中形成的各类文件、图件、照片、违法案件处理材料、统计汇总表及各类相关文件材料等,按要求建立档案卷宗,装订成册;制定实施奖惩措施。[5]

### 13. 对违法行为严重的地区问责的方式

警示约谈:省、市、县自然资源主管部门将卫片执法成果及时报告同级人民政府,根据土地、矿产违法严重程度,报请约谈本地区违法问题严重的下级政府负责人,并向社会公开通报,督促查处整改落实。

严肃问责:依据《违法土地管理规定行为处分办法》有关条款,以及卫片执法中按政策扣减后违法占用耕地面积比例达到15%以上,且违法占用耕地面积已超过500亩的市或超过100亩的县(市、区),纳入问责范围(国家级深度贫困地区除外)。对违法占用耕地面积比例虽未达到15%,但造成恶劣影响或者其他严重后果,以及对违反土地管理规定行为不制止、不组织查处,或隐瞒不报、压案不查的,也要纳入问责范围。[6]

**14. 省级约谈问责标准**

在一个年度内,以各市上报的综合监管平台数据为基础,结合省级复核情况和省级图斑核查情况,根据卫片执法有关政策因素,达到以下条件之一的,纳入省级警示约谈、问责范围:

(1)约谈标准:违法占用耕地面积比例未达到15%,但违法占用耕地面积已超过500亩的市或超过100亩的县(市、区);新增建设用地违法用地总面积全省排名前2名的市和前5名的县(市、区);矿产卫片中,非法采矿宗数在全省排第1名且有3宗以上的市和在全省排第1名且有2宗以上的县(市、区);在卫片执法图斑核查整改中弄虚作假的县(市、区),审核把关不严的市;对市级政府应约谈但未约谈的县(市、区),直接列入省级警示约谈范围。

(2)问责标准:土地管理秩序混乱,市级违法占用耕地面积之和500亩以上,县级违法占用耕地面积之和100亩以上的,且违法占用耕地面积比例达到15%以上的,或者虽然未达到15%,但造成恶劣影响或者其他严重后果的;发生土地违法案件造成严重后果的;对违反土地管理规定行为不制止、不组织查处的;对违反土地管理规定行为隐瞒不报、压案不查的。[7]

**15. 卫片执法图斑类型**

土地卫片执法图斑应判定为三类,即合法用地、违法用地、其他用地。判定为合法图斑的,需填报监测时段之前取得的并在时效内的建设用地批供文件等合法性判定依据。判定为违法图斑的,要填报判定依据,确定违法用地类型:非法批地(非法批准占用、非法供地)、非法占地(未报即用、边报边用、未供即用等)、其他(非新增建设用地违法)。并以"宗"为单元,填写地块信息登记卡。判定为其他图斑的,要填报土地实际用途和判定依据。[5]

矿产卫片疑似违法图斑应判定为三类,即合法、违法、伪变化。合法图斑,是指由勘查、采矿活动引起,且该活动符合矿产资源管理法律法规、规范性文件和政策要求的图斑。违法图斑,是指由勘查、采矿活动引起,且该活动不符合矿产资源管理法律法规、规范性文件和政策要求的图斑。各类工程无合法有效采矿许可证,但有矿产品采出并销售的,一律判定为违法。伪变化图斑,是指与勘查、采矿无关,现场没有勘查、采矿活动的图斑。[8]

**16. 违法图斑的处理方式**

下发图斑经核查后认定为违法的,各市、县自然资源主管部门要按照有关规定,及时采取制止、报告等措施;符合立案条件的,须及时立案,依法严肃查处;非立案处理的、不处理的,必须说明情况并附相关材料;应当报告的及时报告本级人民政府,同时抄报上级主管部门;发现违法行为涉及其他部门职责的,要在核实后及时移交相关部门,做好记录,并填报移交情况和相关部门反馈结果;拒不履行处罚决定的,坚决申请法院强制执行;对重大典型案件,省自然资源主管部门将直接立案或者挂牌督办,处理结果公开通报。认定为违法图斑的,各市、县自然资源主管部门要严格查处,督促整改,推动消除违法违规状态。土地违法图斑整改要做到应收缴的罚没款收缴到位,应没收的建筑物、构筑物没收到位,应拆除的建筑物、构筑物拆除到位,应复耕的复耕到位,应补办完善手续的完善到位,应当追究责任人责任的追究到位。矿产违法图斑整改要做到应收缴的罚没款收缴到位,应没收的矿产品没收到位,应吊销勘查许可证、采矿许可证、地质灾害防治单位资质、测绘资质等的予以吊销并公告,应当追究责任人责任的追究到位,做到违法采矿现场不留建筑物和构筑物、不留设备、不留人员,毁闭井硐。

对依法采取拆除复垦方式整改的违法图斑,造成耕地损毁的,能够复垦为耕地的,应当优先复垦为耕地,并达到种植条件;占用其他土地的,按要求恢复土地原状。依法拆除复耕复绿的,复垦任务完成后应报请市级以上自然资源或农业农村主管部门组织验收,出具验收文件,并与拆除前和拆除后的实地照片一并归档备查。[5]

**17. 2021 年卫片执法工作的新变化**

为了进一步提升卫片执法工作的实效性、准确性、系统性、严肃性,2021 年自然资源部对卫片执法工作思路、工作方式、工作要求进行了重大调整:

(1)工作组织方式由"季度+年度"改为"月清、季核、年度评估"。《自然资源部办公厅关于开展 2021 年卫片执法工作的通知》首次提出了"月清、季核、年度评估"的工作要求。"月清"指的是,县级要在当月完成上月自然资源部下发图斑的核查判定,并填报到卫片系统中。"季核"指的是,市级在一个季度内必须对各县级填报的图斑核查情况进行一次全面审核;省级自然资源主管部门至少以季度为单位,对本地区填报结果进行内业核查和外业抽查;自然资源部将以季度为单位组织开展抽查。"年度评估"指的是,在完成完整的 4 个季度图斑核查填报后,经省级全面审核,形成年度卫片执法成果和报告报部,并以此成果为基础按年度评估一个地区管理秩序。安徽省 2021 年卫片执法工作又增加了"半年分析",组织方式变为"月清、季核、半年分析、年度评估"。

(2)下发图斑由土地、矿产卫片两类图斑,改为"一图两用"。2021 年开始,自然资源部下发的图斑不再区分土地、矿产卫片图斑,该图斑既作为土地卫片执法,也作为矿产卫片执法使用。矿产卫片执法工作流程,作了一些调整,分为"填报月清""次月审核"两个阶段,要求县级主管部门按照"月清"要求填报所有图斑,省市级自然资源主管部门要在当月完成全面审核上一月填报的所有数据。

（3）实行等量扣减占补平衡耕地数量,防止耕地流失。按照"增违挂钩"的要求,对有关要求进行了细化明确。省级自然资源主管部门要加强对市县实际耕地保有量的考核,对年度内违法占用耕地且未能消除违法状态的,要等量扣除该地区用于耕地占补平衡的可补充耕地数量;对年度内违法占用永久基本农田且未能消除违法状态的,要限期拆除复耕,确实不能恢复原种植条件的,要限期补划。

（4）严格问责标准计算方法,严肃问责。在评估市、县管理秩序、计算问责比例时,对"国家级和省级重大基础设施项目"违法用地,以往只扣分子不扣分母,不利于"严起来",现改为分子、分母同时扣减,防止通过重点工程项目增大其他项目违法用地空间。在评估省级土地管理秩序、计算问责比例时,不再扣减省级重大基础设施项目违法用地。在责任追究环节明确了省级纳入问责范围的标准。为"零容忍"遏制新增乱占耕地建房行为,从严保护耕地,自2021年开始,不再扣减符合"一户一宅"等条件的农村宅基地违法用地、保障性安居工程违法用地。

（5）突出对重点区域、重要矿种的监管和保护。在往年卫片执法对重点矿区进行监管的基础上,今年首次提出要强化对自然保护地、长江流域和黄河沿岸县域等重点地区、稀土等国家战略性资源重要矿种的监管。自然资源部将通过加强重点区域和重要矿种区遥感监测频次,加大外业实地核查力度,利用亚米级高清遥感影像审核地方核查成果,不断强化矿产卫片执法工作。[6][7][9]

## 四、自然资源行政处罚

### 18. 自然资源行政处罚的种类及应遵循的原则

自然资源行政处罚分为6类,分别是警告,罚款,没收违法所得、没收非法财物,限期拆除,吊销勘查许可证和采矿许可证,法律法规规定的其他行政处罚。

自然资源主管部门实施行政处罚应当遵循公正、公开原则,做到事实清楚,证据确凿,定性准确,依据正确,程序合法,处罚适当。没有法定依据或者不遵循法定程序的行政处罚无效。[10]

### 19. 自然资源违法案件的管辖范围

自然资源违法案件由土地、矿产资源所在地的县级自然资源主管部门管辖,但法律法规以及《自然资源行政处罚办法》另有规定的除外;省级、市级自然资源主管部门管辖本行政区域内重大、复杂和法律法规规定应当由其管辖的自然资源违法案件;自然资源部管辖全国范围内重大、复杂和法律法规规定应当由其管辖的自然资源违法案件。

对下级自然资源主管部门应当立案调查而不予立案调查的和案情复杂、情节恶劣、有重大影响的案件,上级自然资源主管部门有权直接管辖。上级自然资源主管部门可以将本级管辖的案件交由下级自然资源主管部门管辖,但是法律法规规定应当由其管辖的除外。

有管辖权的自然资源主管部门由于特殊原因不能行使管辖权的,可以报请上一级自然资源主管部门指定管辖,自然资源主管部门之间因管辖权发生争议的,报请共同的上一级自然资源主管部门指定管辖,上一级自然资源主管部门应当在接到指定管辖申请制日起7个工作日内,作出管辖决定。

自然资源主管部门发现违法案件不属于本部门管辖的,应当移送有管辖权的自然资源主管部门或者其他部门,受移送的自然资源主管部门对管辖权有异议的,应当报请上一级自然资源主管部门指定管辖,不得再自行移送。[10]

### 20. 自然资源违法行为立案应具备的条件

符合下列条件的自然资源违法行为应当在10个工作日内立案:有明确的行为人,有违反自然资源管理法律法规的事实,依照自然资源管理法律法规应当追究法律责任,属于本部门管辖,违法行为没有超过追诉时效。违法行为轻微并及时纠正,没有造成危害后果的,可以不予立案。[10]

### 21. 自然资源违法案件查处的一般程序

自然资源违法案件查处的一般程序主要包括违法线索发现、线索核查与违法行为制止、立案、调查取证、案情分析与调查报告起草、案件审理、作出处理决定(行政处罚决定或者行政处理决定)、执行、结案、立卷归档等若干环节。涉及需要移送公安、检察、监察、任免机关追究刑事责任、行政纪律责任的,应当依照有关规定移送。

(1)违法线索发现。包括举报发现,巡查发现,卫片执法监督检查发现,媒体反映,上级交办、国家自然督察机构督办或者其他部门移送、转办,其他渠道发现等方式。

(2)线索核查与违法行为制止。线索核查的主要内容包括:涉嫌违法当事人的基本情况;涉嫌违法的基本事实;违反自然资源管理法律法规的情况;是否属于本级本部门管辖。核查过程中,可以采取拍照、询问、复印资料等方式收集相关证据。违法行为制止指发现存在自然资源违法行为,执法监察人员应当向违法当事人宣传自然资源法律法规和政策,告知其行为违法及可能承担的法律责任,采取措施予以制止。

(3)立案。自然资源主管部门对涉嫌违反自然资源法律、法规和规章的行为,依法应当给予行政处罚的,应当予以立案。

(4)调查取证。办案人员应当对违法事实进行调查,并收集相关证据。调查取证时,应当不少于2人,并应当向被调查人出示执法证件。

(5)案情分析与调查报告起草。在调查取证的基础上,办案人员应当对收集的证据、案件事实进行认定,确定违法的性质和法律适用,研究提出处理建议,并起草调查报告。

(6)案件审理。承办人员提交违法案件调查报告后,执法监察工作机构或者自然资源主管部门应当组织审理人员对案件调查报告和证据等相关材料进行审理。审理人员不能为同一案件的承办人员。

(7)作出处理决定(行政处罚决定或者行政处理决定)。案件经审理通过的,承办人员应当填写违法案件处理决定呈批表,附具违法案件调查报告和案件审理意见,报自然资源主管部门负责人审查,根据不同情况,分别作出处理决定。

(8)执行。行政处罚决定、行政处理决定生效后,除涉及国家秘密外,自然资源主管部门可以将其内容在门户网站公开,督促违法当事人自觉履行,接受社会监督。

(9)结案。符合执行完毕等结案条件的,承办人员应当填写结案呈批表,报自然资源主管部门负责人批准后结案。

(10)立卷归档。办案人员应当将办案过程中形成的全部材料,及时整理装订成卷,并按照规定归档。[11]

**22. 自然资源主管部门制止自然资源违法行为的措施**

自然资源主管部门依据《土地管理法》和《矿产资源法》等法律法规,有权责令当事人停止违法行为。责令当事人停止违法行为,主要通过口头制止或向违法当事人下达《责令停止违法行为通知书》的方式来实现,同时,可以通过部门内联动,停止为违法项目办理相关行政审批手续。如经制止,违法当事人仍拒不停工的,应当及时将违法信息函告违法行为发生地政府及相关部门,采取合力制止自然资源违法行为,并按照有关规定履行报告职责。

责令停止违法行为是一种行政措施,不是行政处罚,因此不需要履行行政处罚的立案、告知等相关程序,在发现并确认存在违法行为时,即可直接下达《责令停止违法行为通知书》,这样通过尽早纠正违法行为,将违法问题解决在萌芽状态,可以减少当事人和社会财富的损失。对制止无效的,自然资源主管部门还应当落实报告制度,将违法行为报告同级政府和上一级自然资源主管部门。[12]

### 23. 自然资源主管部门调查取证有权采取的措施

自然资源主管部门有权要求被调查的单位或者个人提供有关文件和资料,并就与案件有关的问题作出说明;询问当事人以及相关人员,进入违法现场进行检查、勘测、拍照、录音、摄像,查阅和复印相关资料;依法可以采取的其他措施。

当事人拒绝调查取证或者采取暴力、威胁的方式阻碍自然资源主管部门调查取证的,自然资源主管部门可以提请公安机关、检察机关、监察机关或者相关部门协助,并向本级人民政府或者上一级自然资源主管部门报告。[11]

### 24. 自然资源主管部门对于当事人逾期不履行行政处罚决定的可以采取的措施

申请强制执行。当事人在法定期限内不申请行政复议或提起行政诉讼,又不履行行政处罚决定的,自然资源主管部门可以自期限届满之日起3个月内,向土地、矿产资源所在地有管辖权的人民法院申请强制执行。自然资源主管部门申请人民法院强制执行前,应当制作履行行政处罚决定催告书送达当事人,催告其履行义务。自然资源主管部门申请人民法院强制执行前,有充分理由认为被执行人可能逃避执行的,可以依法申请人民法院采取财产保全措施。

其他措施。行政处罚决定生效后,当事人预期不履行的,自然资源主管部门除采取法律法规规定的措施外,还可以采取以下措施:向本级人民政府和上一级自然资源主管部门报告;向当事人所在单位或者其上级主管部门通报;向社会公开通报;停止办理或告知相关部门停止办理当事人与本案有关的许可、审批、登记等手续。[11]

## 五、自然资源违法行为及法律责任

### 25. 自然资源违法行为的种类

自然资源违法行为是指自然人、法人和其他组织违反自然资源法律法规,依法应当追究法律责任的行为。自然资源违法行为一般分为行政违法行为、民事违法行为和刑事违法行为。

自然资源行政违法行为是指违反自然资源法律法规的有关规定,依其危害程度,法律认为不构成犯罪,但应当承担行政法律责任的行为。

自然资源民事违法行为是指违反自然资源法律法规的有关规定,依法应当承担民事责任的行为。

自然资源刑事违法行为是指违反自然资源法律法规的有关规定,情节严重,依据《刑法》的有关规定已构成犯罪,依法应当追究刑事责任的行为。

**26. 土地违法行为及相关处罚**

(1)买卖或者以其他形式非法转让土地违法行为的处罚

买卖或者以其他形式非法转让土地的,由县级以上人民政府自然资源主管部门没收违法所得;对违反土地利用总体规划擅自将农用地改为建设用地的,限期拆除在非法转让的土地上新建的建筑物和其他设施,恢复土地原状,对符合土地利用总体规划的,没收在非法转让的土地上新建的建筑物和其他设施,可以并处罚款;对直接负责的主管人员和其他直接责任人员,依法给予处分;构成犯罪的,依法追究刑事责任。依照以上规定处以罚款的,罚款额为非法所得的10%以上50%以下。

擅自将农民集体所有的土地通过出让、转让使用权或者出租等方式用于非农建设,或者违反本法规定,将集体经营性建设用地通过出让、出租等方式交由单位或者个人使用的,由县级以上人民政府自然资源主管部门责令其整改,没收违法所得,并处处罚。

非法转让、倒卖土地使用权罪是指以牟利为目的,违反土地管理法律法规,非法转让、倒卖土地使用权,情节严重的行为。以牟利为目的,违反土地管理法规,非法转让、倒卖土地使用权,情节严重的,处三年以下有期徒刑或者拘役,并处或者单处非法转让、倒卖土地使用权价额5%以上20%以下罚金;情节特别严重的,处三年以上七年以下有期徒刑,并处非法转让、倒卖土地使用权价额5%以上20%以下罚金。[13][14][15]

(2)破坏耕地的违法行为及相关处罚

占用耕地建窑、建坟或者擅自在耕地上建房、挖砂、采石、采矿、取土等,破坏种植条件的,或者因开发土地造成土地荒漠化、盐渍化的,由县级以上人民政府自然资源主管部门、农业农村主管部门等按照职责责令限期改正或者治理,可以并处罚款,罚款额为耕地开垦费的5倍以上10倍以下,破坏黑土地等优质耕地的,从重处罚;构成犯罪的,依法追究刑事责任。

非法占用永久基本农田发展林果业或者挖塘养鱼的,由县级以上人民政府自然资源主管部门责令限期整改,逾期不整改的,按占地面积处耕地开垦费2倍以上5倍以下的罚款。[13][14]

非法占用耕地、林地等农用地,改变被占用土地用途,数量较大,造成耕地、林地等农用地大量毁坏的行为,构成非法占用农用地罪。非法占用耕地、林地等农用地,改变被占用土地用途,数量较大,造成耕地、林地等农用地大量毁坏的,处五年以下有期徒刑或者拘役,并处或者单处罚金。[15]

(3)未经批准或者采取欺骗手段骗取批准,非法占用土地的处罚

未经批准或者采取欺骗手段骗取批准,非法占用土地的,由县级以上人民政府自然资源主管部门责令退还非法占用的土地;对违反土地利用总体规划擅自将农用地改为建设用地的,限期拆除在非法占用的土地上新建的建筑物和其他设施,恢复土地原状;对符合土地利用总体规划的,没收在非法占用的土地上新建的建筑物和其他设施,可以并处罚款,罚款额为非法占用土地每平方米100元以上1000元以下;对非法占用土地单位的直接负责的主管人员和其他直接责任人员,依法给予处分;构成犯罪的,依法追究刑事责任。超过批准的数量占用土地,多占的土地以非法占用土地论处。

农村村民未经批准或者采取欺骗手段骗取批准,非法占用土地建住宅的,由县级以上人民政府农业农村主管部门责令其退还非法占用的土地,限期拆除在非法占用的土地上新建的房屋。超过省、自治区、直辖市规定的标准,多占的土地以非法占用土地论处。[13][14]

(4)非法批地行为的处罚及相关当事人的处理

无权批准征收、使用土地的单位或者个人非法批准占用土地的,超越批准权限非法批准占用土地的,不按照土地利用总体规划确定的用途批准用地的,或者违反法律规定的程序批准占用、征收土地的,其批准文件无效,对非法批准征收、使用土地的直接负责的主管人员和其他直接责任人员,依法给予处分;构成犯罪的,依法追究刑事责任。非法批准、使用的土地应当收回,有关当事人拒不归还的,以非法占用土地论处。非法批准征收、使用土地,对当事人造成损失的,依法应当承担赔偿责任。[14]

(5)自然资源主管部门和相关部门及其工作人员的违法行为及相关处罚

侵占挪用被征收土地单位的征地补偿费用及其他有关费用,构成犯罪的,依法追究刑事责任,尚不构成犯罪的,依法给予行政处分。贪污、侵占、挪用、私分、截留、拖欠征地补偿安置费用和其他有关费用的,责令追回有关款项,限期退还违法所得。对有关单位通报批评、给予警告;造成损失的,依法承担赔偿责任;对直接负责的主管人员和其他直接责任人,依法给予处分。

自然资源主管部门,农业农村主管部门的工作人员玩忽职守、滥用职权、徇私舞弊,构成犯罪的,依法追究刑事责任;尚不构成犯罪,依法给予行政处分。[13][14]

(6)拒不履行相关义务或阻碍相关主管部门执行公务行为的处罚

违反规定,拒不履行土地复垦义务的,由县级以上人民政府自然资源主管部门责令限期改正;逾期不改正的,责令缴纳复垦费,专项用于土地复垦,可以处以罚款。

依法收回国有土地使用权当事人拒不交出土地的,临时使用土地期满拒不归还的,或者不按照批准的用途使用国有土地的,由县级以上人民政府自然资源主管部门责令交还土地,处以罚款。

阻碍自然资源主管部门、农业农村主管部门的工作人员依法执行职务,构成违反治安管理行为的,依法给予治安管理处罚。

违反土地管理法律、法规规定,阻挠国家建设征收土地的,由县级以上地方人民政府责令交出土地;拒不交出土地的,依法申请人民法院强制执行。[13]

(7)《城市房地产管理法》中关于土地的违法行为及相关处罚

擅自批准出让或者擅自出让土地使用权用于房地产开发的,由上级机关或者所在单位给予有关责任人员行政处分。未取得营业执照擅自从事房地产开发业务的,由县级以上人民政府工商行政管理部门责令停止房地产开发业务活动,没收违法所得,可以并处罚款。未按照出让合同约定已经支付全部土地使用权出让金,并未取得土地使用权证书的,由县级以上人民政府土地管理部门没收违法所得,可以并处罚款。以划拨方式取得土地使用权的,转让房地产时,受让方未办理土地使用权出让手续,并未依照国家有关规定缴纳土地使用权出让金,转让房地产的,由县级以上人民政府土地管理部门责令缴纳土地使用权出让金,没收违法所得,可以并处罚款。[16]

**27. 城乡规划违法行为及相关处罚**

(1)有关人民政府的违法行为及相关处罚

对依法应当编制城乡规划而未组织编制,或者未按法定程序编制、审批、修改城乡规划的,由上级人民政府责令改正,通报批评;对有关人民政府负责人和其他直接责任人员依法给予处分。

城乡规划组织编制机关委托不具有相应资质等级的单位编制城乡规划的,由上级人民政府责令改正,通报批评;对有关人民政府负责人和其他直接责任人员依法给予处分。

(2)镇人民政府或县级以上城乡规划主管部门的违法行为及相关处罚

镇人民政府或者县级以上人民政府城乡规划主管部门有下列行为之一的,由本级人民政府、上级人民政府城乡规划主管部门或者监察机关依据职权责令改正,通报批评;对直接负责的主管人员和其他直接责任人员依法给予处分:未依法组织编制城市的控制性详细规划、县人民政府所在地镇的控制性详细规划的;超越职权或者对不符合法定条件的申请人核发选址意见书、建设用地规划许可证、建设工程规划许可证、乡村建设规划许可证的;对符合法定条件的申请人未在法定期限内核发选址意见书、建设用地规划许可证、建设工程规划许可证、乡村建设规划许可证的;未依法对经审定的修建性详细规划、建设工程设计方案的总平面图予以公布的;同意修改修建性详细规划、建设工程设计方案的总平面图前未采取听证会等形式听取利害关系人的意见的;发现未依法取得规划许可或者违反规划许可的规定在规划区内进行建设的行为,而不予查处或者接到举报后不依法处理的。

(3)县级以上人民政府有关部门的违法行为及相关处罚

县级以上人民政府有关部门有下列行为之一的,由本级人民政府或者上级人民政府有关部门责令改正,通报批评;对直接负责的主管人员和其他直接责任人员依法给予处分:对未依法取得选址意见书的建设项目核发建设项目批准文件的;未依法在国有土地使用权出让合同中确定规划条件或者改变国有土地使用权出让合同中依法确定的规划条件的;对未依法取得建设用地规划许可证的建设单位划拨国有土地使用权的。

(4)城乡规划编制单位的违法行为及处罚

城乡规划编制单位有下列行为之一的,由所在地城市、县人民政府城乡规划主管部门责令限期改正,处合同约定的规划编制费1倍以上2倍以下的罚款;情节严重的,责令停业整顿,由原发证机关降低资质等级或者吊销资质证书;造成损失的,依法承担赔偿责任:超越资质等级许可的范围承揽城乡规划编制工作的;违反国家有关标准编制城乡规划的。

未依法取得资质证书承揽城乡规划编制工作的,由县级以上地方人民政府城乡规划主管部门责令停止违法行为,依照前款规定处以罚款;造成损失的,依法承担赔偿责任。以欺骗手段取得资质证书承揽城乡规划编制工作的,由原发证机关吊销资质证书,依照本条第(1)款规定处以罚款;造成损失的,依法承担赔偿责任。

(5)建设单位的违法行为及处罚

建设单位或者个人有下列行为之一的,由所在地城市、县人民政府城乡规划主管部门责令限期拆除,可以并处临时建设工程造价1倍以下的罚款:未经批准进行临时建设的;未按照批准内容进行临时建设的;临时建筑物、构筑物超过批准期限不拆除的。

建设单位未在建设工程竣工验收后 6 个月内向城乡规划主管部门报送有关竣工验收资料的,由所在地城市、县人民政府城乡规划主管部门责令限期补报;逾期不补报的,处 1 万元以上 5 万元以下的罚款。[17]

**28. 矿产资源违法行为及相关处罚**

(1)违法开采、转让矿产资源行为及相关处罚

未取得采矿许可证擅自采矿的,擅自进入国家规划矿区、对国民经济具有重要价值的矿区范围采矿的,擅自开采国家规定实行保护性开采的特定矿种的,责令停止开采;赔偿损失,没收采出的矿产品和违法所得,可以并处罚款;拒不停止开采,造成矿产资源破坏的,依照《刑法》有关规定对直接责任人员追究刑事责任。单位和个人进入他人依法设立的国有矿山企业和其他矿山企业矿区范围内采矿的,依照前述规定处罚。

超越批准的矿区范围采矿的,责令退回本矿区范围内开采、赔偿损失,没收越界开采的矿产品和违法所得,可以并处罚款;拒不退回本矿区范围内开采,造成矿产资源破坏的,吊销采矿许可证,依照《刑法》有关规定对直接责任人员追究刑事责任。

买卖、出租或者以其他形式转让矿产资源的,没收违法所得,处以罚款。违法将探矿权、采矿权倒卖牟利的,吊销勘查许可证、采矿许可证,没收违法所得,处以罚款。

采取破坏性的开采方法开采矿产资源的,处以罚款,可以吊销采矿许可证;造成矿产资源严重破坏的,依照《刑法》有关规定对直接责任人员追究刑事责任。[19]

(2)矿产资源行政违法行为及处罚

矿产资源行政违法行为是指国家机关及其工作人员违反矿产资源法律法规规定,依法应该给予行政或党纪处分的行为。对主要责任人和负有领导责任的人员的处分主要有警告、记过、记大过、降级、撤职、开除;构成犯罪的,依法追究刑事责任。矿产资源行政违法行为及其处理如下:

非法批准勘查、开采矿产资源和颁发勘查许可证、采矿许可证。对违反矿产资源法律、法规,批准勘查、开采矿产资源和颁发勘查许可证、采矿许可证的违法行为,应依法追究法律责任,构成犯罪的依法追究刑事责任;不构成犯罪的,给予行政处分。违法颁发的勘查许可证、采矿许可证,上级人民政府地质矿产主管部门有权予以撤销。[18]

对违法采矿行为不依法予以制止、处罚,负责矿产资源勘查、开采监督管理工作的国家工作人员和其他有关国家工作人员徇私舞弊、滥用职权或者玩忽职守,对违法采矿行为不依法予以制止、处罚,构成犯罪的,依法追究刑事责任;不构成犯罪的,给予行

政处分。[18]

非法审批探矿权、采矿权转让。审批管理机关工作人员徇私舞弊、滥用职权、玩忽职守，构成犯罪的，依法追究刑事责任；尚不构成犯罪的，依法给予行政处分。[19]

负责接收、保管地质资料的单位，不依法履行法律规定的保管职责。地质矿产主管部门、地质资料馆、地质资料保管单位违反该条例规定，有下列情形之一的，对直接负责的主管人员和其他直接责任人员依法给予行政处分；造成损失的，依法予以赔偿：非法披露、提供利用保护期内的地质资料的；封锁地质资料，限制他人查阅、利用公开的地质资料的；不按照规定管理地质资料，造成地质资料损毁、散失的。地质资料利用人损毁、散失地质资料的，依法予以赔偿。非法披露、提供利用保密的地质资料的，依照《保守国家秘密法》的规定予以处罚。[20]

(3) 买卖、出租或者以其他形式转让矿产资源的处罚

买卖、出租或者以其他形式转让矿产资源的，没收违法所得，处以罚款。[20]买卖、出租或者以其他形式转让矿产资源的，买卖、出租采矿权的，对卖方、出租方、出让方处以违法所得1倍以下的罚款；非法用采矿权作抵押的，处以5000元以下的罚款。[21]

### 29. 地质灾害防治违法行为及相关处罚

地质灾害防治是指对由于自然作用或人为因素诱发的对人民生命和财产安全造成危害的山体崩塌、滑坡、泥石流、地面塌陷、地裂缝、地面沉降等地质现象，通过有效的地质工程手段，改变这些地质灾害产生的过程，以达到减轻或防止灾害发生的目的。地质灾害防治工作遵循以防为主，防治结合，全面规划，综合治理的原则进行。县级以上人民政府地质矿产主管部门对本行政区域内的地质灾害实行统一监督管理。各级人民政府应当加强对地质灾害防治工作的领导，并将其纳入国民经济和社会发展规划。地质灾害防治的重点区域是城市、农村和其他人口集中居住区、大中型工矿企业所在地、重点工程设施、主要河流、交通干线、重点经济技术开发区、风景名胜区和自然保护区等。根据《地质灾害防治条例》，地质灾害防治中的违法行为及其处罚如下：

未按照规定对地质灾害易发区内的建设工程进行地质灾害危险性评估的，以及配套的地质灾害治理工程未经验收或者经验收不合格，主体工程即投入生产或者使用的，由县级以上人民政府自然资源主管部门责令限期改正；逾期不改正的，责令停止生产、施工或者使用，处10万元以上50万元以下的罚款；构成犯罪的，依法追究刑事责任。

对工程建设等人为活动引发的地质灾害不予治理的，由县级以上人民政府自然资

源主管部门责令限期治理;逾期不治理或者治理不符合要求的,由责令限期治理的自然资源主管部门组织治理,所需费用由责任单位承担,处10万元以上50万元以下的罚款;给他人造成损失的,依法承担赔偿责任。

在地质灾害危险区内爆破、削坡、进行工程建设以及从事其他可能引发地质灾害的活动的,由县级以上人民政府自然资源主管部门责令停止违法行为,对单位处5万元以上20万元以下的罚款,对个人处1万元以上5万元以下的罚款;构成犯罪的,依法追究刑事责任;给他人造成损失的,依法承担赔偿责任。

在地质灾害危险性评估中弄虚作假或者故意隐瞒地质灾害真实情况的,在地质灾害治理工程勘查、设计、施工以及监理活动中弄虚作假、降低工程质量的,无资质证书或者超越其资质等级许可的范围承揽地质灾害危险性评估和地质灾害治理工程勘查、设计、施工及监理业务的,以其他单位的名义或者允许其他单位以本单位的名义承揽地质灾害危险性评估和地质灾害治理工程勘查、设计、施工和监理业务的,由县级以上人民政府自然资源主管部门或者其他部门依据职责责令停止违法行为,对地质灾害危险性评估单位和地质灾害治理工程勘查、设计或者监理单位处合同约定的评估费、勘查费、设计费或者监理酬金1倍以上2倍以下的罚款,对地质灾害治理工程施工单位处工程价款2%以上4%以下的罚款,并可以责令停业整顿,降低资质等级;有违法所得的,没收违法所得;情节严重的,吊销其资质证书;构成犯罪的,依法追究刑事责任;给他人造成损失的,依法承担赔偿责任。

伪造、变造、买卖地质灾害危险性评估资质证书以及地质灾害治理工程勘查、设计、施工和监理资质证书的,由省级以上人民政府自然资源主管部门收缴或者吊销其资质证书,没收违法所得,并处5万元以上10万元以下的罚款;构成犯罪的,依法追究刑事责任。

侵占、损毁、损坏地质灾害监测设施或者地质灾害治理工程设施的,由县级以上人民政府自然资源主管部门责令停止违法行为,限期恢复原状或者采取补救措施,可以处5万元以下的罚款;构成犯罪的,依法追究刑事责任。[22]

**30.矿山地质环境保护违法行为及相关处罚**

矿山地质环境保护坚持"预防为主,防治结合,谁开发谁保护,谁破坏谁治理,谁投资谁受益"的原则,矿山地质环境保护中的违法行为及其处罚如下:

(1)应当编制矿山地质环境保护与土地复垦方案而未编制的,或者扩大开采规模、变更矿区范围、开采方式,未重新编制矿山地质环境保护与土地复垦方案并经原审批机关批准的,责令限期改正,并列入矿业权人异常名录或严重违法名单;逾期不改正的,处3万元以下的罚款,不受理其申请新的采矿许可证或者申请采矿许可证延续、变更、注销。

(2)未按照批准的矿山地质环境保护与土地复垦方案治理的,或者在矿山被批准关闭、闭坑前未完成治理恢复的,责令限期改正,并列入矿业权人异常名录或严重违法名单;逾期拒不改正的或整改不到位,处3万元以下的罚款,不受理其申请新的采矿权许可证或者申请采矿权许可证延续、变更、注销。

(3)未按规定计提矿山地质环境治理恢复基金的,由县级以上自然资源主管部门责令限期计提;逾期不计提的,处3万元以下的罚款。颁发采矿许可证的自然资源主管部门不得通过其采矿活动年度报告,不受理其采矿权延续变更申请。

(4)在矿产资源勘查活动结束后按规定应当采取相应的治理恢复措施,探矿权人未采取治理恢复措施的,由县级以上自然资源主管部门责令限期改正;逾期拒不改正的,处3万元以下的罚款,五年内不受理其新的探矿权、采矿权申请。

(5)扰乱、阻碍矿山地质环境保护与治理恢复工作,侵占、损坏、损毁矿山地质环境监测设施或者矿山地质环境保护与治理恢复设施的,由县级以上自然资源主管部门责令停止违法行为,限期恢复原状或者采取补救措施,并处3万元以下的罚款;构成犯罪的,依法追究刑事责任。

(6)县级以上自然资源主管部门工作人员违反规定,在矿山地质环境保护与治理恢复监督管理中玩忽职守、滥用职权、徇私舞弊的,对相关责任人依法给予处分;构成犯罪的,依法追究刑事责任。[23]

**31. 林木违法行为及相关处罚**

(1)天然林保护修复中对地方党委和政府及领导干部的要求及责任追究

天然林保护修复成效已列入领导干部自然资源资产离任审计事项,作为地方党委和政府及领导干部综合评价的重要参考。对落实天然林保护政策和部署不力、盲目决策,造成严重后果的;对天然林保护修复不担当、不作为,造成严重后果的;对破坏天然林资源事件处置不力、整改执行不到位,造成重大影响的,依规、依纪、依法严肃问责。[24]

(2)毁坏林木和林地的行为及相关处罚

开垦、采石、采砂、采土或者其他活动造成林木毁坏的,由县级以上人民政府林业主管部门责令停止违法行为,限期在原地或者异地补种毁坏株数1倍以上3倍以下的树木,可以处毁坏林木价值5倍以下的罚款。

开垦、采石、采砂、采土或者其他活动造成林地毁坏的,由县级以上人民政府林业主管部门责令停止违法行为,限期恢复植被和林业生产条件,可以处恢复植被和林业生产条件所需费用3倍以下的罚款。

在幼林地砍柴、毁苗、放牧造成林木毁坏的,由县级以上人民政府林业主管部门责令停止违法行为,限期在原地或者异地补种毁坏株数1倍以上3倍以下的树木。

向林地排放重金属或者其他有毒有害物质含量超标的污水、污泥,以及可能造成林地污染的清淤底泥、尾矿、矿渣等的,由地方人民政府生态环境主管部门责令改正,处10万元以上50万元以下的罚款;情节严重的,处50万元以上200万元以下的罚款,并可以将案件移送公安机关,对直接负责的主管人员和其他直接责任人员处5日以上15日以下的拘留;有违法所得的,没收违法所得。[25][26]

(3)采伐林木的违法行为及相关处罚

盗伐林木的,由县级以上人民政府林业主管部门责令限期在原地或者异地补种盗伐株数1倍以上5倍以下的树木,并处盗伐林木价值5倍以上10倍以下的罚款。

滥伐林木的,由县级以上人民政府林业主管部门责令限期在原地或者异地补种滥伐株数1倍以上3倍以下的树木,可以处滥伐林木价值3倍以上5倍以下的罚款。

伪造、变造、买卖、租借采伐许可证采伐林木的,由县级以上人民政府林业主管部门没收证件和违法所得,并处违法所得1倍以上3倍以下的罚款;没有违法所得的,可以处2万元以下的罚款。[25]

**32. 地理信息测绘违法行为及相关处罚**

(1)违反地理信息安全的违法行为及处罚

擅自发布中华人民共和国领域和中华人民共和国管辖的其他海域的重要地理信息数据的,给予警告,责令改正,可以并处50万元以下的罚款;对直接负责的主管人员和其他直接责任人员,依法给予处分;构成犯罪的,依法追究刑事责任。

地理信息生产、保管、利用单位未对属于国家秘密的地理信息的获取、持有、提供、利用情况进行登记并长期保存的,给予警告,责令改正,可以并处20万元以下的罚款;泄露国家秘密的,责令停业整顿,并处降低测绘资质等级或者吊销测绘资质证书;构成犯罪的,依法追究刑事责任。

获取、持有、提供、利用属于国家秘密的地理信息的,给予警告,责令停止违法行为,没收违法所得,可以并处违法所得2倍以下的罚款;对直接负责的主管人员和其他直接责任人员,依法给予处分;造成损失的,依法承担赔偿责任;构成犯罪的,依法追究刑事责任。[27]

(2)测绘地理信息行政违法行为及处罚

县级以上人民政府测绘地理信息主管部门或者其他有关部门工作人员利用职务上的便利收受他人财物、其他好处或者玩忽职守,对不符合法定条件的单位核发测绘资质证书,不依法履行监督管理职责,或者发现违法行为不予查处的,对负有责任的领导人员和直接责任人员,依法给予处分;构成犯罪的,依法追究刑事责任。[27]

(3)外国的组织或者个人来华测绘违反规定的处置

外国的组织或者个人未经批准,或者未与中华人民共和国有关部门、单位合作,擅自从事测绘活动的,责令停止违法行为,没收违法所得、测绘成果和测绘工具,并处10万元以上50万元以下的罚款;情节严重的,并处50万元以上100万元以下的罚款,限期出境或者驱逐出境(由公安机关依法决定并执行);构成犯罪的,依法追究刑事责任。[27]

(4)平面坐标系统不规范的处罚

未经批准擅自建立相对独立的平面坐标系统,或者采用不符合国家标准的基础地理信息数据建立地理信息系统的,给予警告,责令改正,可以并处50万元以下的罚款;对直接负责的主管人员和其他直接责任人员,依法给予处分。[27]

(5)违反国家卫星导航定位基准站建设规定的行为及处罚

卫星导航定位基准站是指对卫星导航信号进行长期连续观测,获取观测数据,并通过通信设施将观测数据实时或者定时传送至数据中心的地面固定观测站。

卫星导航定位基准站建设单位未报备案的,给予警告,责令限期改正;逾期不改正的,处10万元以上30万元以下的罚款;对直接负责的主管人员和其他直接责任人员,依法给予处分。

卫星导航定位基准站的建设和运行维护不符合国家标准、要求的,给予警告,责令限期改正,没收违法所得和测绘成果,并处30万元以上50万元以下的罚款;逾期不改正的,没收相关设备;对直接负责的主管人员和其他直接责任人员,依法给予处分;构成犯罪的,依法追究刑事责任。[27]

(6)违反地图管理规定的行为及相关处罚

违反地图管理规定的行为及其处罚如下:

编制、出版、展示、登载、更新的地图或者互联网地图服务不符合国家有关地图管理规定的,由县级以上人民政府测绘地理信息行政主管部门依法给予行政处罚、处分;构成犯罪的,依法追究刑事责任。[27]

地图应当报送有审核权的测绘地理信息主管部门审核而未送审的,由县级以上人民政府测绘地理信息行政主管部门责令改正,给予警告,没收违法地图或者附着地图图形的产品,可以处10万元以下的罚款;有违法所得的,没收违法所得;构成犯罪的,依法追究刑事责任。

不需要报送有审核权的测绘地理信息主管部门审核的地图不符合国家有关标准和规定的,由县级以上人民政府测绘地理信息主管部门责令改正,给予警告,没收违法地图或者附着地图图形的产品,可以处10万元以下的罚款;有违法所得的,没收违法所得;情节严重的,可以向社会通报;构成犯罪的,依法追究刑事责任。

经审核不符合国家有关标准和规定的地图未按照审核要求修改即向社会公开的,由县级以上人民政府测绘地理信息主管部门责令改正,给予警告,没收违法地图或者附着地图图形的产品,可以处10万元以下的罚款;有违法所得的,没收违法所得;情节严重的,责令停业整顿,降低资质等级或者吊销测绘资质证书,可以向社会通报;构成犯罪的,依法追究刑事责任。

弄虚作假、伪造申请材料骗取地图审核批准文件,或者伪造、冒用地图审核批准文件和审图号的,由县级以上人民政府测绘地理信息主管部门责令停止违法行为,给予警告,没收违法地图和附着地图图形的产品,并处10万元以上20万元以下的罚款;有违法所得的,没收违法所得;情节严重的,责令停业整顿,降低资质等级或者吊销测绘资质证书;构成犯罪的,依法追究刑事责任。

未在地图的适当位置显著标注审图号,或者未按照有关规定送交样本的,由县级以上人民政府测绘地理信息主管部门责令改正,给予警告;情节严重的,责令停业整顿,降低资质等级或者吊销测绘资质证书。

互联网地图服务单位使用未经依法审核批准的地图提供服务,或者未对互联网地图新增内容进行核查校对的,由县级以上人民政府测绘地理信息主管部门责令改正,给予警告,可以处20万元以下的罚款;有违法所得的,没收违法所得;情节严重的,责令停业整顿,降低资质等级或者吊销测绘资质证书;构成犯罪的,依法追究刑事责任。

通过互联网上传标注了含有按照国家有关规定在地图上不得表示的内容的,由县级以上人民政府测绘地理信息主管部门责令改正,给予警告,可以处10万元以下的罚款;构成犯罪的,依法追究刑事责任。[28]

(7)违反永久性测量标志保护规定的处罚

违反《测绘法》规定,有下列行为之一的,给予警告,责令改正,可以并处 20 万元以下的罚款;对直接负责的主管人员和其他直接责任人员,依法给予处分;造成损失的,依法承担赔偿责任;构成犯罪的,依法追究刑事责任:损毁、擅自移动永久性测量标志或者正在使用中的临时性测量标志;侵占永久性测量标志用地;在永久性测量标志安全控制范围内从事危害测量标志安全和使用效能的活动;

擅自拆迁永久性测量标志或者使永久性测量标志失去使用效能,或者拒绝支付迁建费用;违反操作规程使用永久性测量标志,造成永久性测量标志毁损。[27]

有违反《测量标志保护条例》第二十二条禁止的行为之一,或者有下列行为之一的,由县级以上人民政府管理测绘工作的部门责令限期改正,给予警告,并可以根据情节处以 5 万元以下的罚款;对负有直接责任的主管人员和其他直接责任人员,依法给予行政处分;造成损失的,应当依法承担赔偿责任:干扰或者阻挠测量标志建设单位依法使用土地或者在建筑物上建设永久性测量标志的;工程建设单位未经批准擅自拆迁永久性测量标志或者使永久性测量标志失去使用效能的,或者拒绝按照国家有关规定支付迁建费用的;违反测绘操作规程进行测绘,使永久性测量标志受到损坏的;无证使用永久性测量标志并且拒绝县级以上人民政府管理测绘工作的部门监督和负责保管测量标志的单位和人员查询的。[29]

(8)测绘单位违法行为及处罚

未取得测绘资质证书,擅自从事测绘活动的,责令停止违法行为,没收违法所得和测绘成果,并处测绘约定报酬 1 倍以上 2 倍以下的罚款;情节严重的,没收测绘工具。造成损失的,依法承担赔偿责任。

以欺骗手段取得测绘资质证书从事测绘活动的,吊销测绘资质证书,没收违法所得和测绘成果,并处测绘约定报酬 1 倍以上 2 倍以下的罚款;情节严重的,没收测绘工具。

测绘单位有超越资质等级许可的范围从事测绘活动、以其他测绘单位的名义从事测绘活动、允许其他单位以本单位的名义从事测绘活动行为之一的,责令停止违法行为,没收违法所得和测绘成果,处测绘约定报酬 1 倍以上 2 倍以下的罚款,并可以责令停业整顿或者降低测绘资质等级;情节严重的,吊销测绘资质证书。[27]

(9)测绘项目招标、中标单位违法行为及处罚

测绘项目的招标单位让不具有相应资质等级的测绘单位中标,或者让测绘单位低

于测绘成本中标的,责令改正,可以处测绘约定报酬 2 倍以下的罚款。招标单位的工作人员利用职务上的便利,索取他人财物,或者非法收受他人财物为他人谋取利益的,依法给予处分;构成犯罪的,依法追究刑事责任。

中标的测绘单位向他人转让测绘项目的,责令改正,没收违法所得,处测绘约定报酬 1 倍以上 2 倍以下的罚款,并可以责令停业整顿或者降低测绘资质等级;情节严重的,吊销测绘资质证书。[27]

(10)不汇交测绘成果资料的处罚

不汇交测绘成果资料的,责令限期汇交;测绘项目出资人逾期不汇交的,处重测所需费用 1 倍以上 2 倍以下的罚款;承担国家投资的测绘项目的单位逾期不汇交的,处 5 万元以上 20 万元以下的罚款,并处暂扣测绘资质证书,自暂扣测绘资质证书之日起 6 个月内仍不汇交的,吊销测绘资质证书;对直接负责的主管人员和其他直接责任人员,依法给予处分。[27]

## 参考资料:

[1]《自然资源管理知识手册》编写组:《自然资源管理知识手册》,中国大地出版社,2020 年。

[2]《自然资源部办公厅关于印发〈自然资源部挂牌督办和公开通报违法违规案件办法〉的通知》(自然资办发〔2020〕33 号)

[3]《自然资源执法监督规定》(国土资源部令 79 号发布,2020 年修正)

[4]《自然资源部关于印发〈关于全面推行行政执法公示制度执法全过程记录制度重大执法决定法制审核制度的实施方案〉的通知》(自然资函〔2019〕341 号)

[5]《安徽省自然资源厅关于印发〈安徽省土地矿产卫片执法技术指南(试行)〉的通知》(皖自然资执〔2020〕1 号)

[6]《自然资源部办公厅关于开展 2021 年卫片执法工作的通知》(自然资办发〔2021〕29 号)

[7]《安徽省自然资源厅关于印发安徽省 2021 年卫片执法工作方案的通知》(皖自然资〔2021〕104 号)

[8]《关于印发〈矿产卫片执法图斑填报指南(试行)〉的通知》(自然资执法函〔2020〕36 号)

[9]《关于 2021 年矿产卫片有关工作的补充通知》(自然资执法函〔2021〕40 号)

［10］《自然资源行政处罚办法》（国土资源部令60号发布，2020年修正）

［11］《国土资源部关于印发〈国土资源违法行为查处工作规程〉的通知》（国土资发〔2014〕117号）

［12］国土资源部执法监察局：《国土资源执法监察实用手册》，地质出版社，2014年。

［13］《中华人民共和国土地管理法实施条例》（国务院令第743号发布，2021年修订）

［14］《中华人民共和国土地管理法》（2019年修正）

［15］《中华人民共和国刑法》（2020年修正）

［16］《中华人民共和国城市房地产管理法》（2019年修正）

［17］《中华人民共和国城乡规划法》（2019年修正）

［18］《中华人民共和国矿产资源法》（2009年修正）

［19］《探矿权采矿权转让管理办法》（国务院令第242号发布，2014年修订）

［20］《地质资料管理条例》（国务院令第349号）

［21］《中华人民共和国矿产资源法实施细则》（国务院令第152号）

［22］《地质灾害防治条例》（国务院令第394号）

［23］《矿山地质环境保护规定》（国土资源部令第44号，2019年修正）

［24］《中共中央办公厅 国务院办公厅印发〈天然林保护修复制度方案〉》（2019年7月）

［25］《中华人民共和国森林法》（2019年修订）

［26］《中华人民共和国土壤污染防治法》

［27］《中华人民共和国测绘法》（主席令第67号发布，2017年修订）

［28］《地图管理条例》（国务院令第664号）

［29］《中华人民共和国测量标志保护条例》（国务院令第203号）

# 附件1 第三次全国国土调查工作分类

表A.2 第三次全国国土调查工作分类

| 一级类 ||二级类 || 含义 |
|---|---|---|---|---|
| 编码 | 名称 | 编码 | 名称 | |
| 00 | 湿地 | | | 指红树林地、天然的或人工的，永久的或间歇性的沼泽地，盐田，滩涂等。 |
| | | 0303 | 红树林地 | 沿海生长红树植物的土地。 |
| | | 0304 | 森林沼泽 | 以乔木森林植物为优势群落的淡水沼泽。 |
| | | 0306 | 灌丛沼泽 | 以灌丛植物为优势群落的淡水沼泽。 |
| | | 0402 | 沼泽草地 | 指以天然草本植物为主的沼泽化的低地草甸、高寒草甸。 |
| | | 0603 | 盐田 | 指用于生产盐的土地。包括晒盐场所、盐池及附属设施用地。 |
| | | 1105 | 沿海滩涂 | 指沿海大潮高潮位与低潮位之间的潮浸地带。包括海岛的沿海滩涂，不包括已利用的滩涂。 |
| | | 1106 | 内陆滩涂 | 指河流、湖泊常水位至洪水位间的滩地；时令湖、河洪水位以下的滩地。包括海岛的内陆滩地，不包括已利用的滩地。 |
| | | 1108 | 沼泽地 | 指经常积水或渍水，一般生长湿生植物的土地。包括草木沼泽、苔藓沼泽、内陆盐沼等，不包括森林沼泽、灌丛沼泽和沼泽草地。 |
| 01 | 耕地 | | | 指种植农作物的土地，包括熟地，新开发、复垦、整理地，休闲地(含轮歇地、休耕地)；以种植农作物(含蔬菜)为主，间有零星果树、桑树或其他树木的土地；平均每年能保证收获一季的已垦滩地和海涂。耕地中包括南方宽度<1.0米，北方宽度<2.0米固定的沟、渠、路和地坎(埂)；临时种植药材、草皮、花卉、苗木等的耕地，临时种植果树、茶树和林木且耕作层未破坏的耕地，以及其他临时改变用途的耕地。 |
| | | 0101 | 水田 | 指用于种植水稻、莲藕等水生农作物的耕地。包括实行水生、旱生农作物轮种的耕地。 |
| | | 0102 | 水浇地 | 指有水源保证和灌溉设施，在一般年景能正常灌溉，种植旱生农作物(含蔬菜)的耕地。包括种植蔬菜的非工厂化的大棚用地。 |
| | | 0103 | 旱地 | 指无灌溉设施，主要靠天然降水种植旱生农作物的耕地，包括没有灌溉设施，仅靠引洪淤灌的耕地。 |

续表

| 一级类 | | 二级类 | | 含义 | |
|---|---|---|---|---|---|
| 编码 | 名称 | 编码 | 名称 | | |
| 02 | 种植园用地 | | | 指种植以采集果、叶、根、茎、汁等为主的集约经营的多年生木本和草本作物,覆盖度大于50%或每亩株数大于合理株数70%的土地。包括用于育苗的土地。 | |
| | | 0201 | 果园 | 指种植果树的园地。 | |
| | | | | 0201K | 可调整果园 | 指由耕地改为果园,但耕作层未被破坏的土地。 |
| | | 0202 | 茶园 | 指种植茶树的园地。 | |
| | | | | 0202K | 可调整茶园 | 指由耕地改为茶园,但耕作层未被破坏的土地。 |
| | | 0203 | 橡胶园 | 指种植橡胶树的园地。 | |
| | | | | 0203K | 可调整橡胶园 | 指由耕地改为橡胶园,但耕作层未被破坏的土地。作层未被破坏的土地。 |
| | | 0204 | 其他园地 | 指种植桑树、可可、咖啡、油棕、胡椒、药材等其他多年生作物的园地。 | |
| | | | | 0204K | 可调整其他园地 | 指由耕地改为其他园地,但耕作层未被破坏的土地。 |
| 03 | 林地 | | | 指生长乔木、竹类、灌木的土地,及沿海生长红树林的土地。包括迹地,不包括城镇、村庄范围内的绿化林木用地,铁路、公路征地范围内的林木,以及河流、沟渠的护堤林。 | |
| | | 0301 | 乔木林地 | 指乔木郁闭度≥0.2的林地,不包括森林沼泽。 | |
| | | | | 0301K | 可调整乔木林地 | 指由耕地改为乔木林地,但耕作层未被破坏的土地。 |
| | | 0302 | 竹林地 | 指生长竹类植物,郁闭度≥0.2的林地。 | |
| | | | | 0302K | 可调整竹林地 | 指由耕地改为竹林地,但耕作层未被破坏的土地。 |
| | | 0305 | 灌木林地 | 指灌木覆盖度≥40%的林地,不包括灌丛沼泽。 | |
| | | 0307 | 其他林地 | 包括疏林地(树木郁闭度≥0.1、<0.2的林地)、未成林地、迹地、苗圃等林地。 | |
| | | | | 0307K | 可调整其他林地 | 指由耕地改为其他林地,但耕作层未被破坏的土地。 |

续表

| 一级类 编码 | 一级类 名称 | 二级类 编码 | 二级类 名称 | 含义 | | |
|---|---|---|---|---|---|---|
| 04 | 草地 | \multicolumn{4}{l|}{指生长草本植物为主的土地。} | | |
| | | 0401 | 天然牧草地 | 指以天然草本植物为主,用于放牧或割草的草地,包括实施禁牧措施的草地,不包括沼泽草地。 | | |
| | | 0403 | 人工牧草地 | 指人工种植牧草的草地。 | | |
| | | | | | 0403K | 可调整人工牧草地 | 指由耕地改为人工牧草地,但耕作层未被破坏的土地。 |
| | | 0404 | 其他草地 | 指树木郁闭度<0.1,表层为土质,不用于放牧的草地。 | | |
| 05 | 商业服务业用地 | \multicolumn{4}{l|}{指主要用于商业、服务业的土地。} | | |
| | | 05H1 | 商业服务业设施用地 | 指主要用于零售、批发、餐饮、旅馆、商务金融、娱乐及其他商服的土地。 | | |
| | | 0508 | 物流仓储用地 | 指用于物资储备、中转、配送等场所的用地。包括物流仓储设施、配送中心、转运中心等的用地。 | | |
| 06 | 工矿用地 | \multicolumn{4}{l|}{指主要用于工业、采矿等生产的土地。不包括盐田用地。} | | |
| | | 0601 | 工业用地 | 指工业生产、产品加工制造、机械和设备修理及直接为工业生产等服务的附属设施用地。 | | |
| | | 0602 | 采矿用地 | 指采矿、采石、采砂(沙)场,砖瓦窑等地面生产用地,排土(石)及尾矿堆放地,不包括盐田用地。 | | |
| 07 | 住宅用地 | \multicolumn{4}{l|}{指主要用于人们生活居住的房基地及其附属设施的土地。} | | |
| | | 0701 | 城镇住宅用地 | 指城镇用于生活居住的各类房屋用地及其附属设施用地,不含配套的商业服务设施等用地。 | | |
| | | 0702 | 农村宅基地 | 指农村用于生活居住的宅基地。 | | |

续表

| 一级类 |  | 二级类 |  | 含义 |
|---|---|---|---|---|
| 编码 | 名称 | 编码 | 名称 |  |
| 08 | 公共管理与公共服务用地 |  |  | 指用于机关团体、新闻出版、科教文卫、公用设施等的土地。 |
|  |  | 08H1 | 机关团体新闻出版用地 | 指用于党政机关、社会团体、群众自治组织、广播电台、电视台、电影厂、报社、杂志社、通讯社、出版社等的用地。 |
|  |  | 08H2 | 科教文卫用地 | 指用于各类教育,独立的科研、勘察、研发、设计、检验检测、技术推广、环境评估与监测、科普等科研事业单位,医疗、保健、卫生、防疫、康复和急救设施,为社会提供福利和慈善服务的设施,图书、展览等公共文化活动设施,体育场馆和体育训练基地等用地及其附属设施用地。 |
|  |  | 0809 | 公用设施用地 | 指用于城乡基础设施的用地。包括供水、排水、污水处理、供电、供热、供气、邮政、电信、消防、环卫、公用设施维修等用地。 |
|  |  | 0810 | 公园与绿地 | 指城镇、村庄范围内的公园、动物园、植物园、街心花园、广场和用于休憩、美化环境及防护的绿化用地。 |
| 09 | 特殊用地 |  |  | 指用于军事设施、涉外、宗教、监教、殡葬、风景名胜等的土地。 |
| 10 | 交通运输用地 |  |  | 指用于运输通行的地面线路、场站等的土地。包括民用机场、汽车客货运站、港口、码头、地面运输管道和各种道路以及轨道交通用地。 |
|  |  | 1001 | 铁路用地 | 指用于铁路线路及场站的用地。包括征地范围内的路堤、路堑、道沟、桥梁、林木等用地。 |
|  |  | 1002 | 轨道交通用地 | 指用于轻轨、现代有轨电车、单轨等轨道交通用地,以及场站的用地。 |
|  |  | 1003 | 公路用地 | 指用于国道、省道、县道和乡道的用地。包括征地范围内的路堤、路堑、道沟、桥梁、汽车停靠站、林木与直接为其服务的附属用地。 |
|  |  | 1004 | 城镇村道路用地 | 指城镇、村庄范围内公用道路及行道树用地,包括快速路、主干路、次干路、支路、专用人行道和非机动车道,及其交叉口等。 |
|  |  | 1005 | 交通服务场站用地 | 指城镇、村庄范围内交通服务设施用地,包括公交枢纽及其附属设施用地、公路长途客运站、公共交通场站、公共停车场(含设有充电桩的停车场)、停车楼、教练场等用地,不包括交通指挥中心、交通队用地。 |
|  |  | 1006 | 农村道路 | 在农村范围内,南方宽度≥1.0米、≤8米,北方宽度≥2.0米、≤8米,用于村间、田间交通运输,并在国家公路网络体系之外,以服务于农村农业生产为主要用途的道路(含机耕道)。 |
|  |  | 1007 | 机场用地 | 指用于民用机场、军民合用机场的用地。 |
|  |  | 1008 | 港口码头用地 | 指用于人工修建的客运、货运、捕捞及工程、工作船舶停靠的场所及其附属建筑物的用地,不包括常水位以下部分。 |
|  |  | 1009 | 管道运输用地 | 指用于运输煤炭、矿石、石油、天然气等管道及其相应附属设施的地上部分用地。 |

续表

| 一级类 编码 | 一级类 名称 | 二级类 编码 | 二级类 名称 | 含义 |
|---|---|---|---|---|
| 11 | 水域及水利设施用地 |  |  | 指陆地水域、滩涂、沟渠、沼泽、水工建筑物等用地。不包括滞洪区和已垦滩涂中的耕地、园地、林地、城镇、村庄、道路等用地。 |
|  |  | 1101 | 河流水面 | 指天然形成或人工开挖河流常水位岸线之间的水面,不包括被堤坝拦截后形成的水库区段水面。 |
|  |  | 1102 | 湖泊水面 | 指天然形成的积水区常水位岸线所围成的水面。 |
|  |  | 1103 | 水库水面 | 指人工拦截汇集而成的总设计库容≥10万立方米的水库正常蓄水位岸线所围成的水面。 |
|  |  | 1104 | 坑塘水面 | 指人工开挖或天然形成的蓄水量<10万立方米的坑塘常水位岸线所围成的水面。 |
|  |  | 1104A | 养殖坑塘 | 指人工开挖或天然形成的用于水产养殖的水面及附属设施用地。 |
|  |  | 1104K | 可调整坑塘 | 指由耕地改为养殖坑塘,但可复垦的土地。 |
|  |  | 1107 | 沟渠 | 指人工修建,南方宽度≥1.0米、北方宽度≥2.0米用于引、排、灌的渠道,包括渠槽、渠堤、护堤林及小型泵站。 |
|  |  | 1109 | 水工建筑用地 | 指人工修建的闸、坝、堤路林、水电厂房、扬水站等常水位岸线以上的建(构)筑物用地。 |
|  |  | 1110 | 冰川及永久积雪 | 指表层被冰雪常年覆盖的土地。 |
| 12 | 其他土地 |  |  | 指上述地类以外的其他类型的土地。 |
|  |  | 1201 | 空闲地 | 指城镇、村庄、工矿范围内尚未使用的土地。包括尚未确定用途的土地。 |
|  |  | 1202 | 设施农用地 | 指直接用于经营性畜禽养殖生产设施及附属设施用地;直接用于作物栽培或水产养殖等农产品生产的设施及附属设施用地;直接用于设施农业项目辅助生产的设施用地;晾晒场、粮食果品烘干设施、粮食和农资临时存放场所、大型农机具临时存放场所等规模化粮食生产所必需的配套设施用地。 |
|  |  | 1203 | 田坎 | 指梯田及梯状坡地耕地中,主要用于拦蓄水和护坡,南方宽度≥1.0米、北方宽度≥2.0米的地坎。 |
|  |  | 1204 | 盐碱地 | 指表层盐碱聚集,生长天然耐盐植物的土地。 |
|  |  | 1205 | 沙地 | 指表层为沙覆盖、基本无植被的土地。不包括滩涂中的沙地。 |
|  |  | 1206 | 裸土地 | 指表层为土质,基本无植被覆盖的土地。 |
|  |  | 1207 | 裸岩石砾地 | 指表层为岩石或石砾,其覆盖面≥70%的土地。 |

表 A.3 城镇村及工矿用地

| 一级类 | | 二级类 | | 含义 |
|---|---|---|---|---|
| 编码 | 名称 | 编码 | 名称 | |
| 20 | 城镇村及工矿用地 | | | 指城乡居民点、独立居民点以及居民点以外的工矿、国防、名胜古迹等企事业单位用地,包括其内部交通、绿化用地。 |
| | | 201 | 城市 | 即城市居民点,指市区政府、县级市政府所在地(镇级)辖区内的,以及与城市连片的商业服务业、住宅、工业、机关、学校等用地。包括其所属的,不与其连片的开发区、新区等建成区,及城市居民点的其他各类用地(含城中村)。 |
| | | 201A | 城市独立工业用地 | 城市辖区内独立的工业用地 |
| | | 202 | 建制镇 | 即建制镇居民点,指建制镇辖区内的商业服务业、住宅、工业、机关、学校等用地。包括其所属的,不与其连片的开发区、新区等建成区,及建制镇居民点范围内的其他各类用地(含城中村),不包括乡政府所在地。 |
| | | 202A | 建制镇独立工业用地 | 建制镇辖区内独立的工业用地 |
| | | 203 | 村庄 | 即农村居民点,指乡所属的商业服务业、住宅、工业、机关、学校等用地。包括农村居民点范围内的其他各类用地。 |
| | | 203A | 村庄独立工业用地 | 村庄所属独立的工业用地。 |
| | | 204 | 盐田及采矿用地 | 指城镇村庄用地以外采矿、采石、采砂(沙)场,盐田,砖瓦窑等地面生产用地及尾矿堆放地。 |
| | | 205 | 特殊用地 | 指城镇村庄用地以外用于军事设施、涉外、宗教、监教、殡葬、风景名胜等的土地。 |

注:对工作分类中 05、06、07、08、09 各地类,0603、1004、1005、1201 二级类,以及城镇村居民点内的其他各类用地按本表进行归并。

## 附件 2  自然资源调查监测标准明细表

| 标准大类名称 | 标准小类名称 | 标准小类编号 | 标准序号 | 标准名称 | 代号/计划号 | 制定/修订 | 类型 |
|---|---|---|---|---|---|---|---|
| 通用类标准 | 术语 | 101 | 101.1 | 自然资源术语（系列） | | 制定 | 国标 |
| | | 101 | 101.2 | 土地基本术语 | GB/T 19231-2003 | 修订 | 国标 |
| | | | | …… | | | |
| | 分类 | 102 | 102.1 | 自然资源分类 | | 制定 | 国标 |
| | | 102 | 102.2 | 国土空间调查、规划和用途管制用地用海分类指南 | | 制定 | 国标 |
| | | 102 | 102.3 | 地表基质分类 | | 制定 | 国标 |
| | | 102 | 102.4 | 地表覆盖分类 | | 制定 | 国标 |
| | | 102 | 102.5 | 自然地理单元划定 | | 制定 | 国标 |
| | | 102 | 102.6 | 土地利用现状分类 | GB/T 21010-2017 | | 国标 |
| | | 102 | 102.7 | 固体矿产资源储量分类 | GB/T 17766-2020 | | 国标 |
| | | 102 | 102.8 | 油气矿产资源储量分类 | GB/T 19492-2020 | | 国标 |
| | | 102 | 102.9 | 海域使用分类 | HY/T 123-2009 | 修订 | 行标 |
| | | 102 | | …… | | | |
| | 质量 | 103 | 103.1 | 自然资源调查监测质量要求 | | 制定 | 国标 |
| | | 103 | 103.2 | 自然资源调查监测成果质量检查与验收（系列） | | 制定 | 国标 |
| | | 103 | 103.3 | 地理国情监测成果质量检查与验收 | 20181653-T-466 | 制定 | 国标 |
| | | 103 | 103.4 | 地理国情普查成果质量检查与验收 | CH/T 1043-2018 | | 行标 |
| | | 103 | 103.5 | 自然资源调查监测技术设计要求 | | 制定 | 行标 |
| | | 103 | 103.6 | 国土调查县级数据库更新成果质量检查规则 | 202016003 | 制定 | 行标 |

续表

| 标准大类名称 | 标准小类名称 | 标准小类编号 | 标准序号 | 标准名称 | 代号/计划号 | 制定/修订 | 类型 |
|---|---|---|---|---|---|---|---|
| 通用类标准 | 基础调查 | 204 | 204.1 | 自然资源基础调查规程 |  | 制定 | 国标 |
| | | 204 | 204.2 | 第三次全国国土调查技术规程 | TD/T 1055-2019 |  | 行标 |
| | | 204 | 204.3 | 年度国土变更调查技术规程 |  | 制定 | 行标 |
| | | 204 | 204.4 | 国土调查数据库标准 | TD/T 1057-2020 |  | 行标 |
| | | 204 | 204.5 | 第三次全国国土调查数据库建设技术规范 | TD/T 1058-2020 |  | 行标 |
| | | 204 | 204.6 | 国土调查数据库更新技术规范 | 202031013 | 制定 | 行标 |
| | | 204 | 204.7 | 国土调查数据库更新数据规范 | 202031012 | 制定 | 行标 |
| | | 204 | 204.8 | 国土调查数据缩编技术规范 | 202016004 | 制定 | 行标 |
| | | 204 | 204.9 | 国土调查监测实地举证技术规范 | 202016005 | 制定 | 行标 |
| | | 204 | 204.10 | 国土调查面积计算规范 |  | 制定 | 行标 |
| | | 204 |  | …… |  |  |  |
| | 耕地资源调查 | 205 | 205.1 | 耕地资源调查技术规程（系列） |  | 制定 | 行标 |
| | | | | …… | | | |
| | 森林资源调查 | 206 | 206.1 | 森林资源调查技术规程（系列） |  | 制定 | 行标 |
| | | | | …… | | | |
| | 草原资源调查 | 207 | 207.1 | 草原资源调查技术规程（系列） |  | 制定 | 行标 |
| | | | | …… | | | |
| | 湿地资源调查 | 208 | 208.1 | 全国湿地资源专项调查技术规范 | 202016002 | 制定 | 行标 |
| | | | | …… | | | |

## 附件3 限制用地项目目录(2012年本)

### 一、党政机关新建办公楼项目

1. 中央直属机关、国务院各部门、省(区、市)及计划单列市党政机关新建办公楼项目:须经国务院批准

2. 中央和国家机关所属机关事业单位新建办公楼项目:须经国家发展改革委批准(使用中央预算内投资7000万元以上的,须经国务院批准)

3. 省直厅(局)级单位和地、县级党政机关新建办公楼项目:须经省级人民政府批准

4. 地、县级党政机关直属单位和乡镇党政机关新建办公楼项目:须经地级人民政府(行署)批准

### 二、城市主干道路项目

用地红线宽度(包括绿化带)不得超过下列标准:小城市和建制镇40米,中等城市55米,大城市70米。200万人口以上特大城市主干道路确需超过70米的,城市总体规划中应有专项说明

### 三、城市游憩集会广场项目

用地面积不得超过下列标准:小城市和建制镇1公顷,中等城市2公顷,大城市3公顷,200万人口以上特大城市5公顷

### 四、住宅项目

1. 宗地出让面积不得超过下列标准:小城市和建制镇7公顷,中等城市14公顷,大城市20公顷

2. 容积率不得低于以下标准:1.0(含1.0)

### 五、农林业项目

1. 普通刨花板、高中密度纤维板生产装置不得低于以下规模:单线5万立方米/年

2. 木质刨花板生产装置不得低于以下规模:单线3万立方米/年

3. 松香生产不得低于以下规模:1000吨/年

4. 一次性木制品与木制包装的生产和使用：不得以优质林木为原料；木竹加工项目：木竹加工综合利用率不得偏低

5. 胶合板和细木工板生产线不得低于以下规模：1万立方米/年

6. 根雕制造：不得以珍稀植物为原料

7. 珍贵濒危野生动植物加工：不得以野外资源为原料

## 六、黄金项目

1. 独立氰化不得低于以下标准：日处理金精矿100吨，原料自供能力50%

2. 独立黄金选矿厂不得低于以下标准：日处理矿石200吨，配套采矿系统

3. 火法冶炼不得低于以下规模：日处理金精矿100吨

4. 独立堆浸场不得低于以下规模：东北、华北、西北地区年处理矿石10万吨，华东、中南、西南年处理矿石20万吨

5. 采选不得低于以下规模：日处理岩金矿石100吨

6. 砂金开采不得低于以下规模：年处理砂金矿砂30万立方米

## 七、其他项目

下列项目禁止占用耕地，亦不得通过先行办理城市分批次农用地转用等形式变相占用耕地：

1. 机动车交易市场、家具城、建材城等大型商业设施项目

2. 大型游乐设施、主题公园（影视城）、仿古城项目

3. 大套型住宅项目（指单套住房建筑面积超过144平方米的住宅项目）

4. 赛车场项目

5. 公墓项目

6. 机动车训练场项目

# 附件4 禁止用地项目目录(2012年本)

## 一、农林业

1. 兽用粉剂、散剂、预混剂生产线项目(持有新兽药证书的品种和自动化密闭式高效率混合生产工艺除外)
2. 转瓶培养生产方式的兽用细胞苗生产线项目(持有新兽药证书的品种和采用新技术的除外)
3. 松脂初加工项目
4. 缺水地区、国家生态脆弱区纸浆原料林基地建设项目
5. 粮食转化乙醇、食用植物油料转化生物燃料项目

## 二、煤炭

1. 在国家发布新的煤炭产业政策前,单井井型不得低于以下规模:山西、内蒙古、陕西120万吨/年;重庆、四川、贵州、云南15万吨/年;福建、江西、湖北、湖南、广西9万吨/年;其他地区30万吨/年
2. 新建煤与瓦斯矿井不得低于以下规模:高瓦斯矿井30万吨/年,煤与瓦斯突出矿井45万吨/年(2015年前)
3. 采用非机械化开采工艺的煤矿项目
4. 设计的煤炭资源回收率达不到国家规定要求的煤矿项目

## 三、电力

1. 小电网外,单机容量30万千瓦及以下的常规燃煤火电机组
2. 小电网外,发电煤耗高于300克标准煤/千瓦时的湿冷发电机组,发电煤耗高于305克标准煤/千瓦时的空冷发电机组
3. 直接向江河排放冷却水的火电机组
4. 无下泄生态流量的引水式水力发电

## 四、石化化工

1. 新建1000万吨/年以下常减压、150万吨/年以下催化裂化、100万吨/年以下连续重整(含芳烃抽提)、150万吨/年以下加氢裂化生产装置

2. 新建 80 万吨/年以下石脑油裂解制乙烯、13 万吨/年以下丙烯腈、100 万吨/年以下精对苯二甲酸、20 万吨/年以下乙二醇、20 万吨/年以下苯乙烯(干气制乙苯工艺除外)、10 万吨/年以下己内酰胺、乙烯法醋酸、30 万吨/年以下羰基合成法醋酸、天然气制甲醇、100 万吨/年以下煤制甲醇生产装置(综合利用除外),丙酮氰醇法丙烯酸、粮食法丙酮/丁醇、氯醇法环氧丙烷和皂化法环氧氯丙烷生产装置,300 吨/年以下皂素(含水解物,综合利用除外)生产装置

3. 新建 7 万吨/年以下聚丙烯(连续法及间歇法)、20 万吨/年以下聚乙烯、乙炔法聚氯乙烯、起始规模小于 30 万吨/年的乙烯氧氯化法聚氯乙烯、10 万吨/年以下聚苯乙烯、20 万吨/年以下丙烯腈/丁二烯/苯乙烯共聚物(ABS,本体连续法除外)、3 万吨/年以下普通合成胶乳-羧基丁苯胶(含丁苯胶乳)生产装置,新建、改扩建溶剂型氯丁橡胶类、丁苯热塑性橡胶类、聚氨酯类和聚丙烯酸酯类等通用型胶粘剂生产装置

4. 新建纯碱、烧碱、30 万吨/年以下硫磺制酸、20 万吨/年以下硫铁矿制酸、常压法及综合法硝酸、电石(以大型先进工艺设备进行等量替换的除外)、单线产能 5 万吨/年以下氢氧化钾生产装置

5. 新建三聚磷酸钠、六偏磷酸钠、三氯化磷、五硫化二磷、饲料磷酸氢钙、氯酸钠、少钙焙烧工艺重铬酸钠、电解二氧化锰、普通级碳酸钙、无水硫酸钠(盐业联产及副产除外)、碳酸钡、硫酸钡、氢氧化钡、氯化钡、硝酸钡、碳酸锶、白炭黑(气相法除外)、氯化胆碱、平炉法高锰酸钾、大锅蒸发法硫化钠生产装置

6. 新建黄磷,起始规模小于 3 万吨/年、单线产能小于 1 万吨/年氰化钠(折 100%),单线产能 5 千吨/年以下碳酸锂、氢氧化锂,单线产能 2 万吨/年以下无水氟化铝或中低分子比冰晶石生产装置

7. 新建以石油(高硫石油焦除外)、天然气为原料的氮肥,采用固定层间歇气化技术合成氨,磷铵生产装置,铜洗法氨合成原料气净化工艺项目

8. 新建高毒、高残留以及对环境影响大的农药原药[包括氧乐果、水胺硫磷、甲基异柳磷、甲拌磷、特丁磷、杀扑磷、溴甲烷、灭多威、涕灭威、克百威、敌鼠钠、敌鼠酮、杀鼠灵、杀鼠醚、溴敌隆、溴鼠灵、肉毒素、杀虫双、灭线磷、硫丹、磷化铝、三氯杀螨醇,有机氯类、有机锡类杀虫剂,福美类杀菌剂,复硝酚钠(钾)等]生产装置

9. 新建草甘膦、毒死蜱(水相法工艺除外)、三唑磷、百草枯、百菌清、阿维菌素、吡虫啉、乙草胺(甲叉法工艺除外)生产装置

10. 新建硫酸法钛白粉、铅铬黄、1 万吨/年以下氧化铁系颜料、溶剂型涂料(不包括

鼓励类的涂料品种和生产工艺)、含异氰脲酸三缩水甘油酯(TGIC)的粉末涂料生产装置

11. 新建染料、染料中间体、有机颜料、印染助剂生产装置(不包括鼓励类的染料产品和生产工艺)

12. 新建氟化氢(HF)(电子级及湿法磷酸配套除外),新建初始规模小于20万吨/年、单套规模小于10万吨/年的甲基氯硅烷单体生产装置,10万吨/年以下(有机硅配套除外)和10万吨/年及以上、没有副产四氯化碳配套处置设施的甲烷氯化物生产装置,新建、改扩建含氢氯氟烃(HCFCs)(作为原料用的除外)、全氟辛基磺酰化合物(PFOS)和全氟辛酸(PFOA)、六氟化硫(SF6)(高纯级除外)生产装置

13. 新建斜交轮胎和力车胎(手推车胎)、锦纶帘线、3万吨/年以下钢丝帘线、常规法再生胶(动态连续脱硫工艺除外)、橡胶塑解剂五氯硫酚、橡胶促进剂二硫化四甲基秋兰姆(TMTD)生产装置

### 五、信息产业

1. 激光视盘机生产线(VCD系列整机产品)
2. 模拟CRT黑白及彩色电视机项目

### 六、钢铁

1. 未同步配套建设干熄焦、装煤、推焦除尘装置的炼焦项目
2. 180平方米以下烧结机(铁合金烧结机除外)
3. 有效容积400立方米以上1200立方米以下炼铁高炉;1200立方米及以上但未同步配套煤粉喷吹装置、除尘装置、余压发电装置,能源消耗大于430公斤标煤/吨、新水耗量大于2.4立方米/吨等达不到标准的炼铁高炉
4. 公称容量30吨以上100吨以下炼钢转炉;公称容量100吨及以上但未同步配套煤气回收、除尘装置,新水耗量大于3立方米/吨等达不到标准的炼钢转炉
5. 公称容量30吨以上100吨(合金钢50吨)以下电炉;公称容量100吨(合金钢50吨)及以上但未同步配套烟尘回收装置,能源消耗大于98公斤标煤/吨、新水耗量大于3.2立方米/吨等达不到标准的电炉
6. 1450毫米以下热轧带钢(不含特殊钢)项目
7. 30万吨/年及以下热镀锌板卷项目

8. 20 万吨/年及以下彩色涂层板卷项目

9. 含铬质耐火材料生产项目

10. 普通功率和高功率石墨电极压型设备、焙烧设备和生产线

11. 直径 600 毫米以下或 2 万吨/年以下的超高功率石墨电极生产线

12. 8 万吨/年以下预焙阳极（炭块）、2 万吨/年以下普通阴极炭块、4 万吨/年以下炭电极生产线

13. 单机 120 万吨/年以下的球团设备（铁合金球团除外）

14. 顶装焦炉炭化室高度<6.0 米、捣固焦炉炭化室高度<5.5 米，100 万吨/年以下焦化项目，热回收焦炉的项目，单炉 7.5 万吨/年以下、每组 30 万吨/年以下、总年产 60 万吨以下的半焦（兰炭）项目

15. 3000 千伏安及以上，未采用热装热兑工艺的中低碳锰铁、电炉金属锰和中低微碳铬铁精炼电炉

16. 300 立方米以下锰铁高炉；300 立方米及以上，但焦比高于 1320 千克/吨的锰铁高炉；规模小于 10 万吨/年的高炉锰铁企业

17. 1.25 万千伏安以下的硅钙合金和硅钙钡铝合金矿热电炉；1.25 万千伏安及以上，但硅钙合金电耗高于 11000 千瓦时/吨的矿热电炉

18. 1.65 万千伏安以下硅铝合金矿热电炉；1.65 万千伏安及以上，但硅铝合金电耗高于 9000 千瓦时/吨的矿热电炉

19. 2×2.5 万千伏安以下普通铁合金矿热电炉（中西部具有独立运行的小水电及矿产资源优势的国家确定的重点贫困地区，矿热电炉容量<2×1.25 万千伏安）；2×2.5 万千伏安及以上，但变压器未选用有载电动多级调压的三相或三个单相节能型设备，未实现工艺操作机械化和控制自动化，硅铁电耗高于 8500 千瓦时/吨，工业硅电耗高于 12000 千瓦时/吨，电炉锰铁电耗高于 2600 千瓦时/吨，硅锰合金电耗高于 4200 千瓦时/吨，高碳铬铁电耗高于 3200 千瓦时/吨，硅铬合金电耗高于 4800 千瓦时/吨的普通铁合金矿热电炉

20. 采用间断浸出、间断送液的电解金属锰浸出工艺的项目；10000 吨/年以下电解金属锰单条生产线（一台变压器），电解金属锰生产总规模为 30000 吨/年以下的项目

21. 采用反射炉焙烧钼精矿工艺或虽未采用反射炉焙烧钼精矿工艺但未配备 SO2 回收装置的钼铁生产线

22. 采用反射炉还原、煅烧红矾钠、铬酐生产工艺的金属铬生产线

## 七、有色金属

1. 新建、扩建钨、锡、锑开采、冶炼项目

2. 新建、扩建钼金属资源量小于20万吨,开采规模小于100万吨/年的钼矿项目

3. 稀土开采、选矿、冶炼、分离项目(在确保产能总量不增加的前提下,有利于布局优化和兼并重组的项目除外)

4. 氧化锑、铅锡焊料生产项目

5. 单系列10万吨/年规模以下粗铜冶炼项目

6. 电解铝项目(淘汰落后生产能力置换项目及优化产业布局项目除外)

7. 铅冶炼项目(单系列5万吨/年规模及以上,不新增产能的技改和环保改造项目除外)

8. 单系列10万吨/年规模以下锌冶炼项目(直接浸出除外)

9. 镁冶炼项目(综合利用项目除外)

10. 10万吨/年以下的独立铝用炭素项目

11. 新建单系列生产能力5万吨/年及以下,改扩建单系列生产能力2万吨/年及以下,以及资源利用、能源消耗、环境保护等指标达不到行业准入条件要求的再生铅项目

## 八、黄金

1. 在林区、基本农田、河道中开采砂金项目

## 九、建材

1. 2000吨/日以下熟料新型干法水泥生产线,60万吨/年以下水泥粉磨站

2. 普通浮法玻璃生产线

3. 150万平方米/年及以下的建筑陶瓷生产线

4. 60万件/年以下的隧道窑卫生陶瓷生产线

5. 3000万平方米/年以下的纸面石膏板生产线

6. 无碱、中碱玻璃球生产线、铂金坩埚球法拉丝玻璃纤维生产线

7. 粘土空心砖生产线(陕西、青海、甘肃、新疆、西藏、宁夏除外)和粘土实心砖生产线

8. 15万平方米/年以下的石膏(空心)砌块生产线、单班2.5万立方米/年以下的混

凝土小型空心砌块以及单班 15 万平方米/年以下的混凝土铺地砖固定式生产线、5 万立方米/年以下的人造轻集料(陶粒)生产线

9. 10 万立方米/年以下的加气混凝土生产线

10. 3000 万标砖/年以下的煤矸石、页岩烧结实心砖生产线

11. 10000 吨/年以下岩(矿)棉制品生产线和 8000 吨/年以下玻璃棉制品生产线

12. 100 万米/年及以下预应力高强混凝土离心桩生产线

13. 预应力钢筒混凝土管(简称 PCCP 管)生产线:PCCP-L 型:年设计生产能力≤50 千米,PCCP-E 型:年设计生产能力≤30 千米

## 十、医药

1. 新建、扩建古龙酸和维生素 C 原粉(包括药用、食品用和饲料用、化妆品用)生产装置,新建药品、食品、饲料、化妆品等用途的维生素 B1、维生素 B2、维生素 B12(综合利用除外)、维生素 E 原料生产装置

2. 新建青霉素工业盐、6-氨基青霉烷酸(6-APA)、化学法生产 7-氨基头孢烷酸(7-ACA)、7-氨基-3-去乙酰氧基头孢烷酸(7-ADCA)、青霉素 V、氨苄青霉素、羟氨苄青霉素、头孢菌素 C 发酵、土霉素、四环素、氯霉素、安乃近、扑热息痛、林可霉素、庆大霉素、双氢链霉素、丁胺卡那霉素、麦迪霉素、柱晶白霉素、环丙氟哌酸、氟哌酸、氟嗪酸、利福平、咖啡因、柯柯豆碱生产装置

3. 新建紫杉醇(配套红豆杉种植除外)、植物提取法黄连素(配套黄连种植除外)生产装置

4. 新建、改扩建药用丁基橡胶塞、二步法生产输液用塑料瓶生产装置

5. 新开办无新药证书的药品生产企业

6. 新建及改扩建原料含有尚未规模化种植或养殖的濒危动植物药材的产品生产装置

7. 新建、改扩建充汞式玻璃体温计、血压计生产装置、银汞齐齿科材料、新建 2 亿支/年以下一次性注射器、输血器、输液器生产装置

## 十一、机械

1. 2 臂及以下凿岩台车制造项目

2. 装岩机(立爪装岩机除外)制造项目

3. 3立方米及以下小矿车制造项目

4. 直径2.5米及以下绞车制造项目

5. 直径3.5米及以下矿井提升机制造项目

6. 40平方米及以下筛分机制造项目

7. 直径700毫米及以下旋流器制造项目

8. 800千瓦及以下采煤机制造项目

9. 斗容3.5立方米及以下矿用挖掘机制造项目

10. 矿用搅拌、浓缩、过滤设备(加压式除外)制造项目

11. 低速汽车(三轮汽车、低速货车)(自2015年起执行与轻型卡车同等的节能与排放标准)

12. 单缸柴油机制造项目

13. 配套单缸柴油机的皮带传动小四轮拖拉机,配套单缸柴油机的手扶拖拉机,滑动齿轮换挡、排放达不到要求的50马力以下轮式拖拉机

14. 30万千瓦及以下常规燃煤火力发电设备制造项目(综合利用,热电联产机组除外)

15. 电线、电缆制造项目(用于新能源、信息产业、航天航空、轨道交通、海洋工程等领域的特种电线电缆除外)

16. 非数控金属切削机床制造项目

17. 6300千牛及以下普通机械压力机制造项目

18. 非数控剪板机、折弯机、弯管机制造项目

19. 普通高速钢钻头、铣刀、锯片、丝锥、板牙项目

20. 棕刚玉、绿碳化硅、黑碳化硅等烧结块及磨料制造项目

21. 直径450毫米以下的各种结合剂砂轮(钢轨打磨砂轮除外)

22. 直径400毫米及以下人造金刚石切割锯片制造项目

23. P0级、直径60毫米以下普通微小型轴承制造项目

24. 220千伏及以下电力变压器(非晶合金、卷铁芯等节能配电变压器除外)

25. 220千伏及以下高、中、低压开关柜制造项目(使用环保型中压气体的绝缘开关柜除外)

26. 酸性碳钢焊条制造项目

27. 民用普通电度表制造项目

28. 8.8 级以下普通低档标准紧固件制造项目

29. 驱动电动机功率 560 千瓦及以下、额定排气压力 1.25 兆帕及以下，一般用固定的往复活塞空气压缩机制造项目

30. 普通运输集装干箱项目

31. 56 英寸及以下单级中开泵制造项目

32. 通用类 10 兆帕及以下中低压碳钢阀门制造项目

33. 5 吨/小时及以下短炉龄冲天炉

34. 有色合金六氯乙烷精炼、镁合金 SF6 保护

35. 冲天炉熔化采用冶金焦

36. 采用无再生的水玻璃砂造型制芯工艺的项目

37. 盐浴氮碳、硫氮碳共渗炉及盐

38. 电子管高频感应加热设备

39. 亚硝盐缓蚀、防腐剂

40. 铸/锻造用燃油加热炉

41. 锻造用燃煤加热炉

42. 手动燃气锻造炉

43. 蒸汽锤

44. 弧焊变压器

45. 含铅和含镉钎料

46. 新建全断面掘进机整机组装项目

47. 新建万吨级以上自由锻造液压机项目

48. 新建普通铸锻件项目

49. 动圈式和抽头式手工焊条弧焊机

50. Y 系列（IP44）三相异步电动机（机座号 80～355）及其派生系列，Y2 系列（IP54）三相异步电动机（机座号 63～355）

51. 背负式手动压缩式喷雾器

52. 背负式机动喷雾喷粉机

53. 手动插秧机

54. 青铜制品的茶叶加工机械

55. 双盘摩擦压力机

56. 含铅粉末冶金件

57. 出口船舶分段建造项目

58. 新建风电装备整机制造厂项目

59. 排放标准国三及以下的机动车用发动机

60. 4 档及以下机械式车用自动变速箱(AT)

## 十二、轻工

1. 聚氯乙烯普通人造革生产线

2. 年加工生皮能力 20 万标张牛皮以下的生产线,年加工蓝湿皮能力 10 万标张牛皮以下的生产线

3. 超薄型(厚度低于 0.015 毫米)塑料袋和超薄型(厚度低于 0.025 毫米)塑料购物袋生产

4. 新建以含氢氯氟烃(HCFCs)为发泡剂的聚氨酯泡沫塑料生产线、连续挤出聚苯乙烯泡沫塑料(XPS)生产线

5. 聚氯乙烯(PVC)食品保鲜包装膜

6. 普通照明白炽灯、高压汞灯

7. 最高转速低于 4000 针/分的平缝机(不含厚料平缝机)和最高转速低于 5000 针/分的包缝机

8. 电子计价秤(准确度低于最大称量的 1/3000,称量≤15 千克)、电子皮带秤(准确度低于最大称量的 5/1000)、电子吊秤(准确度低于最大称量的 1/1000,称量≤50 吨)、弹簧度盘秤(准确度低于最大称量的 1/400,称量≤8 千克)

9. 电子汽车衡(准确度低于最大称量的 1/3000,称量≤300 吨)、电子静态轨道衡(准确度低于最大称量的 1/3000,称量≤150 吨)、电子动态轨道衡(准确度低于最大称量的 1/500,称量≤150 吨)

10. 玻璃保温瓶胆生产线

11. 3 万吨/年及以下的玻璃瓶罐生产线

12. 以人工操作方式制备玻璃配合料及秤量

13. 未达到日用玻璃行业清洁生产评价指标体系规定指标的玻璃窑炉

14. 生产能力小于 18000 瓶/时的啤酒灌装生产线

15. 羰基合成法及齐格勒法生产的脂肪醇产品

16. 热法生产三聚磷酸钠生产线

17. 单层喷枪洗衣粉生产工艺及装备、1.6 吨/小时以下规模磺化装置

18. 糊式锌锰电池、镉镍电池

19. 牙膏生产线

20. 100 万吨/年以下北方海盐项目；新建南方海盐盐场项目；60 万吨/年以下矿（井）盐项目

21. 单色金属板胶印机

22. 新建单条化学木浆 30 万吨/年以下、化学机械木浆 10 万吨/年以下、化学竹浆 10 万吨/年以下的生产线；新闻纸、铜版纸生产线

23. 元素氯漂白制浆工艺

24. 原糖加工项目及日处理甘蔗 5000 吨（云南地区 3000 吨）、日处理甜菜 3000 吨以下的新建项目

25. 白酒生产线

26. 酒精生产线

27. 5 万吨/年及以下且采用等电离交工艺的味精生产线

28. 糖精等化学合成甜味剂生产线

29. 浓缩苹果汁生产线

30. 大豆压榨及浸出项目（黑龙江、吉林、内蒙古大豆主产区除外）；东、中部地区单线日处理油菜籽、棉籽 200 吨及以下，花生 100 吨及以下的油料加工项目；西部地区单线日处理油菜籽、棉籽、花生等油料 100 吨及以下的加工项目

31. 年加工玉米 30 万吨以下、绝干收率在 98% 以下玉米淀粉湿法生产线

32. 年屠宰生猪 15 万头及以下、肉牛 1 万头及以下、肉羊 15 万只及以下、活禽 1000 万只及以下的屠宰建设项目（少数民族地区除外）

33. 3000 吨/年及以下的西式肉制品加工项目

34. 2000 吨/年及以下的酵母加工项目

35. 冷冻海水鱼糜生产线

### 十三、纺织

1. 单线产能小于 10 万吨/年的常规聚酯（PET）连续聚合生产装置

2. 采用常规聚酯的对苯二甲酸二甲酯（DMT）法生产工艺的项目

3. 半连续纺粘胶长丝生产线

4. 间歇式氨纶聚合生产装置

5. 常规化纤长丝用锭轴长 1200 毫米及以下的半自动卷绕设备

6. 粘胶板框式过滤机

7. 单线产能≤1000 吨/年、幅宽≤2 米的常规丙纶纺粘法非织造布生产线

8. 25 公斤/小时以下梳棉机

9. 200 钳次/分钟以下的棉精梳机

10. 5 万转/分钟以下自排杂气流纺设备

11. FA502、FA503 细纱机

12. 入纬率小于 600 米/分钟的剑杆织机,入纬率小于 700 米/分钟的喷气织机,入纬率小于 900 米/分钟的喷水织机

13. 采用聚乙烯醇浆料(PVA)上浆工艺及产品(涤棉产品,纯棉的高支高密产品除外)

14. 吨原毛洗毛用水超过 20 吨的洗毛工艺与设备

15. 双宫丝和柞蚕丝的立式缫丝工艺与设备

16. 采用绞纱染色工艺项目

17. 亚氯酸钠漂白设备

## 十四、烟草

1. 卷烟加工项目

## 十五、消防

1. 火灾自动报警设备项目

2. 灭火器项目

3. 碳酸氢钠干粉(BC)和环保型水系灭火剂

4. 防火门项目

5. 消防水带项目

6. 消防栓(室内、外)项目

7. 普通消防车(罐类、专项类)项目

### 十六、民爆产品

1. 非人机隔离的非连续化、自动化雷管装配生产线

2. 非连续化、自动化炸药生产线

3. 高污染的起爆药生产线

4. 高能耗、高污染、低性能工业粉状炸药生产线

### 十七、其他

1. 别墅类房地产开发项目

2. 高尔夫球场项目

3. 赛马场项目

4. 党政机关(含国有企事业单位)新建、改扩建培训中心(基地)和各类具有住宿、会议、餐饮等接待功能的设施或场所建设项目

5. 未依法取得探矿权的矿产资源勘查项目

6. 未依法取得采矿权的矿产资源开采项目

## 附件5  安徽省征地区片综合地价标准

单位:元/亩

| 地区 | 区片编号 | 区片范围 | 区片标准 |
|---|---|---|---|
| 合肥市 | Ⅰ | 瑶海区：城东街道（大王庙社区、合裕路社区、隆岗社区），方庙街道（香江佳元社区、大市场社区、香格里拉社区、万绿园社区、汪塘社区），和平路街道，嘉山路街道，明光路街道，三里街道，胜利路街道，铜陵路街道，长淮街道；庐阳区：大杨镇（雁栖社区、吴郢社区、五里拐社区、夹塘社区），亳州路街道，海棠街道，三孝口街道，双岗街道，四里河街道（四河社区、银河湾社区），逍遥津街道，杏林街道（丽都社区、上城社区、北都社区）；蜀山区：笔架山街道，稻香村街道，荷叶地街道，琥珀街道，南七街道，三里庵街道，五里墩街道，西园街道，井岗镇（十里店社区、兴民社区、十里庙社区）；包河区：包公街道，常青街道（凌大塘社区、金寨南路社区、仰光社区），同安街道，望湖街道（王卫社区），芜湖路街道。 | 149500 |
| 合肥市 | Ⅱ | 瑶海区：城东街道（Ⅰ级以外的其他社区），方庙街道（Ⅰ级以外的其他社区），红光街道，七里站街道，新站高新技术产业开发区的七里塘社区（新华社区、星火社区、皖江社区、瑶海社区、瑶东社区、七里塘社区），瑶海社区（香江社区、勤劳社区、方桥社区、十里社区）；庐阳区：大杨镇（草塘社区、清源社区、龙王社区、照山社区、王墩社区），四里河街道（桃花园社区），杏花村街道，杏林街道（望城社区）；蜀山区：井岗镇（Ⅰ级以外的其他社区），高新技术产业开发区的天乐社区服务中心、兴民社区服务中心，合肥经济技术开发区的芙蓉社区（书香社区、新月社区、翠微社区、齐云社区）、莲花社区（朝霞社区、柏树郢社区）；包河区：常青街道（Ⅰ级以外的其他社区），淝河镇（黄巷村、平塘王村、贾大郢社区、老官塘社区、葛大店社区），望湖街道（Ⅰ级以外的其他社区），骆岗街道。 | 121500 |
| 合肥市 | Ⅲ | 瑶海区：大兴镇，龙岗综合经济开发区（含大彭社区），新站高新技术产业开发区的七里塘社区（Ⅱ级以外的其他社区）、瑶海社区（Ⅱ级以外的其他社区）；庐阳区：大杨镇（Ⅱ级以外的其他社区或村），林店街道（庐阳经济开发区），中科院合肥分院，大房郢水库，董铺水库；蜀山区：蜀山开发区管委会，高新技术产业开发区的蜀麓社区中心、长宁社区中心，合肥经济技术开发区的芙蓉社区（Ⅱ级以外的其他社区）、海恒社区、锦绣社区、莲花社区（Ⅱ级以外的其他社区）、临湖社区；包河区：淝河镇（Ⅱ级以外的其他社区），滨湖世纪社区，方兴社区，万年埠街道，烟墩街道，义城街道，大圩镇。 | 99000 |
| | Ⅳ | 瑶海区：新站高新技术产业开发区的磨店社区，三十头社区，站北社区；庐阳区：三十岗乡；蜀山区：南岗镇，小庙镇，合肥经济技术开发区的高刘街道。 | 91300 |
| 长丰县 | Ⅰ | 水湖镇、岗集镇、双墩镇、双凤开发区、吴山镇。 | 47960 |
| | Ⅱ | 下塘镇、陶楼镇、杨庙镇、庄墓镇、朱巷镇、义井乡。 | 44160 |
| | Ⅲ | 罗塘乡、造甲乡、杜集镇、左店乡。 | 43200 |
| 肥东县 | Ⅰ | 店埠镇、撮镇镇、桥头集镇、长临河镇、肥东经济开发区、合肥循环经济示范园。 | 48500 |
| | Ⅱ | 梁园镇、石塘镇、众兴乡、牌坊回族满族乡。 | 46500 |
| | Ⅲ | 古城镇、八斗镇、元疃镇、白龙镇、包公镇、张集乡、马湖乡、陈集镇、响导乡、杨店乡。 | 44900 |
| 肥西县 | Ⅰ | 上派镇（包含肥西经开区）、三河镇、紫蓬镇（包含肥西经开区、紫蓬山旅游开发区）、桃花镇（包含肥西经开区）、严店乡。 | 48900 |
| | Ⅱ | 高店乡、铭传乡（含紫蓬山旅游开发区）、官亭镇、山南镇、柿树岗乡、花岗镇（含紫蓬山旅游开发区）、丰乐镇。 | 44460 |

| 地区 | 区片编号 | 区片范围 | 区片标准 |
|---|---|---|---|
| 庐江县 | I | 庐城镇。 | 45000 |
| | II | 庐城镇以外的其他乡镇，即：冶父山镇、万山镇、汤池镇、郭河镇、金牛镇、石头镇、同大镇、白山镇、盛桥镇、白湖镇、龙桥镇、矾山镇、罗河镇、泥河镇、乐桥镇、柯坦镇等。 | 43070 |
| 巢湖市 | I | 中庙街道、亚父街道、卧牛山街道、凤凰山街道、天河街道、半汤街道、中垾镇、烔炀镇、黄麓镇、槐林镇。 | 47900 |
| | II | 栏杆集镇、苏湾镇、柘皋镇、银屏镇、散兵镇、坝镇镇、庙岗乡、夏阁镇。 | 45980 |
| 淮北市 | I | 相山区渠沟镇桥头村、土楼村、小集社区、凤凰社区、王店社区、河北社区、任圩社区、南黎街道、三堤口街道、西街道、东山街道、东街道、相南街道；杜集区高岳街道。 | 54700 |
| | II | 相山区渠沟镇油坊村、徐集村、瓦房村、大梁楼村；杜集区朔里镇、矿山集街道；烈山区烈山镇、杨庄街道。 | 52700 |
| | III | 相山区渠沟镇鲁楼村、郭王村、张集村、孟庄村、刘楼村、张楼村、钟楼村；杜集区段园镇、石台镇；烈山区古饶镇、宋疃镇。 | 50700 |
| 濉溪县 | I | 濉溪镇、濉溪经济开发区、濉溪芜湖现代产业园区。 | 48400 |
| | II | 韩村镇、临涣镇、南坪镇、孙疃镇、刘桥镇、百善镇、双堆集镇、五沟镇、铁佛镇、四铺镇。 | 46700 |
| 亳州市谯城区 | I | 汤陵街道、花戏楼街道、薛阁街道、华佗镇程屯村、黄庄村、五里村、魏岗镇马场村、赵庄村、十八里镇羊庙社区、杏坛社区、桐花社区、芍花社区、十二里社区、陈抟社区、十河镇王合拉村、宋大村、赵桥乡崔寨村，安徽亳州高新区第一社区管理中心、第二社区管理中心、第三社区管理中心、第四社区管理中心、第五社区管理中心、第六社区管理中心、第七社区管理中心石桥铺村、第八社区管理中心，安徽亳州高新区十九里镇张庄村、马庄村、十九里社区、火神庙村、姜屯村、汤庄村、杨桥村、刘阁社区、前楼村。 | 48600 |
| | II | 其他地区。 | 46100 |
| 蒙城县 | I | 城关街道、庄周街道东光社区、红光社区、六里社区、二里吴社区、万湖村、十里社区、七里许村，漆园街道北城社区、碾盘社区、孙沟村、花园村、香山村，乐土镇建明村、李大寨村、杨桥村，小辛集乡何楼村。 | 46600 |
| | II | 其他地区。 | 44400 |
| 涡阳县 | I | 城关街道、星园街道、天静宫街道。 | 46600 |
| | II | 其他地区。 | 44300 |
| 利辛县 | I | 城关镇春店社区、张寨社区、文州社区、和平社区、五一社区、向阳社区、黄桥社区、前进社区、振兴社区、新建社区、西城社区、和谐社区、朱瓦房社区、新河社区、复兴社区、新河村、城南村、东风村、闫集村、苏庄村、马店村、刘寨村、刘竹园社区、董老寨村、杨大楼村、佛镇村、苏店村、城东村、蒋庄村、西潘楼镇于庄村、桥西村、潘楼村、郭楼村、李刘村、郭寨村、东王村，城北镇翟腰楼村。 | 46600 |
| | II | 其他地区。 | 44400 |
| 宿州市埇桥区 | I | 三八街道、三里湾街道、东关街道、北关街道、南关街道、埇桥街道、城东街道、汴河街道、沱河街道、西二铺乡、西关街道、道东街道、金海街道、大泽乡镇（幸福村）。 | 51560 |
| | II | 符离镇、夹沟镇、曹村镇、顺河乡、灰古镇、蒿沟乡、苗庵乡、朱仙庄镇、大店镇、桃园镇、大泽乡镇（除I级外）、芦岭镇、蕲县镇。 | 46680 |
| | III | 大营镇、永镇乡、桃沟乡、永安镇、时村镇、支河乡、栏杆镇、解集乡、杨庄乡、褚兰镇。 | 43390 |

附件5 安徽省征地区片综合地价标准

| 地区 | 区片编号 | 区片范围 | 区片标准 |
|---|---|---|---|
| 砀山县 | I | 砀城镇李屯村、徐井村、北郊村、兴城社区、金山社区、红山社区、中原社区、苇子园社区、金桂苑社区、北城社区、土山社区、利园社区、梨花社区、梨都社区、侯楼社区、杨郡社区、朝阳社区、西城社区、东城社区、东升社区、古城社区、宴嬉台社区、惠民社区、科技社区、李庄镇益民社区、高铁新区新城社区、薛口村、陇海新村、南苑社区、西苑社区、道南路社区、站前社区、孟饭棚社区。 | 49300 |
| | II | 其他地区。 | 44300 |
| 萧县 | I | 白土镇、丁里镇、杜楼镇、官桥镇、庄里乡、永堌镇、圣泉乡、龙城镇。 | 46200 |
| | II | 大屯镇、张庄寨镇、赵庄镇、祖楼镇、杨楼镇、闫集镇、新庄镇、王寨镇、孙圩子乡、石林乡、青龙镇、黄口镇、酒店乡、刘套镇、马井镇。 | 42900 |
| 灵璧县 | I | 灵城镇、虞姬乡黄岗村、灵光村、刘尧村、西集村、田万村、凌巷村、禅堂乡大吴村、杨疃镇红光村、光明村。 | 45500 |
| | II | 虞姬乡（除黄岗村、灵光村、刘尧村、西集村、田万村、凌巷村外）、杨疃镇（除红光村、光明村外）、禅堂乡（除大吴村外）、渔沟镇。 | 44550 |
| | III | 其他地区。 | 43700 |
| 泗县 | I | 泗城镇、泗县经济开发区。 | 45800 |
| | II | 大庄镇、黄圩镇、瓦坊乡、山头镇、刘圩镇、大杨乡、屏山镇、黑塔镇、长沟镇、草庙镇。 | 43800 |
| | III | 草沟镇、墩集镇、大路口乡、丁湖镇。 | 42800 |
| 蚌埠市 | I | 龙子湖区区直属行政村、李楼乡、长淮卫镇；蚌山区雪华乡、燕山乡；禹会区长青乡、秦集镇；淮上区小蚌埠镇、吴小街镇。 | 54275 |
| | II | 淮上区梅桥镇、曹老集镇、沫河口镇；禹会区马城镇。 | 49300 |
| 怀远县 | I | 榴城镇、荆山镇。 | 47900 |
| | II | 常坟镇、唐集镇、白莲坡镇、万福镇、兰桥乡。 | 46800 |
| | III | 其他地区。 | 45040 |
| 五河县 | I | 城关镇，头铺镇，沱湖乡。 | 47420 |
| | II | 新集镇，大新镇。 | 45950 |
| | III | 小溪镇，双忠庙镇，小圩镇，东刘集镇，武桥镇，朱顶镇，浍南镇，申集镇，临北回族乡。 | 42580 |
| 固镇县 | I | 城关镇。 | 47800 |
| | II | 任桥镇、新马桥镇、连城镇。 | 46500 |
| | III | 刘集镇、濠城镇、石湖乡、仲兴乡、湖沟镇、杨庙乡、王庄镇。 | 43100 |
| 阜阳市 | I | 颍州区鼓楼街道、文峰街道、清河街道、颍西街道、京九街道；程集镇程集居委会、张郢村、张老庄村，三合镇三合居委会，王店镇十二里村、卢庄村、王店居委会、顾庄村、三十里铺镇三十里铺社区、双寨社区、李门楼社区、大王社区、港口社区、陈郢社区、左庄社区、宁大村、小赵村，袁集镇袁集居委会、张堂社区、安徐社区、徐楼社区、郭王村、四十铺社区、福和社区。<br>颍泉区中市街道、周棚街道。<br>颍东区河东街道、新华街道新华社区、梨树社区、辛桥社区、蔡湖居委会，向阳街道、袁寨镇江店社区。 | 55930 |

| 地区 | 区片编号 | 区片范围 | 区片标准 |
|---|---|---|---|
| | II | 颍州区西湖景区街道；程集镇东刘村、时庙村、韩庄村、三合镇掩龙村、井孜村、王店镇余庄村、双郢村、王寨村、桃花村、新建村、刘新庄村、连新村、韩寨村、胡庙村、宁小村、高棚村、袁集镇窑前村、前炉村、大朱村、三十里铺镇高楼村、洄溜居委会。<br>颍泉区宁老庄镇新农村、许庄村、枣树行村、老庄社区、兴隆村、闻集镇大宁村、老家村、两河村、英桥村。<br>颍东区新华街道吕寨居委会、任海居委会、老集居委会、杨付居委会，插花镇人民居委会、成功居委会、新园居委会、前于居委会、曾桥居委会、杨桥居委会，袁寨镇袁寨居委会、王海居委会、临颍社区、西康社区、前楼居委会、郝桥社区、范沟居委会，正午镇大任居委会。 | 53000 |
| | III | 颍州区九龙镇、马寨乡、西湖镇、三塔集镇；程集镇贾庄村、张寨村，三合镇胡庙居委会、新宅村、郭寨村、三星村、王大郢村。<br>颍泉区伍明镇、行流镇，宁老庄镇富民村、椿树村、唐营村、锦湖村、长营村、大田村、梅寨村、马窝村、和盛村、新街村、姜堂村、申庄村、虹桥村、曹寨村、陈集村，闻集镇闻集村、白洋湖村、杨店村、田楼村、葛桥村、火营村、尚营村、刘盆窑村、滑店村、苏屯村、刘小寨村、溜口村、李关村、大刘村、刘伏庄村、滑集村、齐菜园村、段庄村、杜庄村、杜寨村、张湖村。<br>颍东区口孜镇，插花镇中心居委会、赵店村、闸南村、兰楼村、毛桥村、板桥村、东黄村、朱楼村、郭营村，袁寨镇同庄村、北照村、河北村、武郢村，正午镇正午居委会、田楼村、吴寨村、横山村、陈庄、王桥村、程圩村、张庙村、杨楼孜村，新乌江镇、冉庙乡、枣庄镇、老庙镇。 | 48250 |
| 界首市 | I | 东城街道、西城街道、颍南街道。 | 45180 |
| | II | 光武镇、泉阳镇、芦村镇、新马集镇、陶庙镇、王集镇、砖集镇、顾集镇、代桥镇、舒庄镇、邴集乡、靳寨乡、任寨乡、大黄镇、田营镇。 | 43910 |
| 临泉县 | I | 城关街道、城东街道、城南街道、邢塘街道、田桥街道、杨桥镇。 | 46550 |
| | II | 鲖城镇、谭棚镇、老集镇、滑集镇、吕寨镇、单桥镇、长官镇、宋集镇、张新镇、艾亭镇、陈集镇、韦寨镇、迎仙镇、瓦店镇、姜寨镇、庙岔镇、黄岭镇、白庙镇、关庙镇、高塘镇、土陂乡、陶老乡。 | 43620 |
| 太和县 | I | 城关镇、旧县镇、大新镇、税镇镇、赵集乡、关集镇关集村、中高村、王寨集村、高庙镇大松村、刘大桥村、肖口镇陈庙村、新王村。 | 47480 |
| | II | 李兴镇、桑营镇、双庙镇、清浅镇、洪山镇。 | 45220 |
| | III | 蔡庙镇、大庙集镇、二郎镇、坟台镇、宫集镇、郭庙镇、胡总乡、马集镇、苗老集镇、倪邱镇、皮条孙镇、阮桥镇、三塔镇、三堂镇、双浮镇、五星镇、原墙镇、赵庙镇、高庙镇高庙村、廉village村、刘平村、姜楼村、关集镇胡寨集村、茨东村、唐路村、陈桥村、梁庄村、闫庙集村、谷河北村、肖口镇王寨村、钱庄村、肖口村、田庄村、毛庄村、邢小街村、马寨村。 | 43440 |
| 阜南县 | I | 鹿城镇、安徽阜南经济开发区、田集镇（田集居委会、东岳居委会、孙寨居委会、张集村、杨寨村、赵老村、柳林村）、苗集镇（苗集居委会、杏集村、桃元村）。 | 45220 |
| | II | 方集镇、中岗镇、柴集镇、新村镇、朱寨镇、柳沟镇、赵集镇、黄岗镇、焦陂镇、张寨镇、王堰镇、地城镇、洪河桥镇、王家坝镇、王化镇、曹集镇、会龙镇、王店孜乡、许堂乡、段郢乡、公桥乡、龙王乡、于集乡、老观乡、鄐台乡、田集镇（赵吴村、程寨村、王庙村、王大村、庞老村）、苗集镇（祥和村、幸福村、平安村、罗庄村、张店村、唐坡村、大蔡村、张古村、前进村）。 | 43695 |
| 颍上县 | I | 古城镇、黄桥镇、迪沟镇、陈桥镇、夏桥镇、谢桥镇、慎城镇、江口镇、八里河镇、十八里铺镇（邢洋社区、宋洋社区）。 | 48450 |
| | II | 五十铺乡、建颍乡、六十铺镇、润河镇、南照镇、十八里铺镇（曹庙社区、十八铺社区、花园社区、闫邢社区、老庄社区、大海社区、谢庄村、古店村、张王庄村、魏庄社区、桅杆村）。 | 44100 |
| | III | 江店孜镇、关屯乡、赛涧回族乡、黄坝乡、垂岗乡、刘集乡、盛堂乡、耿棚镇、新集镇、王岗镇、红星镇、西三十铺镇、鲁口镇、杨湖镇、半岗镇。 | 43270 |

# 附件5 安徽省征地区片综合地价标准

| 地区 | 区片编号 | 区片范围 | 区片标准 |
|---|---|---|---|
| 淮南市 | Ⅰ | 田家庵区舜耕镇、安成镇，大通区洛河镇胡圩村。 | 68000 |
| | Ⅱ | 大通区洛河镇其他村，谢家集区唐山镇、望峰岗镇，八公山区八公山镇。 | 63000 |
| | Ⅲ | 潘集区所辖各乡镇。 | 58000 |
| | Ⅳ | 田家庵区三和镇，大通区九龙岗镇、上窑镇，孔店乡费郢村、黄山村、毛郢村、新华村、马厂村、沈大郢村，谢家集区李郢孜镇，八公山区山王镇。 | 56000 |
| | Ⅴ | 田家庵区曹庵镇、史院乡，大通区孔店乡其他区域，谢家集区孤堆回族乡、杨公镇、孙庙乡。 | 53000 |
| 凤台县 | Ⅰ | 城关镇、凤凰镇、刘集镇、桂集镇、经济开发区。 | 56000 |
| | Ⅱ | 新集镇、岳张集镇、顾桥镇、朱马店镇、杨村镇、关店乡、丁集镇、尚塘镇、大兴镇、钱庙乡、古店乡、李冲回族乡。 | 52000 |
| | Ⅲ | 毛集实验区（毛集镇、夏集镇、焦岗湖镇）。 | 50000 |
| 寿县 | Ⅰ | 寿春镇、八公山乡。 | 49700 |
| | Ⅱ | 正阳关镇、安丰镇、迎河镇、双桥镇、三觉镇、炎刘镇、堰口镇、窑口镇、小甸镇、刘岗镇。 | 45900 |
| | Ⅲ | 双庙集镇、茶庵镇、保义镇、丰庄镇、安丰塘镇、板桥镇、瓦埠镇、众兴镇、隐贤镇、涧沟镇、大顺镇。 | 42910 |
| | Ⅳ | 张李乡、陶店乡。 | 39780 |
| 滁州市 | Ⅰ | 琅琊区扬子街道、北门街道、东门街道、西门街道（不含城西水库）、凤凰街道、琅琊街道、南门街道、清流街道、西涧街道城北居委会、城东居委会、城关居委会、石马村、陈湾村；南谯区大王街道，腰铺镇除二郎村以外的其他地区，乌衣镇柯湖村、法华村。 | 49320 |
| | Ⅱ | 琅琊区其他地区；南谯区沙河镇，乌衣镇其他地区，腰铺镇二郎村，珠龙镇北关村、官塘村、清流居委会、珠龙镇林场，施集镇井楠村、孙岗村、荣誉村、花山村、丰山村、河东村、龙蟠村、杨饭店村、施集居委会、琅琊山林场、施集茶场、琅琊山林场。 | 47960 |
| | Ⅲ | 南谯区黄泥岗镇、章广镇、大柳镇、施集镇其他地区，珠龙镇其他地区。 | 46460 |
| 天长市 | Ⅰ | 天长街道、永丰镇、石梁镇。 | 49200 |
| | Ⅱ | 秦栏镇、冶山镇、郑集镇、金集镇、汊涧镇、仁和集镇。 | 46880 |
| | Ⅲ | 铜城镇、大通镇、杨村镇、张铺镇、万寿镇、新街镇。 | 45800 |
| 明光市 | Ⅰ | 明光街道、明东街道。 | 43860 |
| | Ⅱ | 明西街道、明南街道、涧溪镇、管店镇、张八岭镇、女山湖镇、石坝镇、三界镇、桥头镇、苏巷镇。 | 43030 |
| | Ⅲ | 泊岗乡、潘村镇、自来桥镇、柳巷镇、古沛镇。 | 42250 |
| 来安县 | Ⅰ | 新安镇、汊河镇。 | 47900 |
| | Ⅱ | 水口镇、三城镇。 | 46600 |
| | Ⅲ | 半塔镇、大英镇、雷官镇、施官镇、舜山镇、独山镇、张山镇、杨郢乡。 | 45640 |
| 全椒县 | Ⅰ | 襄河镇、十字镇、武岗镇。 | 45850 |
| | Ⅱ | 古河镇、大墅镇、二郎口镇。 | 44925 |
| | Ⅲ | 马厂镇、石沛镇、西王镇、六镇镇。 | 43006 |
| 定远县 | Ⅰ | 定城镇、经济开发区。 | 46474 |
| | Ⅱ | 炉桥镇、永康镇、张桥镇、藕塘镇、池河镇等五个乡镇。 | 44597 |
| | Ⅲ | 其他地区。 | 41541 |
| 凤阳县 | Ⅰ | 府城镇（含经济开发区）、临淮关镇、大庙镇。 | 45000 |
| | Ⅱ | 板桥镇、红心镇、总铺镇、殷涧镇、大溪河镇、小溪河镇、枣巷镇、黄湾乡、刘府镇、武店镇、西泉镇、官塘镇。 | 43000 |

| 地区 | 区片编号 | 区片范围 | 区片标准 |
|---|---|---|---|
| 六安市裕安区 | I | 裕安区西市街道、鼓楼街道、小华山街道、平桥乡、城南镇、新安镇。 | 51191 |
| | II | 裕安区丁集镇、分路口镇、徐集镇、独山镇、苏埠镇、韩摆渡镇、固镇镇。 | 46587 |
| | III | 裕安区顺河镇、石婆店镇、江家店镇、单王乡、青山乡、石板冲乡、西河口乡、罗集乡、狮子岗乡。 | 44168 |
| 六安市金安区 | I | 金安区望城街道、清水河街道、东市街道、中市街道、三里桥街道、三十铺镇、市经济技术开发区、城北乡。 | 51191 |
| | II | 金安区木厂镇,张店镇、施桥镇、孙岗镇、椿树镇,中店乡、先生店乡。 | 46587 |
| | III | 金安区马头镇、东桥镇、毛坦厂镇、东河口镇、双河镇、翁墩乡、淠东乡、横塘岗乡。 | 44168 |
| 霍邱县 | I | 城关镇、临淮岗乡部分（八里棚村、莫店村、双门村）、城西湖乡部分（望湖村）、新店镇部分（茅桥村、黄泊渡村、砟巴集村、牛王村、塘店村、十里井村、黄庙岗村、北戎西村、新华村、韩庙村、双龙村、陈家埠村）、宋店乡部分（八里村）。 | 46894 |
| | II | 其他地区。 | 41930 |
| 舒城县 | I | 城关镇、舒城县经济开发区、柏林乡、杭埠镇、千人桥镇、桃溪镇；干汊河镇（新陶村、顺河村、韩湾村、干汊河社区、乌羊村、西宕村、瑜城村、洪宕村、绕山村）。 | 46439 |
| | II | 百神庙镇、南港镇、舒茶镇、春秋乡、汤池镇、张母桥镇、棠树乡、万佛湖镇、阙店乡；干汊河镇（大院村、九龙塘村、七门堰村、莲墩村、龙山村、靠山村、朝阳村、严冲村、泉堰村、春塘村、复元村、正安村）。 | 45052 |
| | III | 河棚镇、高峰乡、五显镇、山七镇、庐镇乡、晓天镇。 | 43950 |
| 金寨县 | I | 梅山镇、白塔畈镇。 | 43188 |
| | II | 燕子河镇、天堂寨镇、双河镇、南溪镇、古碑镇、斑竹园镇、吴家店镇、汤家汇镇、青山镇、麻埠镇、油坊店乡。 | 42027 |
| | III | 长岭乡、张冲乡、铁冲乡、桃岭乡、沙河乡、全军乡、槐树湾乡、花石乡、果子园乡、关庙乡。 | 40443 |
| 霍山县 | I | 衡山镇。 | 45936 |
| | II | 下符桥镇、但家庙镇、与儿街镇、佛子岭镇、黑石渡镇、诸佛庵镇、落儿岭镇。 | 44352 |
| | III | 单龙寺镇、东西溪乡、磨子潭镇、大化坪镇、漫水河镇、太阳乡、上土市镇、太平畈乡。 | 41382 |
| 六安市叶集区 | I | 史河街道、孙岗乡（荷棚村、孙岗村、塘湾村、元东村、陈店村）、平岗街道（五里桥村、朱畈村）。 | 42793 |
| | II | 叶集区其他区域。 | 41612 |
| 马鞍山市花山区、雨山区 | I | 联农村、昭明村、杨家村、曙二村、东湖村、南村村、高潮村、蔡村村、恒兴村、红东村、林里村、三姚村、曙一村、太来村、同意村、团结村、前庄村、安民村、九华村、芦场村、平山村、宋山村、汤阳村、陶庄村、印山村。 | 72617 |
| | II | 丰收村、花山区前进村、上湖村、宝庆村、雨山区前进村、陈家村、杜塘村、向阳村、兴和村、霍里村、苏李村。 | 69407 |
| | III | 赤口村、凤山村、黄里村、双板村、濮塘村、马塘村、石马村、南庄村、锁库村、岱山村、落星村、陶村村、张庄村、杨坝村、三联村、卸巷村、超山村、金山村。 | 65516 |

## 附件5 安徽省征地区片综合地价标准

| 地区 | 区片编号 | 区片范围 | 区片标准 |
|---|---|---|---|
| 马鞍山市博望区 | I | 博望镇、丹阳镇、新市镇。 | 51150 |
| 当涂县 | I | 姑孰镇。 | 50710 |
| | II | 其他地区。 | 48059 |
| 含山县 | I | 含山经济开发区（东区和西区），环峰镇华阳社区、大庆社区、望梅社区、翰林社区、鼓楼社区、攀桂社区、梅苑社区、玉龙社区、褒禅山社区、朝阳村、祁门村、胡湾村、九连村、金山村、褒山村、城北村、梅山村、东山村、双圩村、严保村、一统碑村、迎春村、夏桥村、官山村、三官村。 | 46811 |
| | II | 其他地区。 | 45282 |
| 和县 | I | 历阳镇。 | 48473 |
| | II | 姥桥镇、白桥镇、乌江镇。 | 45282 |
| | III | 西埠镇、香泉镇、石杨镇、善厚镇、功桥镇。 | 44285 |
| 芜湖市 | I | 镜湖区（除方村街道、荆山街道荆东社区和荆西社区）；弋江区中南街道、马塘街道、澛港街道、南瑞街道；鸠江区四褐山街道、湾里街道、官陡街道、龙山街道。 | 61200 |
| | II | 镜湖区荆山街道荆东社区、荆西社区、方村街道、鸠江区清水街道、裕溪口街道、万春街道、弋江区火龙街道、白马街道；三山区三山街道、保定街道、龙湖街道、峨桥镇、高安街道。 | 59000 |
| | III | 鸠江区沈巷镇、二坝镇、汤沟镇、白茆镇。 | 47200 |
| 芜湖县 | I | 陶辛镇、六郎镇。 | 47900 |
| | II | 湾沚镇。 | 47100 |
| | III | 花桥镇、红杨镇。 | 46200 |
| 繁昌县 | I | 繁阳镇铁塔村、铁门村、城西村、华阳村、戴店村、峨山镇凤形村。 | 49200 |
| | II | 县经开区三元村、新合村、枣园村、横山村、横东村、西街村；繁阳镇阳冲村；孙村镇龙华村、九连村、枫墩村、梨山村、大冲村、长垅村、金岭社区；荻港镇鹊江村、杨湾村、庆大村；新港镇新东村、新荷社区；峨山镇童坝村；平铺镇平铺村、新牌村。 | 47500 |
| | III | 繁昌县其他区域。 | 45700 |
| 南陵县 | I | 籍山镇。 | 47200 |
| | II | 许镇镇、家发镇、弋江镇。 | 44600 |
| | III | 工山镇、何湾镇、三里镇、烟墩镇。 | 43400 |
| 无为市 | I | 无城镇。 | 46100 |
| | II | 高沟镇。 | 45200 |
| | III | 石涧镇、襄安镇、十里墩镇、赫店镇、刘渡镇、泥汊镇、福渡镇、姚沟镇、陡沟镇、泉塘镇、开城镇、蜀山镇、昆山镇、洪巷镇、牛埠镇、鹤毛镇、红庙镇、严桥镇。 | 44400 |
| 宣城市宣州区 | I | 济川街道、澄江街道、鳌峰街道、西林街道、敬亭山街道、飞彩街道、双桥街道、金坝街道关庙村、长桥村、靖都村、双凤村、松林村、五星乡庆丰村、向阳街道双河村、夏渡社区。 | 50975 |
| | II | 金坝街道正东村、里仁村、祝公村、三合村、祠边村、向阳街道河北村、杨村村、向阳社区、沈村镇太阳村、双塘村。 | 48600 |
| | III | 水阳镇、孙埠镇西马村、正兴村、古泉镇其林村、荀竹村、九联社区、沈村镇胜利村、五星乡永义村、万桥村、刘福村、沟村村、向阳街道桐梓岗村、板桥村、养贤乡石山村、军塘村、乡林村、宝圩村、大山庵村、仁义村。 | 46530 |
| | IV | 其他区域。 | 44460 |

| 地区 | 区片编号 | 区片范围 | 区片标准 |
|---|---|---|---|
| 宁国市 | Ⅰ | 西津街道，南山街道双龙村、津南村、杨家山村、千亩村、鸡山村、独山村、万福村，河沥溪街道畈村村、蔬菜社区、嵩合社区、坞村社区、平兴村。 | 48200 |
| | Ⅱ | 河沥溪街道长虹村，南山街道高村村，汪溪街道殷白村、汪溪村、渡口村，港口镇港口村、五磁村、山门村，青龙乡青龙村，梅林镇梅林村、田村村，中溪镇中溪村、狮桥村，宁墩镇纽乐村、宁墩村，霞西镇霞西村、虹龙村，竹峰街道竹峰村，方塘乡葛村村、方塘村，胡乐镇胡乐村、鸿门村，甲路镇枫山村、甲路村，南极乡杨狮村、永宁村，万家乡万家村，仙霞镇仙霞村、杨山村，云梯畲族乡云梯村，天湖街道马村村。 | 46590 |
| | Ⅲ | Ⅰ级和Ⅱ级区域以外的其他地区。 | 44670 |
| 郎溪县 | Ⅰ | 建平镇（文昌社区、平港社区、西郊村、北港社区、建桥村、中港社区、祥兴社区、建平社区、中山社区）。 | 46380 |
| | Ⅱ | 其他地区。 | 42260 |
| 广德市 | Ⅰ | 桃州镇。 | 48380 |
| | Ⅱ | 新杭镇、邱村镇、东亭乡。 | 46534 |
| | Ⅲ | 誓节镇、柏垫镇、卢村乡、杨滩镇、四合乡。 | 44672 |
| 泾县 | Ⅰ | 泾川镇部分村（社区）（包括：幕桥社区、百园社区、山口社区、城南社区、城西社区、水西社区、董村村、太美村、岩潭村、城东社区）。 | 45350 |
| | Ⅱ | 榔桥镇部分村（社区）（包括：榔桥村、榔桥镇街道社区、黄田村、大庄村、乌溪村），琴溪镇琴溪村、乐琴村、赤滩村、玲芝村以及泾川镇属Ⅰ级区外的其他村和社区。 | 43490 |
| | Ⅲ | 其他各乡镇所辖村和社区以及榔桥镇、琴溪镇属Ⅱ级区外的属其他村和社区。 | 41960 |
| 绩溪县 | Ⅰ | 华阳镇、临溪镇、瀛洲镇所辖行政村。 | 44572 |
| | Ⅱ | 扬溪镇、金沙镇、家朋乡、荆州乡、板桥头乡、长安镇、上庄镇、伏岭镇所辖行政村。 | 41706 |
| 旌德县 | Ⅰ | 旌阳镇：南门社区、河东社区、北门社区、瑞市社区、新桥社区。 | 44700 |
| | Ⅱ | 三溪镇、蔡家桥镇、庙首镇、白地镇、版书镇、俞村镇、孙村镇、兴隆镇、云乐镇所辖行政村、旌阳镇所辖其他村。 | 42500 |
| 铜陵市铜官区、郊区 | Ⅰ | 铜官区西湖镇、东郊办事处、新城办事处及其他地区。郊区桥南办事处、大通镇。 | 54600 |
| | Ⅱ | 郊区老洲镇、陈瑶湖镇、周潭镇、灰河乡、普济圩农场、安铜办事处、铜山镇。 | 45000 |
| 铜陵市义安区 | Ⅰ | 五松镇。 | 54600 |
| | Ⅱ | 顺安镇、钟鸣镇、天门镇、新桥办事处。 | 49600 |
| | Ⅲ | 西联镇、东联镇。 | 44800 |
| | Ⅳ | 老洲乡、胥坝乡。 | 41000 |
| 枞阳县 | Ⅰ | 枞阳镇，官埠桥镇黄华村，藕山镇新开村、周山村，枞阳经济开发区管理委员会连湖村、新楼村。 | 45800 |
| | Ⅱ | 横埠镇，官埠桥镇除黄华村之外的行政村，藕山镇除新开村和周山村之外的行政村（居）。 | 43800 |
| | Ⅲ | 枞阳县其他地区。 | 41100 |

附件5 安徽省征地区片综合地价标准

| 地区 | 区片编号 | 区片范围 | 区片标准 |
|---|---|---|---|
| 池州市贵池区 | I | 池阳街道，清风街道，杏花村街道十里社区、长岗社区，清溪街道翠屏苑社区、齐山社区。 | 51800 |
| | II | 清溪街道永明社区、联盟社区、顺利社区，开发区流坡社区，江口街道江口社区、三范社区、同义社区，秋江街道梅里社区。 | 48610 |
| | III | 清溪街道白沙社区，江口街道大兴社区、永兴社区、先进社区、查村社区，梅龙街道郭港社区、梅龙社区、中梅村、胜利村，涓桥镇桂畈村、联合村，马衙街道峡山社区、杨安社区、碧山社区、南星社区，里山街道里山村，秋江街道莲台村。 | 47800 |
| | IV | 其他地区。 | 45420 |
| 东至县 | I | 尧渡镇梅城村、孝义村、樟树村、梅山村、黄泥村、东山村、河西社区、团结社区、尧河社区、老街社区、尧舜社区、梅林社区、秋浦社区、兰溪社区，大渡口镇镇荣村、大桥村、新桥村、联合村、四合村、麻石村、新丰村、渡口社区、大公馆社区。 | 46700 |
| | II | 尧渡镇其他村、大渡口镇其他村、东流镇、胜利镇、昭潭镇、龙泉镇、洋湖镇、泥溪镇。 | 43400 |
| | III | 张溪镇、葛公镇、香隅镇、官港镇、花园乡、木塔乡、青山乡。 | 42400 |
| 石台县 | I | 仁里镇七里社区、缘溪村、同心村、城东社区、和平社区、马村社区、新街社区、金钱山社区。 | 45200 |
| | II | 仁里镇其他村，七都镇七都村，矶滩乡矶滩村；横渡镇香口村。 | 43100 |
| | III | 七都镇其他村。 | 42100 |
| | IV | 其他地区。 | 41000 |
| 青阳县 | I | 蓉城镇清泉岭村、五星村、青山村、建兴村、分姚村、城西村、杨冲村、光华村、牌楼村、新中村、光明村、和平村、蓉东村、双溪村。 | 46400 |
| | II | 蓉城镇其他村，丁桥镇丁桥村，木镇镇河北村、南河村、武圣村，新河镇十里岗村，庙前镇庙前村、双桥村、十字村，陵阳镇陵阳村、沙埂村、谢村村、星桥村，杨田镇仙梅村、杨田村，朱备镇朱笔村、东桥村，杜村乡华村，乔木乡官塘村、凌塘村、东源村、酉华镇朝华村，九华山风景区。 | 43900 |
| | III | 其他地区。 | 42100 |
| 安庆市 | I | 迎江区龙狮桥乡；宜秀区大桥街道圣埠村、芭茅社区。迎江区新河街道；大观区花亭街道、德宽路街道。 | 60501 |
| | II | 大观区十里铺乡；宜秀区大桥街道其他村（社区）；市经济技术开发区。 | 59115 |
| | III | 迎江区长风乡、老峰镇；宜秀区杨桥镇、大龙山镇、白泽湖乡、菱北办事处。 | 55743 |
| | IV | 其他地区。 | 52775 |
| 桐城市 | I | 文昌街道碧峰村、大石板村、公元居委会、建设居委会、三里居委会、胜利居委会、石河村、汪洋村、文昌村、西苑居委会，龙腾街道白马居委会、陈庄村、大王村、东郊村、坊正村、高ँ村、钱庄村、水源村、桃元村、望城村、向前村、新桥村、兴元村，龙眠街道城郊居委会、东关居委会、东盛村、黄岗村、太平居委会、王墩村、沿河居委会、长生居委会。 | 49800 |
| | II | 文昌街道（除I区片外区域），龙腾街道（除I区片外区域），龙眠街道（除I区片外区域），孔城镇，范岗镇，金神镇，青草镇，新渡镇，双港镇，大关镇，吕亭镇。 | 46800 |
| | III | 黄甲镇，唐湾镇，嬉子湖镇，鲟鱼镇。 | 44800 |
| 怀宁县 | I | 高河镇，马庙镇，金拱镇，茶岭镇，月山镇，石牌镇。 | 46080 |
| | II | 凉亭乡，石镜乡，黄墩镇，三桥镇，小市镇，平山镇，公岭镇。 | 43380 |
| | III | 雷埠乡，黄龙镇，腊树镇，秀山乡，洪铺镇，江镇镇，清河乡。 | 41100 |

| 地区 | 区片编号 | 区片范围 | 区片标准 |
|---|---|---|---|
| 潜山市 | I | 梅城镇，源潭镇，余井镇，黄铺镇，黄泥镇，王河镇，天柱山镇，油坝乡，痘姆乡。 | 44250 |
| | II | 黄柏镇，官庄镇，槎水镇，水吼镇，龙潭乡，塔畈乡、五庙乡。 | 42850 |
| 太湖县 | I | 晋熙镇、晋熙镇（安徽太湖经济开发区）。 | 43550 |
| | II | 徐桥镇、小池镇、新仓镇、大石乡、江塘乡、城西乡。 | 42480 |
| | III | 天华镇、弥陀镇、北中镇、百里镇、牛镇镇、寺前镇、刘畈乡、汤泉乡。 | 41400 |
| 宿松县 | I | 孚玉镇、破凉镇、五里乡。 | 43540 |
| | II | 复兴镇、汇口镇、洲头乡。 | 42750 |
| | III | 其他地区。 | 40710 |
| 望江县 | I | 华阳镇。 | 44700 |
| | II | 太慈镇。 | 43900 |
| | III | 高士镇、长岭镇、鸦滩镇、凉泉乡、杨湾镇、雷池乡、漳湖镇、赛口镇。 | 43100 |
| 岳西县 | I | 天堂镇、莲云乡、温泉乡、响肠镇。 | 42240 |
| | II | 中关镇、菖蒲镇、白帽镇、毛尖山乡、石关乡、主簿镇、五河镇、河图镇、黄尾镇、店前镇、冶溪镇、来榜镇。 | 41670 |
| | III | 姚河乡、青天乡、头陀镇、和平乡、包家乡、巍岭乡、古坊乡、田头乡。 | 41100 |
| 黄山市屯溪区 | I | 老街街道，昱中街道，昱西街道，昱东街道，屯光镇湖边社区、社屋前社区、云村村（含屯光林场）。 | 55900 |
| | II | 屯光镇其他村、新潭镇新潭村、华资社区。 | 55000 |
| | III | 新潭镇上资村、东关村、汗山桥、仙林村、梅林村、竹林村、引充社区，阳湖镇阳湖社区、洽阳社区、兖山社区，奕棋镇奕棋村、徐村村，黎阳镇隆阜一村、隆阜二村、隆阜三社区、隆阜四社区、龙山社区、隆阜茶林场。 | 52000 |
| | IV | 其他地区。 | 49800 |
| 黄山市黄山区 | I | 汤口镇，甘棠镇，耿城镇。 | 45400 |
| | II | 仙源镇，谭家桥镇，三口镇，太平湖镇，焦村镇。 | 43400 |
| | III | 其他地区。 | 41100 |
| 黄山市徽州区 | I | 岩寺镇。 | 48200 |
| | II | 潜口镇、西溪南镇。 | 45700 |
| | III | 呈坎镇。 | 44400 |
| | IV | 杨村乡、洽舍乡、富溪乡等其他地区。 | 42500 |
| 歙县 | I | 徽城镇，郑村镇，桂林镇吴川村、桂林村、江村、潭石村、连川村、富堨镇徐村、富堨村、承狮村、王村镇王村村、新安村、横关村、升庄村。 | 45000 |
| | II | 桂林镇竦口村、宋村村、石河村，富堨镇其他村，王村镇其他村，雄村乡雄村村、柘岱村、朱村、浦口村、深渡镇大茂社区、深渡社区、上丰乡霞江村、上丰村，许村镇许村村、跳石村，北岸镇瞻琪村、呈降村、蔡坞村、大阜村、北岸村、七贤村、五渡村，霞坑镇洪琴村、鸿飞村、霞坑村、河政村、杞梓里镇苏村、齐武村、杞梓里村，三阳镇高峰村、三阳村、中村村、叶村村，溪头镇溪头村、洪村口村。 | 43400 |
| | III | 其他地区。 | 42400 |

| 地区 | 区片编号 | 区片范围 | 区片标准 |
|---|---|---|---|
| 休宁县 | Ⅰ | 海阳镇南街村、北街村、川湖村、新塘村、琅斯村、盐甫村、万全村、石人村、东临溪镇芳口村、一心村、三村、临溪村，万安镇车田村、轮车村、钟塘村。 | 45900 |
| | Ⅱ | 海阳镇秀阳村，万安镇其他村，齐云山镇岩前村、岩脚村、东亭村，兰田镇前川村、溪口镇全镇，五城镇五城村、古林村、西田村、龙湾村、双龙村、星洲村、月潭村、长干村；陈霞乡陈霞村、小珰村、迴溪村，流口镇流口村，汪村镇汪村村。 | 44700 |
| | Ⅲ | 东临溪镇汊口村、和坑村、巧坑村，齐云山镇、兰田镇、五城镇、商山镇、流口镇、汪村镇等6个镇其他村。 | 43000 |
| | Ⅳ | 其他地区。 | 41800 |
| 黟县 | Ⅰ | 碧阳镇。 | 45700 |
| | Ⅱ | 西递镇，宏村镇宏村村、际村村、雉山村、大同村、塔川村、星光村、汤蜀村、龙江村、金家岭村、屏山村、朱村村、古溪村。 | 44400 |
| | Ⅲ | 渔亭镇。 | 42800 |
| | Ⅳ | 其他地区。 | 41000 |
| 祁门县 | Ⅰ | 祁山镇桃峰村、建峰村、祁峰村、高明村、三秀村、黎明村、先峰村、新岭村、凝秀村，金字牌镇继光村、洪村村、金字牌村，塔坊镇南光辉村。 | 44400 |
| | Ⅱ | 祁山镇芳村村、春明村、星光村，金字牌镇石川村、横联村，凫峰镇凫坑村，安凌镇赤岭村、城安村，塔坊镇塔坊村，平里镇平里村、双程村，历口镇许村村，闪里镇闪里村、坑口村，小路口镇晨光村，新安镇新上村。 | 43500 |
| | Ⅲ | 各建制镇其他村，柏溪乡柏溪村，渚口乡大北村，祁红乡永胜村，芦溪乡芦溪村，溶口乡溶口村，箬坑乡箬坑村，大坦乡大中村，古溪乡古溪村。 | 42600 |
| | Ⅳ | 其他地区。 | 41800 |

## 附件6 安徽省矿产资源出让登记权限一览表

| 出让登记权限级别 | 矿产种类 |
| --- | --- |
| 自然资源部<br>（14种/31种） | **重要战略性矿产(31)**：石油、烃类天然气、页岩气、天然气水合物、放射性矿产（铀、钍2种）、钨、稀土（钪、钇、镧、铈、镨、钕、钐、铕、钆、铽、镝、钬、铒、铥、镱、镥17种）、锡、锑、钼、钴、锂、钾盐、晶质石墨 |
| 省自然资源厅<br>（23种） | **战略性矿产(11)**：煤、煤层气、铁、铬、铜、铝、金、镍、锆、磷、萤石<br>**金属矿产（8）**：银、铂、锰、铅、锌、锶、铌、钽<br>**能源矿产（1）**：油页岩<br>**非金属矿产（3）**：硫、金刚石、石棉 |
| 市级自然资源主管部门（120种） | **金属矿产（23）**：钒、钛；铋、汞、镁；钯、钌、锇、铱、铑；铍、铷、铯；锗、镓、铟、铊、铪、铼、镉、硒、碲<br>**能源矿产（3）**：石煤、油砂、地热<br>**水气矿产（5）**：矿泉水、二氧化碳气、硫化氢气、氦气、氡气<br>**非金属矿产（89）**：石墨（隐晶质）、硼、水晶(压电水晶、熔炼水晶、光学水晶、工艺水晶)、刚玉、蓝晶石、硅线石、红柱石、硅灰石、钠硝石、滑石、蓝石棉、云母、长石、石榴子石、叶腊石、透辉石、透闪石、蛭石、沸石、明矾石、芒硝(含钙芒硝)、石膏(含硬石膏)、重晶石、毒重石、天然碱、方解石、冰洲石、菱镁矿、宝石、黄玉、玉石、电气石、玛瑙、颜料矿物（赭石、颜料黄土）、石灰岩(电石用灰岩、制碱用灰岩、化肥用灰岩、熔剂用灰岩、玻璃用灰岩、水泥用灰岩、制灰用灰岩、饰面用灰岩)、泥灰岩、白垩、含钾岩石、白云岩(冶金用白云岩、化肥用白云岩、玻璃用白云岩)、石英岩(冶金用石英岩、玻璃用石英岩、化肥用石英岩)、砂岩(冶金用砂岩、玻璃用砂岩、水泥配料用砂岩、化肥用砂岩、铸型用砂岩、陶瓷用砂岩)、天然石英砂(玻璃用砂、铸型用砂、水泥配料用砂、水泥标准砂)、脉石英(冶金用脉石英、玻璃用脉石英、水泥配料用脉石英)、粉石英、天然油石、含钾砂页岩、硅藻土、页岩(陶粒页岩、水泥配料用页岩)、高岭土、陶瓷土、耐火粘土、凹凸棒石粘土、海泡石粘土、伊利石粘土、累托石粘土、膨润土、铁矾土、其他粘土(铸型用粘土、陶粒用粘土、水泥配料用粘土、水泥配料用红土、水泥配料用黄土、水泥配料用泥岩、保温材料用粘土)、橄榄岩（化肥用橄榄岩、耐火用橄榄岩）、蛇纹岩（化肥用蛇纹岩、熔剂用蛇纹岩、饰面用蛇纹岩）、玄武岩（铸石用玄武岩、岩棉用玄武岩、水泥混合材料玄武岩）、辉绿岩（水泥用辉绿岩、铸石用辉绿岩、饰面用辉绿岩）、辉长岩（饰面用）、安山岩（饰面用安山岩、水泥混合材用安山岩、耐酸碱用安山岩）、闪长岩（水泥混合材用闪长岩、饰面用闪长岩）、正长岩（饰面用）、花岗岩(饰面用)、麦饭石、珍珠岩、黑曜岩、松脂岩、浮石、粗面岩(水泥用粗面岩、铸石用粗面岩)、霞石正长岩、凝灰岩(玻璃用凝灰岩、水泥用凝灰岩)、火山灰、火山渣、大理岩(饰面用大理岩、水泥用大理岩、玻璃用大理岩)、板岩(饰面用板岩、水泥配料用板岩)、片麻岩、角闪岩（饰面用）、泥炭、盐矿、镁盐、碘、溴、砷、辉石岩（饰面用）。 |
| 县（市、区）自然资源主管部门（普通建筑用砂石土，20个亚种） | **普通建筑用砂石土矿产(20个亚种)**：建筑石料用灰岩、建筑用白云岩、砖瓦用砂岩、建筑用砂、砖瓦用砂、砖瓦用页岩、砖瓦用粘土、陶粒用粘土、建筑用橄榄岩、建筑用辉绿岩、建筑用玄武岩、建筑用安山岩、建筑用闪长岩、建筑用花岗岩、建筑用凝灰岩、建筑用大理岩、建筑用辉石岩、建筑用辉长岩、建筑用角闪岩、建筑用正长岩。 |

## 附件7 矿产资源储量规模划分标准

| 序号 | 矿种名称 | 单位 | 规模 大型 | 规模 中型 | 规模 小型 |
|---|---|---|---|---|---|
| | | 煤 | | | |
| 1 | （煤田） | 原煤（亿吨） | ≥50 | 10~50 | <10 |
| | （矿区） | 原煤（亿吨） | ≥5 | 2~5 | <2 |
| | （井田） | 原煤（亿吨） | ≥1 | 0.5~1 | <0.5 |
| 2 | 油页岩 | 矿石（亿吨） | ≥20 | 2~20 | <2 |
| 3 | 石油 | 原油（万吨） | ≥10000 | 1000~10000 | <1000 |
| 4 | 天然气 | 气量（亿立方米） | ≥300 | 50~300 | <50 |
| | | 铀 | | | |
| 5 | （地浸砂岩型） | 金属（吨） | ≥10000 | 3000~10000 | <3000 |
| | （其他类型） | 金属（吨） | ≥3000 | 1000~3000 | <1000 |
| 6 | 地热 | 电（热）能（兆瓦） | ≥50 | 10~50 | <10 |
| | | 铁 | | | |
| 7 | （贫矿） | 矿石（亿吨） | ≥1 | 0.1~1 | <0.1 |
| | （富矿） | 矿石（亿吨） | ≥0.5 | 0.05~0.5 | <0.05 |
| 8 | 锰 | 矿石（万吨） | ≥2000 | 200~2000 | <200 |
| 9 | 铬铁矿 | 矿石（万吨） | ≥500 | 100~500 | <100 |
| 10 | 钒 | $V_2O_5$（万吨） | ≥100 | 10~100 | <10 |
| | | 钛 | | | |
| 11 | （金红石原生矿） | $TiO_2$（万吨） | ≥20 | 5~20 | <5 |
| | （金红石砂矿） | 矿物（万吨） | ≥10 | 2~10 | <2 |
| | （钛铁矿原生矿） | $TiO_2$（万吨） | ≥500 | 50~500 | <50 |
| | （钛铁矿砂矿） | 矿物（万吨） | ≥100 | 20~100 | <20 |
| 12 | 铜 | 金属（万吨） | ≥50 | 10~50 | <10 |
| 13 | 铅 | 金属（万吨） | ≥50 | 10~50 | <10 |
| 14 | 锌 | 金属（万吨） | ≥50 | 10~50 | <10 |
| 15 | 铝土矿 | 矿石（万吨） | ≥2000 | 500~2000 | <500 |
| 16 | 镍 | 金属（万吨） | ≥10 | 2~10 | <2 |
| 17 | 钴 | 金属（万吨） | ≥2 | 0.2~2 | <0.2 |
| 18 | 钨 | $WO_3$（万吨） | ≥5 | 1~5 | <1 |
| 19 | 锡 | 金属（万吨） | ≥4 | 0.5~4 | <0.5 |
| 20 | 铋 | 金属（万吨） | ≥5 | 1~5 | <1 |
| 21 | 钼 | 金属（万吨） | ≥10 | 1~10 | <1 |
| 22 | 汞 | 金属（吨） | ≥2000 | 500~2000 | <500 |
| 23 | 锑 | 金属（万吨） | ≥10 | 1~10 | <1 |
| 24 | 镁（冶镁白云岩）（冶镁菱镁矿） | 矿石（万吨） | ≥5000 | 1000~5000 | <1000 |

| 25 | 铂族 | 金属（吨） | ≥10 | 2~10 | <2 |
|---|---|---|---|---|---|
| 26 | 金 ||||||
|  | （岩金） | 金属（吨） | ≥20 | 5~20 | <5 |
|  | （砂金） | 金属（吨） | ≥8 | 2~8 | <2 |
| 27 | 银 | 金属（吨） | ≥1000 | 200~1000 | <200 |
| 28 | 铌 ||||||
|  | （原生矿） | $Nb_2O_5$（万吨） | ≥10 | 1~10 | <1 |
|  | （铌砂矿） | 矿物（吨） | ≥2000 | 500~2000 | <500 |
| 29 | 钽 ||||||
|  | （原生矿） | $Ta_2O_5$（吨） | ≥1000 | 500~1000 | <500 |
|  | （砂矿） | 矿物（吨） | ≥500 | 100~500 | <100 |
| 30 | 铍 | BeO（吨） | ≥10000 | 2000~10000 | <2000 |
| 31 | 锂 ||||||
|  | （矿物锂矿） | $Li_2O$（万吨） | ≥10 | 1~10 | <1 |
|  | （盐湖锂矿） | LiCl（万吨） | ≥50 | 10~50 | <10 |
| 32 | 锆（锆英石） | 矿物（万吨） | ≥20 | 5~20 | <5 |
| 33 | 锶（天青石） | $SrSO_4$（万吨） | ≥20 | 5~20 | <5 |
| 34 | 铷（盐湖中的铷另计） | $Rb_2O$（吨） | ≥2000 | 500~2000 | <500 |
| 35 | 铯 | $Cs_2O$（吨） | ≥2000 | 500~2000 | <500 |
| 36 | 稀土 ||||||
|  | （砂矿） | 独居石（吨） | ≥10000 | 1000~10000 | <1000 |
|  |  | 磷钇矿（吨） | ≥5000 | 500~5000 | <500 |
|  | （原生矿） | $TR_2O_3$（万吨） | ≥50 | 5~50 | <5 |
|  | （风化壳矿床） | （铈族氧化物）（万吨） | ≥10 | 1~10 | <1 |
|  | （风化壳矿床） | （钇族氧化物）（万吨） | ≥5 | 0.5~5 | <0.5 |
| 37 | 钪 | Sc（吨） | ≥10 | 2~10 | <2 |
| 38 | 锗 | Ge（吨） | ≥200 | 50~200 | <50 |
| 39 | 镓 | Ga（吨） | ≥2000 | 400~2000 | <400 |
| 40 | 铟 | In（吨） | ≥500 | 100~500 | <100 |
| 41 | 铊 | Tl（吨） | ≥500 | 100~500 | <100 |
| 42 | 铪 | Hf（吨） | ≥500 | 100~500 | <100 |
| 43 | 铼 | Re（吨） | ≥50 | 5~50 | <5 |
| 44 | 镉 | Cd（吨） | ≥3000 | 500~3000 | <500 |
| 45 | 硒 | Se（吨） | ≥500 | 100~500 | <100 |
| 46 | 碲 | Te（吨） | ≥500 | 100~500 | <100 |
| 47 | 金刚石 ||||||
|  | （原生矿） | 矿物（万克拉） | ≥100 | 20~100 | <20 |
|  | （砂矿） | 矿物（万克拉） | ≥50 | 10~50 | <10 |

| | | | | | |
|---|---|---|---|---|---|
| 48 | 石墨 | | | | |
| | （晶质） | 矿物（万吨） | ≥100 | 20~100 | <20 |
| | （隐晶质） | 矿石（万吨） | ≥1000 | 100~1000 | <100 |
| 49 | 磷矿 | 矿石（万吨） | ≥5000 | 500~5000 | <500 |
| 50 | 自然硫 | S（万吨） | ≥500 | 100~500 | <100 |
| 51 | 硫铁矿 | 矿石（万吨） | ≥3000 | 200~3000 | <200 |
| 52 | 钾盐 | | | | |
| | （固态） | KCl（万吨） | ≥1000 | 100~1000 | <100 |
| | （液态） | KCl（万吨） | ≥5000 | 500~5000 | <500 |
| 53 | 硼（内生硼矿） | $B_2O_3$（万吨） | ≥50 | 10~50 | <10 |
| 54 | 水晶 | | | | |
| | （压电水晶） | 单晶（吨） | ≥2 | 0.2~2 | <0.2 |
| | （熔炼水晶） | 矿物（吨） | ≥100 | 10~100 | <10 |
| | （光学水晶） | 矿物（吨） | ≥0.5 | 0.05~0.5 | <0.05 |
| | （工艺水晶） | 矿物（吨） | ≥0.5 | 0.05~0.5 | <0.05 |
| 55 | 刚玉 | 矿物（万吨） | ≥1 | 0.1~1 | <0.1 |
| 56 | 蓝晶石 | 矿物（万吨） | ≥200 | 50~200 | <50 |
| 57 | 硅灰石 | 矿物（万吨） | ≥100 | 20~100 | <20 |
| 58 | 钠硝石 | $NaNO_3$（万吨） | ≥500 | 100~500 | <100 |
| 59 | 滑石 | 矿石（万吨） | ≥500 | 100~500 | <100 |
| 60 | 石棉 | | | | |
| | （超基性岩型） | 矿物（万吨） | ≥500 | 50~500 | <50 |
| | （镁质碳酸盐型） | 矿物（万吨） | ≥50 | 10~50 | <10 |
| 61 | 蓝石棉 | 矿物（吨） | ≥1000 | 100~1000 | <100 |
| 62 | 云母 | 工业原料云母（吨） | ≥1000 | 200~1000 | <200 |
| 63 | 钾长石 | 矿物（万吨） | ≥100 | 10~100 | <10 |
| 64 | 石榴子石 | 矿物（万吨） | ≥500 | 50~500 | <50 |
| 65 | 叶蜡石 | 矿石（万吨） | ≥200 | 50~200 | <50 |
| 66 | 蛭石 | 矿石（万吨） | ≥100 | 20~100 | <20 |
| 67 | 沸石 | 矿石（万吨） | ≥5000 | 500~5000 | <500 |
| 68 | 明矾石 | 矿物（万吨） | ≥1000 | 200~1000 | <200 |
| 69 | 芒硝 | $Na_2SO_4$（万吨） | ≥1000 | 100~1000 | <100 |
| | （钙芒硝） | $Na_2SO_4$（万吨） | ≥10000 | 1000~10000 | <1000 |
| 70 | 石膏 | 矿石（万吨） | ≥3000 | 1000~3000 | <1000 |
| 71 | 重结晶 | 矿石（万吨） | ≥1000 | 200~1000 | <200 |
| 72 | 毒重石 | 矿石（万吨） | ≥1000 | 200~1000 | <200 |
| 73 | 天然碱 | （$Na_2CO_3$+$NaHCO_3$） | ≥1000 | 200~1000 | <200 |
| 74 | 冰洲石 | 矿物（吨） | ≥1 | 0.1~1 | <0.1 |
| 75 | 菱镁矿 | 矿石（亿吨） | ≥0.5 | 0.1~0.5 | <0.1 |
| 76 | 萤石 | | | | |
| | （普通萤石） | $CaF_2$（万吨） | ≥100 | 20~100 | <20 |
| | （光学萤石） | 矿物（吨） | ≥1 | 0.1~1 | <0.1 |

| | | | | | |
|---|---|---|---|---|---|
| | | 石灰岩 | | | |
| 77 | （电石用灰岩）<br>（制碱用灰岩）<br>（化肥用灰岩）<br>（熔剂用灰岩） | 矿石（亿吨） | ≥0.5 | 0.1~0.5 | <0.1 |
| | （玻璃用灰岩）<br>（制灰用灰岩） | 矿石（亿吨） | ≥0.1 | 0.02~0.1 | <0.02 |
| | （水泥用灰岩，包括白垩） | 矿石（亿吨） | ≥0.8 | 0.15~0.8 | <0.15 |
| 78 | 泥灰岩 | 矿石（亿吨） | ≥0.5 | 0.1~0.5 | <0.1 |
| 79 | 含钾岩石（包括含钾砂页岩） | 矿石（亿吨） | ≥1 | 0.2~1 | <0.2 |
| 80 | 白云岩<br>（冶金用）<br>（化肥用）<br>（玻璃用） | 矿石（亿吨） | ≥0.5 | 0.1~0.5 | <0.1 |
| | | 硅质原料（包括石英砂、砂岩、天然石英砂、脉石英、粉石英） | | | |
| 81 | （冶金用）<br>（水泥配料用）<br>（水泥标准砂） | 矿石（万吨） | ≥2000 | 200~2000 | <200 |
| | （玻璃用） | 矿石（万吨） | ≥1000 | 200~1000 | <200 |
| | （铸型用） | 矿石（万吨） | ≥1000 | 100~1000 | <100 |
| | （砖瓦用） | 矿石（万立方米） | ≥2000 | 500~2000 | <500 |
| | （建筑用） | 矿石（万立方米） | ≥5000 | 1000~5000 | <1000 |
| | （化肥用） | 矿石（万吨） | ≥10000 | 2000~10000 | <2000 |
| | （陶瓷用） | 矿石（万吨） | ≥100 | 20~100 | <20 |
| 82 | 天然油石 | 矿石（万吨） | ≥100 | 10~100 | <10 |
| 83 | 硅藻土 | 矿石（万吨） | ≥1000 | 200~1000 | <200 |
| | | 页岩 | | | |
| 84 | （砖瓦用） | 矿石（万立方米） | ≥2000 | 200~2000 | <200 |
| | （水泥配料用） | 矿石（万吨） | ≥5000 | 500~5000 | <500 |
| 85 | 高岭土（包括陶瓷土） | 矿石（万吨） | ≥500 | 100~500 | <100 |
| 86 | 耐火粘土 | 矿石（万吨） | ≥1000 | 200~1000 | <200 |
| 87 | 凹凸棒石 | 矿石（万吨） | ≥500 | 100~500 | <100 |
| 88 | 海泡石粘土（包括伊利石粘土、累托石粘土） | 矿石（万吨） | ≥500 | 100~500 | <100 |
| 89 | 膨润土 | 矿石（万吨） | ≥5000 | 500~5000 | <500 |
| 90 | 铁矾土 | 矿石（万吨） | ≥1000 | 200~1000 | <200 |
| 91 | | 其他粘土 | | | |
| | （铸型用粘土） | 矿石（万吨） | ≥1000 | 200~1000 | <200 |
| | （砖瓦用粘土） | 矿石（万吨） | ≥2000 | 500~2000 | <500 |

说明：

1. 确定矿产资源储量规模依据的单元：

(1) 石油：油田，

　　天然气、二氧化碳气：气田；

(2) 地热：地热田；

(3) 固体矿产（煤除外）：矿床；

(4) 地下水、矿泉水：水源地。

2. 确定矿产资源储量规模依据的矿产资源储量：

(1) 石油、天然气、二氧化碳气：地质储量；

(2) 地热：电（热）能；

(3) 固体矿产：基础储量+资源量（仅限331、332、333），相当于《固体矿产地质勘探规范总则》(GB1390892)中的 A+B+C+D+E 级（表内）储量；

(4) 地下水、矿泉水：允许开采量。

3. 存在共生矿产的矿区，矿产资源储量规模以矿产资源储量规模最大的矿种确定。

4. 中型及小型规模不含其上限数字。

## 附件8  安徽省小型以下矿产资源储量规模划分标准

| 序号 | 矿种名称 | | 储量单位 | 矿床规模 | | |
|---|---|---|---|---|---|---|
| | | | | 小型 | 小矿 | 零星资源 |
| 1 | 煤 | 北型 | 原煤 亿吨 | 0.5~0.02 | 0.02~0.002 | <0.002 |
| | | 南型 | 原煤 亿吨 | 0.1~0.01 | 0.01~0.001 | <0.001 |
| 2 | 石煤 | | （万吨） | 1000~100 | 100~20 | <20 |
| 3 | 地热 | | 电（热）能 兆瓦 | <10 | | |
| 4 | 铁 | 贫矿 | 矿石（亿吨） | 0.1~0.02 | 0.02~0.002 | <0002 |
| | | 富矿 | | 0.05~0.005 | 0.005~0.0005 | <0.0005 |
| 5 | 锰 | 氧化锰 | 矿石（万吨） | 20~2 | 2~0.2 | <0.2 |
| | | 碳酸锰 | | 200~20 | 20~2 | <2 |
| 6 | 钒 | | V₂O₅（万吨） | 10~1 | 1~0.1 | <0.1 |
| 7 | 钛 | 金红石原生矿 | TiO₂（万吨） | 5~0.8 | 0.8~0.08 | <0.08 |
| | | 金红石砂矿 | 矿物（万吨） | 2~0.4 | 0.4~0.04 | <0.04 |
| 8 | 铜 | | 金属（万吨） | 10~2 | 2~0.4 | <0.4 |
| 9 | 铅 | | 金属（万吨） | 10~2 | 2~0.4 | <0.4 |
| 10 | 锌 | | 金属（万吨） | 10~2 | 2~0.4 | <0.4 |
| 11 | 镍 | | 金属（万吨） | 2~0.4 | 0.4~0.08 | <0.08 |
| 12 | 钴 | | 金属（万吨） | 0.2~0.02 | 0.02~0.002 | <0.002 |
| 13 | 钨 | | WO₃（万吨） | 1~0.1 | 0.1~0.01 | <0.01 |
| 14 | 锡 | | 金属（万吨） | 0.5~0.05 | 0.05~0.005 | <0.005 |
| 15 | 铋 | | 金属（万吨） | 1~0.2 | 0.2~0.04 | <0.04 |
| 16 | 钼 | | 金属（万吨） | 1~0.1 | 0.1~0.01 | <0.01 |
| 17 | 汞 | | 金属（吨） | 500~100 | 100~20 | <20 |
| 18 | 锑 | | 金属（万吨） | 1~0.1 | 0.1~0.01 | <0.01 |
| 19 | 镁（冶镁白云岩） | | 矿石（万吨） | 1000~200 | 200~40 | <40 |
| 20 | 金 | 岩金 | 金属（吨） | 5~0.5 | 0.5~0.05 | <0.05 |
| | | 砂金 | 金属（吨） | 2~0.2 | 0.2~0.02 | <0.02 |
| 21 | 银 | | 金属（吨） | 200~20 | 20~2 | <2 |
| 22 | 锆（锆英石） | | 矿物（万吨） | 5~0.8 | 0.8~0.1 | <0.1 |
| 23 | 锶（天青石） | | SrSO₄（万吨） | 5~0.8 | 0.8~0.1 | <0.1 |
| 24 | 铊 | | Tl（吨） | 100~20 | 20~4 | <4 |
| 25 | 硒 | | Se（吨） | 100~20 | 20~4 | <4 |
| 26 | 碲 | | Te（吨） | 100~20 | 20~4 | <4 |
| 27 | 石墨 | 晶质 | 矿物（万吨） | 20~2 | 2~0.2 | <0.2 |
| | | 隐晶质 | 矿石（万吨） | 100~10 | 10~1 | <1 |
| 28 | 磷矿 | | 矿石（万吨） | 500~100 | 100~10 | <10 |
| 29 | 硫铁矿 | | 矿石（万吨） | 200~50 | 50~5 | <5 |
| 30 | 水晶 | 压电水晶 | 单晶（吨） | 0.2~0.04 | 0.04~0.004 | <0.004 |
| | | 熔炼水晶 | | 10~2 | 2~0.4 | <0.4 |
| | | 光学水晶 | 矿物（吨） | | | |
| | | 工艺水晶 | | 0.05~0.005 | 0.005~0.0005 | <0.0005 |

| | | | | | | |
|---|---|---|---|---|---|---|
| | | 工艺水晶 | | | | |
| 31 | | 蓝晶石 | 矿物（万吨） | 50~10 | 10~2 | <2 |
| 32 | | 硅灰石 | 矿物（万吨） | 20~4 | 4~0.4 | <0.4 |
| 33 | | 滑石 | 矿石（万吨） | 100~10 | 10~1 | <1 |
| 34 | 石棉 | 超基性岩型 | 矿物（万吨） | 50~5 | 5~0.5 | <0.5 |
| | | 镁质碳酸盐型 | | 10~2 | 2~0.4 | <0.4 |
| 35 | 云母 | 片云母 | 工业原料云母（吨） | 200~40 | 40~4 | <4 |
| | | 碎云母 | | | | |
| 36 | | 钾长石 | 矿物（万吨） | 10~2 | 2~0.2 | <0.2 |
| 37 | | 石榴子石 | 矿物（万吨） | 50~5 | 5~0.5 | <0.5 |
| 38 | | 叶蜡石 | 矿石（万吨） | 50~5 | 5~0.5 | <0.5 |
| 39 | | 蛭石 | 矿石（万吨） | 20~4 | 4~0.4 | <0.4 |
| 40 | | 沸石 | 矿石（万吨） | 500~50 | 50~5 | <5 |
| 41 | | 明矾石 | 矿物（万吨） | 200~40 | 40~4 | <4 |
| 42 | | 石膏 | 矿石（万吨） | 1000~100 | 100~10 | <10 |
| 43 | | 重晶石 | 矿石（万吨） | 200~40 | 40~4 | <4 |
| 44 | | 菱镁矿 | 矿石（亿吨） | 0.1~0.02 | 0.02~0.004 | <0.004 |
| 45 | 萤石 | 普通萤石 | CaF₂（万吨） | 20~10 | 10~1 | <1 |
| | | 光学萤石 | 矿物（吨） | 0.1~0.01 | 0.01~0.001 | <0.001 |
| 46 | 石灰岩 | 电石用 | 矿石（亿吨） | 0.1~0.02 | 0.02~0.004 | <0.004 |
| | | 制碱用 | | | | |
| | | 化肥用 | | | | |
| | | 熔剂用 | | | | |
| | | 玻璃用 | 矿石（亿吨） | 0.02~0.004 | 0.004~0.0008 | <0.0008 |
| | | 制灰用 | | | | |
| | | 水泥用 | 矿石（亿吨） | 0.15~0.02 | 0.02~0.004 | <0.004 |
| 47 | | 泥灰岩 | 矿石（亿吨） | 0.1~0.02 | 0.02~0.004 | <0.004 |
| 48 | | 含钾岩石（包括含钾砂页岩） | 矿石（亿吨） | 0.2~0.04 | 0.04~0.008 | <0.008 |
| 49 | 白云岩 | 冶金用 | 矿石（亿吨） | 0.1~0.02 | 0.02~0.004 | <0.004 |
| | | 化肥用 | | | | |
| | | 玻璃用 | | | | |
| 50 | 硅质原料 | 冶金用 | 矿石（万吨） | 200~20 | 20~2 | <2 |
| | | 水泥配料用 | | | | |
| | | 水泥标准砂 | | | | |
| | | 玻璃用 | 矿石（万吨） | 200~40 | 40~8 | <8 |
| | | 铸型用 | | 100~10 | 10~1 | <1 |
| | | 砖瓦用 | 矿石（万立方米） | 500~100 | 100~20 | <20 |
| | | 建筑用 | | 1000~200 | 200~40 | <40 |
| | | 化肥用 | 矿石（万吨） | 2000~400 | 400~80 | <80 |
| | | 陶瓷用 | | 20~4 | 4~0.8 | <0.8 |
| 51 | | 天然油石 | 矿石（万吨） | 10~1 | 1~0.1 | <0.1 |
| 52 | 页岩 | 砖瓦用 | 矿石（万立方米） | 200~20 | 20~2 | <2 |
| | | 水泥配料用 | 矿石（万吨） | 500~50 | 50~5 | <5 |

| 53 | 高岭土、陶瓷土 | | 矿石（万吨） | 100~20 | 20~2 | <2 |
|---|---|---|---|---|---|---|
| 54 | 耐火粘土 | | 矿石（万吨） | 200~40 | 40~5 | <5 |
| 55 | 凹凸棒石 | | 矿石（万吨） | 100~20 | 20~2 | <2 |
| 56 | 粘土 | 海泡石 | 矿石（万吨） | 100~20 | 20~4 | <4 |
| | | 伊利石 | | | | |
| | | 累托石 | | | | |
| 57 | 麦饭石 | | 矿石（万吨） | 100~20 | 20~4 | <4 |
| 58 | 膨润土 | | 矿石（万吨） | 500~20 | 20~4 | <4 |
| 59 | 其它粘土 | 铸型用 | 矿石（万吨） | 200~40 | 40~8 | <8 |
| | | 砖瓦用 | | 500~100 | 100~20 | <20 |
| | | 水泥配料用粘土 | | | | |
| | | 水泥配料用红土 | | | | |
| | | 水泥配料用黄土 | | | | |
| | | 水泥配料用泥岩 | | | | |
| | | 保温材料用粘土 | | 50~10 | 10~2 | <2 |
| 60 | 蛇纹岩 | 化肥用 | 矿石（亿吨） | 0.1~0.005 | 0.005~0.0005 | <0.0005 |
| | | 熔剂用 | | 0.1~0.02 | 0.02~0.004 | <0.004 |
| 61 | 玄武岩 | 铸石用 | 矿石（万吨） | 200~40 | 40~8 | <8 |
| | | 高速公路用 | | 500~50 | 50~8 | <8 |
| 62 | 珍珠岩 | | 矿石（万吨） | 500~100 | 100~10 | <10 |
| 63 | 硅线岩 | | 矿物（万吨） | 50~10 | 10~2 | <2 |
| 64 | 铁路道碴用花岗岩 | | 矿石（万吨） | 500~50 | 50~5 | <5 |
| 65 | 饰面石材 | | 矿石（万立方米） | 200~40 | 40~8 | <8 |
| 66 | 凝灰岩 | 玻璃用 | 矿石（万吨） | 200~40 | 40~8 | <8 |
| | | 水泥用 | | 200~20 | 20~2 | <2 |
| 67 | 大理岩 | 水泥用 | 矿石（万吨） | 200~20 | 20~2 | <2 |
| | | 玻璃用 | | 1000~200 | 200~20 | <20 |
| 68 | 板岩（水泥配料用） | | 矿石（万吨） | 200~20 | 20~2 | <2 |
| 69 | 普通建筑用石材 | | 矿石（万立方米） | 1000~200 | 200~40 | <40 |
| 70 | 泥炭 | | 矿石（万吨） | 100~10 | 10~1 | <1 |
| 71 | 矿盐 | | NaCl（亿吨） | 1~0.01 | 0.01~0.001 | <0.001 |
| 72 | 方解石 | | 矿石（万吨） | 200~20 | 20~2 | <2 |
| 73 | 绿松石 | | 矿石（吨） | 500~20 | 20~2 | <2 |
| 74 | 地下水 | | 允许开采量（立方米/日） | 10000~1000 | <1000 | |
| 75 | 矿泉水 | | 允许开采量（立方米/日） | 100~50 | | |
| 76 | 二氧化碳气 | | 气量（亿立方米） | <50 | | |

说明：

1. 大、中型矿产资源储量规模以国土资源部规定为准；
2. 小型、小矿矿产资源储量规模不包括其上限值；

3. 硅质原料包括：石英岩、砂岩、天然石英砂、脉石英、粉石英；

4. 存在共生矿产的矿区，矿产资源规模储量以矿产资源储量数最大的矿种确定；

5. 本标准所述的煤——北型是指沿淮以及淮河以北地区；南型是指沿江及长江以南地区；

6. 本标准中暂未列入的矿种，其矿产资源储量规模按中型规模管理。

## 附件9  安徽省矿业权出让收益市场基准价（主要矿种）

| 序号 | 矿种（亚矿种） | 品位/品级（地区） | 基准价（保有资源储量） | 单位 | 调整系数 品位/品级、类型 | 调整系数 开采方式 | 调整系数 共生、伴生 |
|---|---|---|---|---|---|---|---|
| 1 | 煤 | 焦煤、1/3焦煤、肥煤 | 7.0 | 元/吨·原煤 |  | 露天 1.1,地下 1.0 |  |
|  |  | 无烟煤 | 6.0 |  |  |  |  |
|  |  | 其他 | 5.0 |  |  |  |  |
| 2 | 铁 | TFe≥50% | 5.6 | 元/吨·矿石 | 磁铁矿按1.0 其他铁矿按0.8 | 露天 1.1,地下 1.0 | 共生 1.0,伴生 0.7 |
|  |  | 40%≤TFe<50% | 4.5 | 元/吨·矿石 |  |  |  |
|  |  | 30%≤TFe<40% | 3.5 | 元/吨·矿石 |  |  |  |
|  |  | TFe<30% | 2.9 | 元/吨·矿石 |  |  |  |
| 3 | 铜 | Cu≥1% | 642.3 | 元/吨·金属 | 1.1 | 露天 1.1,地下 1.0 | 共生 1.0,伴生 0.7 |
|  |  | 0.5%≤Cu<1 |  |  | 1.0 |  |  |
|  |  | Cu<0.5% |  |  | 0.8 |  |  |
| 4 | 钼 |  | 2109.0 | 元/吨·金属 |  | 露天 1.1,地下 1.0 | 共生 1.0,伴生 0.7 |
| 5 | 硫铁矿 | S≥35% | 3.8 | 元/吨·矿石 |  | 露天 1.1,地下 1.0 | 共生 1.0,伴生 0.7 |
|  |  | S<35% | 2.4 |  |  |  |  |
| 6 | 铅 | Pb≥8% | 214.0 | 元/吨·金属 | 1.1 | 露天 1.1,地下 1.0 | 共生 1.0,伴生 0.7 |
|  |  | 1%≤Pb<8% |  |  | 1.0 |  |  |
|  |  | Pb<1% |  |  | 0.8 |  |  |
| 7 | 锌 | Zn≥8% | 214.0 | 元/吨·金属 | 1.1 | 露天 1.1,地下 1.0 | 共生 1.0,伴生 0.7 |
|  |  | 2%≤Zn<8% |  |  | 1.0 |  |  |
|  |  | Zn<2% |  |  | 0.8 |  |  |
| 8 | 金（岩金） | Au≥5.5g/t | 7.8 | 元/克·金属 | 1.1 | 露天 1.1,地下 1.0 | 共生 1.0,伴生 0.7 |
|  |  | 3.5g/t≤Au< |  |  | 1.0 |  |  |
|  |  | Au<3.5g/t |  |  | 0.9 |  |  |
| 9 | 银 | Ag≥150g/t | 8.3 | 元/千克·金属 | 1.1 | 露天 1.1,地下 1.0 | 共生 1.0,伴生 0.7 |
|  |  | 100g/t≤Ag< |  |  | 1.0 |  |  |
|  |  | Ag<100g/t |  |  | 0.9 |  |  |
| 10 | 锡 |  | 1371.0 | 元/吨·金属 |  | 露天 1.1,地下 1.0 | 共生 1.0,伴生 0.7 |

| | | | | | | |
|---|---|---|---|---|---|---|
| 11 | 钨 | | 1717.0 | 元/吨·WO3 | | 露天 1.1, 地下 1.0 | 共生 1.0, 伴生 0.7 |
| 12 | 水泥用石灰岩 | | 1.9 | 元/吨·矿石 | I 级品：1.0<br>II 级品：0.9 | | |
| 13 | 玻璃用石英岩 | 凤阳县 | 16.2 | 元/吨·矿石 | 优等：1.0<br>I 级、II 级：0.95<br>III 级、IV 级：0.9 | 露天 | |
| | | 其他地区 | 11.3 | 元/吨·矿石 | | 露天 1.0, 地下 0.9 | |
| 14 | 方解石 | | 2.9 | 元/吨·矿石 | | 露天 | |
| 15 | 岩盐 | | 0.7 | 元/吨·矿石 | | | |
| 16 | 石膏 | | 1.6 | 元/吨·矿石 | | | |
| 17 | 熔剂用石灰岩 | | 2.1 | 元/吨·矿石 | | | |
| 18 | 化工用石灰岩 | | 2.1 | 元/吨·矿石 | | | |
| 19 | 制灰用石灰岩 | | 2.1 | 元/吨·矿石 | | | |
| 20 | 建筑石料用石灰 | | 3.0 | 元/吨·矿石 | | | |
| 21 | 萤石（普通） | CaF₂≥70% | 13.4 | 元/吨·矿石 | | | |
| | | 55%≤CaF₂＜ | 10.5 | 元/吨·矿石 | | | |
| | | 40%≤CaF₂＜ | 7.7 | 元/吨·矿石 | | | |
| | | CaF₂＜40% | 5.7 | 元/吨·矿石 | | | |
| 22 | 饰面用大理岩 | | 17.1 | 元/m³·荒料 | | | |
| 23 | 饰面用花岗岩 | | 17.1 | 元/m³·荒料 | | | |
| 24 | 建筑石料用花岗 | | 3.0 | 元/吨·矿石 | | | |
| 25 | 片麻岩 | | 3.0 | 元/吨·矿石 | | | |
| 26 | 页岩 | | 1.5 | 元/吨·矿石 | | | |
| 27 | 砂岩 | | 3.0 | 元/吨·矿石 | | | |
| 28 | 高岭土 | | 2.3 | 元/吨·矿石 | | | |
| 29 | 陶瓷土 | | 2.3 | 元/吨·矿石 | | | |
| 30 | 凹凸棒石粘土 | | 5.6 | 元/m³·矿石 | | | |
| 31 | 砖瓦用粘土 | | 1.0 | 元/m³·矿石 | | | |
| 32 | 建筑用砂 | | 3.3 | 元/吨·矿石 | | | |
| 33 | 玄武岩 | | 3.0 | 元/吨·矿石 | | | |
| 34 | 膨润土 | | 1.7 | 元/吨·矿石 | | | |
| 35 | 矿泉水 | | 2.5 | 元/m³·泉水 | | | |
| 36 | 地热水 | T≥60℃ | 1.1 | 元/m³·热水 | | | |

|    |            | 40℃≤T<   | 0.8 | 元/m³·热水 |
|    |            | T<40℃    | 0.5 | 元/m³·热水 |
| 37 | 冶金用白云岩 |          | 2.1 | 元/吨·矿石 |
| 38 | 熔剂用白云岩 |          | 2.1 | 元/吨·矿石 |
| 39 | 芒硝       |          | 2.1 | 元/吨·矿物 |
| 40 | 云母       |          | 4.3 | 元/吨·矿石 |
| 41 | 叶腊石     |          | 1.8 | 元/吨·矿石 |

备注：表中水泥用石灰岩、玻璃用石英岩品级分类标准按《矿产资源工业要求手册》(2014年修订本)执行。

## 附件10 常用单位换算一览表

| 分类 | 换算 |
| --- | --- |
| 长度 | 1公里（km）= 1000米（m） |
| | 1米（m）= 10分米（dm）= 100厘米（cm） |
| | 1厘米（cm）= 10毫米（mm） |
| | 1毫米（mm）= 1000微米（μm） |
| | 1微米（μm）= 1000纳米（nm） |
| 面积 | 1平方千米（km²）= 100公顷（hm²） |
| | 1公顷（hm²）= 10000平方米（m²）= 15亩 |
| | 1亩 = 666.6667平方米（m²） |
| | 1平方米（m²）= 100平方分米（dm²） |
| | 1平方分米（m²）= 100平方厘米（cm²） |
| | 1平方厘米（cm²）= 100平方毫米（mm²） |
| 体积 | 1立方米（m³）= 1000立方分米（dm³） |
| | 1立方分米（dm³）= 1000立方厘米（cm³） |
| | 1立方米（m³）= 1000升（L） |
| | 1立方分米（dm³）= 1升（L） |
| | 1立方厘米（cm³）= 1毫升（ml） |
| 重量 | 1吨（t）= 1000千克（kg） |
| | 1千克（kg）= 1000克（g） |
| | 1千克（kg）= 1公斤 |

编者注：为方便读者对照使用，以上附件1—10内容与国家、安徽省发布的文件保持一致，其中与现行字词、标点使用规范不一致处，未做修改。

# 后　记

　　《安徽省自然资源管理知识手册》(以下简称《手册》)既对国家有关自然资源领域常用法律法规进行了梳理,也对我省自然资源管理实践中的部分政策成果进行了吸纳,同时还介绍了自然资源管理的一些基础理论、基本知识及技术方法。《手册》具有"新、全、实"的特点:"新"是指本书始终围绕国家自然资源管理最新的法律法规和改革措施,以及我省自然资源管理方面的最新成果。"全"是指本书较为全面地介绍了自然资源管理知识,内容涉及我省自然资源管理各领域。"实"是指本书注重实践,与工作实际相结合,便于基层工作人员理解掌握。

　　此次《手册》编写所收集引用的法规、政策有效时限截止到 2021 年 12 月 31 日。由于自然资源管理涉及范围广,历史沿革长,新时代自然资源管理体制、机制处于不断创新变革之中,虽然编写组开展了广泛深入的资料收集,但仍然存在资料收集不全面、不及时等问题。限于编写组自身水平,对一些政策把握不够到位,同时由于本次编写工作时间紧、任务重,致使调查研究工作不够深入,未能将我省自然资源系统在践行习近平生态文明思想和习近平总书记对安徽作出的系列重要讲话指示批示精神,充分发挥自然资源要素基础性作用,推动我省经济社会高质量发展上所取得的重大成就以及全省广大基层自然资源干部群众在工作实践中总结积累创新出来的好经验好做法吸收进来,留下诸多遗憾。请广大读者对《手册》编写中存在的不足与使用时的不便予以谅解,并给予批评指正。

　　最后,本项目研究过程中,省自然资源厅领导、厅人事处高度重视,大力支持,精心组织,及时指导,化解难题,确保了项目的顺利进行和《手册》编写任务的按时完成;省自然资源厅各相关处室、安徽省地质博物馆都对《手册》的编写给予了极大帮助;编写专家不辞辛劳,精益求精,为《手册》编写做了大量卓有成效的工作,在此表示衷心的感谢!